ngchun

徐光春自选集

XUGUANGCHUN ZIXUANJI

学习 理论文库

学习出版社

徐光春

徐光春，1944年11月生，浙江绍兴人，中共党员，中国人民大学新闻系毕业，高级记者。现任中共河南省委书记、河南省人大常委会主任兼党组书记。

1969年大学毕业后，先后在安徽省地方新闻单位和新华社安徽分社从事记者工作。1984年后，先后任新华社安徽分社副社长、党组书记，新华社上海分社社长、党组书记，新华社北京分社社长、党组书记，光明日报社副总编辑、总编辑。1995年任中共中央宣传部副部长兼机关党委书记，主管新闻宣传工作；2000年任中央宣传部副部长，国家广播电影电视总局局长、党组书记，中国广播电视学会会长。2004年任中共河南省委书记、河南省人大常委会党组书记；2005年任中共河南省委书记、河南省人大常委会主任兼党组书记。是党的十五大新闻发言人，十五届中央纪律检查委员会委员，中央宣传思想工作领导小组成员，中央对外宣传领导小组成员，党的十六届、十七届中央委员。分别受聘为北京大学、中国人民大学、中国传媒大学等高校兼职教授，武汉大学博士生导师。

先后出版《哲学与新闻》、《漫谈新闻出版》、《新闻纵横谈》、《我说新闻》、《新世纪广播影视散论》、《中国广播影视的改革与创新》、《中原文化与中原崛起》、《跨越的脚步——推进中原崛起的实践与思考》等著作。《中华传统美德和社会主义荣辱观》、《谈谈爱国主义》两篇讲演稿，分别入选2007年、2008年河南省高等学校形势与政策课统编教材。

自　序

　　我不是一个纯粹的理论工作者。我的职业生涯主要是两部分：一是从事记者工作，有近15年写新闻报道、拍新闻照片的经历；二是从事领导工作，有25年先后担任新闻单位、中央宣传部门、国家行政机关、地方党委等领导职务的经历。另外，在我的职业生涯中有几个与专业、学术、理论相关的头衔：高级记者、兼职教授、博士生导师、学会会长，给我的职业增加了一些理论学术色彩。

　　虽然我从未专门从事过理论工作，但我对理论学习、理论宣传、理论研究、理论运用有着特殊深厚的感情。

　　大学学习期间，我最有兴趣也是学得最卖力的课程是马克思主义新闻理论、辩证唯物主义与历史唯物主义、中西方新闻理论比较、政治经济学等等，使我打下了一定的理论知识的基础。

　　担任记者期间，在采写新闻报道的间隙，我喜欢总结总结经验，探讨探讨问题，写些新闻理论文章，发表于

《新闻战线》、《中国记者》（前为《新闻业务》）等权威杂志，开始了我进行理论思考、理论写作的历程。

担任领导工作期间，我习惯于用理论思维观察、思考、研究、解决工作实践中的问题，以此提倡辩证思考、提升工作层次、提高领导水平、提出科学决策，产生了一些理论与实践相联系、研究与工作相结合的理论成果。这些成果有的成为中央决策的参考材料，有的成为全国马克思主义理论研究和建设工程的辅导报告，有的成为高等院校的统编教材，还有一些成为推进国家广播影视工作和推动河南省经济社会发展的指导性文件，当然更多的是我对理论学习的体会、对实际工作的研究、对中央精神的解读。大部分成果汇集在《哲学与新闻》、《漫谈新闻出版》、《新闻纵横谈》、《我说新闻》、《新世纪广播影视散论》、《中国广播影视的改革与创新》、《中原文化与中原崛起》、《跨越的脚步——推进中原崛起的实践与思考》等著作中。

在担任记者和领导工作期间，我也应邀到一些大学给学生们讲讲课，与教师们一起探讨探讨某些理论和教学中的问题，还经常参加哲学社会科学界的学术活动，出席国际国内的一些高层论坛，就世人关注的经济、政治、文化、社会领域的问题，发表见解，交流思想，探讨对策，颇多收益。

在这些经历中，我深深地悟到这样一个道理：如果说理论是个使人聪明的法宝的话，那么实践就是个教人掌握法宝的学校。人们只有进入实践这个学校学习，才能真正掌握和运用理论。理论是实践经验的总结、概括、提炼，实践是理论学说的原料、源泉、熔炉。理论与实践是互为条件、互为因果的联合体，理论离不开实践，实践离不开理论，理论只有在与实践的结合中才能求得发展，实践只有在理论的指导下才能取得成功。

　　我说这番话，也为我这本自选集作了个注脚和说明。自选集从关于马克思主义中国化新的重大理论成果，关于农业农村农民问题，关于经济社会发展和中原崛起，关于构建社会主义和谐社会，关于文化、文化建设和文化体制改革，关于党的建设新的伟大工程等六个方面，选用了40多篇文章。这些文章着力以马克思主义中国化的最新理论成果为指导，来观察、思考、研究和解决当前我国和河南在创新中国特色社会主义理论、推进中国特色社会主义事业、加快中原崛起进程中的一些重大理论问题和实践问题。文章的写作，秉持理论联系实践、研究结合工作的原则，力图做到既有理论性、思想性，又有实践性、针对性，不坐而论道，不泛泛而谈，以期在思想方面给人以启示，在工作层面对人有帮助。但是，由于自己理论功底有限，加之大量时间和精力并不在理论工作上，纵然有这样的良好愿望，恐怕难以完全做到，还望读者谅解。

徐光春

2008 年 5 月 29 日于郑州

目　录

一、关于马克思主义中国化新的 重大理论成果

正确认识和处理改革发展稳定三者关系的理论
　　意义和实践意义
　　——学习《邓小平文选》第三卷的体会 …………（ 3 ）

深刻认识和深入学习《江泽民文选》 ………………（ 17 ）

马克思主义新闻理论的丰富和发展
　　——江泽民新闻思想研究…………………………（ 43 ）

深入学习贯彻党的十七大精神的路径选择 …………（ 89 ）

马克思主义中国化的重大理论成果
　　——关于科学发展观的基本认识 ………………（101）

二、关于农业农村农民问题

破解"三农"问题的对策研究 ……………………………（135）

建设新农村是解决"三农"问题的根本之策 …………（147）

扎实稳步推进社会主义新农村建设 ………………………（161）

实施"五个一"工程　推进新农村建设
　　——河南20多个村镇的调查报告 ………………（171）

充分认识发展劳务经济的战略意义
　　——加快农村富余劳动力转移问题的调查与思考 ……（184）

坚持以科学发展观为指导　建立农民稳定增收的
　　长效机制 ………………………………………………（196）

正确看待积极应对全球粮食危机
　　——关于粮食安全问题的思考 ………………………（206）

三、关于经济社会发展和中原崛起

加快两大跨越　实现中原崛起…………………………（215）

科学发展：中部崛起的机遇与挑战 ……………………（230）

用科学发展观统领中原崛起
　　——中原崛起的策略思考之一…………………（242）

在新起点实现新跨越　用新思路推动新发展
　　——中原崛起的策略思考之二…………………（251）

破解六大难题　促进科学发展
　　——中原崛起的策略思考之三…………………（271）

抓好转变经济增长方式这项重要而紧迫的任务………（280）

经济发展要切实实现"三个转变"…………………（293）

谈谈国有企业的改革发展问题………………………（299）

加快非公有制经济发展的策略选择…………………（319）

关于县域经济发展实现新跨越的意见………………（331）

城镇化是经济社会发展的客观要求和必然趋势……（352）

自主创新是中原崛起的关键…………………………（369）

优化投资环境　打造诚信社会
　　——关于加快发展开放型经济的思考…………（374）

让全民创业之歌响彻中原大地………………………（385）

推动服务业更大规模更高层次发展…………………（398）

四、关于构建社会主义和谐社会

努力做到"八个坚持" 积极推进社会主义
和谐社会建设 …………………………………（415）

把握六个关系 构建和谐社会 ………………………（423）

构建和谐中原之我见 …………………………………（430）

做好新时期党的群众工作是建设和谐社会
的坚实保障 …………………………………………（440）

五、关于文化、文化建设和
文化体制改革

关于建设文化强省的若干思考………………………（463）

努力加快文化资源大省向文化强省跨越 …………（474）

加快文化建设需要把握的关键问题 ………………（485）

变资源优势为产业优势 变文化优势为发展优势 ……（498）

生机勃勃的文化产业增长点
——河南发展演艺业的实践和思考 …………（506）

创新：破解文化发展难题的金钥匙
——郑州歌舞剧院体制机制创新的启示 …………（514）

解读中原文化 ……………………………………… （527）

漫谈电影产业化发展 ……………………………… （547）

汲取圣贤文化精华　促进先进文化建设 …………… （567）

六、关于党的建设新的伟大工程

以改革创新精神加强党的建设……………………… （581）

党的先进性教育必须紧密联系重点、难点、

　热点、疑点问题 ………………………………… （596）

加强党的执政能力建设 …………………………… （609）

牢记"两个务必"是保持党的先进性的根本问题 ……… （616）

切实增强"三种意识"　永远保持党同人民群众

　的血肉联系 ……………………………………… （632）

从抓好"四个一"入手　切实加强反腐倡廉建设 …… （642）

谈谈领导干部的作风建设 ………………………… （656）

一、关于马克思主义中国化新的重大理论成果

正确认识和处理改革发展稳定三者关系的理论意义和实践意义[*]

——学习《邓小平文选》第三卷的体会

改革、发展、稳定，是建设有中国特色社会主义的三个根本问题。正确认识和处理这三者之间的关系，不仅关系到中国的现代化建设事业能否成功，综合国力能否增强，人民生活能否改善，而且影响到世界的和平与发展。认真学习《邓小平文选》第三卷，深深感到正确认识和处理改革、发展、稳定三者之间的关系，既具有重要的理论意义，又具有重要的实践意义。

一

邓小平同志运用马克思主义的基本原理，结合中国新时期现代化建设的具体实践，把正确认识和处理改革、发

---

* 本文发表于 1994 年 5 月 27 日《光明日报》。

展、稳定三者之间的关系，作为建设有中国特色社会主义理论的一个重大理论原则，创造性地发展了马列主义、毛泽东思想。

把改革、发展、稳定作为一个系统，作为一个原则来研究，全面、深刻地阐述其重要意义和辩证关系，这是邓小平同志对马克思主义的卓越贡献，是毛泽东思想的创造性发展。《邓小平文选》第三卷119篇文章，几乎每篇都有这方面的内容。在学习中，我们可以发现，改革、发展、稳定像一条红线贯穿全书。从某种意义上说，《邓选》第三卷就是关于中国改革、发展、稳定的学说。

邓小平同志运用科学社会主义、历史唯物主义和辩证唯物主义的基本原则，总结中国社会主义建设的历史经验和教训，深刻分析中国现代化建设的形势与任务，至少从以下三个方面对改革、发展、稳定的问题，进行了科学的阐述：

（一）中国要建设现代化，提高综合国力，改善人民生活，就必须改革，必须发展，必须稳定。这是《邓选》第三卷向我们揭示的建设有中国特色社会主义的一个重大的理论原则

邓小平同志认为，中国必须改革，不改革就没有出路。他指出：“贫穷不是社会主义，社会主义要消灭贫穷。”又说：“不坚持社会主义，不改革开放，不发展经济，不改善人民生活，只能是死路一条。”因此，他向全党提出：改革“这是我们党和国家当前压倒一切的最艰巨的任务”。并且说“我是主张改革的，不改革就没有出路，旧的那一套经过几十年的实践证明是不成功的"。

邓小平同志认为，中国必须发展，不发展就没有希望。他说："马克思主义最注重发展生产力。""社会主义阶段的最根本任务就是发展生产力，社会主义的优越性归根到底要体现在它的生产力比资本主义发展得更快一些、更高一些，并且在发展生产力的基础上不断改善人民的物质文化生活。"他说："国家这么大，这么穷，不努力发展生产，日子怎么过？"因此，他强调："在社会主义国家，一个真正的马克思主义政党在执政以后，一定要致力于发展生产力，并在这个基础上逐步提高人民的生活水平。"

邓小平同志还认为，中国必须稳定，不稳定将一事无成。他说："中国的最高利益就是稳定。""中国要发展起来，要实现四化，政治局面不稳定，没有纪律，没有秩序，什么事情都搞不成功。"因此，他强调："中国要摆脱贫困，实现四个现代化，最关键的问题是需要稳定。""稳定压倒一切。"

（二）准确地阐述改革、发展、稳定的性质和内容。这是《邓选》第三卷理论上的重大建树

改革是什么？邓小平同志认为："改革是中国的第二次革命。"而且认为："革命是解放生产力，改革也是解放生产力。"他进一步阐述道："社会主义基本制度确立以后，还要从根本上改变束缚生产力发展的经济体制，建立起充满生机和活力的社会主义经济体制，促进生产力的发展，这是改革，所以改革也是解放生产力"，而且是"解放生产力的必由之路"。他又说："改革和开放是手

段，目标是分三步走，发展我们的经济。"从小平同志的这些精辟的论述中，我们可以清晰地认识到：改革是手段，是动力。

发展是什么？邓小平同志认为："中国的主要目标是发展，是摆脱落后，使国家的力量增强起来，人民的生活逐步得到改善。"他指出："社会主义的首要任务是发展生产力，逐步提高人民的物质和文化生活水平。"他坚定不移地认为："我们的政治路线，是把四个现代化建设作为重点，坚持发展生产力，始终扭住这个根本环节不放松，除非打起世界战争。……我们提出四个现代化的最低目标，是到本世纪末达到小康水平。"小平同志的上述论述，告诉我们这样一个道理：发展是中心任务，是我们的奋斗目标。

稳定是什么？邓小平同志认为：实现两个阶段的奋斗目标，"需要两个条件，一个是国际上的和平环境，另一个是国内安定团结的政治局面"。他指出："我们坚定不移的原则是要有稳定的政治局面，以保证有秩序地进行四个现代化建设。"他说："中国一定要坚持改革开放，这是解决中国问题的希望。但是要改革，就一定要有稳定的政治环境。"小平同志的这些论述坚定而又深刻地告诉我们：在建设四个现代化的过程中，稳定是条件，是保证。

（三）辩证地阐述改革、发展、稳定三者的关系，这是邓小平同志运用辩证唯物主义原理，对中国政治、经济、社会等重大问题的深刻透视和本质认识

《邓选》第三卷对改革、发展、稳定三者的辩证关

系，从以下三个方面作了全面的阐述：

（1）改革、发展、稳定三个方面，是相互依存、相互促进、相互制约、相互统一的关系。具体表现在：

其一，改革是否成功，既影响发展的进程，也影响社会的稳定。在论及改革对于发展的影响时，邓小平同志说："改革的意义，是为下一个十年和下世纪的前五十年奠定良好的持续发展的基础。没有改革就没有今后的持续发展。"他指出："要发展生产力，经济体制改革是必由之路。"在论及改革与稳定的关系时，邓小平同志在南方谈话中作了深刻的阐述。他说："如果没有改革开放的成果，'六·四'这个关我们闯不过，闯不过就乱，乱就打内战，'文化大革命'就是内战。"又说："为什么'六·四'以后我们的国家能够很稳定？就是因为我们搞了改革开放，促进了经济发展，人民生活得到了改善。"可见，改革与否，改革成功与否，不仅会影响发展的进程，而且会影响社会的稳定。

其二，发展是否健康，既影响改革的进行，也影响社会的稳定。在论及发展对改革的影响时，邓小平同志指出："就是要在改革过程中，保持生产有较好的发展，不要勉强追求太高的速度，当然太低了也不行。过去十年的发展速度不算低，如果今后这些年也保持比较好的速度，我们深化改革的风险就小得多了。"在论及发展对稳定的影响时，邓小平同志指出："物质是基础，人民的物质生活好起来，文化水平提高了，精神面貌会有大变化。我们对刑事犯罪活动的打击是必要的，今后还要继续打击下去，但是只靠打击并不能解决根本的问题，翻两番、把经济搞上去才是真正治本的途径。"他又说："经济发展是个基础，在这个基础上工作就好做了。如果实现了翻两番，那时会是个什么样的政治局面？我看真正的安定团结是肯定的。"在这里，小平同志对发展与改革、发展与稳定的关系，作了十分透彻的论述。

其三，社会是否稳定，既影响改革的推进，又影响发展的进程。稳定对于改革有什么影响？邓小平同志指出："我们必须排除干扰。没有安定团结的政治局面，不可能搞建设，更不可能实行改革开放政策，这些都搞不成。"他又说："如果没有秩序，遇到这样那样的干扰，把我们的精力都消耗在那上面，改革就搞不成了。"稳定与发展的关系又怎样呢？邓小平同志说："中国不能乱哄哄的，只有在安定团结的局面下搞建设才有出路。一切反对、妨碍我们走社会主义道路的东西都要排除，一切导致中国混乱甚至动乱的因素都要排除。"

综上所述，对于改革、发展、稳定三者关系，我们不能孤立地看，而要联系地看，才能正确认识和处理这三者关系。

（2）改革、发展、稳定这三个方面，不同的时期、不同的形势下，在矛盾统一体内的地位和作用，不是固定不变的。

毫无疑问，改革也好，发展也好，稳定也好，在矛盾统一体内，既互相联系，互相影响，又有着各自独特的地位和作用，而且这种地位和作用不是一成不变的，随着形势的变化和时间的变迁，其地位的轻重，作用的大小，也会发生明显的变化。

我们注意到，在《邓选》第三卷中邓小平同志对于改革、发展、稳定三者重要性的论述，就其中某个方面的特殊重要性都作过分量很重的强调。比如在谈到改革的重要性时，他说："搞这些改革，走这样的路，已经给我们带来了可喜的结果。中国不走这条路，就没有别的路可以走。"在谈到发展的重要性时，他说："发展才是硬道理。"在谈到稳定的重要性时，他说："我们搞四化，搞改革开放，关键是稳定。"不仅如此，在一系列论述中，有些表述还使用了内容和性质相同的语言。如邓小平同志在 1985 年 6 月的一次谈话中指出："进行全面的经济体制改革需要有勇气，胆子要大，步子要稳。这是我们党和国家当前压倒一切的最艰巨的任务。"在 1987 年 6 月的谈话中说："从一九七八年我们党的十一届三中全会开始，确定了我们的根本政治路线，把四个现代化建设，努力发展社会生产力，作为压倒一切的中心任务。"在 1989 年 10 月的谈话中说："中国人这么多，底子这么薄，没有安定团结的政治环境，没有稳定的社会秩序，什么事也干不成。稳定压倒一切。"在这三段不同时期的谈话中，对改革、发展、稳定三者各自的重要性，即其在矛盾统一体内的地位和作用，邓小平同志都分别使用了"压倒一切"这个分量极重的语言。

应该如何理解邓小平同志的这种表述？第一，在特定的时期，特定的情况下，对某一方面的重要性作特别的强调。如 1985 年 6 月指出改革是"压倒一切"的任务，当时十二届三中全会通过《中共中央关于经济体制改革的决定》才 8 个月。这次全会以后，经济体制改革的力度加大，但群众的心理承受能力还不够，于是在1985 年底出现了一些问题，有的人就对改革产生了一些疑虑。在这种情况下，邓小平同志对坚持全面改革的必要性，作出特别的强调，用了"压倒一切"的语言。第二，根据特殊的对应面，作了特别的强调。如 1987 年 6月说发展生产力是"压倒一切"的任务，那是将长期来我们党以"阶级斗争为纲"这件事作为对应面，来强调发展生产力的特殊重要性的。第三，说明改革、发展、稳定这三个方面，在不同的时期、不同的情况下，确实都有自己的特殊重要性。邓小平同志的这些观点，完全是基于辩证唯物主义的矛盾学说来阐发的，是运用矛盾学说对我国政治、经济、社会问题的深刻分析。唯物辩证法的矛盾学说告诉我们，矛盾的主要方面和非主要方面，在矛盾运动的过程中不是一成不变的。改革也好，发展也好，稳定也好，在社会、经济发展的不同时期、不同情况下，都可能起决定性的主导作用，都可能成为整个经济、社会运转链条中"压倒一切"的重要环节。因此，对改革、发展、稳定三者的关系，特别是对某一个方面的重要性的认识，不能固定地看，而要发展地看，才能面对复杂的情况，采取相应的措施，有重点地协调地抓好各方面的工作。

（3）在改革、发展、稳定三者关系中，从总体上来说，必须高度重视稳定作为前提条件的关键性作用。

辩证唯物主义认为，一切事物的存在和发展都是有条件的。客观条件对于事物的存在和发展起着保证作用。辩证唯物主义还认为，在矛盾的几个方面中，必有一方面起着主导作用，成为矛盾的主要方面。因此，邓小平同志从总体上论述改革、发展、稳定这三者关系时，尤其强调稳定的条件作用，保证作用，关键作用。他在多次讲话中强调"稳定压倒一切"，"压倒一切的是需要稳定"，"我们搞四化、搞改革开放，关键是稳定"等等。这使我们认识到，改革很重要，发展也很重要，但改革和发展都是以稳定为前提条件的；失去了改革和发展的条件，就根本谈不上搞改革、求发展。这是邓小平同志谆谆告诫全党的重要原则。因此，在从总体上认识改革、发展、稳定三者关系时，我们不能平均地看，而要重点地看，把稳定放在更重要的位置上来对待，才能确保改革、发展健康顺利地进行。

二

正确认识和处理改革、发展、稳定三者的关系，可以使我们在建设有中国特色社会主义的伟大事业中，多点辩证性，少点片面性；增强自觉性，避免盲目性；树立坚定性，克服摇摆性；更好地把握前进的方向，驾驭客观规律，贯彻落实"抓住机遇，深化改革，扩大开放，促进发展，保持稳定"的 20 字方针。

（一）正确认识和处理改革、发展、稳定三者的关系，可以使我们在实践中更好地坚持前进的方向，减少失误，少犯错误，少走弯路

建设有中国特色社会主义是需要全党和全国人民艰苦奋斗几十年乃至上百年的伟大事业。在这一漫长、复杂的历程中，自始至终都存在如何认识和处理改革、发展、稳定这三者关系的问题。我国的改革开放已经有 16 个年头。回顾这 16 年的历程，可以说，什么时候我们正确认识和处理了改革、发展、稳定的关系，什么时候的工作就进展顺利，成绩就巨大；什么时候我们不能正确认识和处理改革、发展、稳定的关系，什么时候的工作就受挫折，就遭受损失。

在实践中，最容易犯的片面性、盲目性、摇摆性，主要表现在这样三个方面：

一是强调改革，忽视发展的健康和社会的稳定。这种情况往往出现在改革之初、改革缺乏经验或在改革的困难一时比较少，进展又比较顺利的时候。

二是强调发展，忽视改革的作用和社会的稳定。这种情况的发生，往往是因为孤立地看待发展的需要和作用，而没有认识或者忘记了发展要适度，发展需要以改革为动力，以稳定为保证。

三是强调稳定，忽视改革的深化和发展的速度。这种情况，往往在改革和发展遇到挫折或社会上出现一些局部的不安定现象时容易发生。

对于这三种倾向，邓小平同志在多次谈话中，不断从

经验和教训两个方面提出来，请全党同志特别是各级领导干部注意。我们认真学习《邓选》第三卷中的有关论述，从思想上加深认识，从理论上弄懂弄通，在实践中认真把握，可以减少失误，少犯错误，少走弯路，少付"学费"，多作贡献，多创成绩。

（二）正确认识和处理改革、发展、稳定三者的关系，有助于各级领导干部提高理论素养，确立全局观念，增强领导艺术，加强工作的原则性、系统性、预见性和创造性

邓小平同志在 1985 年党的全国代表会议上的讲话中指出："我希望党中央能作出切实可行的决定，使全党的各级干部，首先是领导干部，在繁忙的工作中，仍然有一定的时间学习，熟悉马克思主义的基本理论，从而加强我们工作中的原则性、系统性、预见性和创造性。"这是小平同志向全党发出的号召。

认真学习邓小平同志关于正确认识和处理改革、发展、稳定三者关系的论述，在实践中有哪些益处呢？

（1）有助于提高理论素养。学习邓小平同志建设有中国特色社会主义的理论，特别是结合工作实际学习小平同志关于正确认识和处理改革、发展、稳定三者关系的论述，能使我们认清建设有中国特色社会主义的三个根本性的重大理论问题和实践问题，提高理论素养，增强分析事物、把握规律的能力，做到思想上认得清楚，理论上讲得明白，实践中把握得准确、稳妥。

（2）有助于确立战略眼光。处理好改革、发展、稳

定三者的关系，不仅仅是个现实问题，而且是个战略问题，它贯穿于整个现代化建设的过程中。邓小平同志指出："我国经济发展分三步走，本世纪走两步，达到温饱和小康，下个世纪用三十年到五十年时间再走一步，达到中等发达国家的水平。这就是我们的战略目标，这就是我们的雄心壮志。"显然，战略目标的确立和实现，需要有战略思想、战略眼光。正确认识和处理改革、发展、稳定的关系，就是战略思想、战略眼光在制定政策、部署工作、规划蓝图时的具体体现。只有站得高、看得远，信息灵、决策早，目标明、规划好；只有把改革、发展、稳定置于战略决策、战略部署之中，有效地处理改革、发展、稳定三者的关系，才有利于战略目标的实现。因此，正确认识和处理好三者关系的过程，也是培养战略意识，确立战略眼光的过程。

（3）有助于树立全局观念。全局观念是领导有中国特色社会主义事业必须具备的，而正确认识和处理改革、发展、稳定三者的关系，本身就要有全局观念。从总体上把握三者关系，将改革、发展、稳定协调推进，需要全局观念；一个时期强调某个方面的工作，把它放在突出的位置上处理好，需要全局观念；自始至终把稳定放在保证的位置上切实抓好，同样需要全局观念；使本地区、本部门的各项工作自觉地服从和服务于全国的改革、发展、稳定，更需要全局观念。总之，树立全局观念，有利于我们处理好改革、发展、稳定的关系；而且正确认识和处理改革、发展、稳定的关系，也有助于我们树立全局观念。

（4）有助于增强求实意识。处理好改革、发展、稳定的关系，是一项复杂、艰巨的系统工程，既需要思想上弄明白，更需要具体去操作，去扎扎实实地行动。而且，在事物发展变化的过程中积极稳妥地处理好这三者的关系，更需要深入实际，调查研究，掌握情况，正确分析，果断处理，抓出成效。改革、发展、稳定，这六个字决不是口号，而是行动的纲领，是一艘巨轮的动力系统和控制系统，是需要具体操作才能使它们各得其所的。很显然，要正确认识和处理改革、发展、稳定的关系，需要我们不断增强求实意识。

（5）有助于培养辩证头脑。正确认识和处理改革、发展、稳定的关系，很重要的是要掌握唯物辩证法。这里的关键是要把握好三个"度"，即改革的力度，发展的速度，稳定的牢度。邓小平同志在《邓选》第三卷中，对把握好这三个"度"的重要性和具体要求，都有深刻的阐述。在这三个"度"中，每个"度"掌握到什么程度，大，大到什么程度；小，小到什么程度；高，高到什么程度；低，低到什么程度；紧，紧到什么程度；松，松到什么程度；具体操作起来，都不是一件轻而易举的事情。这就需要有辩证的头脑，注意在变化中把握，在把握中注意变化。毫无疑问，这是一种活的实实在在的唯物辩证法教育、学习和运用。

（6）有助于提高领导艺术。正确认识和处理改革、发展、稳定三者的关系，将会有效地提高我们各级领导干部的领导艺术。要处理好三者关系，就必须在实际工作中，既要坚定不移地贯彻中央的路线、方针和政策，又要结合本地区、本部门的实际，创造性地工作；既要大胆开拓，勇于创新，积极探索，又要谨慎决策，周密部署，稳妥实施；既要有坚定的原则性，又要有工作的灵活性；既要重点突出，抓住不放，又要学会"弹钢琴"，奏好"交响曲"；既要发挥领导班子的核心作用，又要调动千百万人民群众的积极性。

总之，理论素养的提高，战略眼光的确立，全局观念的树立，求实意识的增强，辩证头脑的培养，以及领导艺术的提高，将为我们加强工作的原则性、系统性、预见性和创造性，开创建设有中国特色社会主义事业的新局面，提供必要的条件，打下坚实的基础。这正是邓小平同志关于正确认识和处理改革、发展、稳定三者关系论述的重要实践意义之所在。

深刻认识和深入
学习《江泽民文选》[*]

河南省市厅级主要领导干部学习《江泽民文选》专题研讨班，是在学习贯彻党的十六届六中全会精神、全面落实省八次党代会决策部署、以优异成绩迎接党的十七大的新形势下举办的。研讨班的主要任务是：以马克思列宁主义、毛泽东思想、邓小平理论和"三个代表"重要思想为指导，全面落实科学发展观，深入学习中央关于《学习〈江泽民文选〉的决定》和胡锦涛总书记的重要讲话精神，集中时间研读《江泽民文选》，进一步深刻领会"三个代表"重要思想的时代背景、实践基础、科学内涵、精神实质、历史地位和重大意义，推动学习《江泽民文选》和学习贯彻"三个代表"重要思想继续向深度和广度发展，加深对邓小平理论的理解，加深对党的十六大以来党中央提出的科学发展观、构建社会主义和谐社会

---

* 本文是作者 2007 年 3 月 29 日在河南省市厅级主要领导干部学习《江泽民文选》专题研讨班上的讲话，发表于 2007 年 3 月 30 日《河南日报》。

等重大战略思想的理解，为全面建设小康社会、奋力实现中原崛起提供科学的理论指导和有力的思想保证。

一、认真学习中央《决定》和胡锦涛总书记的重要讲话，深刻认识学习《江泽民文选》的重大意义

党中央对学习《江泽民文选》高度重视。专门作出了《关于学习〈江泽民文选〉的决定》，举行了学习《江泽民文选》报告会。胡锦涛总书记在报告会上的重要讲话，站在历史和全局的高度，深刻阐述了《江泽民文选》出版的重大意义，系统归纳了"三个代表"重要思想富有独创性的理论成果，高度评价了江泽民同志作为党的第三代中央领导集体核心和"三个代表"重要思想主要创立者的重大贡献，对学好用好《江泽民文选》提出了明确要求。他强调，深入学习《江泽民文选》，对于坚定广大党员、干部和人民群众走中国特色社会主义道路的决心和信心，对于提高我们应对国际国内复杂局面、领导建设中国特色社会主义事业的能力和水平，加强党的执政能力建设和先进性建设，对于始终走在时代前列，在建设中国特色社会主义的伟大实践中不断推进马克思主义中国化，更好地发挥马克思主义对实践的指导作用，具有十分重大的意义。我们要深刻领会胡锦涛总书记的重要讲话精神，进一步提高对深入学习《江泽民文选》重大意义的认识。

（一）深入学习《江泽民文选》是高举邓小平理论和

"三个代表"重要思想伟大旗帜，坚定走中国特色社会主义道路的必然要求。我们党是一个拥有 7000 万党员的大党，我们国家是一个拥有 13 亿人口的大国，各族人民正在从事建设中国特色社会主义的宏伟事业。这样的大党，这样的大国，这样伟大的事业，需要我们高举旗帜，坚定信心，巩固发展全党全国各族人民共同奋斗的思想基础。我们党始终坚持把马克思主义基本原理同中国具体实际相结合，实现了党的理论的三次历史性飞跃，先后产生了毛泽东思想及其代表作《毛泽东选集》、邓小平理论及其代表作《邓小平文选》和"三个代表"重要思想及其代表作《江泽民文选》，正是在这些科学理论指导下，我们党才战胜一切艰难险阻，不断开创伟大事业的新局面。《江泽民文选》为我们适应新形势新变化，不断开拓马克思主义的新境界打开了新的理论视野，为我们更好地推进中国特色社会主义宏伟事业提供了新的理论指导。深入学习《江泽民文选》，回顾党进行理论创新的发展历史，重温党的十三届四中全会以后的 13 年我国非同凡响的发展历程，对于我们以实际行动高举旗帜、继往开来、与时俱进，用发展着的马克思主义指导中国特色社会主义事业胜利前进，具有十分重大的意义。

（二）深入学习《江泽民文选》是全面贯彻科学发展观、构建社会主义和谐社会等重大战略思想的内在要求。十六大以来，以胡锦涛同志为总书记的党中央坚持以邓小平理论和"三个代表"重要思想为指导，解放思想，开拓进取，在奋力开创中国特色社会主义事业新局面的同时，创造性地提出了科学发展观、构建社会主义和谐社会等重大战略思想。党的十六大以来，我们党在实践上的新创造和理论上的新发展，充分显示了"三个代表"重要思想的重大指导作用，同时又深刻启示我们必须把学习贯彻"三个代表"重要思想不断引向深入。《江泽民文选》是建设中国特色社会主义的经验总结和理论升华，对党和国家事业的发展具有重大而长远的指导作用。深入学习《江泽民文选》，对于我们深刻认识落实科学发展观、构建社会主义和谐社会是对邓小平理论和"三个代表"重要思想的最好坚持和最好实践，更加自觉、更加坚定用马克思主义中国化的最新成果武装头脑、指导实践，加快中原崛起，构建和谐中原，具有十分重大的意义。

（三）深入学习《江泽民文选》是提高干部特别是领导干部思想政治素质，提高执政能力和领导水平的迫切要求。思想政治素质是领导干部最重要的素质，对提高党的执政能力和领导水平至关重要。毛泽东同志早在1938年就深刻指出，从担负主要领导责任的观点上说，如果我们党有一百个至二百个系统地而不是零碎地、实际地而不是空洞地学会了马克思列宁主义的同志，就会大大提高我们的战斗力量。近年来，河南省的理论学习和理论武装工作同全国一样不断深入、卓有成效，大多数干部思想政治素质和工作水平明显提高。但也要清醒地看到，仍有一部分同志还不适应新形势新任务的要求。有的政治观念和纪律意识不强，程度不同地存在着地方主义、本位主义倾向；有的思想不够解放，创新意识不强，发展思路不宽、办法不多；有的缺乏理论思维和战略思维能力，工作缺乏预见性和创造性；有的放松主观世界改造，或多或少地存在着奢靡之风、浮躁之风、贪占之风、跑要之风等陋习恶习；还有极少数领导干部经不起权力、金钱、美色的诱惑，最终沦为人民的罪人。干部队伍中出现的这些问题，原因固然很多，但忽视理论学习，缺少理论武装是共同的原因。随着各级党委集中换届工作的圆满完成，一大批同志走上新的领导岗位，加强思想政治理论学习显得尤为迫切。《江泽民文选》集中体现了江泽民同志对加强党的思想理论建设和执政能力建设的深入思考，是加强思想理论建设非常重要的教材。深入学习《江泽民文选》，对于正确把握科学理论的精神实质，提高领导干部的理论素养和理论思维能力，造就一支德才兼备、朝气蓬勃、奋发有为的高素质干部队伍，为实现中原崛起提供坚强的政治和组织保证，具有十分重大的意义。

（四）深入学习《江泽民文选》是用科学理论指导实践，确保中原崛起宏伟事业沿着正确方向胜利前进的根本要求。伟大的实践呼唤伟大的理论，伟大的理论指导伟大的实践。改革开放尤其是近年来，我们坚持以邓小平理论和"三个代表"重要思想为指导，全面贯彻落实科学发展观，真抓实干，开拓进取，经济社会发展站在了新的历史起点上，中原崛起的宏伟事业正面临着空前的好形势。但是，我们也面临着异常激烈的挑战。发展水平不高、资源环境约束加剧、区域竞争日趋激烈，实现又好又快发展的任务相当艰巨。特别是随着经济社会发展进入黄金发展期和矛盾凸显期交织并存的新阶段，各种利益关系更加多元化，社会矛盾和问题更加突出，维护社会稳定、促进社会和谐的任务也相当艰巨。面对复杂多变的发展形势，我们要带领人民抓住机遇，应对挑战，顺利推进中原崛起的宏伟事业，就必须坚定不移地用发展着的马克思主义指导实践。《江泽民文选》为我们科学判断形势、正确应对各种风险和挑战，牢牢掌握发展主动权提供了方针原则和宝贵经验。深入学习《江泽民文选》，对于我们始终保持清醒头脑，趋利避害、把握主动，真正建立起以贯彻落实科学发展观为核心的动力导航体系，确保中原崛起伟大实践沿着又好又快的科学轨道胜利前进，具有十分重大的意义。

二、深入学习《江泽民文选》，全面把握"三个代表"重要思想的科学体系和丰富内容

《江泽民文选》记录了从党的十三届四中全会到党的十六大这13年的辉煌历史，内涵丰富、博大精深。"三个代表"重要思想涵盖了社会主义经济建设、政治建设、文化建设、社会建设和党的建设以及国防和军队现代化建设、祖国统一、国际战略和外交工作等各个领域，涉及改革发展稳定、内政外交国防、治党治国治军等各个方面，是一个完整的科学的思想体系。大家都在不同岗位上经历了这一时期，读《江泽民文选》感到特别熟悉、特别亲切。学习《江泽民文选》，要在全面把握中央《决定》提

出的"九个深刻领会"和胡锦涛总书记讲话精神的基础上，重点把握以下四个方面。

（一）学习《江泽民文选》，必须牢牢把握建设中国特色社会主义这个主题。"三个代表"重要思想关于建设中国特色社会主义的一系列重大思想，是对马克思主义理论的重大贡献。把握这个主题，一要深刻领会江泽民同志关于发展是党执政兴国的第一要务，坚持用发展的办法解决前进中的问题，聚精会神搞建设，一心一意谋发展等重要思想。紧紧抓住重要战略机遇期，始终坚持以发展为主题，团结一切可以团结的力量，调动一切可以调动的积极因素，抓住机遇而不可丧失机遇，开拓进取而不可因循守旧，扎实工作而不可心浮气躁，不断创新发展观念、开拓发展思路、破解发展难题，努力实现经济社会又好又快发展。二要深刻领会江泽民同志关于"两个毫不动摇"的方针和实施"引进来"与"走出去"相结合的开放战略等重要思想。坚定不移地走改革开放这一富民强省之路，坚持市场取向的改革，创新体制机制；实施开放带动主战略，以开放促改革促发展，务求在重要领域和关键环节上实现新突破，为经济社会发展提供强大引擎。三要深刻领会江泽民同志关于推进社会主义现代化建设，要把握经济社会发展全局，正确处理改革发展稳定关系等重要思想。正确认识和把握改革发展稳定三者相互依存、相辅相成的关系，把改革的力度、发展的速度和社会可承受的程度统一起来，把不断改善人民生活作为处理三者关系的重要结合点，在发展战略上坚持用"改革、发展、稳定"的思路来统筹部署，在具体工作中要特别注意稳定的问题，努力做到在社会稳定中推进改革发展，通过改革发展促进社会稳定。

（二）学习《江泽民文选》，必须牢牢把握加强党的建设这个关键。江泽民同志关于新时期党的建设思想，丰富和发展了马克思主义党建理论。学习《江泽民文选》，一要深刻领会江泽民同志关于思想政治建设始终是党的建设的首要任务，是带动其他方面建设的根本性建设等重要思想。加强党的思想建设，最根本的就是坚持用科学的理论武装全体党员的重要思想，把马克思主义中国化的最新成果内化为坚定的政治信仰、正确的思想方法和行为准则，不断提高马克思主义理论水平。二要深刻领会江泽民同志关于始终坚持党的领导核心地位、加强党的执政能力建设，坚持党的领导、人民当家做主和依法治国的有机统一等重要思想。充分发挥党委总览全局、协调各方的作用，健全民主集中制，着力提高各级领导干部贯彻科学发展观的能力、驾驭全局的能力、处理利益关系的能力和务实创新的能力，不断推进科学执政、民主执政、依法执政，努力使各级领导班子成为领导全省人民加快中原崛起的坚强领导集体。三要深刻领会江泽民同志关于治国必先治党、治党务必从严等重要思想。坚持不懈地抓好领导干部作风建设，坚定不移地开展党风廉政建设和反腐败斗争，发扬党的光荣传统和优良作风，自觉抵制各种腐朽落后思想观念的侵蚀，常修为政之德、常思贪欲之害、常怀律己之心，做到为民、务实、清廉。

　　（三）学习《江泽民文选》，必须牢牢把握解放思想、实事求是、与时俱进这个马克思主义活的灵魂。解放思想、实事求是、与时俱进是《江泽民文选》的精髓所在。学习《江泽民文选》，一要深刻领会江泽民同志关于与时俱进是我们党保持先进性和增强创造力的决定性因素等重要思想。始终坚持与时俱进这一马克思主义的理论品质，用马克思主义中国化的最新成果指导实践，不断增强用科学发展观统揽经济社会发展全局的自觉性。二要深刻领会江泽民同志关于创新是一个民族的灵魂，是一个国家兴旺发达的不竭动力，也是一个政党永葆生机的源泉等重要思想。积极推进理论创新、制度创新、科技创新、文化创新以及其他各方面创新，大力实施"科教兴豫"和"人才强省"战略，大力实施自主创新跨越发展战略，把自主创新浓墨重彩地写在中原崛起的旗帜上，努力建设创新型河南。三要学习江泽民同志提出的对待马克思主义要做到"两个坚定不移、不能含糊"的科学态度。始终坚持和发展马克思主义统一于中国特色社会主义的伟大实践，不断开辟马克思主义中国化的新境界。一方面，必须坚持马克思主义指导地位这个根本，不断深化对以马克思主义思想、中国特色社会主义共同理想、民族精神和时代精神、社会主义荣辱观为基本内容的社会主义核心价值体系的认识；另一方面，必须进一步解放思想、更新观念，坚持用发展着的马克思主义指导中原崛起的伟大实践，创造性开展工作。

　　（四）学习《江泽民文选》，必须牢牢把握始终坚持和代表中国最广大人民根本利益的马克思主义立场。一切为了人民，一切依靠人民，是马克思主义政党最鲜明的政治立场。实现人民愿望、满足人民需要、维护人民利益，是"三个代表"重要思想的根本出发点和落脚点。学习《江泽民文选》，要牢牢把握立党为公、执政为民的本质要求，把始终代表最广大人民的根本利益体现在一切工作和方针政策中。一要深刻领会江泽民同志关于建设中国特色社会主义事业是全国各族人民实现自己利益、创造美好生活的共同事业，是亿万人民群众广泛参与的创造性事业等重要思想。不断深化对人民群众历史主体地位的认识，充分发挥人民群众的主人翁作用，始终做到发展为了人民、发展依靠人民、发展成果由人民共享，切实把以人为本的要求贯穿到我们实际工作的各个方面、各个环节，把全省人民的智慧和力量凝聚到中原崛起的宏伟事业上来。二要深刻领会江泽民同志关于最大多数人的利益是最紧要和最具有决定性的因素，始终关系党的执政的全局，关系国家经济政治文化发展的全局，关系全国各族人民的团结和社会安定的全局等重要思想。坚持把人民的根本利益作为出发点和归宿，作决策、想问题、办事情都要从人民群众的根本利益出发，着力解决人民群众最关心、最直接、最现实的利益问题，解决人民群众关注、社会各方面关切的热点问题，在锦上添花和雪中送炭的工作中，必须把雪中送炭放在第一位，有条件再锦上添花，切实把党和政府关心群众的政策措施落到实处，最大限度让改革发展的成果普惠于民。三要深刻领会江泽民同志关于在任何时候任何情况下，与人民群众同呼吸、共命运的立场不能变，全心全意为人民服务的宗旨不能忘，坚信群众是真正英雄的历史唯物主义观点不能丢等重要思想。不断深化对群众观点和群众路线的理解和把握，做到心里装着群众、凡事想着群众、工作依靠群众、一切为了群众，始终与人民群众同呼吸、共命运、心连心，更好地带领全省人民投身于中原崛起的宏大实践。

三、把学习《江泽民文选》与学习十六大以来党中央提出的一系列重大战略思想结合起来，增强用发展着的马克思主义指导实践的自觉性和坚定性

中国特色社会主义事业是在继往开来中不断向前发展的，马克思主义中国化也是在承前启后中持续向前推进的。"三个代表"重要思想作为我们党在新时期推进马克思主义中国化进程中的一个重要发展阶段，上承邓小平理论，下启十六大以来党中央提出的一系列重大战略思想，既是建设中国特色社会主义的经验升华，又是以胡锦涛同志为总书记的党中央提出的一系列重大战略思想的理论源泉。我们只有把《江泽民文选》与十六大以来党中央提出的一系列重大战略思想结合起来学习，才能进一步加深对"三个代表"重要思想的认识，才能进一步加深对马克思主义中国化一脉相承的理论体系的理解，才能进一步增强用马克思主义中国化的最新成果武装全党的自觉性和

坚定性。为此，我们要通过结合起来学习，深化以下三点主要认识。

（一）要通过结合起来学习，真正认识到十六大以来党中央提出的一系列重大战略思想是对改革开放和社会主义现代化建设新实践作出的科学回答。新世纪以来，我国经济社会发展进入了新的发展阶段，工业化、城镇化、市场化、国际化进程明显加快；经济体制深刻变革、社会结构深刻变动、利益格局深刻调整，思想观念深刻变化；经济成分、组织形式、就业方式、利益关系和分配方式日趋多元化；经济社会发展面临的发展机遇前所未有，面对的挑战也前所未有。面对新的形势和发展变化，以胡锦涛同志为总书记的党中央从战略和全局的高度，提出了科学发展观、构建社会主义和谐社会等一系列重大战略思想，自觉地把握和能动地体现了我国经济社会发展呈现出的重要阶段性特征。比如，提出贯彻落实科学发展观的重大战略思想，就反映了我们党对当前我国经济虽然总体保持平稳较快增长，经济结构在工业化进程中加速调整，但长期积累的结构性矛盾和粗放式增长方式尚未根本转变，能源、资源、环境、技术的瓶颈制约日益突出，实现可持续发展遇到的压力增大这个阶段性特征的自觉认识。提出构建社会主义和谐社会的重大战略思想，就反映了我们党对我国城乡、区域经济社会发展不平衡，城乡贫困人口和低收入人口尚有相当数量，包括就业、看病、上学、收入分配、社会保障、生态环境保护、安全生产、社会治安在内的一些关系群众切身利益的问题亟待解决，统筹兼顾各方面利益的难度加大，以及人民内部矛盾处于多发时期，社会建设和管理面临一系列新课题这些阶段性特征的自觉认识。此外，提出树立社会主义荣辱观、建设社会主义新农村、推进建设和谐世界等重大战略思想，也都反映了我们党对当前国际国内发展形势和经济社会发展现状的新判断、新总结。我们只有深刻认识到十六大以来党中央提出的一系列重大战略思想产生的时代背景和实践基础，才能真正理解为什么必须采取现在这样的科学发展、和谐发展、和平发展的重大方针政策，为什么必须坚持改革方向的坚定性、提高改革决策的科学性、增强改革措施的协调性。

（二）要通过结合起来学习，真正认识到十六大以来党中央提出的一系列重大战略思想是对邓小平理论和"三个代表"重要思想的坚持和继承。十六大以来党中央提出的一系列重大战略思想，在为什么发展、为谁发展、怎样发展等重大问题上的基本主张、基本观点，与邓小平理论和"三个代表"重要思想是一以贯之、一脉相承的。比如，提出树立和落实科学发展观，既是对邓小平理论关于发展才是硬道理，要抓住机遇、加快发展；要在对内改革和对外开放中解放和发展生产力等重要思想的全面继承。也是对"三个代表"重要思想关于我们党要代表先进生产力的发展要求，发展是党执政兴国的第一要务，发展要有新思路；要坚持走新型工业化道路；要推进经济结构战略性调整和经济增长方式转变，实现速度和质量、结构、效益相统一，经济发展和人口、资源、环境相协调等重要思想观点的全面继承。又如，提出构建社会主义和谐社会，既是对邓小平理论关于要按照统筹兼顾的原则来调节各种利益的相互关系，稳定压倒一切等重要思想的全面继承。也是对"三个代表"重要思想关于社会主义社会是以经济建设为重点的全面发展、全面进步的社会，要促进社会主义物质文明、政治文明、精神文明协调发展；要正确处理新形势下的人民内部矛盾；要正确处理改革发展稳定的关系等重要思想观点的全面继承。再如，提出树立社会主义荣辱观的重大战略思想，既是对邓小平理论关于我们要在建设高度物质文明的同时，提高全民族的科学文化水平和健康水平，树立崇高的理想和革命道德风尚，发展高尚的丰富多彩的精神文化生活，建设高度的社会主义精神文明，培养有理想、有道德、有文化、有纪律的社会主义新人等重要思想的全面继承。也是对"三个代表"重要思想关于要树立正确的世界观、人生观、价值观和正确的权力观、地位观、利益观，坚持自重、自省、自警、自励，讲修养、讲道德、讲廉耻等重要思想观点的全面继承。此外，提出建设创新型国家，建设社会主义新农村，建设社会主义和谐文化等重大战略思想，既是对邓小平理论关于科学技术是第一生产力；中国经济能不能发展，首先要看农村能不能发展，农民生活是不是好起来；物质文明和精神文明都搞好，才是有中国特色社会主义等重要思想的全面继承。也是对"三个代表"重要思想关于实施科教兴国战略；农民问题始终是我国革命、建设、改革的根本问题；我们党要始终代表先进文化的前进方向，坚持依法治国和以德治国相结合等重要思想观点的全面继承。

（三）要通过结合起来学习，真正认识到十六大以来党中央提出的一系列重大战略思想是对邓小平理论和"三个代表"重要思想的进一步丰富和发展。十六大以来党中央提出的一系列重大战略思想，在高举旗帜的前提下，体现了继往与开来的最佳结合、坚持与发展的有机统一，既坚持了新时期以来党的基本理论、基本路线、基本纲领、基本经验，又谱写了理论和实践创新的崭新篇章，使我们党的全部理论和工作体现时代性、把握规律性、富于创造性。主要体现在以下几个方面。

第一，十六大以来党中央提出的科学发展观的重大战略思想进一步丰富和发展了邓小平理论和"三个代表"重要思想关于发展的重要思想。科学发展观从以人为本是核心、又好又快是本质、"五个统筹"是关键、改革创新是保证这四个方面反映了我们党对发展问题的新认识。一是提出以人为本的新理念，把人的需求和全面发展作为经济社会发展的出发点和归宿，作为党和国家一切工作的出发点和落脚点，进一步发展了邓小平理论和"三个代表"重要思想关于促进人的全面发展的重要思想。二是基于"两个重要战略机遇期"的重要论断，提出了推进自主创新、建设创新型国家的新战略，为实现科学发展提供了理论指导和现实途径。三是基于"两个趋向"的重要论断，提出了以工促农、以城带乡解决"三农"问题的新思路，为我们统筹城乡发展，走城乡良性互动的发展道路，提供了重要的理论指导。四是针对我国经济发展和能源资源环境的矛盾越来越突出的现状，总结国内外经济发展的经验教训，提出了建设资源节约型、环境友好型社会的新模式，为形成可持续的生产方式和消费模式，减少对国际社会能源资源的过多依赖，提供了重要的理论指导。

第二，十六大以来党中央提出的构建社会主义和谐社会的重大战略思想进一步丰富和发展了邓小平理论和"三个代表"重要思想关于促进社会全面发展和中国特色社会主义事业总体布局的重要思想。党中央站在时代和全局的战略高度，深刻总结我们促进社会和谐的实践经验，全面把握经济社会发展的阶段性特征，提出了构建社会主义和谐社会的重大战略思想，进一步深化了对社会主义的认识。一是做出了社会和谐是中国特色社会主义的本质属性的重大论断，为构建社会主义和谐社会提供了理论指导，有利于更全面地体现党的奋斗目标和全国各族人民的共同理想。二是把社会建设同经济建设、政治建设、文化建设一道，纳入中国特色社会主义事业总体布局，形成了从党的十一届六中全会开始到十二大、十三大、十四大、十五大强调的物质文明、精神文明"两位一体"的格局，到党的十六大提出的物质文明、政治文明、精神文明"三位一体"的格局，再到党的十六届六中全会提出的"四位一体"的格局的发展过程。三是提出了创新社会管理体制，整合社会管理资源，提高社会管理水平，健全党委领导、政府负责、社会协同、公众参与的社会管理格局，在服务中实施管理，在管理中体现服务的新思想，是对传统的社会治理方式的一个重要的新发展，有利于最大限度地增加和谐因素、最大限度地减少不和谐因素，不断促进社会和谐。

第三，十六大以来党中央提出的推动建设和谐世界的重大战略思想进一步丰富和发展了邓小平理论和"三个代表"重要思想关于国际战略和对外关系的思想。党中央把构建和谐社会的思想运用于外交工作，提出推动建设持久和平、共同繁荣的和谐世界的重要思想，进一步发展了邓小平理论和"三个代表"重要思想关于国际战略和对外关系的思想。推动建设和谐世界，最根本的就是把对内坚持走中国特色社会主义道路同对外坚持走和平发展道路结合起来，既争取和平的国际环境来发展自己，又以中国的发展促进世界和平，在我国快速发展进程中，向世界展示中国和平、文明、负责任大国的形象。这一重要思想符合中国人民的根本利益，顺应了当今世界发展潮流，体现着中国政府和人民致力于世界和平与进步的坚定信念。

第四，党的十六大以来党中央提出的加强党的先进性建设的重大战略思想是对邓小平理论和"三个代表"重要思想关于保持和发展党的先进性的一系列论述的重要发展。党的十六大以来，以胡锦涛同志为总书记的党中央基于时代紧迫感和深层忧患感，鲜明提出了加强党的先进性建设的重大战略思想，赋予党的先进性建设新的思想内涵和时代内容。一是在党的先进性建设的重大意义上强调先进性是马克思主义政党的生命所系、力量所在。二是在党的先进性建设的时代内涵上强调党的先进性是历史的、具体的。三是在党的先进性建设的根本任务上强调把加强党的先进性建设的要求贯彻到党的全部执政活动中去，做到科学执政、民主执政、依法执政。四是在党的先进性建设的实践主体上强调保持和发展党的先进性需要各级党组织和从领导层到基层广大党员的共同努力。五是在党的先进性建设的实现途径上强调保持和发展党的先进性是一个不断认识、不断实践、不断提高的过程。六是在党的先进性建设的根本依据上强调党章是立党、治党、管党的总章程。七是在党的先进性建设的具体方面强调在思想理论、治国理政、奋斗纲领、党的组织和党员队伍、党风廉政、党内制度体系上保持和发展党的先进性，使我们党成为始终站在时代前列、带领人民群众团结奋进的坚强领导核心。加强党的先进性建设的重大战略思想使党的建设的努力方向和检验标准更加鲜明，使我们能够更好、更全面、更有成效地推进党的建设新的伟大工程。

　　总之，十六大以来党中央提出的一系列重大战略思想，是对当前我国经济社会发展阶段性特征的自觉认识和深刻把握，是对邓小平理论和"三个代表"重要思想的继承与坚持，是对邓小平理论和"三个代表"重要思想的丰富与发展，是马克思主义中国化的最新成果，进一步拓展了马克思主义理论的新境界，使马克思主义在当代中国放射出更加耀眼的真理光芒，是新时期我们推进社会主义现代化建设必须长期坚持的指导方针。如同我们坚持"三个代表"重要思想，就是真正坚持马克思列宁主义、毛泽东思想、邓小平理论一样，在当前和今后一个时期，我们坚持并全面贯彻十六大以来我们党以邓小平理论和"三个代表"重要思想为指导提出的一系列重大战略思想，也就是真正坚持马克思列宁主义、毛泽东思想、邓小平理论和"三个代表"重要思想，就是以实际行动高举旗帜、继往开来、与时俱进。我们一定要坚定不移地贯彻十六大以来党中央提出的一系列重大战略思想，做到政治上更加坚定，思想上更加自觉，行动上更加有力，措施上更加扎实；一定要坚定不移地把十六大以来党中央提出的一系列重大战略思想落实到社会主义现代化建设的各个领域，体现在党的建设的各个方面；一定要坚定不移地全面贯彻落实科学发展观，努力推进和谐中原建设，坚持以科学发展为主题，以又好又快发展为方向，以加快结构调整、转变经济增长方式和破解三农问题为重点，以改革开放为动力，以改善民生为根本，实现跨越式发展，实现更大规模更高水平发展，推动经济社会切实转入又好又快发展的轨道。

四、坚持用发展着的马克思主义指导中原崛起的宏大实践，不断开创各项工作的新局面

马克思主义理论的巨大生命力，在于能够给实践提供科学指导，使人们在认识规律、把握规律、运用规律的基础上更好地改造客观世界和主观世界。要按照胡锦涛总书记在学习《江泽民文选》报告会上的讲话精神，大力发扬理论联系实际的马克思主义学风，坚持用发展着的马克思主义武装头脑、指导实践，不断增强工作的原则性、系统性、预见性和创造性，加快"两大跨越"，推进"两大建设"，全面落实中央提出的坚持科学发展、着力改善民

生、构建和谐社会的三项要求，努力做到理论武装要有新提高、又好又快发展要有新气象、和谐中原建设要有新加强、作风建设要有新成效，各项工作都要有新进展，不断开创中原崛起的新局面。

（一）理论武装要有新提高。加强思想理论建设，用马克思主义武装全党，是我们党永葆先进性的根本保证。党的理论创新每推进一步，理论武装就要跟进一步。各级领导干部特别是市厅级领导干部要率先垂范，多学一点、学深一点、学好一点，做带头学习的表率。要认真研读原著，在全面把握"三个代表"重要思想的科学体系和精神实质上下工夫，在深刻领会马克思主义中国化的最新成果上下工夫，在运用马克思主义的立场、观点、方法解决实际问题上下工夫，切实把"三个代表"重要思想转化为为党和人民的事业不懈奋斗的坚定信念，转化为观察和解决问题的科学方法，转化为指导改造客观世界和主观世界的行为准则。要加强对学习《江泽民文选》的领导，切实担负起组织好本地区本部门党员干部理论学习和理论武装的任务。要把学习《江泽民文选》作为当前和今后一个时期党的思想政治建设与党员领导干部理论学习及培训的重要内容，制订科学合理的学习计划，有重点分步骤地深入开展学习活动，确保学习内容、时间、人员、效果"四落实"。各级党委（党组）理论学习中心组要把学习《江泽民文选》作为重点内容，集中安排时间进行学习。要充分发挥各级党校、行政学院的主阵地作用，通过举办各种形式的研讨班、培训班、学习班，推动干部的理论学习。要采取多种形式，把学习《江泽民文选》活动普及到广大人民群众中去。要发挥好各级党委讲师团、社科理论界的优势，深入实施马克思主义理论研究和建设工程，推出一批有深度、有分量的研究成果。要加强对学习的指导和督促检查，确保学习活动扎实有效，使党员干部的思想理论素质和工作水平有明显提高。

（二）又好又快发展要有新气象。近年来，在党中央的正确领导下，我们始终坚持发展不放松，抓住发展不动摇，推动发展不松劲，河南省经济社会呈现出又好又快发展的良好势头。但要清醒地认识到，要保持这样的态势，真正实现又好又快发展决非易事，必须多方努力，用科学理论指引方向，用科学方法研究工作，用科学措施促进发展。具体地讲，就是要在科学发展观的指引下，使河南省的优势得到充分发挥，潜力得到全面挖掘，难题得到有效破解，措施得到真正落实。一要充分发挥"四大作用"，就是要发挥好资本、劳动力和技术三大要素的驱动作用，投资、消费、出口三驾马车的拉动作用，工业强省的带动作用，体制创新的推动作用。这是目前河南省经济发展的"主力队员"和"功臣"，对保持今后经济又好又快发展具有不可替代的作用，各地一定要抓紧抓牢抓实抓好，使经济发展动力强劲、活力充沛。二要牢牢抓住"四个着力点"，就是抓好经济结构调整、增长方式转变、促进节能降耗、加大改革开放力度。这是下一步我们经济发展的主攻方向和战略途径，是实现科学发展、和谐发展的关键所在。可以说，抓住了这四大着力点，就抓住了贯彻中央决策和河南实际的结合点，抓住了实现经济脱胎换骨的良方妙药，抓住了经济大省向经济强省跨越的根本。对此，大家头脑一定要十分清醒，行动一定要积极主动，措施一定要扎实有力。抓好经济结构的调整，要进一步优化产业结构、工业结构、产品结构，使经济结构更加合理；抓好经济增长方式的转变，要抓住增强自主创新能力这个中心环节，尽快把经济增长转到依靠科技进步和提高劳动者素质的轨道，切实改变主要靠投资拉动、靠占用土地获得经济增长的方式，推动经济增长方式由粗放型向集约型转变；实现节能降耗，要突出抓好循环经济、知识经济的发展，推动经济社会走节约发展、清洁发展、安全发展之路；加大改革开放力度，要以行政管理体制改革为中心，全面深化各项改革，以提高招商引资水平为目标，更加积极地实施开放带动主战略，向改革要效益，向开放要成果。三要全面挖掘"四大潜力"，就是出口增长的潜力、第三产业发展的潜力、高新技术产业发展的潜力和民营经济发展的潜力。这些今天的潜力，就是明天巨大的生产力，是河南省经济新的增长点，也是经济上规模上水平的希望所在、后劲所在。大家一定要用战略眼光来看待这些潜力，采取战略措施来挖掘这些潜力。挖掘出口增长的潜力，要重点抓好工业品、农产品出口和劳动力输出，既要扩大总量，又要优化结构，努力提高经济的外向度；挖掘第三产业潜力，要抓住有利时机，重点抓好现代物流、金融保险、信息服务等现代服务业发展；挖掘高新技术产业发展的潜力，要加大资金投入、政策支持和科技攻关力度，推动河南省经济从要素驱动向创新驱动转型；挖掘民营经济发展的潜力，要下大力气解决民营经济品牌不响、规模较小、水平不高等问题，推动其做大、做强、做优、做长。四要有效突破"四大制约"，就是土地制约、人才制约、观念制约和环境制约。无论是从当前看还是从长远看，这些因素都是制约又好又快发展的突出矛盾和问题。必须用创新的思维、改革的办法和务实的精神克难攻坚，在应对挑战中赢得主动，在破解难题中奋发有为。突破土地的制约，要走节约土地、集约用地的发展路子，使有限的土地产生出最大的经济效益、生态效益和社会效益；突破人才的制约，要加快培养、引进、造就一大批高层次人才，实现人力资源优势向人力资本优势的转变，变人口大省为人才大省；突破观念的制约，重点要树立创新意识、超前意识、现代意识、开放意识和竞争意识，使广大干部群众的思想观念与经济全球化、知识现代化、发展信息化的要求相适应；突破环境的制约，重点要加强环境保护和治理，建设山川秀美的新河南。各级党委政府和各级领导干部要在切实把握好这些关键和举措的同时，一定要牢记中央的嘱托，进一步巩固加强农业的基础地位，毫不动摇地抓紧抓好粮食生产，为保障国家粮食安全做出新贡献，这既是我们自身的优势，也是我们应尽的责任。

（三）和谐中原建设要有新加强。促进社会和谐，是发展着的马克思主义题中应有之义，是全面建设小康社会的重要内容，也是做好各项工作的重要前提。立足基本省情，适应经济社会发展的新形势、新变化、新特点，现阶段构建和谐中原要突出"稳定"这个首要任务，确保经济稳定发展、社会稳定有序、人心稳定和谐、领导班子稳定团结；抓住"惠民"这个工作重点，解决好就业、就学、就医和社会保障"三就一保"问题，让人民得到更多实惠；抓好"求实"这个根本要求，出实招、办实事、求实效，真正做到实事求是、真抓实干；把握"共建"这个基本途径，尊重群众主体地位和首创精神，广泛动员人民群众共同参与，努力实现全面动态可持续的和谐稳定。实现上述目标，一是认识要到位。各级领导干部一定要充分认识构建和谐中原的长期性、艰巨性、复杂性和紧迫性，充分认识"保稳定、促和谐"是一项牵动全局的重要工作，必须摆上各级党委、政府工作的突出位置，时刻放在心上、牢牢抓在手上，丝毫不能懈怠和麻痹，一刻也不能疏忽和大意。二是责任要明确。大家一定要牢记，维护稳定是各级党委、政府的第一责任，主要领导是第一责任人，责任重大，责无旁贷。三是措施要有力。各地各部门要认真查找影响本地区本部门社会和谐的突出矛盾，找准群众普遍关心的现实问题，在深入调查研究的基础上，提出管用能用的政策措施，一个一个地加以解决。四是方法要得当。既要扎实做好日常工作，又要妥善处理突发事件；既要善于用经济手段、法律手段解决经济社会发展中存在的突出问题，又要采取必要的行政手段化解矛盾、稳定局势；既要深入基层、深入实际，加强矛盾纠纷排查，着力从源头上预防和减少矛盾发生，又要深入细致地做好思想工作，引导群众以理性合法的形式表达利益诉求，着力疏导和缓解矛盾。五是制度要健全。建立健全信访责任制、安全生产责任制、社会治安防控体系、应急管理体制，进一步完善促进社会和谐的制度保障体系，形成相互促进、互为补充、整体联动的有效运行机制。

（四）作风建设要有新成效。党的作风体现着党的宗旨，关系党的形象，关系人心向背，关系事业兴衰。在加快中原崛起的新征程中，我们一定要充分认识加强领导干部作风建设的极端重要性，采取更加有力的举措，以即将开展的"讲正气、树新风"活动为抓手，深入贯彻胡锦涛总书记在中纪委七次全会上的重要讲话精神，全面加强领导干部五个方面的作风建设，树立八个方面的良好风气，进一步增强忧患意识、公仆意识、节俭意识，努力推进领导干部作风建设取得新成效。一是思想作风要更加端正。要坚定不移地贯彻党的解放思想、实事求是、与时俱进的思想路线，始终保持奋发有为的精神状态，坚持以新视野认识新事物，以新观念研究新情况，以新理论回答新问题，以新思路谋划新发展。大力弘扬创新精神，把中央精神与本地实际结合起来，创造性地开展工作，用思想认识的飞跃求得发展成效的飞跃，用观念政策的突破求得工作实绩的突破，用工作思路的创新求得工作面貌的创新。二是学风要更加求实。要按照学习型干部的要求，在全省广大干部中大兴学习之风，营造浓厚的学习氛围，使学习成为干部的一种自觉追求、一种良好风尚、一种生活习惯。要弘扬理论联系实际的马克思主义学风，联系改革开放和现代化建设的实际，联系本地区本部门的工作实际和干部群众的思想实际，努力做到学以致用、用以促学、学用相长。三是工作作风要更加扎实。要十分珍惜目前全省上下干事创业的大好局面，坚持守土有责，做到心无旁骛，把精力用到求发展上，把心思用到求实效上，把劲头用到抓工作上。大力发扬"严、细、深、实"之风，静下心来，沉下身子，解决好一个一个问题，落实好一项一项任务。四是领导作风要更加亲民。要坚持立党为公、执政为民，坚持权为民所用、情为民所系、利为民所谋，始终保持党同人民群众的血肉联系。要牢固树立解决民生问题是最大的政治，改善民生问题是最大的政绩的理念，经常深入群众，倾听群众呼声，关心群众疾苦，把群众的安危冷暖时刻放在心上，始终怀着深厚的感情为人民群众做好事办实事解难事，诚心诚意为群众谋利益。特别要多到问题多、矛盾尖锐的地方去，同干部群众一起解决问题，格外关注、重点帮助困难群体和弱势群体。五是生活作风要更加健康。领导干部的生活作风和生活情趣，不仅关系到自己的个人品德和形象，而且关系到党在群众中的威信和形象。各级领导干部一定要加强道德修养，讲操守、重品行，培养健康生活情趣，多一点学习、少一点应酬，多上一点书桌、少沾一点酒桌。要慎重对待朋友交往，坚持择善而交，多同普通群众交朋友，多同基层干部交朋友，多同先进模范交朋友，多同专家学者交朋友，净化自己的社交圈、生活圈。时刻检点自己生活的方方面面，做到台上台下一个样、工作时间与业余时间一个样、有监督与没监督一个样，始终保持共产党员的政治本色。

马克思主义新闻理论的
丰富和发展[*]

——江泽民新闻思想研究

　　辩证唯物主义的认识路线告诉我们，对任何理论的研究，都不应当仅仅局限于对研究对象的证实和对其外部特征的描述，而必须深入其内核，抓住其实质，揭示其所产生的原因和规律。我们研究马克思主义新闻理论和江泽民的新闻思想，就应遵循辩证唯物主义认识路线的这一要求，不仅要正确阐明这一理论是如何在特定的历史社会环境中产生的，而且还要研究它对于社会发展的意义和作用，研究它发展过程中的规律性的东西。下面我就试图从这样的要求出发，对马克思主义新闻理论和江泽民新闻思想的研究，提出一些很不成熟的看法，供大家参考。

---

　　* 本文是作者 2004 年 7 月 19 日在全国马克思主义理论研究和建设工作报告会上的报告，收入作家出版社 2006 年 10 月出版的《中国广播影视的改革与创新》一书。

一、马克思主义新闻理论的概貌

马克思主义新闻理论是无产阶级新闻事业的理论基础和指导思想，这不仅揭示了新闻工作的一般规律，而且揭示了无产阶级新闻事业、社会主义新闻事业的特殊规律，对新闻工作既具有一般的指导意义，又具有特殊的指导意义。它过去是我们新闻工作的指导思想，现在和将来仍然是我们新闻工作的指导思想。

马克思主义新闻理论产生于 19 世纪 40 年代。当时，欧美各国工人运动蓬勃兴起，无产阶级奋起反对资产阶级的剥削和统治，在求解放、求生存的斗争中，涌现了一大批为工人运动鼓与呼的工人阶级自己的报刊。在创办、指导和组织这些报刊活动的过程中，逐步形成了马克思主义新闻理论。马克思主义新闻理论涵盖了这样一些基本内容：什么是新闻，什么是新闻工作，什么是新闻事业；新闻工作与党的关系，新闻工作与人民的关系，新闻工作与社会的关系；新闻工作特别是无产阶级新闻工作的性质、地位、作用和任务；无产阶级和社会主义新闻工作的指导思想、方针原则和工作方法；新闻工作者的政治思想素质、业务知识水平、工作作风和职业道德等等。这些理论全面、深刻、鲜明、科学，成为无产阶级的科学思想体系——马克思主义的重要组成部分，指导无产阶级和社会主义新闻事业不断发展壮大。

（一） 马克思主义新闻理论是斗争的产物

无产阶级新闻事业是在激烈的阶级斗争中诞生的，它一出现就肩负着与资产阶级进行斗争的政治使命。同样，作为无产阶级新闻事业的理论基础和指导思想的马克思主义新闻理论也是在激烈的阶级斗争中诞生的，它的出现，是无产阶级有效运用舆论工具反对资产阶级剥削和统治的需要，是无产阶级新闻事业诞生和成长、发展之必然。

（二） 马克思主义新闻理论是实践的结晶

马克思、恩格斯在领导工人运动和共产主义运动的过程中，亲自领导和参与新闻的实践活动。世界无产阶级新闻事业的形成是以马克思、恩格斯创办的《新莱茵报》为标志的。《新莱茵报》于1849年被迫停刊后，马克思、恩格斯又继续创办了其他许多革命报刊，并且孜孜不倦地支持和指导其他革命报刊。在长期的新闻实践中，马克思、恩格斯不仅用理论指导实践，而且在实践中不断丰富和发展理论。

（三） 马克思主义新闻理论是宝库的精品

马克思主义是人类巨大的思想理论宝库，马克思主义的辩证唯物主义、历史唯物主义，马克思主义的哲学、政治经济学的思想，在马克思的新闻实践中，都得到充分的运用，并成为马克思主义新闻理论的基础。马克思主义新闻理论是马克思主义在新闻工作领域的运用和拓展，成为马克思主义理论宝库中的精品。马克思主义新闻理论关于党的新闻事业是对敌斗争的武器，党和人民的喉舌，捍卫真理的阵地，统一思想的力量，人民利益的卫士，动员群众的号角，引导舆论的中心，传播知识的学校等重要思想，至今仍闪烁着光芒。

（四）马克思主义新闻理论是集体的智慧

马克思主义新闻理论是以马克思的思想观点为主体的无产阶级关于新闻工作的思想理论体系。从狭义讲，马克思主义的新闻理论，主要指马克思、恩格斯的新闻理论；从广义讲，马克思主义新闻理论是以马克思、恩格斯的新闻理论为主体，包括列宁、斯大林、毛泽东、邓小平、江泽民等各国无产阶级和共产党的领袖坚持和发展马克思、恩格斯新闻理论的所有的思想和观点，汇集了马克思主义者的集体智慧，是全人类特别是全体共产党人和无产阶级、社会主义新闻事业宝贵的精神财富。

马克思主义新闻理论具有坚强的党性原则，鲜明的战斗风格，实事求是的思想作风，联系群众的工作精神，严谨坦荡的科学态度等特色，对无产阶级和社会主义新闻事业具有重要的指导意义和实践意义。

二、马克思主义新闻理论与江泽民
新闻思想的关系

（一）什么是江泽民新闻思想

江泽民新闻思想主要是指江泽民同志担任中共中央总书记13年来关于新闻宣传工作的一系列重要论述所形成的思想。江泽民新闻思想内容十分丰富，包括中国特色社会主义新闻事业的性质、地位、作用、任务，新闻工作的路线、方针、政策、原则、方法，新闻工作与党、政府、人民的关系，与经济、政治、文化的关系，与内政、外交、国防的关系，以及新闻队伍建设、加强党对新闻事业的领导等方方面面。江泽民新闻思想全面系统并且富有创造性地回答了什么是党的新闻事业、怎样建设党的新闻事业这一重大的理论问题和实践问题。江泽民新闻思想是"三个代表"重要思想的重要组成部分，是"三个代表"重要思想在新闻工作领域的具体体现；江泽民新闻思想是对马列新闻思想的中国化，是对毛泽东、邓小平新闻思想的新发展，是对建设中国特色社会主义新闻事业指导思想的与时俱进，具有很强的中国特色和鲜明的时代特征，是一个科学的理论体系，在我们党的新闻思想史上占有十分重要的地位。

（二）江泽民新闻思想的基本特征

江泽民新闻思想是对马列、毛泽东、邓小平新闻思想的继承和发展，具有一脉相承、与时俱进的基本特征。

1. 一脉相承

江泽民新闻思想是在马列、毛泽东、邓小平新闻思想基础上产生的，具有很强的历史继承性，与马列、毛泽东、邓小平新闻思想一脉相承。一脉相承的特征主要表现在以下几个方面：

（1）江泽民同志始终坚持用马克思主义的立场、观点、方法观察思考指导当代中国的新闻事业。

（2）江泽民同志始终坚持马克思主义新闻思想的基本原理、基本原则、基本观点。

（3）江泽民同志始终坚持党的新闻工作的基本规律、基本经验、基本方针。

2. 与时俱进

江泽民新闻思想是当代中国发展了的马克思主义新闻理论，具有鲜明的与时俱进的理论品性。党的十六大报告指出："与时俱进，就是党的全部理论和工作要体现时代性，把握规律性，富于创造性。"江泽民新闻思想与时俱进的基本特征主要表现在体现时代性、把握规律性、富于创造性、具有先进性等四个方面：

（1）**体现时代性。**江泽民新闻思想是在改革开放和社会主义市场经济建设新的形势下，对马列、毛泽东、邓小平新闻思想的继承和发展，是对当代中国新闻工作实践经验的科学总结，是新时期建设中国特色社会主义新闻事业的指导思想，打上了深深的时代烙印，具有鲜明的时代特色。

（2）**把握规律性。**新闻工作具有很强的内在规律。马克思指出："要使报刊完成自己的使命，首先不应该从外部施加任何压力，必须承认它具有连植物也具有的那种为我们所承认的东西，即承认它有它自己的内在规律，这种规律它不能而且也不应该由于专横暴戾而丧失掉。"江泽民同志十分尊重新闻工作的客观规律，并善于准确把握新闻工作的发展规律，指明新闻工作的前进方向。

（3）**富于创造性。**创造性是理论创新的灵魂，有无创造性，决定着一种理论能否与时俱进，创造性是与时俱进的关键。江泽民同志十分重视新闻工作的创新，他对新闻工作的一些重大理论和实践问题都做了大胆的改革创新，他的新闻思想就是理论创新的结晶，是理论创新的典范。

（4）具有先进性。具有先进性是体现时代性、把握规律性、富于创造性的必然结果，先进性是时代性、规律性、创造性的集中体现。江泽民新闻思想的与时俱进的基本特征集中地体现在它的先进性上。江泽民新闻思想是"三个代表"重要思想的重要组成部分，是科学的理论体系，是我们新闻工作者的行动指南，是推动中国特色社会主义新闻事业不断繁荣发展的强大动力，是先进思想的代表。

（三）江泽民新闻思想的历史地位

确立一种思想在社会历史中的地位，一要看这一思想对实际工作的指导作用和实践意义；二要看这一思想的理论贡献和理论价值。

1. 江泽民新闻思想是对建设中国特色社会主义新闻事业实践经验的科学总结和理论升华，是我们建设中国特色社会主义新闻事业的指导思想和行动纲领，具有重大的指导作用和实践意义

实践是检验一种思想理论正确与否的唯一标准，也是衡量一种思想理论贡献大小的唯一标准。看一种思想理论的地位有多重要，贡献有多重大，关键要看用这一思想、理论指导实际工作时，对实际工作起多大的推动促进作用。十三届四中全会以来，当代中国的新闻事业在江泽民新闻思想指导下，牢牢把握正确的导向，不断加大改革创新的力度，取得了可喜的成绩。在 1997 年亚洲金融风暴冲击中国经济、1998 年抗洪斗争、1999 年"法轮功"事件、2003 年抗击非典等重大事件的新闻报道中，新闻工作充分发挥了统一思想、凝聚人心、鼓舞斗志、推动改革、促进发展、维护稳定的作用，成为经济发展的助推器，人们精神的增氧器，社会稳定的调压器。这些年来，新闻报道手法不断创新，新闻报道内容日益拓展；新闻工作运行机制、管理体制的改革取得明显成效，新闻传媒业集团化改革稳步推进；新闻传播手段不断更新，高新技术在新闻传播领域得到广泛运用。导向正确、繁荣兴旺的新闻事业为改革开放和社会主义现代化建设创造了良好的舆论环境，提供了有力的舆论支持。

十三届四中全会以来的十几年，是我国经济发展最快的时期，也是我国社会全面进步的最好时期，物质文明、政治文明、精神文明建设都取得了丰硕的成果，这是不争的事实。经济的快速发展、社会的全面进步、三大文明建设取得的丰硕成果，其中也有新闻宣传工作的功劳，这也是不争的事实。十三届四中全会以来的 14 年，也是我国社会舆论环境最为健康的时期，良好的社会舆论环境培育着人们健康的心态。目前，我国广大人民群众对改革带来的利益调整的心理承受能力大大增强，投身改革、投身社会主义现代化建设的热情不断高涨，积极性、创造性得到进一步的发挥，这同样也是不争的事实。这些事实雄辩地证明了这一时期的新闻工作在推进中国特色社会主义伟大事业中所起的作用，从而证明了江泽民新闻思想对当代中国新闻事业的巨大指导作用和重大的实践意义。

2. 江泽民新闻思想是当代中国的马克思主义新闻理论,具有与时俱进的理论品质,它极大地丰富了党的新闻思想的理论宝库,对继承、发展马克思主义新闻思想作出了重要的理论贡献

江泽民新闻思想的理论贡献,一是表现在对马克思主义新闻思想的始终坚持和捍卫上。改革开放新时期,给我们新闻工作者带来了新的考验和挑战。特别是"八九政治风波"前后,我们有的新闻工作者受资产阶级新闻观的影响,否定马克思主义新闻观,主张全盘引进西方资产阶级新闻理论,提出中国的新闻学需要进行现代新闻意识的启蒙,宣扬中国新闻学要与西方新闻学普遍趋同;否定我们的新闻传媒是党和国家的舆论宣传工具,否定我们的新闻传媒是党和人民的喉舌这一根本属性,否定新闻工作的党性原则,宣扬人民性高于党性;主张新闻商品化,忽视新闻工作的社会责任,忽视新闻传媒对社会舆论的引导作用。所有这些倾向,都是对马克思主义新闻思想的否定。江泽民新闻思想坚持马克思主义新闻思想的基本原则,批判了形形色色的反对马克思主义新闻思想的倾向,捍卫了马克思主义新闻理论的基本原理。创新、发展是一种贡献,坚持、捍卫同样也是一种贡献。

江泽民新闻思想的理论贡献,二是表现在对马克思主义新闻思想的丰富、发展上。在改革开放和社会主义市场经济建设的新时期,新闻工作的时代背景发生了深刻的变化,新闻工作者的思想观念发生了很大的变化,新闻工作的实践发生了崭新的变化。面对这些变化，江泽民同志始终坚持解放思想、实事求是、与时俱进的思想路线，从中国实际出发，大胆进行理论创新，就新闻工作一系列重大理论问题和实践问题作出了与时俱进的探索、创新，使我们党的新闻思想始终保持与时代同步、与社会同步、与实践同步。他创造性地提出了"喉舌论"、"生命论"、"导向论"、"创新论"、"根底论"等思想，极大地丰富和发展了马克思主义新闻理论。

三、江泽民新闻思想的形成和确立的时代背景

江泽民同志在高举马列主义、毛泽东思想、邓小平理论伟大旗帜，领导全党和全国各族人民全面推进建设中国特色社会主义事业，逐步形成"三个代表"重要思想的历史进程中，十分重视党的新闻工作。他运用马克思主义新闻观，对改革开放、市场经济新形势下新闻工作的一系列重要问题，作出了深刻的理论联系实际的阐述，形成了具有鲜明中国特色社会主义的当代马克思主义新闻理论体系——江泽民新闻思想。

十三届四中全会以来，国际、国内形势发生了深刻的变化。世界正朝着政治多极化、经济全球化、信息现代化的方向发展，各国之间的相互影响进一步加深，政治、经济、文化等各个方面的交流和合作进一步扩大，综合国力的竞争进一步加剧。我国的改革开放和社会主义现代化建设进程进一步加快，市场经济体制不断完善，综合国力显

著增强，国际地位明显提高。美国等西方发达国家进一步加大对我国进行"西化"、"分化"的力度，国际舆论战更为激烈。我国的发展进入关键时刻，改革进入攻坚阶段，社会处在转型时期，人们的切身利益的调整在加快，社会舆论变得更为复杂，更为开放。国际问题国内化、国内问题国际化的倾向进一步凸现。江泽民新闻思想产生的时代背景，与马列、毛泽东、邓小平时代相比，发生了重大而深刻的变化。

　　这一时代背景对江泽民新闻思想的形成和发展产生了重大而又深刻的影响。这些影响主要表现在以下几个方面：

（一）"政治风波"期间新闻传媒的严重失误给我们的新闻工作敲响了警钟

　　"八九政治风波"期间，我们一些新闻单位的新闻报道出现严重的导向错误，给党和人民的事业造成严重的损失，教训极其深刻。新闻传媒的严重失误引起党中央和江泽民同志的高度重视。就在风波平息后不久，江泽民同志在省报总编辑新闻工作研讨班上作了重要讲话，深刻总结了新闻宣传工作的沉痛教训，他指出，近几年来资产阶级自由化思潮泛滥，直到今年春夏之交发生动乱，暴露出新闻界存在不少问题，有的还相当严重。他说，一些新闻单位"一段时间以来，散布了不少资产阶级自由化观点，在动乱期间更是愈走愈远。不但不宣传中央正确的声音，反而违背中央的正确方针和决策，公开唱反调；不但不去揭露和批判资产阶级自由化，制止动乱，反而为动乱、暴乱的策划者和支持者提供舆论阵地，对动乱的形成和发展起了煽风点火、推波助澜的作用，在群众中造成极大的思想混乱。影响很坏，教训深刻"。"八九政治风波"中新闻报道的严重失误，给党和党的新闻工作敲响了警钟。

（二）苏联解体、东欧剧变、国际社会主义遭受严重挫折给我们提供了深刻教训

20 世纪 80 年代末 90 年代初，由于政治、经济，内政、外交，历史、现实等多种原因，使世界上第一个社会主义国家——苏联发生解体，东欧一系列共产党执政的国家发生政治剧变，这给我们中国共产党人提出了一个必须认真研究和解决的严峻课题：什么是社会主义，怎样建设社会主义，怎样建设共产党，建设一个什么样的党，怎样巩固党的执政地位？这个重大课题自然包含了怎样从事意识形态工作，怎样搞好党的新闻工作这样的重要问题。

（三）资产阶级新闻思想的影响使一些同志对党的新闻工作的根本原则产生动摇

随着我国社会的进一步对外开放，随着信息化步伐的进一步加快，西方思想文化对我国的影响进一步加深，各种文化思潮相互激荡，对我国新闻工作产生深刻的影响，其中西方资产阶级新闻思想对我国新闻工作的影响最为直接，最为突出。一部分深受资产阶级新闻思想影响的人，对党的新闻工作最根本的原则——新闻工作的党性原则产生动摇，甚至于否认。江泽民同志对这一错误思想进行了尖锐的批判，他在省报总编辑新闻工作研讨班上的讲话中强调指出："我们的新闻工作是党的整个事业的一个重要组成部分。因此不言而喻，必须坚持党性原则。这本来是新闻战线的同志特别是老同志都熟知的。但是，近几年来，有的人在这样根本性的问题上竟然发生了疑问，有的甚至主张所谓人民性高于党性。"

（四）市场经济发展使新闻工作在理论上实践上出现新情况新问题

社会主义市场经济体制的确立，是当代中国社会生活中的一件具有深远意义的大事。经济是基础，它决定、影响着政治、文化等社会生活的方方面面，市场经济发展对我国的新闻业产生深远的影响。我国的市场经济是同社会主义制度结合在一起的，因此，它对我国新闻业的影响总的来说是积极的，它使我们新闻工作者进一步增强市场意识、竞争意识、时效意识、受众意识、服务意识、平等意识、创新意识，使我们对新闻传媒多功能属性有了比较深刻的认识，产业功能逐步得到开发。但是，由于我们有些同志不能正确认识市场经济条件下的新闻工作，对新闻工作的喉舌性质、基本方针、工作原则等一些基本问题的认识变得模糊了，甚至提出要将党的新闻媒体变为"社会公器"，提出"新闻要商品化"等错误的观点。由于这些错误观点的影响，在新闻工作实践中也出现了片面追求可读性、收听率、收视率，片面追求经济效益，不顾舆论导向的问题。江泽民同志担任总书记的13年，是我国社会主义市场经济体制初步建立并不断完善的时期。他对社会主义市场经济体制建设对新闻工作的影响作了全面、深刻的分析，要求我们广大新闻工作者进一步澄清认识，趋利避害，牢牢把握正确的导向，更好地适应社会主义市场经济体制发展的需要。

（五）全党全国的工作大局迫切需要良好的舆论环境和强有力的舆论支持

全党全国的工作大局是人民利益的集中体现。我们的新闻工作必须很好地适应全党全国工作大局的需要，为工作大局营造良好的舆论环境，提供有力的舆论支持。改革开放以来，全党全国的工作大局发生了很大变化。江泽民同志在全国宣传思想工作会议上的讲话中指出："抓住机遇，深化改革，扩大开放，促进发展，保持稳定，是今年全党工作的大局。全党同志都要认清这个大局，服从和服务于这个大局，在这个大局下自觉行动，做好各方面工作。"紧接着，他在1995年初与全国宣传部长会议的代表座谈时指出："中央提出的'抓住机遇、深化改革、扩大开放、促进发展、保持稳定'这个全党全国的工作大局，是我们党领导改革开放和现代化建设历史经验的科学总结，不仅当前要强调，而且是要长期坚持的指导方针。"全党全国工作大局的变化，对新闻宣传工作提出了新的更高的要求。

面对深刻变化的国内外形势，面对日益复杂的时代背景，面对新闻队伍和新闻工作的现状，党的新闻工作迫切需要与时俱进的新闻思想来统一广大新闻工作者的思想，指导新时期党的新闻工作。江泽民同志以极大的理论创新的勇气，认真研究新情况、新问题，积极寻找新办法、新途径，就新闻工作的基本理论问题和实践问题进行了与时俱进的思考和深入系统的阐述，形成了江泽民新闻思想的理论体系。

四、江泽民新闻思想的基本架构

一种理论的基本架构，是这一理论的结构和体系；了解一种理论的基本架构，有利于全面系统地了解这一理论，有利于从整体上把握这一理论。要全面了解江泽民新闻思想的基本内容，准确把握江泽民新闻思想的精神实质，首先必须对江泽民新闻思想的基本架构有一个比较清晰的了解。

江泽民新闻思想内容十分丰富，涉及新闻工作的方方面面，是一个庞大的理论体系。支撑这一理论体系大厦的是江泽民同志关于新闻事业和新闻工作以下几方面的重要论述。

（一）关于新闻事业性质、地位、作用、任务的论述

新闻事业的性质、地位、作用和任务问题，是马克思主义新闻理论的基本问题，也是政治家最为关注的问题。江泽民同志在省报总编辑新闻工作研讨班上的讲话，第一部分谈的就是新闻工作的性质、地位、作用、任务问题。在他以后多次关于新闻工作的讲话中，也不断强调新闻工作的性质、地位、作用和任务问题。江泽民同志指出："我们党历来非常重视新闻工作。始终认为，我们国家的报纸、广播、电视等是党、政府和人民的喉舌。这既说明了新闻工作的性质，又说明了它在党和国家工作中的极其

重要的地位和作用。"

我们的新闻事业之所以具有如此重要的地位，首先是由我们新闻事业的性质决定的。江泽民同志指出，（包括新闻宣传工作在内的）"党的思想政治工作，是经济工作和其他一切工作的生命线，是团结全党和全国各族人民实现党和国家各项任务的中心环节，是我们党和社会主义国家的重要政治优势。思想政治工作的这种重要地位，是我们党的性质和宗旨决定的，已被党的全部历史和全部经验所证明"。

有作为才有地位，新闻事业的重要地位，是由新闻传媒所起的重大作用决定的。江泽民同志在视察解放军报社时的讲话中，对新闻传媒正反两方面的作用作了深刻的分析，他指出："我们的报纸办得好，可以对党的路线、方针、政策和任务起到有力的宣传、贯彻作用，对群众起到极大的动员、鼓舞作用，对先进的东西起到积极的倡导弘扬作用，对错误的东西起到及时的制止、纠正作用，还可以对科学知识起到广泛的传播、普及作用。如果办得不好，尤其是政治上出了偏差，那就会像古人所说的'谬误出于口，则乱及万里之外'，不仅容易把人们的思想搞乱，有的还可能在国内外造成不良影响。"

新闻事业的性质、地位、作用决定新闻事业的任务。我们新闻事业的任务，就是江泽民同志精辟概括的"四个人"和"两个传"，即"以科学的理论武装人，以正确的舆论引导人，以高尚的精神塑造人，以优秀的作品鼓舞人"；"让党和国家的声音传入千家万户，让中国的声音传向世界各地"。

1991年，江泽民同志在视察新华社时指出："新的形势、新的任务，对新闻宣传战线的同志提出了新的更高的要求。在国内宣传方面，要引导干部群众正确认识国际、国内形势，全面准确地贯彻执行党的基本路线，坚定不移地建设有中国特色社会主义。在对外宣传方面，要全面地完整地反映中国共产党和中国政府的对内、对外政策，正确反映社会主义中国在国际社会上的形象，为国内的现代化建设创造一个良好的国际环境。"

1994年，江泽民同志在全国宣传思想工作会议上的讲话中指出："我们的宣传思想工作，必须以科学的理论武装人，以正确的舆论引导人，以高尚的精神塑造人，以优秀的作品鼓舞人，不断培养和造就一代又一代有理想、有道德、有文化、有纪律的社会主义新人，在建设有中国特色社会主义的伟大事业中发挥有力的思想保证和舆论支持作用。"在这里，他第一次提出了"四个人"的任务。在1996年初召开的全国宣传部长会议上，江泽民同志对"四个人"的任务作了全面深刻的阐述。

2000年，他在给中国人民广播事业暨中央人民广播电台创建60周年的批示中，第一次明确提出"两个传"思想，他"希望中央人民广播电台和全国广播系统继续办好广播，让党和国家的声音传入千家万户，让中国的声音传向世界各地"。

2002年，他在国家广电总局考察"西新工程"时进一步强调，"要坚持不懈地抓好西部地区广播电视覆盖工作，巩固已有成果，进一步让党和国家的声音传入千家万户，让中国的声音传向世界各地。"

（二）关于新闻工作的指导思想和基本方针的论述

指导思想和基本方针问题，是新闻工作的核心问题。以什么样的思想为指导，坚持什么样的方针，将直接影响新闻工作作用的发挥，影响新闻工作地位的确立，影响新闻工作任务的完成，影响新闻工作发展的方向。

江泽民同志十分重视新闻工作的指导思想问题。他把指导思想当做前进的旗帜，并强调指出："旗帜问题至关紧要。旗帜就是方向，旗帜就是形象。"对于新闻工作的指导思想问题，他在很多讲话和指示中作了重要阐述，强调我们的新闻事业必须以马克思列宁主义、毛泽东思想、邓小平理论和"三个代表"重要思想为指导。早在1989年，江泽民同志就明确指出："要用马克思主义和社会主义思想去指导理论、宣传、教育、新闻、出版、文学艺术等部门的工作，去占领思想文化阵地和舆论阵地。"1991年，他在庆祝中国共产党成立70周年大会上的讲话中又指出："有中国特色社会主义的文化，必须以马克思列宁主义、毛泽东思想为指导，不能搞指导思想的多元化。"1994年，他在全国宣传思想工作会议上的讲话中指出："邓小平同志建设有中国特色社会主义的理论是全党各项工作的根本方针，宣传思想战线必须牢牢地把握这一根本方针，用以指导自己的全部工作。"2000年，他在中央思想政治工作会议上的讲话中指出："加强和改进思想政治工作，必须全面贯彻落实'三个代表'的要求，这是党团结和带领人民建设有中国特色社会主义的长期战略方针。”这些论述要求党的新闻工作必须坚持以马列主义、毛泽东思想、邓小平理论和“三个代表”重要思想为根本指针。

基本方针是我们党的新闻工作的方向，它回答和解决的是为什么办新闻事业和为谁服务的问题。江泽民同志对新闻事业的基本方针作了精辟的阐述，对新闻工作的方向提出了明确的要求。他指出，我们的新闻事业必须始终坚持为人民服务、为社会主义服务、为全党全国工作大局服务的方针。1989 年，他在省报总编辑新闻工作研讨班上的讲话中指出：“社会主义的新闻事业同社会主义的文学、艺术、出版等事业一样，虽然各有自己的特点和具体的发展规律，但是它们作为意识形态领域的组成部分，都要为社会主义服务，为人民服务。尽管服务的具体形式、内容、方法不尽相同，但都必须遵循这个基本方针。”1996 年，他在视察人民日报社时强调指出：“新闻舆论工作要紧紧围绕经济建设这个中心，服从、服务于全党全国工作的大局。这在任何时候都不能模糊，不能动摇。”2001 年，他在全国宣传部长会议上的讲话中要求各级党委要为广大新闻工作者发挥聪明才智创造条件，使他们更好地为人民服务、为社会主义服务、为全党全国工作大局服务。围绕一个中心，坚持“三个服务”，这就是新时期我们党的新闻工作的基本方针。

江泽民同志在省报总编辑新闻工作研讨班上提出新闻工作的基本方针后，紧接着指出：“我们党指导新闻工作，还有许多其他的方针、政策、原则。这些方针、政策、原则，都是体现和服从党的路线和这个基本方针的。"

江泽民同志论述的我们党指导新闻工作的其他重要方针主要有：团结稳定鼓劲、正面宣传为主的方针；唱响主旋律，打好主动仗的方针；贴近实际、贴近生活、贴近群众的方针；政治家办报、办台的方针；内外并重、内外有别的方针等等。

1. 关于"团结稳定鼓劲、正面宣传为主"的方针

坚持团结稳定鼓劲、正面宣传为主的方针，既是社会主义制度本质的必然反映，也是我们社会主义新闻事业本质的必然要求。

江泽民同志在省报总编辑新闻工作研讨班上的讲话中指出："通过改革和建设，我们的社会主义物质文明和精神文明会越来越发展，我们的社会主义制度会越来越完善，越来越显示出优越性。我们党和国家的事业是蒸蒸日上的。这就要求新闻宣传从各个方面努力揭示这样一个基本事实。正如瑞环同志在讲话中强调的，要以正面宣传为主。要满腔热情地宣传人民群众在实践中的新成就、新创造、新经验，让群众看到自己的智慧和力量，提高他们的社会主义积极性。"2001 年 1 月，江泽民同志在全国宣传部长会议上明确指出，新闻媒体"要继续坚持团结稳定鼓劲、正面宣传为主的方针，深入宣传爱国主义、集体主义、社会主义思想，进一步做好典型宣传、热点引导、舆论监督工作，扶正祛邪、振奋精神、鼓舞人们奋发向上。"江泽民同志的讲话不仅揭示了社会主义的本质特征，同时也指出了要如实地反映社会主义的本质特征必须坚持团结稳定鼓劲、正面宣传为主方针的必要性。从此，团结稳定鼓劲、正面宣传为主被作为一个重要方针确定下来，并在我国的新闻工作中得到切实的贯彻执行。

2. 关于"唱响主旋律，打好主动仗"的方针

江泽民同志一直十分强调我们的舆论宣传一定要弘扬主旋律，提倡多样化，要积极主动地开展工作，打好主动仗。他在1994年全国宣传思想工作会议上的讲话中对弘扬主旋律提出了明确的要求，指出："弘扬主旋律，就是要在建设有中国特色社会主义的理论和党的基本路线指导下，大力倡导一切有利于发扬爱国主义、集体主义、社会主义的思想和精神，大力倡导一切有利于改革开放和现代化建设的思想和精神，大力倡导一切有利于民族团结、社会进步、人民幸福的思想和精神，大力倡导一切用诚实劳动争取美好生活的思想和精神。"江泽民同志1999年1月在与全国宣传部长会议的代表座谈时，强调做好宣传思想政治工作"要继续唱响主旋律，打好主动仗"。他说："主旋律唱响了，主动仗打好了，就能在全社会形成和发展积极向上的舆论环境，使科学理论和正确思想在社会生活中发挥主导作用，使广大群众保持良好的精神面貌，不断巩固和发展全国各族人民团结奋斗的共同思想基础。"

3. 关于"三贴近"的方针

贴近实际、贴近生活、贴近群众是江泽民同志一贯强调的新闻工作的重要方针。1989年他在全国新闻工作研讨班上提出殷切希望："到生活中去，到群众中去，老老实实地向群众学习，学习他们的优秀品质、宝贵经验、丰富知识、生动语言，努力成为深受群众欢迎的新闻工作者。"1991 年 11 月，他在视察新华社时充分肯定了新华社的优良传统，他说："深入实际，深入群众，调查研究，既是新华社长期以来形成的一个好传统，也是新华社较好地完成宣传报道和各项工作任务的重要原因。"1996年 1 月，他在视察解放军报社时强调："《解放军报》要很好地发挥自己的优势，跟上我军革命化、现代化、正规化建设的步伐，紧贴部队的生活实际，反映官兵的愿望和要求，在军队建设中真正起到指导、激励、鼓舞和促进作用。"1996 年 9 月，他在视察人民日报社时，进一步强调："在坚持正确舆论导向的前提下，要讲求宣传艺术，提高引导水平，努力使自己的宣传报道更加贴近生活、贴近读者，使广大读者喜闻乐见。"

4. 关于"政治家办报、办台"的方针

新闻工作具有很强的政治性，搞新闻工作，必须坚持政治家办报、办台的方针。1996 年 1 月 2 日，江泽民同志在视察解放军报社时指出："最近，中央多次强调，高级干部一定要讲政治，在政治上必须头脑清醒。毫无疑问，在党的新闻工作中同样要强调这个问题，这是新的形势和任务提出的必然要求。毛主席过去讲过：'搞新闻工作，要政治家办报。'这一指示精神至今仍然具有重要的指导意义。新闻作为一种意识形态，作为宣传、教育、动员人民群众的一种舆论形式，总是直接或间接地反映我们党和国家的政治立场、政治主张、政治观点。……因此，报社的同志，必须讲政治，必须具有良好的政治素质，具有很强的政治鉴别力和政治敏锐性，必须树立高度的政治责任感。"1996年1月24日，他在全国宣传部长会议上的讲话中指出："最近我和解放军报社的同志谈话，说到毛泽东同志过去讲过，要政治家办报。我看不光是办报纸、办通讯社、办广播、办电视、办刊物、办出版社，都要有政治家素质。加强队伍建设，要把思想政治建设放在首位，首先要确保在政治上过得硬。"1996年9月26日，他在视察人民日报社时指出："报社的同志要有大局意识、全局观念，坚持政治家办报，正确处理改革、发展、稳定的关系，登什么，不登什么，怎么登，都要从全局出发，从党和人民的整体利益出发。"在不到一年的时间内，江泽民同志在关于新闻宣传工作的讲话中就三次提到，要坚持政治家办报、办台的方针。这充分说明了他对这一方针的高度重视。

5. 关于"内外并重、内外有别"的方针

随着我国社会的进一步对外开放，国际舆论斗争的日趋激烈，我们的新闻宣传工作必须积极贯彻"内外并重、内外有别"的方针。江泽民同志在1990年召开的全国对外宣传工作会议上的讲话中指出："我们的宣传工作，包含对内宣传和对外宣传，是一个整体。对内宣传与对外宣传在大政方针上是一致的，比如我们要走有中国特色的社会主义道路，我们要实行改革开放的方针，都是一致的。但由于宣传对象不同，二者又有很大区别，因此对外宣传又具有自己的特殊性。"在这里，江泽民同志对"内外并重、内外有别"的方针作了分析阐述。在以后关于对外宣传工作的讲话指示中，江泽民同志对这一方针作了进一步的深入论述。

（三）关于新闻工作的工作路线和重要原则的论述

路线问题是新闻工作的一个事关全局的重大问题。要搞好新闻工作，必须沿着正确的路线前进。江泽民同志对新闻工作必须遵循的路线问题作了深刻的阐述。这些工作路线问题主要包括思想路线、认识路线、群众路线、干部路线、组织路线等。

1. 关于思想路线

江泽民同志指出，解放思想、实事求是、与时俱进是马列主义、毛泽东思想、邓小平理论的精髓，也是我们党的思想路线。江泽民同志在省报总编辑新闻工作研讨班上的讲话中提出："要在新闻工作中坚持党的一切从实际出发、实事求是的思想路线。"他在全国宣传思想工作会议上再次强调，宣传思想工作"要坚持解放思想、实事求是的思想路线"。

2. 关于认识路线

辩证唯物主义认识论告诉我们，人们的正确认识只能从社会实践中来，实践、认识，再实践、再认识，循环往复，以至无穷，这是人们认识事物的基本规律。江泽民同志强调，我们的新闻工作必须遵循辩证唯物主义的认识路线。他在省报总编辑新闻工作研讨班上指出："我们的新闻工作要做到真实地反映生活，就要深入进行调查研究，不仅要做到所报道的单个事情的真实、准确，尤其要注意和善于从总体上、本质上以及发展趋势上去把握事物的真实性。"他告诫大家："要防止搜奇猎异，防止捕风捉影。"他在视察新华社时要求广大新闻工作者"不断深入到改革和建设的实践中去，深入到人民群众中去，从实践中，从改革和建设中，从人民群众中吸取营养，锻炼自己，提高自己"。

3. 关于群众路线

江泽民同志在省报总编辑新闻工作研讨班上的讲话中要求广大新闻工作者"到生活中去，到群众中去"，他指出："归根到底，物质财富的创造者是群众，精神财富的创造者也是群众。群众进行社会主义现代化建设和改革的伟大实践，是新闻作品写作的原料、灵感、思想和艺术技巧的无尽源泉。我们的新闻工作者要老老实实地向群众学习，学习他们的优秀品质、宝贵经验、丰富知识、生动语言，努力成为深受群众欢迎的新闻工作者。"江泽民同志的这一论述充分体现了从群众中来、到群众中去的群众路线。

4. 关于干部路线

江泽民同志一贯强调要加强干部队伍建设，要把新闻舆论的领导权牢牢掌握在忠于党、忠于人民、忠于马克思主义者手中。1989 年，他在省报总编辑新闻工作研讨班上的讲话中提出，要"抓好新闻队伍建设、特别是领导班子建设。……领导权一定要牢牢掌握在马克思主义者手中"。1996 年，他在视察人民日报社指出："我们党一贯强调，要把新闻舆论的领导权牢牢掌握在忠于马克思主义、忠于党、忠于人民的人手里。"

5. 关于组织路线

组织路线的主要内容，是把新闻工作纳入党的工作的重要组成部分，加强党对新闻工作的领导。江泽民同志强调："我们的新闻工作是党的整个事业的重要组成部分。"指出："党委要经常研究讨论新闻工作。比如每一段时期的宣传方针、指导思想、报道重点、宣传效果等，都应该在党委会上讨论。党委主要负责同志要亲自过问新闻宣传。"同时，他强调加强新闻宣传队伍的建设，指出："建设一支政治强、业务精、作风正的宣传思想工作队伍，是做好宣传思想工作的组织保证。"

新闻工作必须始终坚持的根本原则是新闻工作的党性原则。党性原则是灵魂。江泽民同志对新闻工作的党性原则作过大量深刻的阐述。1989 年，他在省报总编辑新闻工作研讨班上强调指出："我们的新闻工作是党的整个事业的一个重要组织部分。因此不言而喻，必须坚持党性原则。"1996 年，他在接见解放军报社师以上干部时的讲话中指出："办好《解放军报》，首要的一条，就是坚持鲜明的党性原则。……我军的性质和特点，决定了《解放军报》在坚持党性原则上，不允许有任何的含糊和动摇。"1997 年，他在十五大报告中又强调指出："新闻宣传必须坚持党性原则，坚持实事求是，把握正确的舆论导向。"新闻工作的党性原则，是贯穿江泽民新闻思想始终的红线。

坚持新闻工作的党性原则，对我们党来说，对各级党的领导机关来说，就是要坚持马克思主义在新闻工作中的指导地位，切实加强和改进党对新闻工作的领导；对新闻单位来说，对新闻工作者来说，就是要始终高举马列主义、毛泽东思想、邓小平理论、"三个代表"重要思想的伟大旗帜，自觉地与党中央在政治上、思想上、行动上保持高度一致，自觉遵守党的政治纪律和宣传纪律。

（四）关于我国新闻事业对外宣传工作的论述

对外宣传和对内宣传是我们新闻宣传工作的两翼，两翼必须齐飞，只有这样，才能使我们的新闻事业更好地肩负起把党和政府的声音传入千家万户，把中国的声音传向世界各地的光荣而又艰巨的任务。

江泽民同志既十分重视对内宣传工作，也十分重视对外宣传工作。他在担任总书记后不久，就在 1990 年初召开的全国对外宣传工作会议上作了重要讲话，指出：对外宣传的工作是争取人心的工作，我们在对外宣传时一定要认清对象，区别对待，要增强我们新闻舆论宣传的针对性，我们的对外宣传重点是要争取国外中间群众。

1993 年，他在全国宣传部长会议上的讲话中指出："搞好对外宣传是我们党和国家的一项具有重要战略意义的工作。近年来随着改革开放的不断深入和扩大，对外宣传取得了很大的进展和成绩。但是应该看到，我们在世界上的声音还比较弱小，我们的宣传手段还比较落后。宣传的办法也不多，直接影响着对外宣传的效果，这种情况应当努力加以改变。为完成党的十四大提出的各项任务，从事外宣工作的部门必须进一步解放思想，振奋精神，根据各自的特点，积极改进和切实加强对外宣传工作，充分发挥外宣工作在改革开放和现代化建设中的作用。"

1999 年，他在全国对外宣传工作会议上作了重要讲话，对十多年来我们对外宣传工作的经验教训作了全面深刻的总结，对对外宣传工作的地位与作用、目标与任务、原则与策略等问题作了全面的阐述，对做好新形势下对外宣传工作提出了更高的要求。江泽民同志的这一讲话是我们新闻工作搞好对外宣传的纲领性文献。他在讲话中指出："向世界阐明我们党和国家内政外交的方针政策和对国际重大问题的原则立场，介绍我国历史和现实的情况，有针对性地开展国际舆论斗争，这对于我们加强同各国经济、技术和文化等方面的交流与合作，增进同各国人民的友谊，争取更多的国际支持和帮助，维护我国的政治、经济、文化安全，具有十分重要的意义。""对外宣传工作要继续坚持以邓小平理论和党的路线方针政策为指导，贯彻我国的对外方针政策，加大向世界全面介绍中国的力度，增进各国对中国的了解，积极开展国际问题报道和国际舆论斗争，加强和维护社会主义中国的国际形象，更好地为改革开放和现代化建设服务，为祖国统一、世界和平和人类进步作出新的更大的贡献。""对外宣传工作，政策性和政治性都很强。要旗帜鲜明地维护国家利益、民族尊严和祖国统一。在涉及国家主权、国家利益、民族尊严的问题上，要坚持原则。要树立坚定的国家意识和大局意识，服从和服务于党和国家的工作大局，服从和服务于我国整体对外战略。要坚持以正面宣传为主、以事实为主、以我为主的方针。考虑宣传重点内容和工作部署，一定要着眼于增进外国人对中国的理解和支持。对外宣传工作有自己的规律，要加强研究，不断提高对外宣传的本领。"

对外宣传思想是江泽民同志对马克思主义新闻思想的一大创新，充分体现了江泽民新闻思想与时俱进的理论品性。

（五）关于新闻报道内容和报道艺术的论述

报道内容、报道艺术问题属于新闻报道业务范畴，是新闻工作的基本问题，是新闻舆论影响社会的直接中介。掌握新闻工作的基本理论、基本方针，为的是更好地指导新闻报道业务，不断提高新闻报道水平。江泽民同志十分重视新闻宣传的报道内容、报道艺术问题，并作了深刻的论述。

江泽民同志始终坚持唯物辩证的思维方法，主张拓宽报道内容与提高报道艺术的辩证统一。1993 年 7 月，他与新闻界同志谈话时指出："人民群众需要丰富多彩的精神生活，报纸上也不能光是些严肃的内容，要有生动的多方面的内容，增大信息量。在《人民日报》这样的大报上，要有大量的信息。"同时，他要求我们的新闻报道要辩证地处理好报道内容各个方面之间的关系。他要求我们要始终坚持正面宣传为主的方针，大力宣传党的理论、路线、方针、政策，大力宣传人民群众在社会主义现代化建设中涌现的创造精神以及取得的辉煌业绩，大力弘扬时代主旋律；同时要求我们要不断改进批评报道，切实加强舆论监督的力度，使新闻报道能更加全面、更加真实地反映我们的社会。

江泽民同志强调，新闻宣传需要讲究艺术，不断提高宣传报道的艺术水平，特别强调新闻报道要贴近实际、贴近生活、贴近群众。因为这直接关系宣传报道的效果、影响受众的接受程度。1994 年，他在全国宣传思想工作会议上的讲话中指出："反映主旋律的精神产品不仅思想内容要健康向上，艺术表现也应多种多样、生动活泼、精益求精，具有强烈的吸引力和感染力。""报刊、广播、电视等都要在坚持正确舆论导向的前提下，勇于创新，努力形成各自的风格和特色。"

在报道内容和报道艺术方面，有两个问题需要特别强调。一是新闻报道的真实性问题，二是努力做好典型宣传、热点引导和舆论监督三大块文章的问题。这两个问题有一个共同的特点，都同时涉及报道内容和报道艺术两个方面。特别是对做好典型宣传、热点引导和舆论监督问题，江泽民同志极为重视，作了一系列深刻阐述，为我们搞好这几个方面的报道提出了要求，指明了方向。他说："宣传思想战线要配合做好工作，宣传好的经验，特别是在克服官僚主义、形式主义、虚报浮夸、搞花架子等不良风气方面发挥舆论监督的积极作用。"他还指出："社会生活中有光明面，也有阴暗面。……对人民内部的缺点错误，也应该进行揭露和批评，但这种揭露和批评是'恨铁不成钢'，目的是以同志式的态度帮助克服缺点，纠正错误。对于党和政府工作中的缺点错误的批评，只要是善意的、有益于改进工作的，我们都应该热忱欢迎。"

（六）关于提高舆论引导水平和搞好经营创收工作的论述

江泽民同志在强调把握正确舆论导向的同时，提出要提高舆论引导水平。他说："要研究如何不断提高新闻宣传的水平和效果，把报纸、广播、电视办得有吸引力、感染力，使读者、听众、观众爱读、爱听、爱看。"提高舆论引导水平与搞好经营创收工作是一种既矛盾又统一的关系。新闻舆论引导水平提高了，新闻宣传的社会效果就会增强，新闻传媒的影响力就会扩大，这样就会有利于经营创收工作的开展；经营创收工作搞好了，经济实力增强了，可以为搞好新闻报道工作、提高舆论引导水平提供有力的经济保障。只要正确处理两者之间的关系，就能取得相辅相成的效果。但是如果两者之间的关系处理不好，就会出现矛盾。如果只重视新闻报道工作，不重视经营创收工作，我们的新闻传媒就会缺乏有力的经济支持，缺乏发展的后劲；如果只重视经营创收工作，就会影响新闻报道的质量，影响舆论引导水平的提高，影响新闻宣传的效果。

江泽民同志在指导新闻工作时，始终坚持辩证唯物主义，既高度重视提高舆论引导水平、增强新闻宣传的社会效果，又充分重视搞好经营创收工作。他就如何增强新闻宣传的社会效果和搞好经营创收工作，如何正确处理两者之间的关系问题，作了精辟的论述，提出了原则性的意见。

1994 年，江泽民同志在全国宣传思想工作会议上的讲话中指出："坚持把社会效益放在首位，在这个基本前提下实现经济效益和社会效益的统一。随着社会主义市场经济的发展，精神产品的生产流通同市场运行一般规律的联系愈益紧密，确实也有经济效益的问题。经济效益好，有助于宣传文化事业的发展。同时也要看到，精神产品又具有不同于物质产品的特殊属性，它的价值实现形式更重要地表现在社会效益上。有些精神产品，直接经济收益可能不大，但对推动社会生产力的发展和社会全面进步的作用很大。我们在宣传文化工作中要始终把社会效益作为最高准则，当经济效益同社会效益发生矛盾时，自觉服从社会效益。"江泽民同志的这一论述，既指出了市场经济条件下精神产品生产部门确实存在经济效益问题，又提出了如何正确处理经济效益与社会效益关系的原则。新闻宣传工作是宣传文化工作的重要组成部分，应该自觉遵循这一原则，并紧密结合新闻工作的特点，一方面努力做好新闻宣传工作，一方面积极搞好经营创收工作。1996 年，江泽民同志在视察人民日报社时更加明确地要求报社的同志在集中精力办好报纸的同时，要努力搞好经营创收工作。

江泽民同志从确认包括新闻宣传在内的宣传文化工作的经济效益问题的存在，到向新闻工作者提出搞好经营创收工作的要求，既反映了时代发展的需要，也是对新闻传媒多功能属性认识的深化。他在党的十六大报告中进一步明确指出："发展各类文化事业和文化产业都要贯彻发展先进文化的要求，始终把社会效益放在首位。""发展文化产业是市场经济条件下繁荣社会主义文化、满足人民群众精神文化需求的重要途径。"要"完善文化产业政策，支持文化产业发展，增强我国文化产业的整体实力和竞争力"。

　　江泽民同志关于正确处理提高舆论引导水平与搞好经营创收工作之间的关系的重要论述，有着深刻的时代、社会背景。这一背景主要表现在以下两个方面：一是社会主义市场经济的发展，把新闻传媒经营创收工作提到重要的议事日程，摆到十分重要的位置；二是文化产业在国民经济中的地位日益提高，新闻传媒，尤其是广播电视等现代电子传媒，具有很强的产业功能，具有很大的产业开发的潜力。

（七）关于保障新闻自由和遵守新闻纪律的论述

　　"自由"，从哲学层面讲，世界上没有绝对的自由，只有相对的自由；从政治层面讲，自由从来是有阶级性的，有剥削阶级的自由，就没有被剥削阶级的自由；从新闻层面讲，新闻自由是始终受制于统治阶级的政治需求和阶级利益的。自由和纪律是一个矛盾的统一体，它们之间存在着既矛盾又统一的关系。江泽民同志在关于新闻工作的重要论述中总是既强调要保障新闻自由，同时又强调要遵守新闻纪律。

　　新闻自由问题，向来是新闻理论的一个重要问题。江泽民同志对新闻自由问题作了大量深刻的阐述。他在省报总编辑新闻工作研讨班上的讲话中指出："在社会主义制度下，新闻不再是私有者的事业，而是党的事业，人民的事业。我们的宪法规定，言论、出版自由是中华人民共和国公民的基本权利。广大人民群众享有依法运用新闻工具充分发表意见、表达自己意志的权利和自由，享有对国家和社会事务实行舆论监督的权利和自由。"进而又指出，"任何自由从来都不是抽象的而是具体的，不是绝对的而是相对的。在任何一个国家，都不存在绝对的毫无限制的'新闻自由'。在国际上还存在社会主义和资本主义的对立，在国内阶级斗争还在一定范围内存在的情况下，自由就不能不带有阶级性。"在这里，江泽民同志不仅明确肯定了我国存在新闻自由的现实和法律依据，同时也深刻揭示了不同社会制度下新闻自由的阶级性本质。

江泽民同志还深刻阐述了行使新闻自由权利与承担社会责任、遵守新闻工作纪律的关系问题。1996 年 1 月，江泽民同志在视察解放军报社时要求"报社的同志要有很强的国家利益观念，严守党、国家和军队的秘密，严守新闻宣传纪律"。1996 年，他在视察人民日报社时要求广大新闻工作者"要打好政策法律纪律根底。要牢牢掌握中央的方针政策，牢牢掌握国家的法律法规，严守新闻工作纪律"。2000 年 12 月，江泽民同志同香港记者谈话时指出："新闻自由和记者的社会责任是一个问题的两个方面。不能光讲社会责任，不讲新闻自由；但你也不能光讲新闻自由，不讲社会责任。这两者要结合起来。"1999 年初，江泽民同志在全国宣传部长会议上的讲话中强调，新闻单位要"严格遵守党的政治纪律和宣传纪律，切实做到令行禁止。该管的要管住，重要的宣传阵地和传播手段，一定要把好关口，丝毫不能出问题"。

（八）关于加强党的领导和新闻队伍建设的论述

对我们的新闻宣传工作来说，党的领导是关键，队伍
建设是根本。江泽民同志对加强党对新闻工作的领导和加
强新闻事业的队伍建设问题有一系列深刻的阐述。

加强党对新闻工作的领导，是做好新闻工作的根本保
证，是党的新闻工作发展进步的关键。江泽民同志在省报
总编辑新闻工作研讨班上的讲话中，就怎样加强党对新闻
工作的领导提出了"四个抓好"的重要意见："加强党对
新闻工作的领导，主要是要抓好新闻宣传的政治方向，抓
好新闻改革，抓好新闻工作的经验总结，抓好新闻队伍的
建设、特别是领导班子的建设。"实践证明，凡是真正抓
好了这几方面的工作，加强党对新闻工作的领导就真正落
到了实处。这"四个抓好"对加强党对新闻工作领导的
方针原则、工作内容、主要任务，作了精辟、深刻、富有
创造性的阐述，成为江泽民新闻思想的又一个亮点。

江泽民同志认为，加强和改善党对新闻工作的领导，
关键是对新闻工作要把好关、把好度。把好关重在政治问
题、导向问题，把好度重在策略问题、技巧问题。一方面
要帮助广大新闻工作者牢固树立"政治家办报"的思想，
不断增强政治意识、大局意识、责任意识、阵地意识，自
觉把好舆论导向关；另一方面要引导新闻工作者有效地把
握好"度"，包括热度、密度、角度、力度、透明度等，
做到"运用之妙，存乎一心"，牢牢把握正确导向，不断
提高舆论引导水平。

　　江泽民同志在论述新闻队伍建设时强调指出，要抓好新闻队伍建设，既要抓业务建设，又要抓作风建设；既要重视学习，又要重视实践；既要打好"五个根底"，又要发扬"六大作风"，努力建设一支"政治强、业务精、纪律严、作风正"的新闻工作队伍，努力使我们的新闻队伍素质得到全面提高和发展。1996年初，江泽民同志在视察解放军报社时的讲话中提出："办好《解放军报》，需要有一支政治强、业务精、纪律严、作风正的新闻队伍。"在这里，江泽民同志明确提出新闻队伍建设要达到"政治强、业务精、纪律严、作风正"四项目标。就在同一篇讲话中，江泽民同志还指出："要适应新时期新闻舆论工作的需要，高标准地搞好新闻队伍建设。首先要加强学习，学政治、学军事、学文化、学新闻业务知识，不断提高自身素质。……再就是要讲究职业道德，树立新闻工作者的良好形象。"

　　为了高标准地建设这样一支队伍，他在视察人民日报社时创造性地提出要打好理论路线根底、政策法律纪律根底、群众观点根底、知识根底、新闻业务根底等"五个根底"，要坚持发扬敬业的作风，实事求是的作风、艰苦奋斗的作风、清正廉洁的作风、严谨细致的作风、勇于创新的作风等"六大作风"。

　　要打好"五个根底"、发扬"六大作风"，建设一支政治强、业务精、纪律严、作风正的新闻队伍，有效的办法就是要努力实践江泽民同志在视察新华社时提出的"学习、学习、再学习，深入、深入、再深入"的要求。

打好"五个根底"、发扬"六大作风"、实现"两点要求"、达到"四项目标"是江泽民同志关于新闻队伍建设的总体要求和系统思想。

以上八个方面的论述大体上构成了江泽民新闻思想的基本架构。通过这八个方面的分析，我们可以从总体上了解、把握江泽民新闻思想的概貌。

五、江泽民新闻思想的核心内容

江泽民新闻思想是一个完整、科学的理论体系，内涵深刻丰富，其核心内容是他的"喉舌论"、"生命论"、"导向论"、"创新论"、"根底论"等思想。

（一）喉舌论

新闻工作作为意识形态、上层建筑的一部分，自然要为其依附的经济基础服务，这在任何国家任何社会都是如此。新闻传媒只有当谁的喉舌之分，而没有当不当喉舌之别。新闻传媒的喉舌性是由新闻传媒的阶级性和倾向性决定的。

党的新闻事业是党、政府和人民的喉舌，这是马克思主义新闻学的一个基本观点。"喉舌"这一词确切表达了党的新闻事业的根本性质和基本职能，指明了党领导的新闻事业的正确的政治方向，指出了做好党的新闻工作的关键所在，规定了党的新闻工作者的神圣职责。用"喉舌"一词表述新闻事业的性质，这是马克思主义新闻理论的一贯主张，是无产阶级新闻工作的光荣传统。

　　马克思在《新莱茵报》审判案的发言中指出："报刊按其使命来说，是社会的捍卫者，是针对当权者的孜孜不倦的揭露者，是无处不在的耳目，是热情维护自己自由的人民精神的千呼万应的喉舌。"列宁在《论俄国社会民主工党的现状》中说："以马克思主义思想为指针的一切公开发行的俄国报纸，目前已成为向俄国社会民主党工人群众进行党的宣传鼓动工作的一个最重要的公开喉舌。"

　　在我国，在我们党和毛泽东同志领导人民革命斗争中，就经常用"喉舌"来概括党报的性质。1930 年 8 月 10 日，《红旗日报》在发刊词中指出："本报是中国共产党机关报，同时在目前革命阶段中必然要成为全国广大工农群众之反帝国主义与国民党的喉舌。"1941 年 2 月 6 日，《新中华报》在纪念该报创刊 10 周年的社论中指出："《新中华报》便是传达中共中央政治意见的有力的喉舌。"延安时期的中共中央机关报《解放日报》在 1942 年 4 月 1 日《致读者》的社论中指出："使《解放日报》成为真正战斗之党的机关报，成为一切愿意消灭民族敌人、建立国家的人的共同的喉舌。"

　　在改革开放和发展市场经济新时期，一些受资产阶级新闻思想影响的同志，认为"喉舌论"思想是过去革命战争时期和计划经济时期的产物，已不能适应市场经济的需要，认为强调喉舌性会影响新闻报道的客观性，强调喉舌性会影响按新闻规律办事，会影响新闻传媒传播信息这一基本功能的发挥。

　　面对这些新情况、新问题，江泽民同志继承和发展了马克思主义新闻观，在他担任总书记后第一次关于新闻工作的讲话中就明确提出："我们国家的报纸、广播、电视等是党、政府和人民的喉舌。这既说明了新闻工作的性质，又说明了它在党和国家工作中的极其重要的地位和作用。"江泽民同志的这一观点坚持和捍卫了马克思主义新闻理论的核心内容即"喉舌论"思想。他在以后关于新闻工作的讲话中一直坚持这一观点，并做了进一步的阐述。1996年1月，他在解放军报社的讲话中指出："《解放军报》是中央军委机关报，是我国武装力量的喉舌，是我军舆论宣传工作的一个十分重要的阵地。"1996年9月，他在视察人民日报社时再次强调指出："几十年来，《人民日报》作为党和人民的喉舌，在党中央的领导下，坚持正确的办报思想和办报方针，在革命、建设和改革中做出了重要的贡献。"2001年1月，他在全国宣传部长会议上发表重要讲话，又一次强调指出："新闻媒体是党和人民的喉舌，应准确、鲜明、生动地宣传中央的精神，应及时、如实、充分地反映人民群众的意愿。"

江泽民同志的"喉舌论"思想，始终着眼于新闻媒体的政治属性，把新闻工作作为党的事业的重要部分来强调；始终着眼于党和人民的主体地位，把新闻媒体作为党和人民的喉舌来定性；始终着眼于新闻工作的重要作用，把新闻工作的性质、地位和作用联系起来阐述。这样，"喉舌论"思想更加鲜明、更加准确、更加全面。江泽民同志的"喉舌论"思想有力地坚持和发展了马克思主义新闻理论的"喉舌论"思想，深刻揭示了中国特色社会主义新闻事业的根本属性。

（二）　生命论

"生命论"是由"喉舌论"发展而来的。把新闻事业比作党和人民的"喉舌"是马克思主义新闻观的重要思想，也是江泽民同志的重要思想。江泽民同志还在"喉舌论"的基础上进一步提出了"生命论"的论断，"生命论"实质上就是关于新闻工作的地位和作用的思想。1996年，他在视察人民日报社时指出："党的新闻事业与党休戚与共，是党的生命的一部分。可以说，舆论工作就是思想政治工作，是党和国家的前途和命运所系的工作。"江泽民同志在2000年9月给几位领导同志的信中谈到要加强西藏、新疆等地广播电视工作时，更是明确地指出："我们一定要看到西方敌对势力和民族分裂势力在宣传舆论上开展的攻势和其他种种分裂活动，都是具有深刻背景的，都有强大的势力在背后撑腰。他们妄图以西藏和新疆地区为重点在我国的领土上打开一个缺口，进而颠覆我们共产党的领导和社会主义制度。……我们必须从资金、技术、人员等方面调集足够的力量来解决加强西藏和新疆广播电视条件这个问题。不能再拖了，再拖，就要犯不可饶恕的历史性错误。"在这里，江泽民同志从党的新闻事业是党的生命的一部分，直接关系到党和国家的前途和命运这样一个高度来强调新闻工作的地位和作用，具有敏锐的政治眼光、深邃的战略意识和全面的大局观念。从"喉舌论"发展到"生命论"，充分说明了江泽民同志对新闻工作的高度重视，充分说明了江泽民同志对我们党的新闻事业的性质、地位、作用在新的形势下有了更为深刻的认识。

"生命论"思想的提出，对于全党全国高度重视新闻工作，充分发挥新闻工作的重要作用，对于广大新闻工作者肩负使命，忠于职守，努力工作，具有重要的指导意义。"生命论"思想是江泽民同志对马克思主义新闻理论的又一发展和创新。

（三）导向论

江泽民同志十分强调坚持正确舆论导向的极端重要性。1989 年政治风波之后，他在省报总编辑新闻工作研讨班上认真总结了一些新闻单位的教训后沉痛地指出："新闻宣传一旦出了大问题，舆论工具不掌握在真正的马克思主义者手中，不按照党和人民的意志、利益进行舆论导向，会带来多么严重的危害和巨大的损失。"

1994 年，他在全国宣传思想工作会议上指出："舆论导向正确，人心凝聚，精神振奋；舆论导向失误，后果严重。正反两方面的经验告诉我们，引导舆论，至关重要。各级党委、宣传部门和新闻出版单位的领导干部，必须以高度的责任心抓好舆论引导工作。"并进一步明确指出："坚持正确的舆论导向，就是要造成有利于进一步改革开放，建立社会主义市场经济体制，发展社会生产力的舆论；有利于加强社会主义精神文明建设和民主法制建设的舆论；有利于鼓舞和激励人们为国家富强、人民幸福和社会进步而艰苦创业、开拓创新的舆论；有利于人们分清是非，坚持真善美，抵制假恶丑的舆论；有利于国家统一、民族团结、人民心情舒畅、社会政治稳定的舆论。"

1996 年，江泽民同志在视察人民日报社时更是把舆论导向问题提到一个新的理论和认识的高度来强调。他深刻地指出："历史经验反复证明，舆论导向正确与否，对于我们党的成长、壮大，对于人民政权的建立、巩固，对于人民的团结和国家的富强，具有重要的作用。舆论导向正确，是党和人民之福；舆论导向错误，是党和人民之祸。"这一论断以鲜明简洁的语言，深刻地阐述了舆论导向与党和人民利益的密切关系，指明了新闻宣传工作所肩负的"以正确的舆论引导人"的光荣使命和艰巨任务。在党的十五大报告中，江泽民同志强调："新闻宣传必须坚持党性原则，坚持实事求是，把握正确的舆论导向。"

在党的十六大报告中，江泽民同志又指出："新闻出版和广播影视必须坚持正确导向，互联网站要成为传播先进文化的重要阵地。"

这些论述，使我们深深体会到：引导舆论是新闻工作的使命和任务，而导向是否正确，关系到舆论引导是成功还是失败，而这一成功与失败，决不是一般工作的成功与失败，直接关系到党和人民的福与祸。因此，牢牢把握正确的导向是新闻工作的首要政治责任，是搞好新闻工作的根本所在。

（四）创新论

"创新论"是江泽民同志关于新闻工作极富时代特征和创新意识的思想，为新闻工作的改革、发展提供了重要的理论基础和指导思想。

1989 年 11 月，江泽民同志在会见省报总编辑新闻工作研讨班的同志时指出，加强党对新闻工作的领导，要"抓好新闻改革"。1993 年 1 月，他在全国宣传部长座谈会上指出，我们的宣传工作"要始终贯彻唯物辩证法，坚持解放思想、实事求是，努力把群众的积极性引导好、保护好、发挥好"。1994 年 1 月，他在全国宣传思想工作会议上再次强调，宣传思想工作"要坚持解放思想、实事求是的思想路线，紧紧围绕经济建设这个中心，认真做好各方面工作"。1996 年 9 月，他在视察人民日报社时指出："新闻事业是常干常新的事业，是有着广阔的驰骋空间的事业，在坚持党的新闻工作的基本方针和原则的前提下，新闻工作者应当不断开拓新的报道领域，不断探索新的报道形式，不断采用新的报道手法，不断写出富有新意的优秀作品。"2001 年 4 月，他在会见外国友人时指出："随着国际形势的变化，特别是信息技术的快速发展，我们对广大群众进行思想政治工作和宣传教育的方式不能一成不变，不能不有所创新。利用广播电视进行宣传十分重要，不仅可以丰富人民群众的文化娱乐生活，还可以激发爱国热情。"2002 年 2 月，他在广电总局视察"西新工程"时再一次明确指出："要适应形势发展的要求，深化改革、积极创新，努力从思想内容、表现形式、宣传方法等方面增强广播影视的影响力，用更多更好的广播影视作品，凝聚人心，鼓舞干劲，促进改革开放和现代化建设。"江泽民同志在十六大报告中，对包括新闻工作在内的文化建设和文化体制改革，更是提出了明确要求，他强调指出：要"根据社会主义精神文明建设的特点和规律，适应社会主义市场经济的要求，推进文化体制改革"。

从以上论述中，我们可以认识到，江泽民新闻思想中的"创新论"的内涵，包括这样一些重要内容：一是必须坚持解放思想、实事求是、与时俱进的思想路线；二是必须对不适应新闻工作需要的观念、体制、机制、方法进行改革创新；三是推进新闻的改革创新是繁荣党的新闻事业的必由之路；四是抓好新闻的改革创新，是党加强对新闻工作领导的重要举措。这为我们如何创新党的新闻工作指明了方向。

（五）根底论

"根底论"集中体现了江泽民同志关于新闻队伍建设的重要思想。"根底论"思想是江泽民同志关于新闻队伍建设思想的核心。

江泽民同志高度重视新闻队伍建设。他在解放军报社视察时强调："要适应新时期新闻舆论工作的需要，高标准地搞好新闻队伍建设。"如何高标准搞好新闻队伍建设？江泽民同志创造性地提出要打好"五个根底"。他在视察人民日报社时，对新闻工作者的"根底"问题作了全面深刻的阐述。他指出："为了更好地担负起以正确舆论引导人的任务，新闻工作者，特别是共产党员和领导干部，必须努力提高自己的思想政治素质和业务素质。新闻战线的同志，特别是中青年同志，既要志存高远，又要脚踏实地，在打好思想政治和业务根底上，老老实实地下一番真工夫、苦工夫。"接着他深刻地阐述了打好"根底"

的具体要求。他提出："要打好理论路线根底。要坚持马列主义、毛泽东思想和邓小平建设有中国特色社会主义理论，坚持党的基本路线，用以指导自己的思想和工作。理论路线根底打好了，不管情况多么复杂，形势怎样变化，都会保持坚定正确的政治立场和政治方向。要打好政策法律纪律根底。要牢牢掌握中央的方针政策，牢牢掌握国家的法律法规，严守新闻工作纪律。新闻工作是政治性、政策性极强的工作，新闻工作者如果对党的方针政策和国家的法律法规不懂不熟悉，那就宣传不好，甚至出现误导，给党和人民的事业带来不应有的损失。要打好群众观点根底。新闻工作、党报工作，说到底，也是群众工作，是我们党联系群众的重要纽带。密切联系群众，是新闻工作者的必修课和基本功。大家要树立牢固的群众观点，同广大人民群众同呼吸，共命运，善于做调查研究工作，紧扣时代的脉搏，倾听群众的心声，多写出反映改革开放和社会主义现代化建设的好作品来。要打好知识根底。知识就是力量。首先要努力掌握与自己的业务工作直接有关的知识，同时，还要博览群书，哲学、政治、经济、法律、历史、文学等方面的书籍都应读一些，科技知识也应尽可能多学一些。希望在我们的新闻队伍中多出一些既懂政治、学识又渊博的编辑、记者、评论员。要打好新闻业务根底。新闻工作，无论编辑、采访，都需要有业务能力，特别是要有很好的文学修养。现在，报纸上刊登的许多报道，主题好，内容好，语言也很精彩，使人在受教育的同时，也得到美的享受。但是也有一部分新闻作品，不讲究辞章文采，文字干巴巴的，翻来覆去老是那么几句套话，也有的哗众取宠，乱造概念，词句离奇，使人看不懂，这种不良文风应加以纠正。要大力提倡新闻工作者苦练基本功。"江泽民同志提出的"根底论"思想，全面准确、深刻具体、富有时代性和创造性，对我们如何加强新时期新闻队伍建设具有重要的指导意义。

以上"五论"是一个有机的整体。"五论"之间既相互联系，又相互区别。"喉舌论"揭示了中国特色社会主义新闻事业的性质，"生命论"说明了中国特色社会主义新闻事业的地位，"导向论"指明了中国特色社会主义新闻事业的任务，"创新论"强调了中国特色社会主义新闻事业的动力，"根底论"抓住了建设中国特色社会主义新闻事业的根本。

党的十六大以来，以胡锦涛同志为总书记的党中央高度重视党的新闻工作，坚持用马克思列宁主义、毛泽东思想、邓小平理论和"三个代表"重要思想指导新闻工作。胡锦涛总书记强调指出："要研究新情况、新问题，寻找新途径、新办法，努力开创宣传思想工作新局面。"使新世纪新阶段党的新闻工作保持了良好的发展态势，有力地推动了全面建设小康社会和现代化建设事业的进程。我们深信，在以胡锦涛同志为总书记的党中央的正确领导下，在发展了的马克思主义新闻理论的指导下，中国特色社会主义新闻事业必将更加兴旺发达。

深入学习贯彻党的十七大
精神的路径选择 *

    党的十七大是在我国改革发展关键阶段召开的一次十分重要的大会，是中国共产党的一次历史性盛会，也是中华民族继续腾飞的一个重要里程碑。胡锦涛同志代表中央所作的报告体现的精神，即"十七大精神"，既展示了新成就，总结了新经验，又分析了新形势，明确了新任务；既提出了新要求，作出了新部署，又论述了新思想，阐释了新论断。显然，"十七大精神"集中体现了我们党在新的历史发展阶段执政兴国的重大思想理论、重大发展思路、重大方针政策和重大工作部署，标志着我们党指导思想上的新发展，也标志着我们国家现代化建设进入新阶段，对于我们党提高执政能力、履行执政使命，团结带领全国各族人民全面推进中国特色社会主义伟大事业和党的建设新的伟大工程，具有十分重大的意义。深入学习贯彻

---

* 本文发表于 2007 年 12 月河南省委《工作通报》。

党的十七大精神，是当前和今后一个时期各级党委、政府和广大党员干部的首要政治任务，也是我们必须认真研究、深入思考的重大问题。那么，如何正确有效地做好这项工作呢？

一、充分认识十七大的重大意义，全面 把握十七大的主要精神

党的十七大高举旗帜、继往开来、求真务实，形成了三大重要成果，一是批准了胡锦涛同志代表十六届中央委员会所作的报告，为我们继续推动党和国家事业发展指明了前进方向、提供了行动纲领；二是审议通过了党章修正案，对坚持和改善党的领导、加强和改进党的建设提出了明确要求；三是选举产生了新一届中央领导集体，为我们党继续带领全国人民团结奋斗提供了可靠的组织保证。学习贯彻好十七大精神，就全国而言，关系党和国家工作全局，关系中国特色社会主义事业长远发展，关系全国各族人民根本利益，关系中华民族伟大复兴，对于动员全党全国各族人民，在以胡锦涛同志为总书记的党中央坚强领导下，高举中国特色社会主义伟大旗帜，奋力夺取全面建设小康社会新胜利、开创中国特色社会主义事业新局面，具有重大现实意义和深远历史意义。就河南而言，对于我们团结和带领 9800 万河南人民，在党中央坚强领导下，在邓小平理论和"三个代表"重要思想指引下，深入贯彻落实科学发展观，努力构建和谐社会，奋力实现中原崛起

同样具有重大现实意义和深远历史意义。

　　党的十七大报告主题鲜明、内涵丰富，思想深刻、论述精辟，学习贯彻好十七大精神，关键是要准确把握好五个方面内容。一是高举一面旗帜，就是高举中国特色社会主义伟大旗帜。中国特色社会主义道路是几代中国共产党人带领人民不懈探索实践的结果，既坚持了科学社会主义的基本原则，又根据我国实际和时代特征赋予其鲜明的中国特色；中国特色社会主义理论体系是对毛泽东思想的继承和发展，是马克思主义中国化的最新成果。高举中国特色社会主义伟大旗帜，最根本的就是坚持中国特色社会主义道路和中国特色社会主义理论体系。二是坚持一个统领，就是坚持以科学发展观统领经济社会发展全局。报告对科学发展观进行了到目前为止最系统、最全面、最深刻、最精辟的阐述，深刻回答了"为谁发展"、"靠谁发展"、"怎样发展"、"发展成果由谁共享"等一系列基本问题。我们要坚持用科学发展观武装头脑，不断增强贯彻落实科学发展观的自觉性和坚定性，真正把科学发展观落实到经济社会发展的各个方面。三是明确一个目标，就是夺取全面建设小康社会新胜利。十七大从我国当前发展的实际出发，对全面建设小康社会的奋斗目标进行了充实和完善，提出了新的更高要求。我们要全面把握这些新要求，使全面建设小康社会的目标更完善、更有效，推动全面建设小康社会进入一个新的阶段、取得新的成就。四是把握一个布局，就是要把握中国特色社会主义事业总体布局。报告对中国特色社会主义事业的总体布局作出新的重大安排，对中国特色社会主义经济、政治、文化、社会建设作出了一系列重大部署，表明我们党对"什么是社会主义、怎样建设社会主义"这样一个重大命题的认识进入到一个新领域、新阶段。我们要深刻领会新布局，牢牢把握新部署，切实推动经济建设、政治建设、文化建设、社会建设等各方面工作取得新进展。五是重视一个建设，就是进一步加强新时期党的建设。报告深刻阐述了以改革创新精神加强和改进党的建设的重要性和紧迫性，明确了新形势下加强党的建设的新任务，体现了时代性、把握了规律性、富于创造性，表明我们党对新时期加强自身建设的认识更加深刻、行动更加自觉、理论更加成熟。只有坚持改革创新，我们党才能够顺应时代发展、符合人民要求，才能够生机勃勃、充满活力、永葆青春。

总之，十七大报告明确了我们党举什么旗、走什么路、以什么样的精神状态、朝着什么样的奋斗目标前进等重大问题，是中国共产党人面向世界、面向未来，团结带领全国人民坚定不移地走中国特色社会主义道路的政治宣言；阐述了中国特色社会主义事业发展的总体布局，全面部署了各项工作，是全党全国各族人民全面建设小康社会的行动纲领；坚持了马克思主义基本原理，同时紧密结合中国的发展实际和时代特征，进一步发展和丰富了马克思主义，使马克思主义中国化进入了一个新境界，是马克思主义的重要文献；描绘了全面建设小康社会的宏伟蓝图，必将极大地鼓舞和激励全党全国各族人民团结奋斗，去争取胜利，是推进改革发展的强大精神动力。在十七大精神鼓舞下，我们一定能够实现全面建设小康社会的宏伟目标，一定能够开创中国特色社会主义事业新局面，一定能够给全国人民带来更多福祉。

二、学习宣传贯彻落实十七大精神，推动十七大精神扎根开花结果

胡锦涛总书记在党的十七届一中全会上强调，新一届中央领导集体当前和今后一个时期的首要政治任务，就是全面贯彻落实党的十七大精神，为实现党的十七大确定的奋斗目标和工作任务而扎实努力，并强调要做到"六个必须"、"三个带头"，即：必须高举中国特色社会主义伟大旗帜，必须深入贯彻落实科学发展观，必须坚定不移地实现全面建设小康社会的宏伟目标，必须坚定不移地继续解放思想、坚持改革开放，必须下大气力解决人民最关心、最直接、最现实的利益问题，必须以改革创新精神推进党的建设新的伟大工程；带头增强政治责任感和历史使命感，带头学习新知识、增长新本领，带头加强作风建设。这是对新一届中央领导集体提出的，也是我们学习贯彻十七大精神必须坚持的总要求。我们一定要按照这个总要求，切实把贯彻落实十七大精神放到首要位置，学习好、宣传好、贯彻好、落实好，推动十七大精神深扎根、广开花、结硕果。

第一，学习好，"好"要体现在掌握精神上。在前一个阶段学习的基础上，总结经验，创新思路，把学习十七

大精神进一步引向深入。要认真学习，坚持把集中学习与个人自学结合起来、通读文件与专题研讨结合起来、学习理论与思考工作结合起来，做到系统学、全面学、深入学。要深刻领会，准确把握报告提出的新思想、新论断、新观点、新部署和新要求，准确把握报告的丰富内涵和精神实质。要善于运用，坚持学以致用、用以促学，把十七大精神作为思想武器、工作指南、行动准则，用来观察问题、认识问题、思考问题、处理问题、解决问题。在学习中，一是抓住重点，就是抓住领导干部特别是县处级以上党员干部这个重点。领导干部要以身作则、带头学习，带着责任学、带着热情学、带着问题学，在武装头脑、提高认识、统一思想上下工夫，在完善思路、指导实践、破解难题上求实效。二是抓好难点，就是抓好广大农民特别是进城务工人员的学习。在运用传统手段的同时，积极拓展思路、创新方法，让人民群众真切了解十七大精神，掌握十七大精神的基本内容。三是引导热点，就是引导群众正确看待热点问题。特别是要高度重视改善民生这个热点问题，引导群众的正当关切和合理预期，把改善民生摆到各级党委、政府的重要议事日程，通过党和政府与人民群众的共同努力，推动民生问题的有效解决，真正做到让全体人民共享改革发展成果。

第二，宣传好，"好"要体现在深入人心上。要广泛宣传，组织报刊、电台、电视台、互联网等各种媒体，及时总结反映各地各部门学习贯彻的新思路、新经验、新成效、新典型；积极开展对十七大精神的宣讲活动，运用群众身边的事例，教育群众、引导群众，形成强大的宣传声势，进一步推动十七大精神进企业、进学校、进社区、进乡村。要生动宣传，坚持贴近实际、贴近生活、贴近群众，创新内容形式，改进方法手段，增强十七大精神宣传的吸引力和感染力。根据不同对象、不同群体的需求，从不同角度、不同层次、不同侧面，用独特的角度、新颖的形式、通俗的语言进行宣传，用事实说话、用典型说话、用数字说话，使十七大精神真正入耳、入眼、入脑、入心。要深入宣传，把十七大精神作为宣传工作的指导思想、长期任务和主要内容切实安排好，全面准确、深入持久地进行宣传。

第三，贯彻好，"好"要体现在结合实际上。一是结合思想实际。紧紧围绕干部群众提出的深层次思想理论问题，紧紧围绕干部群众关心的热点难点问题深入调研，及时了解干部群众所思所想、所疑所惑，有什么问题解决什么问题，努力做到在解疑释惑上有新突破、在统一思想上有新提高、在推动实践上有新进展。二是结合工作实际。着眼中国特色社会主义事业总体布局，找到工作的结合点和切入点，进一步明确本地本部门的具体奋斗目标，认真研究推进改革发展稳定的重大措施，着力解决影响和制约科学发展的突出问题。三是结合群众愿望。全面把握人民群众的新期待，适应群众发展生产、改善生活的新愿望，实现好、维护好、发展好最广大人民的根本利益，使十七大精神成为维护人民利益的武器、改善民生的动力、联系群众的纽带，真正得到广大人民群众的衷心拥护。

第四，落实好，"好"要体现在真抓实干上。检验十七大精神是否落到了实处，主要有三个标志：一是解决问题。这是首要标志。各级领导干部要牢固树立解决问题的强烈责任感和使命感，妥善解决改革发展中本地本部门存在的一些深层次问题，及时解决随着时代发展产生的新矛盾新问题，着力提高运用科学理论分析问题的本领，脚踏实地解决实际问题。二是指导实践。始终立足于指导今后的工作实践，努力把学习十七大精神的收获转化为推动实践发展的强大精神动力，转化为改造客观世界和主观世界的力量源泉，转化为全面建设小康社会的规划部署，转化为深入改革创新的实际行动，进一步明确发展目标，理清发展思路，完善发展举措，使全面建设小康社会、加快中原崛起的生动实践始终在十七大精神指导下来思考、来谋划、来推进、来实现。三是推动工作。把学习贯彻十七大精神与完成各项目标任务、创新工作思路结合起来，与深入推进科学发展观的贯彻落实结合起来，与加快全面建设小康社会进程结合起来，与加强党的建设特别是干部队伍建设结合起来，集中精力、全力以赴做好各项工作，真正做实、做深、做新、做出成效，推动河南经济社会又好又快发展。

三、找准抓住贯彻落实十七大精神的切入点，努力开创中原崛起新局面

党的十七大提出了许多新思想、新观点、新论断、新

要求，具有深刻的政治性、思想性、战略性、指导性。学习好、宣传好、贯彻好、落实好十七大精神，必须高举旗帜、明确目标，牢记新要求、落实新部署，以坚持科学发展、着力改善民生、构建和谐社会、加强党的建设为切入点，努力实现河南发展新跨越、开创中原崛起新局面。

第一，坚持科学发展。科学发展观是贯穿十七大报告的主线，是统领中国特色社会主义事业总体布局的总纲，是我国经济社会发展的重要指导方针。只有深入贯彻落实科学发展观，更加自觉地走科学发展道路，经济社会各方面才能有新的发展，中国特色社会主义事业才能进一步向前推进。近年来，我们始终坚持科学发展，成功实现了由传统农业大省向全国重要的经济大省、新兴工业大省和有影响的文化大省的历史性转变。2007 年生产总值突破 1.5万亿元、稳居全国第五位，粮食产量占全国 1/10 强，规模以上工业实现利润居全国第四位，高速公路通车总里程居全国第一位。抓住了科学发展，就抓住了十七大精神的关键，也就抓住了十七大精神的主线和精髓，就抓住了实现河南发展新跨越、开创中原崛起新局面的根本问题。结合河南实际，坚持科学发展，最紧要的是深刻领会科学发展观的科学内涵、精神实质和根本要求，坚持用科学发展观武装广大党员干部，增强贯彻落实的自觉性和坚定性；准确把握发展规律、创新发展理念、转变发展方式、破解发展难题，突出抓好提高自主创新能力、调整优化经济结构、统筹城乡区域协调发展、节能减排等方面工作，增强发展的协调性，努力实现经济又好又快发展；着力解决影响和制约科学发展的突出问题，努力形成促进科学发展的体制机制，切实把科学发展观贯彻落实到经济社会发展的各个方面。

第二，着力改善民生。十七大报告通篇体现了关注民生、重视民生、保障民生、改善民生的重要思想，符合我们党全心全意为人民服务的根本宗旨，符合我们党立党为公、执政为民的本质要求。我们党领导人民全面建设小康社会、进行改革开放和社会主义现代化建设的出发点和落脚点，都在提高人民物质文化生活水平上，都在改善民生上，都在为民造福上。坚持了这一出发点和落脚点，我们的发展成果才能最大程度地造福于广大人民，改革发展的举措才能得到最广大人民的拥护和支持。近年来，我们坚持以办好"十大实事"为载体，着力解决好就学、就医、就业、社会保障和住房保障等问题，使广大群众得到了更多实实在在的利益，受到了广大群众的热烈欢迎。改善民生问题，既是原则，又是目的，既是当前的要务，又是长期的任务。学习贯彻十七大精神，必须牢固树立解决民生问题是最大政治、改善民生状况是最大政绩的意识，切实解决好群众最关心、最直接、最现实的利益问题，让发展的过程成为给群众排忧解难的过程，成为实现和维护群众切身利益的过程，成为人民群众生活水平不断提高的过程。

第三，构建和谐社会。十七大报告强调，社会和谐是中国特色社会主义的本质属性；构建社会主义和谐社会是贯穿中国特色社会主义事业全过程的长期历史任务。和谐社会建设，既是发展中国特色社会主义和全面建设小康社会的重要目标，又是重要保障和重要条件。河南经济社会发展之所以比较顺利，群众得到的实惠之所以比较多，一个很重要的原因，就是我们坚持以群众工作统揽信访工作、有效化解社会矛盾，扎实推动平安河南建设、促进社会和谐稳定，抓好安全生产工作、保障人民生命财产安全，全省上下聚精会神搞建设、一心一意谋发展，使我们的发展减少了阻力，避免了波折，少走了弯路，形成了合力。学习贯彻十七大精神，就要把构建和谐中原贯穿于全面建设小康社会、实现中原崛起的历史进程，贯穿于河南改革开放和现代化建设的历史进程，最大限度激发社会创造活力，最大限度增加和谐因素，最大限度减少不和谐因素，充分调动广大人民创新、创业、创优的积极性，努力形成社会和谐人人共建、和谐社会人人共享，更加充满活力而又安定团结的生动局面。

第四，加强党的建设。中国共产党是中国特色社会主义事业的坚强领导核心，各级党组织和广大党员干部是经济社会发展的领导者、组织者、推动者和实践者。党的建设搞得怎么样，直接关系到中国特色社会主义事业的成败，直接关系到经济社会发展的成效。发展中国特色社会主义，实现全面建设小康社会的宏伟目标，关键在党。现在，我们党整体上是好的，执政能力是强的，先进性是突出的。近年来，河南以开展保持共产党员先进性教育活动、"讲正气、树新风"主题教育活动为重点，全面加强和改进党的建设，全省各级党组织的创造力、凝聚力、战斗力明显增强。但也必须清醒地看到，无论是从河南还是从全国看，党在思想建设、组织建设、作风建设、制度建设和反腐倡廉建设上还都存在不少亟待解决的问题，与我们的使命和责任不相适应，与人民群众对我们的期待和要求不相符合。只有坚持以改革创新精神全面推进党的建设新的伟大工程，才能使我们党更加坚强有力，才能保证中国特色社会主义事业沿着正确方向不断前进。学习贯彻十七大精神，必须坚持以党的执政能力建设和先进性建设为主线，以改革创新为动力，坚持党要管党、从严治党、严中求治，全面加强党的建设，使党始终成为中原崛起的坚强领导核心，保证经济社会各项事业取得更加巨大的成就，更多地造福广大人民群众。

中国特色社会主义前景灿烂辉煌，全面建设小康社会宏伟蓝图激荡人心。只要我们更加紧密地团结在以胡锦涛同志为总书记的党中央周围，全面学习贯彻十七大精神，高举中国特色社会主义伟大旗帜，深入贯彻落实科学发展观，倍加谦虚谨慎、戒骄戒躁，倍加艰苦奋斗、励精图治，倍加珍视团结奋进、干事创业的良好氛围，万众一心，开拓进取，就一定能够夺取全面建设小康社会新胜利，奋力开创中原崛起新局面！

马克思主义中国化的重大理论成果[*]

——关于科学发展观的基本认识

学习宣传贯彻落实党的十七大精神，最重要的是高举中国特色社会主义伟大旗帜，最紧要的是奋力夺取全面建设小康社会的新胜利，最关键的是深入贯彻落实科学发展观，最根本的是切实加强党的建设。这四个方面的内容构成十七大报告的总体框架，用四个"最"来强调，凸显了这四个方面内容的极端重要性。高举中国特色社会主义伟大旗帜是最重要的，因为这是政治原则、理想信念、前进方向。高举中国特色社会主义伟大旗帜，主要体现在两个方面，即坚持中国特色社会主义道路，坚持邓小平理论、"三个代表"重要思想、科学发展观等重大战略思想在内的中国特色社会主义理论体系。而在当代中国，只有深入贯彻落实科学发展观，才能使中国特色社会主义道路

---

    * 本文是作者 2007 年 11 月 2 日在河南省委中心组学习十七大精神研讨班暨第一期市厅级干部轮训班上的报告，收入中共中央党校出版社 2008 年 1 月出版的《跨越的脚步——推进中原崛起的实践与思考》一书。

越走越宽广，才能让当代中国马克思主义放射出更加灿烂的真理光芒。奋力夺取全面建设小康社会的新胜利是最紧要的，因为这是 2020 年前要完成的重大任务，要实现的奋斗目标，事关全党全国人民的根本利益。党的十七大在十六大确立的全面建设小康社会目标的基础上，对全面建设小康社会提出了新的更高要求。而只有深入贯彻落实科学发展观，切实解决"为谁发展"、"靠谁发展"、"怎样发展"的问题，才能确保这一更加宏伟的奋斗目标顺利实现。切实加强党的建设是最根本的，因为党是中国特色社会主义的领导核心，是全面建设小康社会的组织者、实践者、推动者、引领者，是实现发展和搞好建设的根本保证。加强党的建设，核心是提高党的执政能力，保持和发展党的先进性，关键是提高领导科学发展的能力，使广大党员干部成为科学发展观的忠实执行者，带领广大人民群众夺取全面建设小康社会的新胜利，推进中国特色社会主义事业的发展。深入贯彻落实科学发展观，则是最关键的，因为没有科学发展观的提出、贯彻和坚持，中国特色社会主义事业无法顺利推进，全面建设小康社会的目标难以实现，党的建设不可能得到切实加强。中国特色社会主义、全面建设小康社会、贯彻落实科学发展观、加强党的建设这四个方面，互相关联，互相支持，共同构成了十七大以后党和国家全部工作的大格局，构成了十七大报告的总框架。对于我们党和国家的工作来说，当前和今后很长时期内最关键的一项工作，就是要深入贯彻落实科学发展观。因此，抓住科学发展观就抓住了党的十七大报告的主线、十七大报告的精髓和十七大报告的总纲。

一、深刻认识和准确把握党的十七大报告关于科学发展观的阐述

党的十七大报告对科学发展观进行了到目前为止最系统、最全面、最深刻、最精辟的阐述，对深入贯彻落实科学发展观提出了明确要求，标志着党的理论创新与实践创新相结合的又一次新飞跃，表明我们党对共产党执政规律、社会主义建设规律、人类社会发展规律的认识进一步深化，开拓了中国特色社会主义理论发展的新境界。

（一）进一步讲清了科学发展观的重要地位和重大意义。党的十七大报告明确指出，科学发展观是对党的三代中央领导集体关于发展的重要思想的继承和发展，是马克思主义关于发展的世界观和方法论的集中体现，是同马克思列宁主义、毛泽东思想、邓小平理论和"三个代表"重要思想既一脉相承又与时俱进的科学理论，是我国经济社会发展的重要指导方针，是发展中国特色社会主义必须坚持和贯彻的重大战略思想。这一重要论述，从理论和实践上进一步明确了科学发展观的科学定位，深刻揭示了科学发展观在马克思主义理论体系和党的事业发展全局中的重大意义。

（二）进一步讲清了科学发展观形成的历史条件和时代背景。科学发展观是党的十六大以来我们党从新世纪新阶段党和人民事业发展全局出发提出的重大战略思想，是

立足社会主义初级阶段基本国情，总结我国发展实践，借鉴国外发展经验，适应新的发展要求提出来的。党的十七大报告全面深刻地分析了当前我国发展的 8 个阶段性特征，指出这些阶段性特征是社会主义初级阶段基本国情在新世纪新阶段的具体体现；强调我国仍处于并将长期处于社会主义初级阶段的基本国情没有变，人民日益增长的物质文化需要同落后的社会生产之间的矛盾这一社会主要矛盾没有变。正是在这样的历史条件和时代背景下，我们党提出了科学发展观。

（三）进一步讲清了科学发展观的科学内涵和精神实质。党的十七大报告指出："科学发展观，第一要义是发展，核心是以人为本，基本要求是全面协调可持续，根本方法是统筹兼顾。"这一精辟概括，深刻揭示了科学发展观的科学内涵和精神实质。报告还用四个"必须坚持"对科学发展观的科学内涵和精神实质作了进一步的阐释。其中，必须坚持把发展作为党执政兴国的第一要务，突出了发展对于全面建设小康社会、加快推进社会主义现代化具有的决定性意义。抓住发展，就抓住了社会主义现代化建设的根本任务和主要内容，抓住了中国特色社会主义事业的关键。必须坚持以人为本，强调党的一切奋斗和工作都是为了造福人民，集中体现了我们党全心全意为人民服务的根本宗旨。必须坚持全面协调可持续，是经济、政治、文化、社会等各方面的发展与人的全面发展的辩证统一，是发展的速度和结构质量效益相统一，是经济发展与人口资源环境相协调。必须坚持统筹兼顾，是我们党长期执政中一条行之有效的重要经验，也是在新的历史条件下保证全面协调可持续发展的根本方法。

（四）进一步讲清了科学发展观与党的基本路线的关系。党的十七大报告明确指出，深入贯彻落实科学发展观，要求我们始终坚持"一个中心、两个基本点"的基本路线。党的基本路线是党和国家的生命线，是实现科学发展的政治保证。以经济建设为中心是兴国之要，是我们党、我们国家兴旺发达和长治久安的根本要求；四项基本原则是立国之本，是我们党、我们国家生存发展的政治基石；改革开放是强国之路，是我们党、我们国家发展进步的活力源泉。坚持把以经济建设为中心同四项基本原则、改革开放这两个基本点统一于发展中国特色社会主义的伟大实践，任何时候都决不能动摇。科学发展观是我国经济社会发展的重要指导方针，坚持党的基本路线、发展中国特色社会主义必须深入贯彻落实科学发展观。只有始终坚持科学发展，才能保证党的基本路线得到贯彻落实；只有始终坚持党的基本路线，才能不断促进科学发展。

（五）进一步讲清了科学发展观与构建社会主义和谐社会的关系。党的十七大报告明确指出："科学发展和社会和谐是内在统一的。没有科学发展就没有社会和谐，没有社会和谐也难以实现科学发展。"一方面，社会和谐是实现科学发展的重要条件，也是科学发展的历史任务和社会结果，贯穿中国特色社会主义事业全过程。另一方面，科学发展是社会和谐的根本基础，没有发展，特别是没有科学发展，经济没有实力，社会失去必要的物质基础，社会和谐是难以做到的。全面贯彻落实科学发展观同构建社会主义和谐社会是紧密联系、不可分割的。要求我们要把贯彻落实科学发展观同构建社会主义和谐社会有机结合起来，通过发展增加社会物质财富、不断改善人民生活，又通过保障社会公平正义、不断促进社会和谐，坚持在科学发展的基础上促进社会和谐，在促进社会和谐中推动科学发展。

（六）进一步讲清了科学发展观与改革开放的关系。党的十七大报告明确指出，深入贯彻科学发展观，要求我们继续深化改革开放，深刻地揭示了科学发展观和改革开放的关系。一方面，改革开放是决定当代中国命运的关键抉择，是建设富强民主文明和谐的社会主义现代化强国的必由之路。只有改革开放才能发展中国、发展社会主义、发展马克思主义。深入贯彻落实科学发展观，必须用改革的办法解决前进中的问题，推进各方面体制机制改革创新，全面提高开放水平，建立充满活力、富有效率、更加开放、有利于科学发展的体制机制，为发展中国特色社会主义提供强大动力和体制保障。另一方面，科学发展观既是指导发展的世界观和方法论，同时也是深化改革开放的世界观和方法论。只有坚持以科学发展观为指导，推进改革开放，才能提高改革决策的科学性，增强改革措施的协调性，把改革创新精神贯彻到治国理政各个环节。

（七）进一步讲清了科学发展观与党的建设的关系。党的十七大报告明确指出，深入贯彻落实科学发展观要求我们必须加强党的建设，特别强调党要站在时代前列带领人民不断开创事业发展新局面，必须以改革创新精神加强自身建设。这充分说明，科学发展观作为发展中国特色社会主义事业必须坚持和贯彻的重大战略思想，对全面加强党的建设提出了新任务新要求，同时也只有切实加强党的建设才能促进科学发展，才能实现科学发展。一方面，党是中国特色社会主义事业的领导核心，科学发展的道路是党领导开辟的，贯彻落实科学发展观，必须以改革创新精神全面推进党的建设新的伟大工程，提高党领导和驾驭发展全局的水平和能力，为实现科学发展提供可靠的政治和组织保证。另一方面，科学发展观规定了全面加强党的建设的历史任务和目标要求，只有切实加强党的建设，把提高党的执政能力、保持和发展党的先进性体现到促进科学发展上来，才能更好地代表和实现最广大人民的根本利益，进一步赢得最广大人民群众的拥护和支持。

（八）进一步讲清了深入贯彻落实科学发展观的根本要求。党的十七大报告明确提出深入贯彻落实科学发展观，要求我们始终坚持"一个中心、两个基本点"的基本路线，要求我们积极构建社会主义和谐社会，要求我们继续深化改革开放，要求我们切实加强和改进党的建设。落实好这"四个方面的要求"，深入贯彻落实科学发展观就有了政治保证、社会环境保证、体制机制保证和组织保证。我们要认真落实，将其转化为谋划发展的正确思路、促进发展的政策措施、领导发展的实际能力。

总之，党的十七大报告围绕科学发展观深刻地阐明了这八个方面的重大问题，表明我们党提出的科学发展观已经形成了一个完整的科学理论体系，为我们指明了前进方向，提供了行动纲领。对科学发展观，必须认真学习、全面领会、深入贯彻、狠抓落实，在科学发展观的指引下，不断开创各项工作新局面。

二、科学发展观是马克思主义中国化
最新的重大成果

科学发展观是我们党坚持以邓小平理论和"三个代表"重要思想为指导，在准确把握世界发展趋势、认真总结我国发展经验、深入分析我国发展阶段性特征、汲取借鉴国外发展经验教训和理论成果的基础上提出的，是在马克思主义中国化的过程中、在我们党探索中国特色社会主义建设道路的过程中取得的最新的重大理论成果，是与邓小平理论和"三个代表"重要思想既一脉相承又与时俱进的科学理论体系，是全面建设小康社会、加快推进社会主义现代化的重要指导思想和行动总纲。

新中国成立以来，我们党在建设社会主义的道路上不断探索和总结，取得了一系列重大理论成果。以毛泽东同志为主要代表的中国共产党人带领全党和全国人民在中国建立了社会主义制度，开始了建设社会主义的伟大实践，提出要根据本国情况走自己的道路，对适合中国国情的社会主义道路进行了艰苦探索，积累了在中国这样的社会生产力水平十分落后的东方大国进行社会主义建设的重要经验，为我们建设中国特色社会主义打下了制度和实践基

础。以邓小平同志为主要代表的中国共产党人，深刻总结我们党和国家在探索社会主义建设道路过程中的经验教训，重新确立了解放思想、实事求是的思想路线，作出了我国还处于并将长期处于社会主义初级阶段的科学论断，制定和坚持"一个中心、两个基本点"的基本路线，实施改革开放的战略决策，强调发展是硬道理，坚持物质文明和精神文明建设"两手抓，两手都要硬"，指出社会主义的本质是解放生产力、发展生产力，回答了"什么是社会主义、怎样建设社会主义"的问题，创立了邓小平理论，实现了对我国社会主义发展道路认识的一次飞跃，开辟了建设中国特色社会主义的宽广道路。以江泽民同志为主要代表的中国共产党人，提出了"三个代表"重要思想，强调发展是党执政兴国的第一要务，坚持用发展的办法解决前进中的问题，发展是社会主义物质文明、政治文明、精神文明全面的发展，进一步回答了"什么是社会主义、怎样建设社会主义"的问题，创造性地回答了"建设什么样的党、怎样建设党"的问题，丰富了中国特色社会主义的理论。这些来自于实践的重要理论成果是科学发展观的重要来源和坚实基础。

　　党的十六大以来，以胡锦涛同志为总书记的党中央继承了毛泽东思想、邓小平理论和"三个代表"重要思想，在如何建设中国特色社会主义这个重大理论和实践问题上继续进行探索，总结我国发展的历史经验特别是抗击"非典"的重要启示，逐步形成了科学发展观。科学发展观的提出和形成，是对国际形势、我国发展的阶段性特征和实践经验的自觉认识和能动把握。从国际看，和平、发展、合作是时代潮流，经济全球化趋势深入发展，围绕资源、市场、技术、人才的国际竞争日趋激烈，发达国家在经济、科技等方面占优势的压力将长期存在。从国内看，我国经济社会发展进入了全面建设小康社会、加快推进社会主义现代化的新阶段。这一时期，既是黄金发展期，又是矛盾凸显期，经济体制深刻变革、社会结构深刻变动、利益格局深刻调整、思想观念深刻变化，面临的发展机遇前所未有，面临的挑战也前所未有。适应新形势、把握新特征、应对新挑战、寻找新对策，以胡锦涛同志为总书记的党中央在提高发展质量、建设资源节约型和环境友好型社会、增强自主创新能力、促进城乡区域协调发展、破解"三农"难题、建设社会主义新农村、着力改善民生、构建和谐社会、提升开放层次和加强党的先进性建设等方面，作出并实施了一系列重大战略决策，促进了经济社会又好又快发展，为科学发展观的形成、丰富和完善提供了实践依据。同时，科学发展观充分汲取了世界各国发展的经验教训，借鉴了国外发展理论的有益成分，反映了当代最新的发展理念，顺应了当今世界的发展潮流，是对人类社会发展经验的深刻总结和高度概括。

　　科学发展观作为马克思主义中国化的最新的重大成果，与邓小平理论和"三个代表"重要思想一样，都是围绕建设中国特色社会主义这一主题展开的，都是科学分析我们党所面临的世情国情党情民情、对改革开放和社会主义现代化建设不同发展阶段一系列重大理论和实践问题作出的科学回答，都涵盖了社会主义建设的各个方面、各个领域，都是中国特色社会主义理论体系的重要组成部分，都是中国特色社会主义建设的重要指导思想。科学发展观突出强调以人为本，凸显了发展的主体地位，更加强调尊重规律、合乎科学、持续发展，标志着我们党对中国特色社会主义规律性的认识进入了一个新阶段，成为马克思主义中国化新的里程碑。

三、充分认识科学发展观的重大理论
　　意义和实践意义

人类社会是在发展中不断前进的，发展是人类社会的永恒主题。无论是马克思列宁主义、毛泽东思想，还是邓小平理论和"三个代表"重要思想，贯穿其中的主线是发展，并沿着这条主线，坚持不懈地进行思想上的探索、理论上的创新、实践上的求证。科学发展观更加全面、更加科学、更加准确地回答了所有发展观都必须予以回答的关于发展的认识问题、实现问题、评价问题和发展成果享用问题，是中国特色社会主义理论的新发展，不仅对于丰富和发展马克思主义具有重大的理论意义，而且对于指导经济社会发展具有重大的实践意义。

一是科学地解决了对发展的认识问题，即回答了发展是什么，什么样的发展才是科学发展。科学发展观强调的发展是以人为本的发展、合乎规律的发展、全面协调可持续的发展、又好又快的发展。在对发展的本质认识上，科

学发展观把以人为本作为核心，坚持以最广大人民的根本利益为本，强调发展为了人民、发展依靠人民、发展成果由人民共享，对发展目的、动力、标准的认识上升到了新高度，体现了我们党的性质、宗旨和执政理念在发展问题上的新要求；在发展布局上，把社会建设与经济建设、政治建设、文化建设一起纳入中国特色社会主义事业的总体布局，由"三位一体"发展成为"四位一体"，使中国特色社会主义发展战略更加全面、协调、均衡；在发展的本质要求上，把又好又快作为当前和今后一个时期我国经济社会发展的一个重要指导方针，更加突出转变发展方式，更加重视速度质量效益相统一、人口资源环境相协调，实现了由又快又好向又好又快的重大转变，体现了我们党对新阶段中国特色社会主义经济社会发展规律的新认识。

二是科学地解决了发展的途径问题，即回答了怎样才能实现科学发展的问题。解决了对发展的认识问题之后，更重要的是解决好过发展这条河的"船"和"桥"问题，真正把思想转化为行动。科学发展观明确提出要运用"统筹兼顾"的根本方法来实现"全面协调可持续"的发展。所谓"统筹兼顾"，就是总览全局，科学运筹，协调发展，兼顾各方，正确处理涉及发展全局的一系列重大关系问题，提高工作的系统性、原则性、预见性和创造性。在发展方式上，强调要更深刻、更自觉地把握经济发展规律，下更大决心、采取更有力的措施提高经济发展的质量和效益。在发展动力上，坚持把改革开放和科技创新作为动力，注重提高改革决策的科学性、增强改革措施的协调性。在发展保证上，坚持解放思想、实事求是、与时俱进的思想路线，把党的先进性建设作为主线，把执政能力建设作为重点，把加强作风建设作为关键。科学发展观对实现科学发展的方式、动力、保证等重大问题的明确回答，使我们在怎样实现科学发展这个问题上认识更深刻、理解更透彻、把握更准确、思路更清晰。

三是科学地解决了对发展的评价问题，即回答了发展成果的价值尺度和衡量标准问题。发展的评价问题，反映了一个发展理论体系的根本价值取向，体现了发展的出发点和落脚点。不同的评价标准，代表着不同发展阶段的不同人们对发展成果的不同认识。科学发展观在继承毛泽东思想、邓小平理论和"三个代表"重要思想发展评价观，合理借鉴国外发展评价观有益成果的基础上，明确提出要坚持以人为本，把人的全面发展作为发展生产力和政治、文化、社会发展的终极目标，作为衡量发展的最高原则和最高评价标准。这一评价标准，把人作为发展的前提、动力、目的，实现了由重物到人本的跨越，充分体现了发展评价标准的与时俱进和全面升华。

四是科学地解决了发展成果的享用问题，即回答了发展为什么，发展成果由谁享用的问题。发展目的是科学发展观的首要问题，是科学发展的根本出发点和归宿。不同的社会制度决定着不同的发展目的，不同的发展目的又体现了不同的社会制度。科学发展观的核心是以人为本，一方面，坚持以最广大人民的根本利益为本，以实现人的全面发展为目标，坚持发展为了人民、发展依靠人民、发展成果由人民共享，充分体现了我们党全心全意为人民服务的宗旨；另一方面，强调发展成果由人民共享，就是要走共同富裕的道路，让发展成果惠及广大人民群众，充分体现了社会主义制度的优越性。

在新的历史条件下，科学发展观分析新形势、反映新实践、探索新途径、解决新问题、开创新局面，在理论和实践上对续不续得上、讲不讲得清、管不管得住、搞不搞得好等事关大局、众所关注的重大问题，作出了肯定而有力的回答。

——在续不续得上的问题上，答案是：科学发展观与邓小平理论、"三个代表"重要思想既一脉相承又与时俱进，开拓了马克思主义中国化新境界。中国特色社会主义事业是在继往开来中不断向前发展的，马克思主义中国化也是在承前启后中持续向前推进的。科学发展观坚持和发展了马克思列宁主义、毛泽东思想、邓小平理论和"三个代表"重要思想，是全党全国各族人民智慧的结晶，是马克思主义中国化最新成果，在思想基础、政治理想、根本立场、理论品质上与邓小平理论、"三个代表"重要思想都是一脉相承的，是对中国特色社会主义不同发展阶段重大理论和实践问题作出的科学回答，不仅续得上而且续得好，续得精彩。

——在讲不讲得清的问题上，答案是：科学发展观全面系统清晰地回答了发展中国特色社会主义和加强党的建设等一系列重大问题，是对中国特色社会主义认识的新飞跃。科学发展观用一系列紧密联系、相互贯通的新思想、新观点、新论断，全面系统地阐明了中国特色社会主义建设主题、发展道路、发展目的和依靠力量、战略布局、执政党建设等重大问题，从战略高度上深刻透彻地回答了发展中国特色社会主义事业必须把握的方针、政策、指导原则和工作方法。科学发展观的提出，使我们坚持中国特色社会主义道路的方向更明确、思路更清晰，进一步增强了广大党员干部群众对中国特色社会主义的坚定信念，对改革开放和社会主义现代化建设的坚定信心，对以胡锦涛同志为总书记的党中央的坚定信赖。

——在管不管得住的问题上，答案是：科学发展观能够有效解决新世纪新阶段发展中遇到的新矛盾新问题，是推进改革开放和社会主义现代化建设的新法宝。当代中国正在发生前所未有的深刻变革，以胡锦涛同志为总书记的党中央，科学认识和准确把握我国经济社会变革的深刻性和复杂性，着眼于解决发展中遇到的突出矛盾和问题，着眼于开创党和国家事业发展的新局面，提出了一系列重大战略思想，成功战胜非典疫情和重大自然灾害的挑战，有效抑制经济运行中不稳定、不健康的因素，从容应对加入世界贸易组织后的新变化，平稳驾驭国内和国际复杂多变的政治经济形势，在大变革中抓住了大机遇、赢得了大发展，在各种矛盾相互交织和各种风险并存的新挑战中探索了新途径、实现了新突破，社会主义市场经济体制日趋完善，经济发展的质量和效益大幅度提升，价格总水平保持基本稳定，创造了经济发展的奇迹。河南深入贯彻落实科学发展观，在农业向更高水平发展的同时，实现了向全国重要的经济大省和新兴工业大省的重大转变，使最近这几年成为河南比较兴旺、比较光彩、比较太平、比较安稳的几年。实践证明，科学发展观能够有效破解前进道路上的矛盾和问题，指引我们不断夺取全面建设小康社会新胜利，开创中原崛起新局面。

——在搞不搞得好的问题上，答案是：科学发展观能够促进经济社会又好又快发展，不断开创中国特色社会主义事业的新局面。党的十六大以来，中国特色社会主义建设取得了辉煌成就，经济实力大幅提升，改革开放取得重大突破，人民生活显著改善，民主法制建设取得新进步，文化建设开创新局面，社会建设全面展开，国防和军队建设取得历史性成就，港澳工作和对台工作进一步加强，全方位外交取得重大进展，党的建设新的伟大工程扎实推进。五年多来，我国国民经济保持平稳快速发展，国内生产总值年均增长 10% 以上，突破 24 万亿元，成为世界第四大经济体。2002 年我国人均国民收入首次超过 1000 美元，2006 年又超过 2000 美元，我国已经由低收入国家步入了中等收入国家行列。从河南来看，近年来我们认真学习贯彻胡锦涛总书记关于河南工作的重要指示精神，深入贯彻落实科学发展观，河南已经成为全国重要的经济大省、新兴工业大省和有影响的文化大省。实践充分证明，始终坚持科学发展，河南就会更美好，人民就会更满意。

总之，科学发展观对一系列重大问题作出的回答，表明科学发展观在理论上具有很强的科学性，在内容上具有很强的创造性，在实践上具有很强的指导性，是发展中国特色社会主义事业的强大思想武器；表明科学发展观不是管一时的而是管长远的，不是管一般的而是管根本的，不是管局部的而是管全局的，是我们党必须长期坚持的重要指导方针和重大战略思想。

四、深入分析贯彻落实科学发展观存在的主要问题

近年来，我们坚持以邓小平理论和"三个代表"重要思想为指导，全面贯彻落实科学发展观，经济社会发展和各方面工作都取得了显著成绩。但必须看到，对科学发展观的认识有一个不断深化的过程，对科学发展观的学习贯彻有一个由浅入深、逐步到位的过程，对科学发展观的制度保障有一个不断创新、逐步完善的过程。同时，在有些地方有些同志身上也不同程度地存在着紧迫感不强、主观努力不够等问题，制约着科学发展观的贯彻落实，影响着经济社会向全面协调可持续发展轨道的转变。主要表现在以下"七个不适应"。

思想认识不适应。一是认识低了，就是简单肤浅地把科学发展观当做一个战略举措、一个重要论断或者一项重大部署来看待，没有真正作为重要指导方针和重大战略思想来认识。二是理解窄了，就是片面地把科学发展观作为指导经济发展的理论来看待，没有作为指导经济社会发展全局和党的建设的总纲。三是领会浅了，就是没有真正深刻领悟基本内涵、把握精神实质，没有把科学发展观的丰

富内容联系起来学习，贯通起来掌握，全面加以贯彻。思想认识不到位，原因是学习不够深入、领会不够全面，表现是贯彻不够坚定、措施不够得力，结果是工作不够主动、成效不够理想。

理论武装不适应。主要表现在两个层面，一方面，对科学发展观的理论阐释还不到位，研究力量比较分散，研究主题不够突出。另一方面，对科学发展观的学习宣传力度、深度和广度还不够，内容、形式还比较单一，针对性不够强；教育培训不全面、不系统、不深入，联系实际不够紧密。

工作能力不适应。一是知识欠缺，一些党员干部缺乏贯彻落实科学发展观必备的现代经济、科技、社会管理和法律等方面的新知识，知识面不宽、结构不合理。二是本领不强，一些领导干部缺乏战略思维、辩证思维、系统思维和创新思维的能力，谋划发展视野不宽、思路不清，决策随意性强，不善于在总览全局中突出重点、在统筹兼顾中协调推进、在深刻分析中抓住要害。三是经验不足，一些领导干部不善于总结基层群众的鲜活实践，陷入老办法不管用、新办法用不好的窘境。

干部作风不适应。在实际工作中，个别领导干部的作风还存在一些不适应的地方。主要表现为工作不够扎实，作风不够过硬，重"显绩"轻"潜绩"，重当前轻长远，重经济增长轻环境保护，甚至搞不切实际的形象工程、面子工程等，贯彻落实科学发展观缺乏扎实的作风保证。

体制机制不适应。在动力推进机制上，经济、政治、文化、社会等体制改革还不到位，进展还不平衡，还没有真正形成充满活力、富有效率、更加开放的体制机制；在决策执行机制上，决策的科学化、民主化还不够，执行的系统性、协调性还不强；在考核激励机制上，体现科学发展观和正确政绩观要求的干部考核评价体系还不完善，激励措施还不够有力；在监督约束机制上，还没有形成以发现问题、纠正错误、责任追究为重点的多层次、全方位促进科学发展的监督体系。

法律制度不适应。一是法律制度不健全，还存在某些法律制度空白和无法可依的现象。二是部分法则不科学，有些法律法规由于历史的局限存在滞后性，统一性、配套协调性不够。三是执法执纪不到位，还存在有法不依、有纪不遵，执法执纪不严，违法违纪不究，存在地方保护主义等现象。

组织领导不适应。个别地方的党委、政府和个别领导干部态度不够积极，工作不够认真，而且在领导方式方法上还有待改进，决策水平还有待提高，深入了解民情、充分反映民意、广泛集中民智、切实珍惜民力的决策机制还有待完善，有的重大决策由于没有严格按照科学要求和民主程序进行，造成决策失误，有的政策措施缺乏稳定性、连续性，使国家和群众利益受到损害；工作中不善于"弹钢琴"，顾此失彼的现象时有发生，统筹协调能力有待提高。

以上七个方面的不适应，既有体制机制问题也有思想认识问题，既有能力问题也有作风问题，既有长期积累的老问题也有现实工作中产生的新问题，既有客观原因也有主观原因。我们必须充分认识贯彻落实科学发展观的长期性、艰巨性、复杂性，做到科学统筹、综合施策、标本兼治、协调推进，以宣传教育为先导，以体制机制建设为根本，以作风建设为保证，全面推进思想、能力、领导班子和法制建设，推动科学发展观深入贯彻落实。

五、切实抓好深入贯彻落实科学发展观的重点工作

深入贯彻落实科学发展观涉及方方面面，必须在统揽全局中抓住重点，以重点的突破带动全局的发展。当前和今后一个时期，要突出抓好以下六项重点工作。

一是民生问题。解决民生问题是最大的政治，改善民生状况是最大的政绩。近年来，党中央高度重视并切实解决民生问题，受到了广大群众的热忱欢迎，树立了亲民爱民为民的良好形象。河南省委、省政府着力解决人民群众最关心、最直接、最现实的利益问题，集中财力、物力、人力，连续3年为群众办好十大实事，并形成了为人民群众办实事办好事的长效机制，使群众得到了更多实惠。2007年，城镇居民人均可支配收入突破万元大关，达到11477.05元，与上年同期相比增长17.0%。农村居民人均纯收入3851.60元，扣除价格因素，比上年实际增长12.2%；从2004年起城镇新增就业人数连续4年超过100万，2007年新增140.7万人。教育的基础地位进一步巩

固，全省普通高校在校生突破百万。卫生、科技、文化事业快速发展，社会保障体系逐步建立和完善，民生问题得到明显改善。必须看到，民生问题涉及方方面面，由于长期以来社会事业发展不足、体制改革滞后，上学、看病、就业、住房、社会保障、收入分配等方面的问题仍然比较突出，特别是随着经济社会的发展和群众需求的提高，统筹协调各方面利益关系难度加大，解决民生问题的任务依然艰巨。民生问题不仅是当前亟待解决的重点问题，也是一项需要长期努力解决的重大问题。我们必须把关注民生、重视民生、保障民生、改善民生放在更加重要的位置，把群众呼声作为第一信号，把群众需要作为第一选择，把群众满意作为第一标准，在经济发展的基础上着力保障和改善民生，努力使全体人民学有所教、劳有所得、病有所医、老有所养、住有所居，让广大人民群众共享改革发展成果。

二是"三农"问题。"三农"问题始终是关系党和人民事业发展的全局性和根本性问题，是我们全面建设小康社会、实现中原崛起的重点和难点，任何时候都不能放松。以胡锦涛同志为总书记的党中央高度重视"三农"问题，不断加大支农惠农力度，全面取消农业税、牧业税、特产税，作出建设社会主义新农村的重大决策，开创了"三农"工作新局面。河南坚定不移地贯彻中央精神，坚持以增加农民收入为中心，以建设社会主义新农村为载体，以落实支农惠农政策为支撑，狠抓减轻农民负担，狠抓稳定提高粮食生产能力，狠抓发展劳务经济，以农产品加工业的发展带动种养业的发展，以农业产业化龙头企业带动基地和农户，从根本上解决了农户与市场的衔接问题，粮食生产和加工基地建设、畜产品生产和加工基地建设取得重大进展，河南成为全国第一农业大省、第一粮食生产大省、第一粮食转化加工大省、第一农村劳动力输出大省。农业强省建设迈出坚实步伐，初步找到了从根本上破解"三农"问题的新路子。粮食生产能力连续两年突破 1000 亿斤，增量占全国的近 1/2，小麦产量占全国的 1/4 强，不仅满足了自身的需要，而且每年向省外输出 200 多亿斤商品原粮和粮食制成品，为国家粮食安全作出了积极贡献，在加快工业化、城镇化的同时实现了农业稳定增产和农民持续增收。河南在全国率先免除农业税，受到广大农民的热烈欢迎，广大农民又一次喊出"共产党万岁"的心声。但也必须看到，农业作为弱质产业，人多地少、比较效益低的状况难以迅速改变，在市场经济条件下调动农民种粮积极性面临诸多困难，持续稳定转移农村富余劳动力任务艰巨，以工促农、以城带乡任务繁重；农业增产、农村发展和农民增收仍然处在艰难的爬坡阶段，解决"三农"问题需要长期不懈地努力。必须继续把解决三农问题作为全部工作的重中之重，在科学发展观指引下，统筹城乡经济社会发展，加快改变城乡二元结构，促进农民持续稳定转移和社会主义新农村建设协调进展。

三是转变经济发展方式问题。转变经济发展方式，是中央在探索和把握我国经济发展规律的基础上提出的重要方针，是从当前我国经济发展实际出发作出的重大决策，是关系国民经济全局紧迫而重大的战略任务，也是实现经济又好又快发展的必然要求。近年来，河南紧紧扭住工业化这个"牛鼻子"，坚持用新思路谋划新发展，用新体制激发新活力，用新办法解决新问题，用新产业营造新优势，加快结构调整和产业优化升级步伐，在转变经济发展方式上取得了新进展，使工业成为建设经济强省的主导力量。坚持实施中心城市带动战略和沿边各市开放开发战略，加快中原城市群发展，做大做强支柱产业，增强城市的吸引力和辐射带动能力，促进生产要素向优势地区、优势行业、优势企业集中，人口向城镇集中，获得了较高的聚集效益和规模效益。全省城镇化进程明显加快，2007年城镇化率达到34.3%，较上年提高1.8个百分点。充分发挥区位和交通优势，大力发展现代服务业特别是现代物流业，现代物流中心建设取得重大进展。把自主创新上升到战略高度，制定并实施了自主创新跨越发展战略，把自主创新浓墨重彩地写在加快中原崛起的旗帜上。认真贯彻国家宏观调控政策，坚决淘汰落后生产能力，持续推进土地"三项整治"，大力发展循环经济，全面开展节能减排，节约发展、清洁发展、安全发展取得明显进展。但从总体上看，三次产业在国民经济中的格局没有根本改变，产业结构不优、层次偏低、产业链条短的局面没有根本改变，高消耗、高投入、高污染、低产出的状况没有根本改变，致使资源环境约束日益加剧。特别是在国家严把土地、信贷"两个闸门"和市场准入"一个门槛"的情况下，粗放型经济发展方式已经难以为继。必须把转变发展方式作为实现国民经济又好又快发展的关键，以增强自主创新能力为中心环节，加大结构调整力度，全面系统地推进经济发展方式转变。

四是环境资源问题。环境资源问题是全人类面临的共同问题。缓解环境资源问题，建设资源节约型、环境友好型社会，是贯彻落实科学发展观的重要内容，也是我们对人类生存发展所负的庄严责任。改革开放以来，我国在经济持续快速发展的同时，也付出了较大的环境资源代价。我国环境容量有限、资源相对短缺，随着工业化、城镇化进程的进一步加快，经济社会发展和环境资源的矛盾将越发尖锐，环境资源瓶颈制约日益突出。河南人均资源少，能源原材料工业比重大，万元地区生产总值能耗高，解决好环境资源问题显得尤为紧迫。尽管近年来我们在节能减排方面做了大量工作，但受多种因素影响，节能减排形势仍不容乐观。无论是从科学发展的要求，还是现实可能看，都必须坚定不移地贯彻落实科学发展观，把建设资源节约型、环境友好型社会放在工业化、现代化发展战略的突出位置，走出一条节约发展、清洁发展、安全发展、可持续发展之路，努力创造一个环境奇迹。

五是社会稳定问题。社会稳定是人民群众的共同心愿，是改革发展的重要前提。没有稳定，就没有发展，更谈不上科学发展。近年来，河南坚持把保稳定作为现阶段构建和谐中原的首要任务，积极探索新形势下群众工作的特点和规律，总结推广了义马、渑池做好群众工作和项城做好军转干部思想政治工作等经验，积极创新群众工作体制机制，以群众工作统揽信访工作，实行重大决策事项信访评估制度和信访问题责任倒查追究制度，坚持抓源头、着力减少矛盾，抓疏导、着力缓解矛盾，抓结果、着力解决矛盾，大量的人民内部矛盾得到及时有效化解，最大限度地增加了和谐因素、减少了不和谐因素，有力地促进了社会和谐稳定，实现了"三下降一好转"，即来访总量明显下降、越级上访明显下降、赴京非正常上访明显下降，信访秩序明显好转。全面深入地开展平安河南建设，完善社会治安防控体系，强化社会治安综合治理；严格安全生产责任制，深入开展安全生产专项整治活动；加强公共应急体系建设，积极预防和妥善处置各类突发事件。全省社会秩序良好，人民群众心情舒畅。但也要看到，我们正处于人民内部矛盾凸显、安全生产形势严峻、刑事犯罪高发、对敌斗争复杂的时期，保持社会大局稳定任务繁重。在工作层面上，对稳定重要性的认识还不同程度地存在着上重下轻、重改革发展轻稳定和谐的现象。对此，我们必须高度重视，确保社会大局稳定，促进社会和谐。

六是党的建设问题。加强党的建设既是科学发展观的重要内容，也是实现科学发展的根本保证。近年来河南之所以能够巩固和发展经济社会发展的好形势，一个很重要的原因就在于我们从作风建设入手，切实加强党的建设，坚持领导干部为政要正、用人导向要正、社会风气要正、舆论宣传要正，使全省上下风正、气顺、劲足，把各方面的力量凝聚起来，把各方面的积极性调动起来，做到了合心、合力、合拍，中原大地正呈现出人心思进、人心思变、人心思干的生动景象。新形势新任务对党的自身建设也提出了新的更高的要求，同时党员干部中仍然存在一些与先进性要求不适应、不符合的突出问题，不正之风和腐败现象在某些领域还比较突出，严重影响科学发展观的贯彻落实。就农村党的建设来说，据调查，河南4.8万个村级党组织，能够充分发挥先进性的3.06万个，占63.8%；能够基本发挥先进性的1.51万个，占31.5%；还有2250多个，占4.7%的不能发挥先进性，是软弱涣散的党组织。因此，我们必须以改革创新精神全面推进党的建设新的伟大工程，以党的执政能力建设和先进性建设为主线，以改革创新为动力，全面加强党的思想建设、组织建设、作风建设、制度建设和反腐倡廉建设，抓紧解决党内存在的突出矛盾和问题，不断提高党的创造力、凝聚力和战斗力，不断提高领导水平和执政能力，不断提高拒腐防变和抵御风险能力，保证科学发展观的贯彻落实。

六、各级党委、政府要切实增强贯彻落实科学发展观的自觉性、坚定性

胡锦涛总书记在党的十七届一中全会上强调，必须深入贯彻落实科学发展观，并明确提出了更加自觉地走科学发展道路，更加自觉地科学分析我国全面参与经济全球化的新机遇新挑战，深刻把握我国发展面临的新课题新矛盾，更加自觉地抓住经济建设这个中心，更加自觉地统筹

城乡发展、区域发展、经济社会发展、人与自然和谐发展、国内发展和对外开放；要求着力转变不适应不符合科学发展观的思想观念，着力解决影响和制约科学发展的突出问题。这"四个更加自觉"、"两个着力"，是对新一届中央领导集体提出的要求，省以下各级党委、政府作为深入贯彻落实科学发展观的组织者、引领者、推动者、实践者，也必须始终坚持，切实增强贯彻落实科学发展观的自觉性、坚定性，紧密结合各地各部门的实际，在思想上形成共识，在工作中形成合力，开创改革发展的新局面。

第一，更加自觉地用科学发展观指导全部工作，走科学发展道路，促进经济社会又好又快发展。学习贯彻党的十七大精神、开创各项工作新局面，最关键的是坚持用科学发展观武装头脑、谋划发展、解决问题、推动工作，为经济社会发展安上科学发展的"方向盘"，安上科学发展的"助推器"，使发展的"列车"跑得又好又快又稳。一是武装头脑。把认真学习宣传贯彻党的十七大精神作为当前和今后一个时期的首要政治任务，把深入贯彻落实科学发展观作为学习贯彻落实党的十七大精神的重要内容，使科学发展观真正入耳、入眼、入脑、入心，转化为建设全面小康社会的自觉行动。二是谋划发展。按照党的十七大的部署和科学发展的要求，深入研究经济社会发展中具有战略性、前瞻性、全局性的重大问题，分析新形势，理清新思路，明确新目标，制定新措施，在新的形势下，抢占先机，争取主动。三是解决问题。牢固树立解决问题的责任感和使命感，着力解决群众关心、反映强烈的热点难点问题，着力解决影响科学发展的体制机制性问题，妥善解决本地区本部门改革发展中存在的一些深层次问题，及时解决随着时代发展产生的新矛盾新问题，使深入贯彻落实科学发展观的过程，成为促进经济社会又好又快发展的过程，成为人民群众不断得到更多实惠、享受更多发展成果的过程。四是推动工作。把科学发展观作为指导实践的有力武器，找准工作的结合点和切入点，把科学发展观的要求体现在改革发展稳定的各个环节，体现在经济、政治、文化和社会建设的各个领域，体现到全面小康的各项工作中。

第二，更加自觉地分析新机遇新挑战、把握新形势新任务，加快转变经济发展方式，提高经济发展的质量和效益。面对全面参与经济全球化的机遇与挑战，工业化、信息化、城镇化、市场化、国际化深入发展的形势和任务，以及节能减排、提高发展质量目标和压力，我们必须把转变经济发展方式作为实现经济又好又快发展的重要方针和重大战略，努力做到"四个大力"。一是大力推进结构调整，按照优农业、强工业、兴三产的基本思路，把服务业发展放到更加重要的位置，在产业结构调整上取得新进展；按照城乡区域协调发展的要求，在城乡结构调整上取得新进展；抓住国家组织编制主体功能区规划等重大机遇，在投资结构调整上取得新进展。二是大力推进自主创新，加快区域创新体系建设，突出企业创新主体地位，建立健全激励创新的体制机制，抓好引进消化吸收再创新，加强创新型人才队伍建设。三是大力推进改革开放，加快国有企业改革和国有经济的战略性重组，鼓励和支持非公有制经济上规模、上水平，积极推进行政管理体制改革；大力发展开放型经济。四是大力推进节能减排，加大重点领域、重点行业和重点企业的综合治理力度，坚决淘汰落后生产能力，大力发展循环经济，切实加强资源节约和环境保护。

第三，更加自觉地把发展作为党执政兴国的第一要务，扭住经济建设这个中心，全面开创改革发展新局面。党的十七大对全面建设小康社会奋斗目标作了进一步补充和完善，提出了新的更高的要求。必须牢牢抓住发展第一要务，进一步增强发展意识、机遇意识、责任意识，努力做到"三个不"。一是要咬住发展不放松。要进一步增强为官一任、造福一方的使命感，聚精会神搞建设，一心一意谋发展，真正把心思用在改革发展上，把智慧用在干好工作上，把精力用在为民造福上，做到心无旁骛、力不分散。二是提高质量不松劲。我们必须进一步增强提高发展质量的紧迫感，立足当前、着眼长远，在加强宏观调控、防止经济过热和通货膨胀的新形势下，力争做到站位准确、思路清晰，措施得力、效果良好。三是完成任务不含糊。按照全面建设小康社会的总体目标和年度任务，以更积极的态度、更高的标准推进工作，确保各项目标任务的顺利完成。

第四，更加自觉地统筹城乡发展、区域发展、经济社会发展、人与自然和谐发展、国内发展和对外开放，全面推进经济、政治、文化和社会建设。在统筹城乡发展方面，坚持工业反哺农业、城市支持农村的方针，加强和巩固农业的基础地位，扎实推进社会主义新农村建设。在统筹区域发展方面，坚持加快城市群建设与加快周边各地开放开发良性互动，发展壮大县域经济，支持传统农区加快发展。在统筹经济社会发展方面，抓住经济平稳较快发展的有利时机，切实保障和改善民生，进一步温暖民心、凝聚党心。在统筹人与自然和谐发展方面，推动能源资源节约和生态环境建设取得新进展。在统筹国内发展和对外开放方面，坚持"引进来"与"走出去"相结合，大力实施开放带动战略，不断为经济社会发展增添新活力、注入新动力。要按照党的十七大报告对中国特色社会主义事业总体布局作出的重大部署，全面推进经济建设、政治建设、文化建设和社会建设。经济建设要"好中求快"，坚持"好"字当头、好中求快，以好带快、以快促好；政治建设要"稳中求进"，坚持党的领导、人民当家做主、依法治国有机统一，积极稳妥地推进社会主义政治制度的自我完善和发展；文化建设要"大中求强"，大力发展文化事业和文化产业，不断提高软实力；社会建设要"难中求解"，破难题、解难点、闯难关，更加扎实有效地改善民生。

　　深入贯彻落实科学发展观，当前要着力解决两个方面的问题。一方面，着力转变不适应不符合科学发展观的思想观念。对照深入贯彻落实科学发展观的要求，对思想观念进行深刻的检查和剖析，看一看坚持科学发展的意识强烈不强烈、推动科学发展的思路清晰不清晰、促进科学发展的举措得力不得力、实现科学发展的成效明显不明显。与科学发展观的要求相适应相符合的就毫不动摇地坚持，不适应不符合的就毫不犹豫地摒弃。切实抓好理论阐释和宣传工作，采取多种形式深入宣传贯彻落实科学发展观中的新典型、新做法、新经验、新成就，使广大党员干部牢固树立科学发展的意识。另一方面，着力解决影响和制约科学发展的突出问题。找准抓住影响科学发展的关键环节、影响社会和谐的突出矛盾、影响民生改善的热点问题，研究新办法，探索新路子，积累新经验。注意从制度上解决问题，尽快建立一套比较完善的有利于科学发展观贯彻落实的体制机制，建立健全符合科学发展观要求的经济社会发展综合评价体系和干部考核使用机制，修订完善相关法律法规，为深入贯彻落实科学发展观提供坚实的制度保证。

二、关于农业农村农民问题

GUANYU NONGYE NONGCUN

NONGMIN WENTI

破解"三农"问题的对策研究[*]

党的十七大报告指出，"解决好农业、农村、农民问题，事关全面建设小康社会全局，必须始终作为全党工作的重中之重"，并强调要"加强农业基础地位"，"坚持把发展现代农业、繁荣农村经济作为首要任务"，"增强农业综合生产能力，确保国家粮食安全"。在 2007 年底中央农村工作会议召开之前，胡锦涛总书记作出重要批示，强调粮食安全问题关系到防止明显通胀目标的实现，关系到经济全局，关系到人民群众切身利益，大意不得、疏忽不得、放松不得；温家宝总理作出批示，要求把发展农业生产、增加农民收入作为农村工作的主要任务，确保国家粮食安全。胡总书记和温总理重要批示精神的核心，就是强调粮食安全问题，足见党中央、国务院对"三农"问题的极端重视，对粮食安全问题的极端关注。

河南是全国第一人口大省、第一农业大省、第一粮食

---

[*] 本文发表于 2008 年 2 月 20 日《河南日报》。

生产大省、第一农村劳动力输出大省、第一粮食转化加工大省，"三农"问题比较突出，同时又肩负着保障国家粮食安全的重要责任。做好河南的"三农"工作，特别是抓好粮食生产，意义重大。胡锦涛、温家宝等中央领导同志对河南的"三农"工作十分重视，多次来河南考察、对河南工作作出重要指示，为河南做好"三农"工作和各方面工作提供了强大精神动力。近年来，全省上下认真贯彻中央领导同志的指示精神，扎实做好"三农"工作，农村经济持续繁荣，农民收入较快增长，农村基础设施建设明显加强，农村改革创新取得积极进展，特别是粮食产量四年来连创新高，这两年都在1000亿斤以上，农业综合生产能力稳步提高，成为农业发展最好、农村变化最大、农民得到实惠最多的时期之一，为实现经济又好又快发展、保持社会和谐稳定，奠定了坚实基础，提供了重要支撑，初步走出了一条在加快工业化、城镇化的同时发展粮食生产、解决"三农"问题的路子。但我们也要清醒地看到，当前农业农村正在发生重大而深刻的变化，经历广泛而复杂的变革，出现了很多新情况、新矛盾、新问题，农业农村发展仍处在攻坚克难阶段，解决好"三农"问题仍然任重而道远。如何贯彻落实好中央农村工作会议精神，做好河南省的"三农"工作，我以为应该从以下几个方面的工作做起。

一、贯彻落实中央农村工作会议精神,进一步做好"三农"工作,必须把握三个工作方向、四项基本原则和六个工作着力点

深入学习贯彻胡总书记、温总理重要批示精神和中央农村工作会议精神,把"三农"工作做好,要求我们必须把思路理清、把规划定好、把政策用足、把工作落实。

首先,要把握好三个工作方向。一要全面贯彻落实科学发展观。科学发展观是我国经济社会发展的重要指导方针,是发展中国特色社会主义必须坚持和贯彻的重大战略思想。解决好"三农"问题,必须坚持以科学发展观为统领,始终用科学发展观指导"三农"工作,用科学发展观解决"三农"问题,用科学发展观推进"三农"发展。二要全面推进社会主义新农村建设。社会主义新农村建设是以胡锦涛同志为总书记的党中央提出的解决"三农"问题的新途径、新举措、新办法,涵盖了解决"三农"问题方方面面的方针、政策和举措。解决好"三农"问题,必须全面推进新农村建设。三要全面发展"三农"大好形势。这几年河南"三农"工作呈现出良好势头,我们要巩固和发展这一形势,统筹兼顾农业、农村、农民问题,使其全面推进、协调发展,并最终把成效体现在农民生活改善和生活水平提高上。

其次,要把握好四个基本原则。一是重心不转移。就是把"三农"工作放在全省工作重中之重的位置不动摇、

不偏移，始终把"三农"工作作为各级党委、政府的一项重要工作，放在突出位置，摆上重要议事日程。二是改革不停顿。近年来，我国的"三农"问题之所以解决得比较好，得益于我们从实行家庭联产承包责任制起步不断推进农村改革，没有30年来的农村大改革，就不可能有30年来农村和农业的大发展。我们要继续深化农村各项改革，解放和发展农村生产力。三是发展不松劲。发展是解决所有问题的关键。只有真正把农业发展好、把农村建设好，真正使广大农民增收致富，才能够真正有效地解决"三农"问题。四是扶持不减力。这几年是党中央、国务院惠农力度最大、效果最好的时期，也是"三农"问题解决得最好的时期。今后，我们要始终按照"工业反哺农业、城市支持农村"和多予少取放活的方针，在经济发展、财力增加的同时，不断地增加对"三农"的扶持力度。

第三，要把握好六个着力点。一是以稳定粮食生产为基础。民以食为天。河南近亿人口，吃饭问题在任何时候都是第一位的大事。可以说，抓好粮食生产是我们生存的基础，是河南经济又好又快发展的基础，是改善民生的基础，是社会和谐稳定的基础。基础不牢，地动山摇，只有粮食生产这个基础稳了，"三农"问题才能解决好，中原崛起的根基才能牢靠。二是以产业化发展为先导。这几年河南农业产业化发展迈出了坚实步伐，特别是食品工业已经发展成为第一支柱产业。但与经济社会发展的需要相比，农业产业化发展得还不够全面、不够系统、不够有力、不够强大。更好地解决河南的"三农"问题，必须坚持把产业化发展作为突破口，切实抓紧抓好。三是以新农村建设为抓手。推进社会主义新农村建设是从根本上解决"三农"问题的必由之路，是解决城乡二元结构的重要途径，必须稳步扎实推进，以此为抓手来有效解决"三农"问题，并使之与城镇化一起构成实现中原崛起的驱动双轮。四是以转移农民为重点。做好"三农"工作的出发点和落脚点是让农民尽快富起来，而要让河南近7000万农民富起来，根本问题还是要减少农民，只有减少农民才能富裕农民。尽管目前全省已经有1900多万农民在外务工，但这些农民并不是真正从农村转移出去了，还有相当一部分是在外面打短工，还没有融入城市生活，最终还要回到农村。因此，我们要在尽力做好输出工作的同时，把工作的重点从着力于输出农民转到着力于转移农民上来，让相当一部分外出务工农民真正在城镇扎根，而不只是从农村到城镇再回到农村的大流动。这是衡量我们能否解决好"三农"问题的一个重要标准。五是以加强农村基础建设为保障。近年来，河南大力改善农村基础设施，在农田水利、农村饮水、乡村道路等方面做了大量工作，农民生产生活条件明显改善，有力地保障了"三农"问题的解决。今后必须将更多的财力和物力向农村倾斜，进一步加强农村基础设施建设，为解决"三农"问题提供更加强有力的保障。六是以改革创新为动力。尽管河南在农村综合改革特别是乡镇机构改革方面做了一些工作、力度也比较大，但其他方面的改革特别是农业经营方式、经营组织的改革着力不够、明显滞后，潜力也很大。我们要创新"三农"工作思路，转变农业发展方式，通过进一步深化改革为农业农村经济发展提供强大动力。

二、贯彻落实中央农村工作会议精神，进一步做好"三农"工作，必须努力做到"四个始终不渝"

认真学习领会十七大精神和中央农村工作会议精神，总结河南近年的发展实践，我认为，进一步做好河南的"三农"工作，必须努力做到"四个始终不渝"。

第一，始终不渝地把"三农"工作放在重中之重的位置决不动摇。这是在推动经济社会发展、加快中原崛起的过程中必须始终坚持的重大问题。作为一个传统的农业大省，过去河南靠农业的积累、农民的贡献和农村的支持，建立起了比较完整的国民经济和工业化体系，但另一方面，城乡二元结构的矛盾也日益突出，农村发展越来越落后于城市，广大农村地区和农民群众并没能很好地分享到工业化和城镇化的成果，农村社会事业、精神文明和民主政治建设等方面的相对滞后已经明显制约农村经济社会的全面进步，制约着全面建设小康社会的进程。随着河南经济实力的不断提高，目前已进入了以工促农、以城带乡的发展阶段，初步具备了加大对农业和农村支持保护的条件和能力。我们必须站在全党全国工作大局的高度，站在全省经济社会又好又快发展的高度，站在中原崛起的高度，始终不渝地把"三农"工作放在重中之重的位置。

第二，始终不渝地抓紧抓好粮食生产决不动摇。随着工业化、城镇化进程的加快，全国耕地连年减少，粮食生产的形势十分严峻。多年来，河南作为全国重要的粮食主产区，粮食产量占全国的 1/10 强，不仅满足了近亿河南人自己的吃饭问题，而且每年向省外输出 200 亿斤商品粮，为保障国家粮食安全作出了重要贡献。胡锦涛总书记在 2007 年"五一"期间视察河南时，明确指出保障国家粮食安全，河南同志肩上是有责任的；温家宝总理在 2007 年全国"两会"期间参加河南团讨论时，强调要进一步巩固加强农业基础地位，抓好粮食生产这根弦不能松。我们必须充分认识自己肩负的重要责任，按照中央领导同志的要求，切实抓紧抓好粮食生产，确保今后几年粮食稳定增长、保障供给，为保障国家粮食安全作出更大贡献。

第三，始终不渝地扎实推进新农村建设决不动摇。全面建设小康社会、加快中原崛起，从根本上取决于能否扎实推进新农村建设，尽快改变农业、农村、农民的面貌，形成城乡经济社会一体化发展的新格局。如果河南的新农村建设不好，近 7000 万农民的小康问题就解决不了，这不仅影响到河南实现中原崛起，而且还会影响到全国全面建设小康社会的进程。对这个问题的极端重要性，必须始终保持清醒认识。近年来我们实施"五个一"工程，即一个好的带头人、一个好的领导班子、一个好的发展思路、一个好的创业氛围、一套好的扶持政策，社会主义新农村建设取得明显成效。我们要继续坚持行之有效的经验做法，继续大力实施好"五个一"工程，扎实推进社会主义新农村建设，解决好近 7000 万农民的小康问题，争取与全国同步实现全面建设小康社会的目标，决不拖全国的后腿。

第四，始终不渝地加大农业投入、改善农民生活决不动摇。解决全省近亿人民的民生问题，首要的是解决好近 7000 万农民的民生问题。如果不加大对农业的扶持力度、促进农民增收，城乡居民收入差距不仅不能缩小，而且还会进一步拉大。我们要用大力气、下硬工夫，切实把关系广大农民群众切身利益的好事办实、实事办好，让农民群众得到更多实实在在的好处，切实解决好近 7000 万农民的民生问题，确保全省农民人均纯收入到 2012 年达到 6000 元左右，让广大农民与城镇居民一样共享改革发展成果。

三、贯彻落实中央农村工作会议精神，实现粮食稳产高产，必须充分发挥七个方面的力量

河南粮食产量连续跨过 800 亿斤、900 亿斤和 1000 亿斤三个台阶，连续两年稳定在 1000 亿斤以上，进一步保持粮食稳产高产难度很大。要进一步挖掘潜力，提高农业综合生产能力，确保粮食产量稳定在 1000 亿斤以上，必须充分发挥七个方面的重要力量。

一是充分发挥科技的推动力。河南粮食产量之所以连续 4 年创历史新高、连续 8 年居全国首位，一个非常重要

的因素就是充分发挥了农业科技的威力，推广了一批优质品种。近年来，河南在农业科技方面捷报频传，郑麦9023获2004年度国家科技进步一等奖，玉米单交种郑单958获2007年度国家科技进步一等奖、是国家科技进步一等奖中唯一的农业科技成果。目前全省小麦良种覆盖率在98%以上，玉米良种覆盖率达100%，科技对粮食增产的贡献率越来越大，为粮食产量突破千亿斤大关立下了汗马功劳。我们要进一步强化农业科技和人才支撑，大力培养农村实用人才，加快推进农业科技研发，积极探索科技成果进村入户的有效机制和办法，确保全省良种普及率不断提高、先进实用技术进一步推广，努力实现靠良种提高粮食产量、靠科技增加种粮效益。

二是充分发挥产业的支撑力。过去我们直接卖麦子，后来把小麦加工成面粉，现在又用面粉做饼干、做面包，延伸了产业链条，增加了产品附加值。目前河南已成为全国最大的肉类加工基地、最大的速冻食品生产基地，涌现出了"双汇"、"三全"、"思念"等一批全国知名品牌，规模以上食品工业增加值由全国第五位跃居第二位，实现了由"卖原料"向"卖产品"、由全国"大粮仓"向国人"大厨房"的转变。可以说，如果没有强大的食品工业作支撑，带动粮食生产，河南就不可能成为全国第一粮食生产大省、第一粮食转化加工大省。我们要继续把农业产业化作为解决"三农"问题的突破口，加大对农业产业化龙头企业的支持力度，扶持农民专业合作组织发展，使全省农业产业化发展得更全面、更系统、更有力、更强大。

三是充分发挥市场的带动力。市场是一只看不见的手，对粮食生产具有很强的传导作用，市场发出的信号对种粮农民是一个强烈的暗示，及时掌握并充分利用这种信号，就能实现增产增收致富。相比传统农业，现代农业有着显著的市场综合效益，蕴藏着极大的就业增收潜力。这几年，国家以保护价收购粮食，农产品深加工对粮食的需求迅速扩大，粮价始终保持在高位，许多农民通过种粮获得了经济效益，种粮积极性和主动性进一步提高，带动全省粮食产量不断攀升。我们要切实稳定粮食价格，培育多元化、多层次的市场流通主体，构建开放统一、竞争有序的市场体系，把粮食市场、食品市场信息特别是价格信号及时传导给农民，使农民更好地实现增产增收。

四是充分发挥政策的引导力。农业是比较效益很低的产业，农业生产是国民经济中最薄弱的环节，如果没有强有力的政策扶持就很难保持农业不断增效、粮食稳定增产、农民持续增收的好局面。这几年中央出台了一系列支农惠农政策，河南作为粮食主产区，是得到补助较多的省份之一。在全面免除农业税之后，又发放粮食补贴、综合补贴、良种补贴、测土配方施肥补贴、农用机械购置补贴等，由原来的"一交"变成现在的"多送"，农民普遍叫好，种粮积极性不断提高，确保了粮食产量的稳定。要始终坚持"工业反哺农业、城市支持农村"和多予少取放活的方针，不折不扣地落实各项惠农政策，加大对"三农"的扶持力度，进一步调动农民粮食生产的积极性，确保农民得到更多实惠。

五是充分发挥改革的创造力。近年来，河南通过深化农村各项改革，提高了农业综合生产能力，广大农民尝到了甜头、得到了好处。特别是乡镇机构改革，仅精简和转移乡镇机构各类人员就达 10 多万人，大大减轻了农民的负担，极大地解放和发展了农村生产力，也极大地改善了党群、干群关系。我们要确保粮食产量稳步提高，如果不搞改革创新，仅靠加大投入来解决"三农"问题是没有出路的，也是很难持久的。同时，随着农村富余劳动力转移步伐加快，更多的农村家庭只剩下了老人和孩子，如果不在农村经营方式、经营组织等方面搞改革、搞创新，确保粮食稳定增产、加快推进农业产业化经营，就会面临许多难题。改革是解决这些难题成本最低廉、效果最长久的办法。我们要按照市场规律，在创新农业经营方式、经营组织上下工夫，拿出具体办法，推出具体措施，将改革创新这篇大文章做实做好。

六是充分发挥基础建设的保障力。农业基础设施是农业生产的坚固屏障，在某种程度上对保障粮食丰收起着决定性作用。2007 年在淮河流域遇到 1954 年以来特大洪水、豫西山区爆发山洪等严重自然灾害的情况下，全省粮食产量不仅未减，而且再创历史新高，为保障国家粮食安全作出新的更大贡献，在很大程度上得益于我们这几年不断加强农业基础设施建设，切实提高了防灾、抗灾和减灾的能力。比如，燕山水库提前一年使用为全省减少了近三亿元的灾害损失。我们要继续加强农业基础设施建设，狠抓小型农田水利建设，大力发展节水灌溉，抓紧实施病险水库除险加固，加强耕地保护和土壤改良，为粮食生产提供更为强大的保障能力。

七是充分发挥新农村建设的凝聚力。社会主义新农村建设极大地激发了农民的积极性和主动性，让广大农民群众看到了致富希望、坚定了致富信心，为稳定和提高粮食生产能力提供了新的难得机遇。从某种程度上讲，这种凝聚力是无形的、潜在的、间接的，也是强大的、深远的、持久的，在一定条件下可以转化为现实的物质力量。河南农民数量多、农业基础差、农村底子薄，加快推进社会主义新农村建设要求更为迫切、任务更为艰巨、责任更为重大。我们要扎实推进社会主义新农村建设，抓住发展经济这个首要任务和促进农民增收这个核心，贯彻落实好现有政策，充分利用好现有条件，团结和带领广大农民创造更加美好的生活。

建设新农村是解决"三农"
问题的根本之策 *

　　党中央强调建设社会主义新农村是一项重大历史任务，这是我们党在深刻分析当前国际国内形势、全面把握我国经济社会发展阶段性特征的基础上，从党和国家事业发展全局出发作出的重大决策。我们一定要认真学习中央的决策部署和胡锦涛同志重要讲话精神，深刻领会精神实质，统一思想，提高认识，扎实推进社会主义新农村建设。

一、把思想统一到中央建设社会主义新农村的
　　重大决策部署上来

　　中央关于建设社会主义新农村的重大决策，顺应了经济社会发展的基本规律，反映了人民群众的强烈愿望，赢

---

* 本文发表于 2006 年 4 月 5 日《河南日报》。

得了全党上下的热烈响应和一致拥护。我们要坚决克服一筹莫展的畏难情绪，坚决避免等、靠、要、看的消极思想，坚决防止急于求成的行为偏差，坚决纠正不合时宜的错误认识，把思想和行动统一到中央的重大决策部署上来。

建设社会主义新农村是我们党重视农业、农村、农民问题一贯战略思想的最新体现。我们党始终高度重视"三农"问题，党的三代中央领导集体对解决"三农"问题、建设社会主义新农村都进行了不懈探索。以毛泽东同志为核心的党的第一代中央领导集体于20世纪50年代中后期就提出了建设社会主义新农村这一概念。以邓小平同志为核心的党的第二代中央领导集体于20世纪80年代提出了包含社会主义新农村在内的"小康社会"目标。以江泽民同志为核心的党的第三代中央领导集体在十五届三中全会上提出了建设有中国特色社会主义新农村的经济、政治、文化目标。党的十六大以来，以胡锦涛同志为总书记的新一届中央领导集体坚定不移地提出了建设社会主义新农村这一重大历史任务。这是在新的时代背景下，按照科学发展观和构建和谐社会的要求提出的重大战略决策，指导方针更明确，发展起点更高，工作布局更全，扶持力度更大。同时也是我们党基于对人类社会发展规律的正确认识、对农业大国国情的深刻把握得出的科学结论，是对我们党长期以来特别是改革开放以来重视"三农"问题战略思想的继承和发展，是在新形势下加强"三农"工作、更好地推进全面建设小康社会进程和现代化建设新的战略举措。

建设社会主义新农村是解决目前"三农"工作存在的突出矛盾和问题的迫切需要。新中国成立特别是改革开放以来，我国农业和农村发生了历史性的深刻变化，农村经济社会发展取得了举世公认的伟大成就。但我们也清醒地看到，目前我国农业和农村发展仍然处在艰难的爬坡阶段，制约农业和农村发展的深层次矛盾尚未消除，农村经济社会发展滞后的局面还没有根本改变。对此，胡锦涛总书记深刻分析了五个方面的突出问题，即农业基础薄弱，生产力水平较低；农民收入水平低，城乡居民收入差距拉大；农村公共事业发展滞后，城乡面貌反差较大；农村安定和谐面临许多压力，存在不少不稳定因素；农村体制机制不健全，发展的内在活力不强。在河南的工作实践中也能感受到这些矛盾和问题，比如，一方面城市建设日新月异，另一方面农村面貌变化较慢；一方面城镇居民收入增长较快，另一方面农村居民收入增长较慢，城乡居民收入差距由 1984 年的 1.81∶1，到 1994 年的 2.86∶1，再到 2005 年的 3.22∶1；一方面工业生产能力结构性过剩，另一方面农村消费需求不足，占总人口 60% 的农村居民只购买了不到 1/3 的消费品；一方面财政金融资金总量增长较快，另一方面农村资金严重不足，农村融资难、贷款难的问题相当突出。如果这些问题得不到有效解决，就可能出现农业萎缩、农村凋敝、产业断裂、城乡脱节，直接影响到国民经济的持续快速健康发展和和谐社会建设，影响到全面小康目标的顺利实现。

建设社会主义新农村是经济社会发展新形势、新任务、新阶段的客观要求。胡锦涛总书记在党的十六届四中全会上作出了"两个趋向"的重要论断。2004 年中央经济工作会议明确指出我国总体上已进入以工促农、以城带乡的发展阶段。作出这一基本判断，主要考虑到目前我国整体已经进入到工业化中期阶段，工业和城市得到了很大发展，二、三产业增加值占国内生产总值的比重已达到 87.6%，城镇人口占总人口的比重已达到 43%，国家财政收入持续增长，综合国力大大增强，总体上具备了工业反哺农业、城市支持农村的能力。从工业化国家的实践看，统筹城乡发展是工业化国家现代化进程中的必经阶段。因此，党中央作出这一判断，是顺应潮流、深得民心的历史选择，是符合国情、利国强农的重要部署，是加强农业、繁荣农村、富裕农民的重大举措，充分体现了我们党对现代化建设进程和规律的新认识。还要清醒地看到，我国作为一个发展中的农业人口大国，决定了我们解决"三农"问题的难度要比其他国家大得多，即使将来基本实现现代化了，也还会有好几亿人生活在农村。可见，建设社会主义新农村是一个从量变到质变的过程，是一项艰巨的长期性任务。

二、从实现中原崛起的全局和战略高度认识
　　建设社会主义新农村的重大意义

2005 年 8 月，胡锦涛总书记视察河南时明确要求，

"河南要实现跨越式发展，在促进中部地区崛起中发挥更大作用，走在中部地区前列。"这是胡总书记从全国区域协调发展和促进中部崛起的大局出发，给河南提出的新目标、新任务、新要求。要实现胡总书记提出的目标、任务和要求，在新起点实现新跨越，重点和难点都在农村，我们只有抓住建设社会主义新农村这个重大机遇，才能从根本上解决"三农"问题，在促进中部地区崛起中发挥更大作用，走在中部地区前列，最终实现中原崛起。

这些年来特别是 2005 年，我们认真贯彻科学发展观，贯彻党中央关于"三农"工作的一系列方针政策，采取多种有力措施，农业、农村工作取得了显著成就，呈现出农业发展、农村繁荣、农民增收的良好局面，走出了一条在农业稳定增产和农民持续增收基础上加快工业化、城镇化进程的新路子，不仅解决了近亿人口的吃饭问题，而且为国家的粮食安全作出了重要贡献，为解决"三农"问题积累了新的经验。同时，我们也清醒地看到，建设社会主义新农村对河南来说责任重大、任务艰巨。一方面，河南作为全国第一人口大省、第一农村人口大省、第一粮食产量大省，新农村建设的进程和成效，直接关系到全国的大局。如果我们这项工作上不去，或上得慢，新农村建设不能扎实推进，就可能拖全国的后腿。从这个意义上说，建设社会主义新农村既是一项重大的发展工程，也是一项重大的政治任务。另一方面，目前河南农业、农村发展还存在不少制约因素，整体上仍处于"治穷"、"治愚"阶段，尤其是一些长期困扰全省农业和农村经济发展的深层次矛盾和问题还没有从根本上解决。胡锦涛总书记分析的几个方面突出问题在河南都表现得十分明显。一是农民收入水平还比较低，农民人均纯收入低于全国平均水平，农民持续增收的难度加大；河南农村富余劳动力数量大，转移任务非常重。二是农村基础设施及社会事业发展还比较滞后，全省还有一些行政村未通柏油路，大多数村庄无集中供水设施，农民饮用水质量还不高。农村上学难、看病贵、社会保障水平低等问题相当突出，严重制约农民生活质量的提高和农村社会的全面进步。三是农业基础设施和经营方式还比较落后，农业产业化、社会化、组织化、市场化的程度还不高，与现代农业的要求还不相适应。四是农村民主管理还有待进一步完善，农村安定和谐还面临不少压力。因此，必须下决心解决"三农"问题，切实推进社会主义新农村建设，否则实现中原崛起就是一句空话。

　　正确认识形势，还要求我们从全国发展大背景、大趋势下去审视和推进新农村建设，珍惜机遇，抓住机遇，用好机遇。一是国家制定了一系列支持新农村建设的政策措施，政府投资方向由以城市建设为主转向更多地重视农村建设，2006 年中央财政安排的支农资金达到 3397 亿元，增长 14.2%，占全部支出增量的 1/5 强。二是中央即将出台促进中部地区崛起的政策措施，支持中部建设全国重要的粮食生产基地、能源原材料基地、装备制造及高技术产业基地和综合交通运输枢纽，有利于改善农业生产和农村基础设施条件，促进农业增产、农民增收、农村繁荣；

有利于加快现代制造业和高技术产业发展，推进工业化、城镇化进程，增强工业反哺农业、城市支持农村的能力。三是随着全球产业结构调整和转移步伐明显加快，东部沿海地区的产业转移呈加速趋势，中部地区具有吸纳这些产业转移的区位、劳动力、资源、能源等诸多优势，有利于我们吸引资金、技术、人才和管理经验，增强新农村建设的活力和动力。2005 年河南吸引省外投资超过 500 亿元，有 3/4 来自沿海发达地区。四是河南经济社会发展已站到了一个新的历史起点上，生产总值突破 1 万亿元，工业对经济增长的贡献率已经达到 56.7%，第二、第三产业比重达到 82.5%，财政总收入突破 1000 亿元，已初步具备了以工促农、以城带乡的能力。我们一定要从 9700 万人民的福祉出发，抓住机遇而不可丧失机遇，使其尽快变成促进中原崛起的发展资本，变成建设社会主义新农村的强大助力。否则，错失发展机遇，我们将无法向河南 7000 多万农民交代，无法向党中央交代，也无法向历史交代。

　　通过对面临形势和任务的分析，我们已经充分看到建设社会主义新农村对河南的极端重要性。概括起来就是，建设社会主义新农村是全面建设小康社会的重要任务，是解决"三农"问题的重大举措，是坚持以人为本的内在要求，是落实扩大内需方针的客观需要，是构建社会主义和谐社会的重要保障，是巩固党的执政基础的必然要求。这六条归纳起来就是社会主义新农村建设关系到全面建设小康社会、奋力实现中原崛起目标的实现。我们必须不断增强紧迫感、责任感和使命感，思想更加重视，行动更加自觉，工作更加主动，措施更加有力，抓住机遇，开拓进取，坚定不移地投身到建设社会主义新农村的伟大实践中去。

三、抓住关键环节推进社会主义新农村建设

生产发展、生活宽裕、乡风文明、村容整洁、管理民主，是党中央提出的建设社会主义新农村的总要求。这五条要求，是党对新农村建设指导思想的与时俱进，体现了经济建设、政治建设、文化建设、社会建设和党的建设的协调统一。根据这一要求，结合河南的实际，我们要把提高粮食综合生产能力作为新农村建设的首要任务，把农民增收作为新农村建设的根本目的，把改善农村基础设施和公共服务作为新农村建设的基础条件，把发展劳务经济作为建设新农村的重要措施，把推进农村综合改革作为新农村建设的强大动力，把培育和造就新型农民作为新农村建设的根本途径，把推进和谐农村建设作为新农村建设的重要目标。完成社会主义新农村建设的目标任务，是一项复杂的系统工程，必须抓住关键环节，稳步有序推进。

第一，要深入实际，分析研究。这是社会主义新农村建设顺利推进的重要前提。推进新农村建设，最怕的就是情况不明决心大，心中无数点子多；最怕的就是坐在机关里，用空谈代替调查，由感想定出政策，盲目决断。科学的决策只能从实践经验中产生，只能来源于调查研究。要深入分析我们省情、市情、县情、乡情和村情，分析可用

财力、工业实力和城镇带动能力，分析新农村建设的重点和难点，分析目前状况与建设新农村目标的差距以及广大农民群众的迫切需要解决的问题，有针对性地提出切实可行的发展思路和工作措施。要防止形式主义和简单化，不好高骛远，不盲目攀比，不强迫命令，不搞不切实际的大拆大建，不搞劳民伤财的形象工程和政绩工程，努力使建设社会主义新农村的各项工作符合中央要求、符合农村实际、符合农民意愿。

第二，要掌握精神，分类指导。这是社会主义新农村建设顺利推进的必然要求。各级领导干部一定要认真学习中央和省委关于建设社会主义新农村的方针、政策，做到深刻理解、把握精髓，武装头脑、指导工作。要坚持从实际出发，根据自然条件、综合实力和经济社会发展水平不同，因地制宜，分类指导。贫困地区应加大扶贫开发工作力度，提高基本素质，增强发展能力，艰苦奋斗努力治穷；基本解决温饱的地区应着力培育壮大主导产业，加快农村经济和社会事业发展，推进农村综合改革，借助外力、激发内力、提升实力，努力实现突破；人民生活总体上达到或接近小康水平的地区，应力争在产业发展上形成新格局、在农民生活水平上实现新提高、在乡风民俗上树立新风尚、在乡村面貌上呈现新变化、在乡村治理上健全新机制，努力在社会主义新农村建设中走在前列；已经具备社会主义新农村雏形的地方，应致富思源、富而思进，再接再厉、乘势前进，谋求更大发展，创造更多经验，努力成为新农村建设的排头兵，发挥好示范带动作用。在建设社会主义新农村的过程中，要注意突出地方特色，尊重各地的传统、习惯和风俗，保护好民族特色和地域特征，保护好优秀文化传统，保护好秀美的田园风光。

第三，要制定规划，分步推进。这是社会主义新农村建设顺利推进的首要条件。要把规划制定好，用规划凝聚人心、形成合力、规范行动。制定新农村建设规划，要紧紧围绕发展生产这一主题，在研究发展的方向上下工夫，在研究促进发展的措施上下工夫，在研究如何发挥优势上下工夫。要按照统筹城乡经济社会发展的要求，与当地国民经济和社会发展第十一个五年规划纲要相衔接，与工业化、城镇化进程相衔接，与县域经济发展的部署相衔接，与上级的发展规划相衔接。要把解决"三农"存在的突出问题作为推进新农村建设的突破口、切入点，重点加强饮水安全、农田水利、乡村道路、农村能源等农村基础设施建设，大力发展农村教育、文化、卫生等社会事业。要把推动农村发展的工作重点放在解放思想、转变观念上；放在奋发进取，艰苦奋斗，始终保持良好的精神状态上；放在深化改革，创新体制，激发内在活力上；放在发挥后发优势，实现跨越式发展上。要尊重自然规律、经济规律和社会发展规律，广泛听取基层和农民群众以及专家学者的意见和建议，提高规划的科学性、民主性、可行性，努力把制定规划的过程变成统一认识、明确目标、推动建设的过程。

第四，要明确目标，分项落实。这是建设社会主义新农村顺利推进的关键环节。建设社会主义新农村，涵盖生产、生活、乡风、村容、管理五个方面，是一个战略目标体系，是一个有机的整体，彼此联系紧密，在具体实施中绝不能顾此失彼、畸轻畸重，必须学会"弹钢琴"，奏响每个琴键，使经济、政治、文化、社会建设和党的建设协调发展、相互促进，奏出激越昂扬的新农村建设交响乐章。建设社会主义新农村，中央要求很高，百姓期望值也很大，需要做的事情很多，必须充分尊重群众的意愿，从解决老百姓最关心的问题入手，从解决存在的最突出问题入手，分清轻重缓急，难易程度，一项一项加以落实，一项一项去完成，让百姓切实享受到社会主义新农村建设的成果。

四、各级党委政府要肩负起建设社会主义 新农村的历史使命

建设社会主义新农村，各级党委、政府责任重大，一定要加强领导，负起责任，抓紧抓好这件事关全局的大事。

（一）牢牢坚持发展这个第一要务。发展不足是广大农村面临的根本问题。没有生产发展，社会主义新农村就没有经济基础，就会成为无源之水、无本之木。从河南的实践看，一些已经具备社会主义新农村雏形的地方，无不得益于生产发展、经济繁荣。各级党委政府要保护好、引导好、发挥好广大农民群众加快发展的积极性，紧紧扭住发展不放松，一切围绕发展做文章，坚持以发展生产来解

决新农村建设中遇到的问题，坚持以发展生产来促进其他方面的进步。要把发展生产的立足点放在激发农民群众创业的积极性上，增强其发展意识，提高其发展能力，为其营造发展环境，形成人人干事创业、争当致富能手的浓厚氛围。

（二）牢牢坚持改善民生这个第一大事。建设社会主义新农村，农民既是发展主体，又是受益主体。发展的力量来源于农民群众，发展的成果也必须惠及最广大农民群众。这既是我们践行"三个代表"重要思想的具体体现，也是社会主义新农村建设的基本出发点和根本目的。只有使农民得到实实在在的利益，才能最大限度地调动农民的积极性和创造性。我们必须把不断提高农民群众的生活水平作为第一大事，采取切实措施，在生产发展的同时解决好人民群众的切身利益，使老百姓过得安心、过得放心、过得开心、过得舒心。过得安心，就是要切实搞好农村社会治安，积极开展和谐家庭、和谐村组、和谐村镇创建活动，努力把每个村庄都建成和谐农村的"健康细胞"。过得放心，就是要逐步建立健全农村社会保障体系，使老百姓无后顾之忧。过得开心，就是要千方百计发展生产、扩大就业，使老百姓的口袋鼓起来，有钱花。过得舒心，就是要逐步解决好农村的水、电、路、气等基础设施，加强农村文化建设，改善老百姓的生活环境和质量。要通过我们的努力，使社会主义新农村建设成为造福百姓的德政工程和民心工程，不断提高农民群众的健康指数、快乐指数和幸福指数。

（三）牢牢坚持党的建设这个第一工程。农村基层党组织是党在农村全部工作和战斗力的基础，是农村各种组织和各项工作的领导核心。建设社会主义新农村对农村基层党组织和党员队伍建设提出了新的更高的要求。近一个时期，我不断深入基层调查研究，深深地感到，建设社会主义新农村重要的是要抓好"五个一"工程，即一个好的带头人、一个好的领导班子、一个好的发展思路、一个好的创业氛围、一套好的扶持政策。要紧紧围绕"五个一"工程，以农村先进性教育活动为契机，抓好基层组织建设、干部队伍能力建设和作风建设，解决好基层组织软弱涣散问题，提高基层干部加快发展的能力、执行政策的能力、服务群众的能力、依法办事的能力。

（四）牢牢坚持加强领导这个第一责任。河南广大农村贫困面大、贫困程度深，农民整体素质不高，决定了全省新农村建设情况更复杂、任务更繁重、工作量更大。各级党委、政府一定要以高度负责的精神，承担起领导和推进社会主义新农村建设的第一责任。要加快建立任务明确、分工协调、分级负责的工作机制。党政主要领导亲自抓、负总责，分管领导具体抓，有关部门加大协调力度，加强对建设社会主义新农村的政策指导和工作支持。要正确认识和处理长远与紧迫、重大与具体、希望与现实、主体与主导、重点与全面、干部与群众等事关新农村建设全局的重大关系，真正把这件顺乎时势、合乎民意的大事办实、办好。

（五）牢牢坚持尊重民意这个第一原则。把尊重农民意愿作为第一原则，是"立党为公，执政为民"和党的宗旨的根本要求，是"权为民所用、情为民所系、利为民所谋"的根本体现，也是从河南长期农村工作实践中总结出来的宝贵经验。要把农民群众高兴不高兴、满意不满意、拥护不拥护作为一切工作的出发点和检验工作成效的根本标准；要尊重群众的首创精神，善于总结推广他们在实践中创造的新经验；要破除一切影响农民创业的陈规旧矩，革除一切束缚农民创业的体制弊端，营造农民自主创业的宽松环境；要加强基层民主，搞好村民自治，健全村务公开。要让农民知情，请农民参与，使农民认同，受农民监督，使建设新农村的过程成为农民群众参与发展、共享成果、实现价值的过程。

扎实稳步推进
社会主义新农村建设*

胡锦涛总书记在省部级主要领导干部"建设社会主义新农村"专题研讨班上的重要讲话，从战略和全局的高度，从理论与实践、历史与现实的结合上，对建设社会主义新农村这一社会主义现代化建设的重大命题和党所面临的重大历史任务，进行了深刻论述，作出了总体部署，提出了明确要求。讲话通篇贯穿着邓小平理论和"三个代表"重要思想，贯穿着科学发展观与构建和谐社会的精神实质，贯穿着推进现代化建设的主线，贯穿着解放思想、实事求是、与时俱进的思想路线，从一个重要的方面，进一步回答了"怎样建设社会主义"这一重大的历史性课题，是我们建设社会主义新农村的行动纲领，也是我们全面建设小康社会、推进现代化建设的重要文献。

当前，农村最大的问题是什么？总体上看还是没有从

---

* 本文发表于 2006 年 3 月 2 日《农民日报》。

根本上摆脱一穷二白。"穷"就是缺钱，"白"就是发展不够。因为发展不够，所以缺钱。可见，建设社会主义新农村，说到底是一项治穷的工程，是一项发展的工程。这是一个庞大的系统工程，要靠正确思想来指导，要靠科学规划来引导，要靠生产发展来主导，要靠科学文化来教导，要靠坚强班子来领导，还要靠严格监管来督导。使命十分光荣，任务十分重大，工作十分艰巨，既要高度重视，积极工作，又要脚踏实地，稳步推进。

河南有近1亿人，其中有7000多万农民，有近5万个行政村，是全国第一人口大省、第一农村人口大省、第一粮食产量大省。农村人口多、农业比重大，农村经济发展不平衡，"三农"问题突出，农村发展滞后和农民增收缓慢已成为全省经济持续快速增长的一大瓶颈。没有农民的小康，就没有全省人民的小康，没有农村的现代化就没有全省的现代化，就难以全面建设小康社会、实现中原崛起。在河南建设新农村，要从以下六个方面着手：

一、领会新精神　明确新要求

党中央对建设社会主义新农村提出了新的20字工作方针，即生产发展、生活宽裕、乡风文明、村容整洁、管理民主。首先，要领会这一方针的新精神，明确这一方针的新要求。

生产发展是建设新农村的物质基础，就是要优化农业生产布局，加快推进农业产业化经营，转变农业增长方式，提高农业综合生产能力，使农村经济有大的发展。

生活宽裕是建设新农村的根本要求，就是要千方百计促使农民持续增收，使农民的衣食住行条件不断改善，生活水平和生活质量明显上升，生活更加富裕。

乡风文明是建设新农村的精神支柱，就是要加强农村精神文明建设，使农民的思想、文化、道德水平不断提高，形成崇尚文明、崇尚科学、健康向上的社会风气。

村容整洁是建设新农村的重要条件，就是要加强农村公路、电网、通讯、广播电视、教育、医疗卫生和安全饮水等基础设施建设，使生态环境、人居环境明显改善。

管理民主是建设新农村的政治保证，就是要加强农村党组织和基层政权建设，健全党领导的村民自治机制；加强法制建设，教育引导农民依法行使民主权利，切实保障农民的合法权益。

这五条要求，是我国新农村建设的经验总结，也是党对新农村建设指导思想的与时俱进，具有"全、深、新、实、特、联"六大特点。"全"就是全面系统；"深"就是深刻精辟；"新"就是新视角、新内涵；"实"就是实事求是，从实际出发；"特"就是有时代特征，有中国特色；"联"就是相互关联，互为条件。这五条要求，构成了建设社会主义新农村的总思路、总部署、总目标、总要求，是我们建设社会主义新农村的指导方针、行动纲领和奋斗目标，我们要深刻理解，正确把握。

二、分析新形势　抓住新机遇

建设社会主义新农村，河南面临大好形势，也面临着大好机遇。

一是中央建设社会主义新农村的决策部署，为我省推进新农村建设提供了新机遇。党中央把建设社会主义新农村摆在"十一五"时期发展的十大方略之首，放在全党工作重中之重的位置，将投资方向由以城市建设为主转向更多地重视农村建设，从建设资金、财政支出、银行信贷等方面向农村倾斜，这是今后若干年经济工作一个很大的动作。这些举措力度之大、含金量之高、涵盖面之广、操作性之强，是多年来少有的。抓住用好这一机遇，将有力地推进新农村建设。

二是国家启动促进中部地区崛起战略，为新农村建设注入新动力。国家抓紧制定促进中部地区崛起的指导意见并实施相关政策措施，在产业发展、重大基础设施建设、资金投入、推进改革开放等方面加大支持力度，有利于我们改善农业生产和农村基础设施条件，加强农业的基础地位，促进农业增产、农民增收、农村繁荣；有利于加快经济结构调整，推进工业化、城镇化进程，把更多农民转移到二、三产业，增强工业反哺农业、城市支持农村的能力。

三是河南经济发展站在新的历史发展的起点上，为新农村建设创造了新条件。2005 年河南 GDP 总量突破

10000 亿元，综合经济实力进一步增强；粮食总产量突破 900 亿斤，稳居全国第一；全省已形成装备制造、钢铁煤炭、石油化工、电力、汽车、纺织、家电、食品、造纸、黄金、铝业等较完整的工业体系，工业总产值突破 5000 亿元，其中规模以上工业产值突破 3300 亿元，利税突破 1000 亿元，开始进入工业大省的行列；全省财政总收入突破 1000 亿元，其中地方一般预算收入突破 500 亿元，财政总支出达到 1100 亿元。工业化、城镇化和农业现代化步伐加快，为我们建设社会主义新农村奠定了坚实基础。

三、确立新思路　推动新实践

建设社会主义新农村，是一个崭新的现代化建设的伟大实践，与过去的新农村建设有很大的不同，必须确立新的思路，推动新的实践。要坚持以科学发展观为指导，统筹城乡发展，实行工业反哺农业、城市支持农村的方针，建立以工促农、以城带乡的长效机制，加快形成有利于农业、农村发展和农民增收的市场体制，实现城乡互动、协调发展。

一要坚持发展这个第一要务。河南实力最强的村是南街村，年产值达 12 亿元，利税有 6600 万元；最穷的鲁山县杨家庄村，村年总收入只有 100 万元。这一强一弱的对比，66 倍的差距，无可辩驳地说明了发展是解决农村所有问题的关键，推进新农村建设必须突出发展这个主题。发展首先是经济发展，要把发展农村经济作为中心任务，把推进现代农业建设、提高粮食综合生产能力、促进农民持续增收作为新农村建设的出发点和基本目标，通过加快工业化、城镇化来带动和促进农村生产力的解放和发展，增强农村综合经济实力，推动农村经济繁荣。

二要抓住增收这个关键环节。"三农"问题的核心是农民问题，农民问题的核心是增收问题。河南农民人均收入最高的村是 1.2 万元，收入最低的村是 800 元。近几年，农民收入增幅较大，在很大程度上是政策扶持和价格因素带来的，今后一个时期农民增收的难度加大，必须积极探索新的路子，建立和完善农民增收的长效机制。从经济社会发展全局思考问题、研究对策，寻求解决农民增收问题的治本之策。具体地说，农民增收要解决钱从哪里来？一是出去挣，二是在家赚，三是国家给。出去挣——外出务工经商，在家赚——发展农业、办厂开店，国家给——给政策、给补助。要围绕这三个方面去解决农民增收问题。

三要建立和谐这个必要保障。和谐是新农村建设的重要内容，也是顺利推进的必要保障。当前河南农村的形势总体上是稳定的，但仍然存在一些不和谐因素，并出现了一些新的情况和问题。要搞好以发展农村经济、富裕广大农民、帮扶弱势群体、和睦乡村邻里、密切干群关系、加强精神文明建设、促进农村稳定和发展为主要内容的和谐农村建设。

四要把握求实这个重要原则。社会主义新农村建设是一个艰巨和长期的任务，必须始终坚持求实的科学精神和务实的工作作风，出实招、办实事、求实效、得实惠。要坚持分别情况、分类指导、分项落实、分步推进。要尊重农民意愿，不盲目攀比、不强迫命令，坚决反对搞劳民伤财的形象工程和政绩工程。

四、把握新特点　采取新举措

现在，农村工作出现很多新情况、新问题、新特点，因此要有针对性地采取新举措，推进新农村建设。

一要把提高粮食综合生产能力作为新农村建设的首要任务。近年来，我们坚持统筹城乡发展，在加快工业化、城镇化进程中实现了农业稳定增产和农民持续增收，必须坚定不移按照这条路子走下去，决不能因为农业形势稍有好转就忽视农业和粮食生产。要实行最严格的耕地保护制度，落实扶持粮食生产的各项政策措施；用发展工业的理念和方法发展农业，推进优质农产品区域化布局、规模化种植、标准化生产，大力发展农业产业化经营，做强做大双汇肉类、莲花味精、天冠乙醇、大用肉鸡、华英肉鸭、三全汤圆、思念饺子、南街面条等龙头企业，发展农产品精深加工和综合利用，推进农业科技进步，转变农业增长方式，走精细化、集约化、产业化的道路。

二要把改善农村基础设施和公共服务作为新农村建设的基础条件。改善农村基础设施，大力发展农村公共事业特别是交通、水利、教育和卫生事业，是从根本上消除农村贫困落后状况的治本之策。2005 年，我们投入 120 亿元为农民做十件实事，2006 年我们又投入 110 亿元，继续为农民做十件实事，改善农村落后的生产条件和农民的生活环境。

三要把发展劳务经济作为建设新农村的重要措施。发展劳务经济是工业反哺农业、城市支持农村的有效实现形式，能够转移大量农村富余劳动力，提高农业劳动生产率，促进农民持续增收，对新农村建设有着重要意义。河南农村有 1500 万外出务工人员，年总收入达 730 多亿元，工资性收入占农民总收入的 40% 多。实践说明，只有减少农民，才能富裕农民。固始、新县等地的情况表明，农民打工的收入已成为农村建设资金的重要来源。要继续两手抓，一手抓壮大县域经济，就地吸纳农村劳动力；一手抓劳务输出，组织到沿海发达地区和大城市务工经商。同时，要鼓励和引导外出务工农民返乡创业，把更多资金、技术、管理经验和城市文明带回到家乡，投入新农村建设。要学习推广长垣县"一把刷子刷出一个防腐产业"、"一把锅铲铲出一支厨师大军"、"一把榔头敲出一个起重行业"，把一个一穷二白的黄河蓄洪区打造成县域经济强县的创业精神。

四要把推进农村综合改革作为新农村建设的强大动力。新农村建设必然伴随着一系列体制创新，其中一大任务就是推进以巩固税费改革成果为主要内容的农村综合改革，增强农业和农村经济发展的活力和动力。2005 年，河南已完成乡镇机构改革，分流了 20 万吃皇粮的富余人员。同时，要切实转变乡镇政府职能，坚持稳定并完善以家庭承包经营为基础、统分结合的双层经营体制，推进农村金融、土地征用、流通体制等改革，为新农村建设提供有力的制度保障。

五要把培育和造就新型农民作为新农村建设的根本途径。建设社会主义新农村，迫切需要提高农民素质，塑造新型农民。通过义务教育、专业培训等途径，培养有文化、懂技术、会经营的新型农民，提高农民的整体素质，是把农村巨大人口压力转化为人力资源优势的根本途径。

六要把推进和谐农村建设作为新农村建设的重要目标。建设社会主义新农村，是构建和谐社会思想在解决"三农"问题方面的重要体现。要搞好农村综合治理，深入开展基层"创安"活动，严厉打击各种违法犯罪活动，积极化解各种矛盾纠纷，确保农民安居乐业。

五、培养新作风　树立新形象

建设新农村，是摆在党委、政府面前的重大历史任务。历史上，在建设新农村的实践中，我们既积累了丰富的经验，也有着深刻的教训。之所以出现一些失误，主要原因是思想路线不正确，工作作风不扎实，工作方法不科学，造成了很坏影响。

现在，中央提出建设社会主义新农村，怎样把这件得民心、顺民意的大事办实办好？各级党委、政府必须要有新思维、新作风、新办法。要从端正执政理念、讲究执政方法，正确认识和处理事关新农村建设全局的若干重要关系入手，提高认识，科学施策，转变作风，改进方法，树立形象。

以下一些关系需要正确认识和处理：

一是长远与紧迫的关系。建设新农村是长期的历史任务，不能一蹴而就；建设新农村又是紧迫的工作，不能等待观望。

二是重大与具体的关系。建设新农村意义重大、任务重大、责任重大；建设新农村又关系老百姓的切身利益，很具体、很实在。

三是希望与现实的关系。中央对建设新农村要求很高，百姓对建设新农村期望很大；现实情况与中央要求、与百姓期望差距不小。

四是主体与主导的关系。农民、村镇是建设新农村的主体；党委、政府是建设新农村的主导。

五是重点与全面的关系。建设新农村要重点突破；建设新农村又要全面推进。

六是干部与群众的关系。领导干部是建设新农村的组织者、推动者、带领者；农民群众既是建设新农村的基本力量，又是建设新农村的直接受益者。

这些同存一体的辩证关系，需要分析透、认识清、把握准、处理好，才能避免以往的失误和教训，遵循正确的思想路线，培养优良的工作作风，形成科学的工作方法，树立立党为公、执政为民的良好形象，做到解放思想、实事求是、与时俱进，积极稳妥、因地制宜、真抓实干，开创建设新农村的新局面，真正把这件顺乎时势、合乎民意的大事办实、办好。

实施"五个一"工程
推进新农村建设 *

——河南 20 多个村镇的调查报告

党的十六届五中全会提出建设社会主义新农村的重大历史任务，这是党中央以科学发展观统揽全局、着眼长远作出的重大决策，是从根本上解决"三农"问题、更好地体现执政为民理念的战略部署。这一重大决策，对河南这个全国第一人口大省、第一农村人口大省、第一粮食产量大省来说，正逢其时，意义重大。

如何做好社会主义新农村建设这篇大文章？一年多来，我先后到 20 多个有代表性的村镇，如新乡县刘庄村等新中国成立以来的老典型、临颍县南街村、巩义市竹林镇、卫辉市唐庄镇等改革开放以来发展起来的好典型，濮阳县西辛庄村、武陟县西滑封村等近年来发展起来的新典型，进行了调查研究，并作了一些思考。这 20 多个村镇

---

* 本文发表于《求是》2006 年第 5 期。

都是河南农村经济社会发展比较好的村镇，已形成了社会主义新农村的雏形，对推进新农村建设具有重要的示范和借鉴意义。总的说，建设社会主义新农村，必须统筹城乡发展，按照生产发展、生活宽裕、乡风文明、村容整洁、管理民主的要求，切实实行工业反哺农业、城市支持农村和"多予少取放活"的方针，推动现代农业建设，全面深化农村改革，大力发展农村公共事业，千方百计增加农民收入，全面推进农村的经济、政治、文化、社会和党的建设。要把中央关于新农村建设的方针政策落到实处，从河南的实际以及这20多个村镇的发展经验看，我深深感到，关键是要抓好"五个一"工程，即一个好的带头人、一个好的领导班子、一个好的发展思路、一个好的创业氛围、一套好的扶持政策，为社会主义新农村建设提供坚强保证。

一、要有一个好的带头人，这是建设社会主义新农村的关键

这20多个先进村镇，无一不是靠一个好的带头人带领群众共同致富，在农村经济社会发展上走在了前列。刘庄村、唐庄镇等之所以几十年经久不衰，关键是有"村支书的榜样"史来贺、"太行公仆"吴金印这样的好带头人；近些年发展起来的西辛庄村、西滑封村、回龙村，之所以迅速脱贫致富，也是有了李连成、王在富、张荣锁等好带头人。这些带头人，是基层领导班子的主心骨，直接

关系到基层组织强不强；是党员队伍的排头兵，直接关系到党的形象好不好；是发展经济的领头雁，直接关系到农民群众富不富；是村务管理的当家人，直接关系到农村社会稳不稳。在他们身上，不仅充分体现了共产党员的优良品格，而且体现了懂政治、善经营、讲奉献的时代特征。

懂政治，就是做党在农村各项方针政策的明白人，结合本地实际落实好党在农村的各项方针政策，坚持带领农民走共同富裕的道路，推动农村经济社会繁荣发展。从农村工作的实际情况看，现在有些地方的农民群众对我们一些基层党组织和党员干部有意见，往往是由于这些地方党员干部政策观念淡薄，或者对党的方针政策理解不透、执行不力造成的。在河南，正是因为有了一批党的富民政策的明白人，紧密结合本地实际，靠落实党的政策来凝聚人心、激励人心，才实现了经济发展、农民富裕、农村稳定。

善经营，就是市场观念和现代意识强，始终抓住发展这个第一要务不放松，抓住带领群众共同致富这个重要责任不懈怠，在农村经济发展的主战场上发挥领跑者、组织者的作用。发展农村经济是推进新农村建设的中心任务，作为村党支部书记，只有懂经营、善经营，能够"领着农民干、干给农民看"，才能带领群众共同致富。李连成、张荣锁和林州市史家河村的王发水等，都是当地的致富能手，当上村党支部书记后，帮助群众上项目，发展壮大集体经济，带领全村走上了共同富裕道路。目前，在河南"带头致富能力强、带动群众共同致富能力强"的

"双强"村支部书记已占到63.8%，他们已经成为和正在成为河南新农村建设的领头雁。

讲奉献，就是要有甘愿吃亏的精神。一个好带头人，服务广大群众，带动全村发展，必然要牺牲个人利益，影响自身收益，这就要求他们必须具有高尚的情操，勇于奉献。我们不少村庄几十年来山河依旧、变化不大，不是这些村庄缺乏资源优势、缺乏致富本领，要害在于缺乏甘愿吃亏的好带头人。而这20多个村镇的带头人，很多都把自己辛辛苦苦积累的财富捐为村里的公共财产，促进全村共同致富。集体经济发展了，村民富裕了，而他们自己还拿着低于村民的收入。正是因为甘当吃亏人，他们才能获得信任、赢得民心、凝聚力量，成为农村发展的好带头人。史来贺同志把"不怕吃亏"当做人生信条，从当干部那天起就没有拿过国家和村里的一分钱补贴；李连成带领全村发展大棚蔬菜生产，在企业效益最好时把价值200万元的再生纸厂低价转为村办企业。"一身正气，甘心吃亏为百姓；两袖清风，心底无私好楷模"，就是这些带头人奉献精神的真实写照，也是这些村镇发展壮大的关键所在。

二、要有一个好的领导班子,这是建设 社会主义新农村的保证

这20多个村镇的成功经验表明，不仅要有一个好的带头人，还要有一个好的党支部、一个好的村委会，形成

一个好的领导班子。只有村党支部和村委会坚强有力，才能更好地发挥领导班子的凝聚力、号召力、向心力，才能带出一个小康村，富裕一方百姓。

建设一个好的领导班子，必须选拔配备好领导班子成员。我在调研中专门了解过村级班子的结构，像林州市史家河村党支部 7 名成员均是从全村党员中挑选出来的骨干和能人，村委会一班人有的领办企业，有的是行业能手，全部达到"双强"标准；巩义市焦湾村坚持从企业中培养和发展"双强"党员，进入"两委"班子；竹林镇、西滑封村和舞阳县魏庄村、延津县王连屯村等，都是通过从企业领导层、军队转业干部中选拔班子成员，甚至盛情聘请在县、市工作的国家干部回村工作，注重培养、选拔和使用素质高、懂经营、会管理的年轻人，形成了一个个强有力的领导集体。这些村镇的经验告诉我们，选拔配备好村级班子成员，要特别注重选那些具有改革开放头脑、市场经济意识、真抓实干精神的各种农村能人，真正形成优势互补、能力配套、结构合理的领导班子，成为加快社会主义新农村建设的组织者、推动者和实践者。

建设一个好的领导班子，还要注重团结协作和民主管理两个方面。团结协作是一个领导班子有没有战斗力、战斗力强不强的关键。从这 20 多个村镇的情况看，搞好团结协作，必须正确处理好党支部与村委会、党支部书记与村委会主任的关系，党支部对村委会要做到领导不包办、支持不干预、监督不越位，村委会要在村党支部的领导下开展工作，党支部书记和村委会主任都要有容人之量、合作之态、民主之风。在这个问题上，实行党支部书记和村委会主任"一肩挑"，是保证"两委"班子团结协作、相互配合的一种好形式，有利于增强村级领导班子的凝聚力、号召力、向心力。实行民主管理是村级班子团结协作的体制基础。这20多个村镇都积极推行村务公开、民主管理，把"要叫群众知道的跟我们一样多"作为准则，村里的大事小情都要按程序召开不同范围会议，听取群众意见，让村民说话，让集体决策。特别是在农村税费改革后，实行"一事一议"、村务公开等民主管理制度，密切了党群干群关系，增强了基层组织的凝聚力，推动了农村改革和发展。

三、要有一个好的发展思路，这是建设　　　社会主义新农村的根本

发展是建设社会主义新农村的根本。理出一个好的发展思路，选准突破口、找到关键点，对建设社会主义新农村极为重要。对这20多个村镇的发展情况进行剖析，我深感他们都是从各自实际出发，走出了一条符合本村实际、符合市场经济规律的发展路子。有的通过调整农业结构、推进农业产业化加快发展，如鄢陵县姚家村充分发挥花木生产优势，以花木产业为重点的特色经济进一步凸现；魏庄村通过"庭院抓养殖、大田抓高效"，提高了农业综合生产能力。有的立足比较优势发展工业，像史家河村把汽车配件加工、西辛庄村把电光源产业、龙泉村把造

纸业、焦湾村把铸造业作为主导产业加快发展，走上了工业兴村的道路。有的大力发展商贸流通等第三产业，如西滑封村发展汽车运输业、史家河村建设汽配交易市场等，活跃了乡村市场。有的把发展劳务经济作为加快发展的突破口，如固始县太平村有 1500 多人常年在外务工创业，2005 年全村劳务收入 1500 余万元。无论采取哪种发展方式，最根本的一点是，他们因地制宜，面向市场，宜工则工、宜农则农、宜商则商，有的"一村一品"，有的"一村多品"，都形成了自身的特色和优势。这是我们在推进社会主义新农村建设进程中值得借鉴的宝贵经验。

从这 20 多个村镇的发展历程不难看出，要真正走出一条好的发展路子，有三点非常重要。一是要发扬创业精神。西滑封村历届领导班子带领全村群众干大事、创大业，硬是把过去"一头毛驴三条腿，一眼砖井没有水，一亩不打半石粮，一年糠菜难顾嘴"的贫困村建成了远近闻名的富裕村，这个村的变迁史实际上就是一部艰难的创业史。回龙村"四百壮士"在历史上三朝修路未成的万仞绝壁上苦干 3 年，筑成了长达 10 公里的"通天路"，使一个"深山乱窝子"变成了"文明示范村"，树起了一座艰苦创业的丰碑。这些先进村起步之时，也曾举步维艰，缺资金、缺技术、缺信息，正是靠勤学苦干、百折不挠的创业精神走出了发展的困境，实现了共同富裕。二是要强化市场意识。市场经济发展到今天，市场竞争日趋激烈，如果农民缺乏市场意识，就无法真正参与竞争。这20 多个村镇之所以取得成功，都是由于他们主动与市场接轨，紧盯市场上项目，培育市场谋发展，主动走出去闯市场。三是要注重教育引导。广大农村基础相对薄弱、条件相对落后、信息相对闭塞，农民自身素质和市场意识也相对较差。建设社会主义新农村，走出一条好的发展路子，需要对农民进行教育引导。这就要求我们加强对农民特别是党员干部的培训，帮助他们提高发展经济的能力，引导他们开阔眼界、转变观念，理清发展思路，制定发展计划，拓宽致富路子。

四、要有一个好的创业氛围，这是建设 社会主义新农村的条件

对农村而言，氛围就是民风。我到过的 20 多个村镇都有一个共同特点，就是党风正、民气旺、社会稳，创业氛围非常浓厚。实践证明，好的创业氛围能够出凝聚力、出战斗力、出生产力，凡是创业氛围好的农村经济社会发展就快；反之，经济社会发展就相对滞后。河南农村数量多，情况复杂，发展不平衡，如何引导农村将长期以来形成的家族观念与现代文明相融合，在农村形成风正气顺、团结稳定、加快发展的良好氛围，形成建设新农村的强大合力，显得非常重要。

首先，要营造干事创业、加快发展的氛围。发展是硬道理，发展才能解决前进道路上遇到的各种难题。我调研的这些村镇，都能够紧紧扭住发展不放松，围绕发展做文章。刘庄村、西滑封村多年来致力于发展集体经济、兴办

企业，农民就地转为企业职工，很快走上了富裕道路；西辛庄村、史家河村主动到外地招商引资，为企业发展提供全方位服务，使企业不断做大做强；临颍县南街村每年组织开展"先进党务工作者"、"先进工作者"、"明星企业"等评选活动，树立典型，弘扬先进；固始县小畈村、太平村的一些外出务工村民成为拥有百万、千万资产的大老板后回乡创业，形成了"外出一人、带动一片、带富一方"的效应。正是这种拼搏创业、创新争先的浓厚氛围，充分调动了群众创业致富的积极性，造就了一批经济强村。

其次，要营造团结一心、共同奋斗的氛围。农民群众是新农村的建设者、管理者、维护者和直接受益者，建设新农村必须充分凝聚广大群众的智慧和力量，同心协力，共谋发展。这20多个村镇，不仅村党组织和村委会团结协调，而且全村干部群众都能够团结一心，把干劲和热情集中到干事创业上。刘庄村几十年来在史来贺同志的带领和感召下，全村上下紧紧围绕发展致富奔小康的目标，形成了团结奋斗的良好氛围；西滑封村在项目建设的关键时期，全村群众踊跃集资500万元，解决了资金紧张问题，加快了项目建设；杨树沟村全体村民在村党支部带领下，大打吃水攻坚战，齐心协力挖穷根。可以说，有一个团结奋斗的良好氛围，是这些村镇取得成功的重要因素。

再次，要营造风清气正、和谐稳定的氛围。一个地方的民风直接关系到地方形象，也关系到经济社会发展。这20多个村镇都非常注重通过加强精神文明建设提高农民的思想文化道德水平，形成文明向上、敬老爱幼、家庭和睦、互帮互助的良好风气。像刘庄村坚持开展理想信念和国情政策教育，教育村民、职工树立正确的世界观、人生观、价值观；南街村开展遵守《村规民约》与"十星级文明户"评比活动，村民的思想素质和文明程度显著提高；太平村建立了一整套安全稳定工作制度，化解了村里的不安定因素，小偷小摸、酗酒赌博等恶习逐步消失；魏庄村通过开展"十户五联"活动搞好社会治安，成立民调小组处理各类矛盾和邻里纠纷，保证了全村稳定和谐。

五、要有一套好的扶持政策,这是建设社会主义新农村的保障

这20多个村镇之所以发展得又快又好，还得益于党的富民政策。无论是刘庄这样的老典型，还是西滑封、西辛庄、杨树沟等近些年发展起来的新典型，各级党委、政府都在他们发展的关键时期提供了强有力的帮助和支持。正是由于党委、政府的扶持政策，才使老典型历久不衰，新典型不断涌现，一些贫困落后的村庄改变了面貌。

我们党历来高度重视农村的发展，从1978年实行家庭联产承包责任制，到近些年把解决"三农"问题作为全党工作的重中之重，提出"工业反哺农业、城市支持农村"和"多予少取放活"的重要方针，特别是近几年推行农村税费改革，进而免征农业税，都极大地促进了农业和农村经济的发展。河南农村人口多、农业比重大，特

别是大多数农村的经济社会发展比较缓慢，如果没有各级党委、政府强有力的扶持政策，单靠农村和农民自身发展，实现建设新农村的目标将非常困难。这就要求我们必须进一步落实好中央的支农惠农政策，加大政策扶持力度，为新农村建设提供重要保障。

要在促进农村经济发展上加大政策扶持。要紧紧围绕社会主义新农村建设的各项任务，继续坚持"多予少取放活"的方针，稳定、完善和强化行之有效的支农政策，重点在"多予"和"强化"上下工夫。继续贯彻落实好"两免三补"，加大财政投入力度，确保财政每年对农业投入的增长幅度高于财政经常性收入的增长幅度，从政策上引导各类金融机构加大对农业农村信贷投放力度，切实改善对农村的金融服务，在对农村经济社会发展产生重大影响的项目安排上要重点给予支持。

要在改善农民生产生活条件上加大政策扶持。加强对农村公路、电网、通讯、广播电视、安全饮水等基础设施建设的扶持力度，投入更多物力和资金改善农村的生态和人居环境；积极探索政府扶持引导、农民自愿参与的村庄治理的有效机制和办法，把治理重点放在解决村内道路、给排水设施、垃圾处理、人畜混居等突出问题上，在资金、实物等方面给予扶持。

要在加快农村社会事业发展上加大政策扶持。扩大公共财政对农村的覆盖面，加快农村教育、卫生、文化等各项社会事业的发展。着力普及和巩固农村九年义务教育，两年内全部免除农村义务教育阶段学生学杂费，对贫困家庭学生免费提供课本和补助寄宿生生活费。加快推进农村新型合作医疗制度试点工作，财政上要较大幅度提高补助标准，建立以大病统筹为主的农民医疗互助共济制度，加强农村公共卫生服务体系和农村医疗卫生救助制度建设。进一步完善农村"五保户"供养、特困户救助、农村灾民补助等社会救助体系，积极探索建立农村最低生活保障制度。进一步加强农村文化建设，满足农民群众多方面、多层次精神文化需要。

要在拓宽农民增收渠道上加大政策扶持。充分利用农业结构调整资金，建立优质农产品生产基地，大力发展特色经济，加大对农村龙头企业发展的政策扶持，充分挖掘农业内部增收潜力，多渠道增加群众收入。要认真清理不利于农民进城就业的政策和法规，鼓励农民进城务工经商，加强对农民工的教育和培训，有计划、有组织、分专业地进行大规模劳务输出。要加大劳动保障的监察执法力度，从源头上治理拖欠农民工工资的行为，维护农民工的合法权益。

建设社会主义新农村既是一项复杂的系统工程，又是一项长期的历史任务，必须坚持从各地实际出发，尊重农民意愿，扎实稳步推进。中央为推进新农村建设，从资金、技术、物资、人才等多方面出台了扶持政策，落实好、运用好中央的扶持政策，需要我们采取切实有力的措施，扎扎实实地开展工作。就河南而言，"五个一"工程既是对农村典型经验的总结，又是推进新农村建设的重要举措，它们是有机统一的整体，缺一不可，相辅相成，融合于建设新农村的整个进程。只要我们着力推进"五个一"工程，保证中央的政策措施落到实处、取得实效，就能够使新农村建设成为惠及广大农民的德政工程、发展工程、民心工程。

充分认识发展劳务
经济的战略意义[*]

——加快农村富余劳动力转移问题的调查与思考

近年来，河南省各级党委、政府重视转移农村富余劳动力、发展劳务经济，取得了很大成效。我对这方面的情况作了调研，深感转移农村富余劳动力、发展劳务经济对加快河南经济发展、实现中原崛起具有战略意义。我们必须进一步提高认识，增强自觉性和紧迫感，把发展劳务经济放到经济发展的全局中去把握，放到战略地位上来谋划和推动。

一

转移农村富余劳动力、促进劳务经济发展，是工业化进程中的普遍规律。工业化是现代化不可逾越的阶段，工业化的过程实质上就是结构转化的过程。从产业结构变化

---

* 本文发表于《求是》2005 年第 11 期。

看，表现为农业产值份额不断缩小，来自第二、第三产业的产值份额不断增大的趋势；从就业结构看，表现为农业就业份额不断减少，从事第二、第三产业的劳动人口不断增加的趋势；从消费结构看，根据恩格尔定律，随着人均收入水平的提高，食物性消费在生活消费支出中的比例不断下降，非食物性消费在生活消费支出中的比例不断上升，通过消费对生产的导向作用，必然是农业产值和就业份额下降，第二、第三产业产值和就业份额上升。因此，工业化的过程就是农业和农民的比重不断降低的过程，就是"化"农民为市民、"化"传统农业为现代农业、"化"传统农业社会为工业社会的过程。工业化国家的成功实践也表明了这一点。美国农业就业份额 1830 年为70.8%，1980 年降至 2%；日本农业就业份额 1870 年为84.8%，1980 年降至 10.4%。由此可见，工业化过程中出现的农村富余劳动力向非农产业和城镇转移是经济社会发展的普遍规律。

转移农村富余劳动力、发展劳务经济，是农村劳动力追求更高的比较利益和自身发展机会的内在要求。农村富余劳动力是多种因素造成的，既有农村劳动力自身增长速度超过农业需求能力产生的，又有由于土地等农业资源短缺、所需劳动力有限出现的；既有由于农业生产季节性特点形成的，又有由于技术进步、产业更替等原因引起的，等等，归根到底都表现为农村劳动力配置结构不合理或失调。在计划经济条件下，这些富余劳动力资源被禁锢在土地上，不允许自由流动，劳动力无法实现合理配置；在社会主义市场经济条件下，随着生产要素自由流动的限制被逐步取消，在比较利益的推动下，劳动力等生产要素就不断地从报酬比较低的地方或行业向报酬比较高的地方或行业流动。由于农业比较效益低，为寻求更高的劳动报酬和更好的发展机会，一部分有胆有识的农村劳动力自发地向城镇和非农产业转移，依靠他们自己的手艺和聪明才智获得了比他们在家务农相对较高的收益，逐步富裕起来。在他们的示范带动下，更多的农村富余劳动力不断向城镇和非农产业转移，以期获得超过他们从事农业生产的报酬，尽快富裕起来。因此，市场经济条件下，农村富余劳动力的转移、农村劳务经济的发展，是农村劳动力等生产要素实现合理配置、提高经济效益的内在要求，是经济社会发展的必然结果。

社会主义市场经济发展和社会需求增长，为农村富余劳动力的转移、农村劳务经济的发展提供了动力。随着经济全球化步伐加快以及我国加入 WTO 推动开放型经济的进一步发展，发达国家的一些产业特别是制造业加速向我国转移，需要大量的劳动力，这为我国发挥劳动力富余这一比较优势提供了较大的空间。同时，我国正处于工业化加速发展时期，无论是发展劳动密集型产业还是资本、技术密集型产业，无论是制造业、建筑业还是基础设施建设等等，都会产生对劳动力的需求，而且在一定时期内还呈扩大之势，这为农村富余劳动力凭借自己的自然优势、技术专长等转移就业创造了岗位。尤其值得关注的是，随着工业化的进程，第三产业将迅速发展，传统服务业和现代服务业领域都能够创造大量的就业岗位，从而为农村富余劳动力的转移提供更广阔的空间。目前我国第三产业规模相对较小，吸纳的劳动力也比较少，2002 年我国第三产业就业人员仅占就业总人数的 28.6%，远低于 50% 的世界水平和 40% 的发展中国家水平。要使 2020 年我国第三产业的产值和就业人员比重都达到 50%，差距不小，发展潜力也非常大。可以说，转移农村富余劳动力、发展劳务经济是经济发展和社会需求增长的客观需要。

从河南目前情况看，转移农村富余劳动力、发展劳务经济既是一项紧迫的任务，又面临着良好的机遇和条件。2004 年底全省乡村人口 6908 万人，占总人口 71.1%，农村劳动力 4700 万人，据测算，农村富余劳动力 2800 万人左右，目前外出务工人员达 1411 万人，其中常年在外务工人员 562 万人，占 40%。2004 年底河南省城镇化率为28.9%，考虑到技术进步、农业现代化水平的提高以及农村劳动力的自然增长等情况，按城镇化率每年提高 1.5 个百分点，到 2020 年实现中原崛起的奋斗目标，每年需要转移约 100 万农村富余劳动力，任务十分艰巨、十分紧迫。同时我们也要看到，河南正处在工业化加快发展时期，工业化、城镇化的发展为转移农村富余劳动力、发展劳务经济提供了广阔的空间；近年来沿海发达地区出现了劳动力资源紧缺现象，很多地方出现了"民工荒"，今年春节期间又出现"保姆荒"，这为河南加快向沿海发达地区转移农村富余劳动力提供了难得的机遇；近些年河南重视发展基础教育，农村劳动力的素质整体较高，外出务工具有一定的竞争优势；经过多年努力，在转移农村劳动力方面积累了丰富经验，创造了一大批省内外知名的劳务品牌，河南民工已经在外界树立了良好的信誉和形象。我们一定要顺应经济社会发展的客观规律和要求，把发展劳务经济作为一项战略抉择，抓住当前有利时机，加快农村富余劳动力的转移，推动全面建设小康社会、实现中原崛起的进程。

二

转移农村富余劳动力，发展劳务经济，对于加快河南经济社会发展、实现中原崛起，具有多方面的战略意义。

发展劳务经济是促进农民持续增收的重要渠道。河南农业比重大、农村人口多，"三农"问题比较突出。全面建设小康社会、实现中原崛起，重点在农村、难点也在农村。"三农"问题的核心是农民问题，农民问题的关键是农民增收。河南人均一亩多地，在现有条件下，提高粮食产量、提高粮价的余地不大、难度很大，农民仅靠一亩多地很难增收致富奔小康，必须把相当数量的农民分流出来，实现农民择业的多元化。只有减少农民，才能富裕农民。因此，转移农村富余劳动力，发展劳务经济，是促进农民持续增收、拓展农民致富空间的重要渠道，是解决"三农"问题的重大举措。现在，河南许多地方的农民都说这样一句话，"出来一个人，全家就脱贫"。一个家庭十口人，都守在有限的土地上，致富非常困难，如果能有四五口人走出去打工，每年往家里寄点钱，他们的收入就会大大增加。发展劳务经济主要从两方面增加农民收入。一方面，外出务工收入主要是靠从农业生产部门分离出来而未完全脱离农村的劳动力创造的，他们获得了高于农业生产部门的报酬收入，从而提高了农民的整体收入。据统计，2004 年全省劳务输出总收入达到 613 亿元，占农村居民纯收入的 35%；外出务工农民人均年劳务收入 4344元，比农民人均纯收入高 1791 元。新县是全省涉外劳务输出先进县，我到那里调研时了解到，该县目前每年境外就业人数已稳定在 3000 人左右，年创外汇近 2000 万美元，可使全县人均增收 200 元。罗山县彭新镇曾店村有2898 人，外出务工人员就达 1800 多人，现在拥有 50 万元以上资产的农户已有近百户。另一方面，大量农村富余劳动力转移，使农村耕地等资源的人均占有量大大增加，间接地增加农民收入。所以，发展劳务经济，对农民来讲，是"两头开花"，成本低，见效快，收益大，可以说是当前解决农民增收问题又快又好、最为现实的一个办法。

　　发展劳务经济是提高农业劳动生产率、推进农业现代化的重要途径。在一定条件下农村富余劳动力的转移与农业劳动生产率的提高形成良性循环。一方面，农村富余劳动力转移带来了农村劳动力资源合理有效的配置，优化了农村劳动力结构，直接提高了农村劳动生产率；另一方面，农村富余劳动力转移就业获得收益的一部分重新投入到农业生产，从而直接或间接地提高了劳动生产率。农村富余劳动力转移还促进了农村经济结构的调整，大量农民外出劳务，极大地缓解了人地矛盾，有利于土地流转机制的形成，有利于解决土地规模经营和耕地撂荒问题，使一部分土地集中到种养能手手中，不仅为集约经营、规模经营、推动农业产业化创造了条件，而且还有利于促进现代化农业机械的应用和农业先进实用技术的推广，不断提高农业现代化的水平，增强农业整体竞争力。同时，由于外出务工者经受市场经济、城市工业文明的熏陶，增长了才干，开阔了眼界，锻炼培养了一批经历市场经济风雨、见识了工业现代化的经营技术人才和有一技之长的农民工，分化出了以农民经纪人和商贸经营户为主体、有现代市场意识的营销队伍。他们走南闯北，架起了生产与消费、产品与市场之间的桥梁，促进了农村产业结构调整，有力地推动了农业产业化和市场化进程。

　　发展劳务经济是加快工业化、城镇化进程的客观需要。目前，河南正处于工业化中期阶段，也处于产业结构和经济结构加大调整的关键时期，无论是工业还是第三产业的发展，都必然增加对劳动力的需求，农村富余劳动力的转移正好满足了这种需求。农村富余劳动力与资本、技术等要素相结合，将有力地推动工业化进程；同时劳务经济的发展、农民收入的提高，又将扩大对工业品和服务的需求，从而进一步推动第二、第三产业的发展，加快工业化进程。城镇化是工业化和现代化的必然产物。在工业化进程中，农村人口迁入城镇，使城镇化水平不断提高，是世界经济发展的一般规律。主要发达国家以及新兴工业化国家或地区的实践表明，农村富余劳动力转移一方面促进了城市化，另一方面也促进了农村非农化和农村城镇化。就我国而言，农村富余劳动力转移到城市，与城市劳动力的就业形成互补，既弥补了城市经济发展中的劳动力资源不足，促进了城市经济的发展，又因其劳动力成本比较低廉而增强了产品的竞争力，提高了经济效益，同时还扩大了城市的消费市场，促进了城市体制改革。农村富余劳动力向城市转移，必然要求政府在户籍制度、教育培训和社会公共福利等方面进行改革，建立城乡统一的劳动力市场，建立健全城乡一体化的体制机制，使农民工与城镇居民享有平等的待遇和权利，这必将有利于打破城乡二元结构的壁垒，加快农村富余劳动力的转移，有力地促进城市发展。另外，劳务经济发展了，农村经济发展了，不仅可以加快农村非农化进程，而且方方面面也可以拿出更多的财力和物力，发展公共事业和基础设施，为农业、农村发展提供更好的基础条件，这对于贯彻中央提出的工业反哺农业、城市支持农村的方针，实现以工促农、以城带乡，逐步缩小城乡差距，促进城乡协调发展具有重要意义。

　　发展劳务经济是推动农村经济建设、政治建设、文化建设、和谐社会建设的必然要求。农民外出务工，不仅能够获得一定的经济收入，更重要的是通过工业文明和城市文明的熏陶，更新了观念，开阔了视野，增长了见识，学到了技能，综合素质普遍提高。他们逐步摒弃了"小农意识"、"小富即安"思想，增强了市场经济意识、创业意识、竞争意识和风险意识。有的通过打工，受到输入地的技术经营管理的培训，其技术素质、工作能力大大增强，逐步成为熟练的产业技术工人，有的还当上了老板、经理。如在上海市环卫局务工的 65 名固始青年，因成绩突出受到上海电视台、中央电视台专题采访报道，他们所在的团组织被上海市委评为"先进团支部"，有的青年还加入了中国共产党。早年到新疆从事水电安装的信阳务工人员李发忠，经过十多年的奋斗，现已成为管理 1200 多人的建筑公司经理，2001 年被团中央、建设部等八部委联合授予"第三届全国优秀进城务工青年"荣誉称号。外出务工者在城乡之间的大流动、大转移中，或者返回农村后，也将城市文明带到了农村，推动了农村的开放和进步。许多外出务工者返回家乡以后，利用自己带回的资金、技术、管理经验和市场信息等办厂创业，促进了农村工业化，为农村经济繁荣注入了新的活力。"挣了票子，换了脑子，回到家乡办起了厂子，几年带富一个村子"，就是对这种现象的生动写照。太康县掌握一技之长的外出务工人员达 3 万多人，返乡后自己办厂创业的已有 3000 多人，间接带动了 10 万多人就业。农民思想观念上的变化更为深刻。据了解，劳动力转移较多的乡村，青年人的文化卫生意识大有提高；年龄在 23—26 岁的青年，婚后只生育一胎的已很常见，计划生育工作难度明显减小。可以说，通过外出务工，推动了农村的精神文明建设。还有一些人通过外出打工增长了本领，回乡后当了村组干部，为农村基层组织建设增添了活力。农村经济的发展、精神文明建设和基层组织建设的不断增强，又推动了农村和谐社会的建设，有力地促进了社会主义新农村的发展。

三

转移农村富余劳动力，发展劳务经济，对河南来说，当前要重点把握好"四个结合"。

一是要把加强宣传和制定政策相结合。充分利用广播、电视、报纸刊物等各类新闻媒体，在全社会广泛宣传"劳务致富"、"劳务光荣"的观念，创造有利于农民外出务工的良好舆论环境，鼓励和引导广大农民解放思想，转变观念，积极外出务工；大力宣传党和国家鼓励农民进城务工的政策，让农民工放下包袱，轻装进城。各地各部门要进一步认真清理不利于农民进城就业的政策和法规，让进城务工农民在孩子就学、户籍管理、订立劳动合同、社会保险、劳动权益和征收税费等方面享有平等待遇，逐步打破劳动力市场中存在的城乡、地区和体制分割现象，为农民外出务工提供政策和法制保障。

二是要把自由外出与有组织输出相结合。尽管劳动力的转移要以市场机制为基础，积极支持农民的自由外出务工，但也要特别强调有组织的输出，促进农村富余劳动力合理有序地转移。我在信阳了解的情况表明，有组织的输出效果比较好，农民工因为有组织而有保障、有靠山、心里踏实，也便于管理。各级党委和政府要建立和完善劳务输出的领导机构和工作机构，形成健全的工作体系；要把转移农村富余劳动力作为全局性、战略性的任务统筹考虑，将转移农村劳动力，多渠道增加农民收入等工作纳入各级领导干部的目标考核管理；要加大规模劳务输出的宏观调控力度，重视联络和签订跨地区大规模的劳务协议，进一步加大境外就业市场的开发力度。

三是要把提高就业技能与树立良好形象相结合。随着市场经济的发展和经济增长方式的转变，社会各方面对劳动力素质的要求越来越高。我们不仅要在扩大劳动力输出规模上下工夫，更要在提高劳动者素质上下工夫。要切实加强对农民工的培训，成立培训基地，制定培训计划，增加培训投入，扩大培训规模，增强培训效果，提高外出务工农民的就业技能，提高我省农民工的整体素质。要强化品牌效应，在培育农民工品牌上下功夫，靠品牌带动更多的富余劳动力转移。同时，还要注重树立河南农民工的良好形象，教育他们热爱家乡、增辉河南；特别是要大力宣传和表彰河南千千万万外出务工者中涌现出来的先进典型，如商丘市"见义勇为青年英雄"李学生等，对全省外出务工者产生示范效应。

四是要把加强管理与强化服务相结合。外出务工者具有很强的流动性，在一定程度上增加了管理的难度。我们再用老思路、用原来管理农村和农民的做法已经不行了，各地要积极探索和寻求新的管理办法。信阳市通过实施"金桥工程"，在进京务工经商人员中开展党的工作，使党组织在开发劳务经济，带领进城务工经商人员更好地工作、学习和生活方面发挥了很好的作用，已经探索出了一套行之有效的做法，各地可以借鉴推广。当前，我们还要按照中央在全党开展保持共产党员先进性教育活动的安排

部署，在进城务工经商的广大党员中开展保持共产党员先
进性教育活动，使他们"流动不流失，离乡不离党，转
岗不转向"，无论在什么地方、从事什么工作，都能继续
发挥共产党员的先锋模范作用，保持党组织和共产党员的
先进性。各级党委、政府要用关爱亲人的感情来关爱外出
务工人员，切实维护好农民工的合法权益。要加大劳动保
障的监察执法力度，认真清理整顿用工市场，加强对民办
中介机构的监管；从源头上治理拖欠农民工工资的行为，
完善农民工劳动合同管理，落实最低工资制度，严厉查处
拖欠克扣工资、随意延长工时、使用童工和劳动环境恶劣
等问题，尽可能为农民工创造一个宽松的务工环境。

坚持以科学发展观为指导
建立农民稳定增收的长效机制[*]

　　高度重视并认真解决农业、农村和农民问题，是我们党一以贯之的战略思想，也是我们党全部工作的重中之重。河南农村人口占全省人口的70%多，农业比重占生产总值的比重比全国高3.5个百分点，农民人均纯收入比全国低，"三农"问题比较突出。全面建设小康社会、实现中原崛起，最繁重、最艰巨的任务在农村，没有农民的小康就没有全省人民的小康，没有农村的现代化就没有全省的现代化。有效破解"三农"问题，是我们全面建设小康社会、实现中原崛起进程中必须抓紧抓好的重大问题。

　　"三农"问题的核心是农民问题，而农民问题的核心则是增收问题。从社会发展的全局看，农民问题涉及农业

---

　　* 本文收入人民日报出版社、国家行政学院出版社2005年8月出版的《树立和落实科学发展观理论与实践》一书。

发展与改革问题、农村的繁荣，解决"三农"问题必须围绕解决农民的问题来进行。进入新世纪新阶段以来，城乡居民收入差距在持续扩大，特别是以粮食生产为主的农民收入增长更为困难，能否促进农民增收已经成为解决农业、农村中其他问题的关键，只有不断增加农民收入，才能逐步缩小城乡、工农、地区及各阶层之间的差距，在农村实现全面的小康。同时，无论是增强农民发展粮食生产的动力，巩固农业基础地位，获得最稳固、最可靠和最持久的粮食安全，还是释放农村市场的巨大潜力，扩大内需，开拓国内市场，实现整个国民经济良性循环和城乡关系的良性互动；无论是发展农村的各项社会事业，实现农村的繁荣稳定，还是进一步密切农村的党群关系、干群关系，都要求我们不断增加农民收入。因此，促进农民增收，不仅是加快农业和农村发展的必然要求，而且是保持国民经济持续快速协调健康发展的必然要求，是实现全面建设小康社会宏伟目标的必然要求，是维护社会稳定和国家长治久安的必然要求，也是农业和农村工作的中心任务。

要千方百计增加农民收入，破解"三农"问题，必须牢固树立和认真落实科学发展观。统筹城乡发展，实行以城带乡、以工促农、城乡互动、协调发展，是实践科学发展观的重要体现，是实现全面建设小康社会、构建和谐社会的重要途径和手段，更是解决"三农"问题的治本之策。近年来，我们坚持以科学发展观为统领，统筹城乡经济发展，进一步加大了对农业生产、农村基础设施建设的投入，全面放开粮食购销市场和收购价格，实施"两减免、三补贴"，极大地调动了广大农民的积极性，促进了粮食增产和农民增收，去年农民人均纯收入 8 年来首次实现两位数增长。但是，我们也清醒地看到，保持农民收入的持续增长，从根本上解决"三农"问题，还必须跳出"三农"抓"三农"，在建立长效机制上下工夫。纵观一些工业化国家发展的历程，在工业化初始阶段，农业支持工业、为工业提供积累是带有普遍性的趋向；但在工业化达到相当程度以后，工业反哺农业、城市支持农村，实现工业和农业、城市与农村协调发展，也是带有普遍性的趋向。我们要顺应"两个趋向"，统筹城乡发展，把工业化、城镇化、农业现代化有机统一起来，实行工业反哺农业、城市支持农村的方针，以工促农、以城带乡，实现城乡互动、协调发展。当前和今后一个时期，必须把加强农业综合生产能力建设作为促进粮食增产和农民增收的结合点，坚持"多予、少取、放活"方针，统筹兼顾、标本兼治、综合施策，促进粮食稳定增产、农业持续增效、农民继续增收，为从根本上破解"三农"难题、实现中原崛起打下坚实基础。

1. 着力发展粮食生产，实现粮食生产工业化，为增加农民收入创造条件。粮食是安天下的战略产业。近年来粮食生产对农民增收的作用虽然有所下降，但粮食生产仍然是农民收入的主渠道。河南作为全国第一人口大省，保障近亿人的粮食供给和为工业提供必要原料，是必须首先考虑的问题。如果农业出了问题，吃饭没有保障，一切都无从谈起。发展粮食生产，确保粮食量足质优，对维护国家粮食安全具有重要意义。河南近年来粮食总产量始终保持在4000万吨以上，2004年达到了4260万吨，创历史最高水平，为国家粮食安全做出了重要贡献，也确保了农民收入的稳定。要继续充分利用现有的土地资源，围绕优质高效的目标，优化粮食品种品质结构，提高科技含量，大力发展绿色农业、创汇农业和标准化农业，这样既可增加粮食总量，为国家粮食安全构筑新的屏障，又可以提高种粮的比较效益，为农业增效、农民增收拓展广阔的新领域。还要认识到，粮食产量的增加是有止境的，但是农民要求增加收入却是无止境的。这就要求必须大力发展粮食加工业，搞好精深加工和综合利用，拉长产业链条，提高附加值，使大量农村富余劳动力转向非农产业，有效增加农民收入。这些年河南广大农村在这方面已经有很多新的创造，在粮食加工领域走出了一条新路子。像南街村、三全、思念等粮食加工企业，通过走粮食生产工业化的路子，带动了当地大量农民增收。但目前河南农产品的产值和加工产值之比只有1：0.5，远远低于发达国家的1：3到1：5，发展农产品加工和综合利用的空间很大，潜力也很大。因此必须坚定不移地发展粮食加工业，不断拉长农产品的产业链条，沿着粮食生产工业化的道路走下去，才能实现农民收入的稳定增长。

2. 着力调整农业结构，推进农业产业化，为增加农民收入输入活力。在市场经济条件下，传统的农业生产观念和模式已经不适应发展的要求，必须从传统的农业观念中解放出来，对农业生产方式进行革命性变革，创新农业经营体制。近年来的实践证明，调整农业结构，推进农业产业化经营，能够突破农业的单一化结构，促进农业的规模化、产业化发展，有效增加农民收入，可以说是我国继土地革命和家庭联产承包责任制之后农业发展的第三次飞跃。推进农业产业化，要坚持专业化分工、市场化运作、社会化服务和企业化管理。农业只有面向市场，向产业化的方向发展才能有动力和活力，也只有这样才能保持农民收入的持续增长。要通过对农产品进行加工转化增值，延长产业链条，形成一个生产、加工、流通等环节紧密联结在一起的完整产业，使农民分享到加工、销售等环节的利润，为农民增收开辟新的途径。这些年来河南的农业之所以有新的气象，和大力推进农业产业化发展是分不开的。通过农业产业化经营，建立了优质粮食、优质畜产品、特色农产品和优质林产品四个生产与加工基地，调整优化了农业和农村经济结构；通过大力发展农业龙头企业，形成"订单农业"，把千家万户的分散经营同千变万化的大市场连接起来，既培育壮大了新的有竞争力的市场主体，也降低了农产品的市场风险，增加了农民收入。

3. 着力转移农村富余劳动力，实现农民择业多元化，为增加农民收入拓宽渠道。河南农村劳动力 4700 万人，其中富余劳动力达 2800 万人左右，农村人口人均耕地不足 0.1 公顷，仅靠种粮食、靠农业，是很难让农民富起来的。只有减少农民，才能富裕农民。只有通过把大批农村富余劳动力转移出来，实现农民择业的多元化，才能拓宽农民增收的渠道。农民外出务工，成本低、见效快、收益大，能够获得高于农业生产部门的报酬收入，提高农民的整体收入。河南有这样一句话，"出来一个人，全家就脱贫"。一个家庭十口人，都守在有限的土地上，致富非常困难，如果能有四五口人走出去打工，每年再往家里寄点钱，"两头开花"，他们的收入就会大大增加。2004 年河南劳务输出总收入达到 613 亿元，占农村居民纯收入的35％；外出务工农民人均年劳务收入 4344 元，比农民人均纯收入高 1791 元。农村富余劳动力转移就业获得收益的一部分重新投入到农业生产，会进一步增加农民收入。大量农村富余劳动力转移出去以后，极大地缓解人地矛盾，有利于土地流转机制的形成，为集约经营、规模经营创造条件，使种地农民的收入不断增加。另外，农村富余劳动力的转移，不仅可以推动农业现代化进程，对加快工业化、城镇化进程具有重大意义，还有利于促进社会主义新农村的发展。发展劳务经济是工业化进程中的普遍规律，是农村劳动力等要素实现合理配置、提高配置效率的内在要求，也是经济发展和社会需求增长的客观需要。因此，河南必须把发展劳务经济放到经济发展的全局中去把握，放到重要的战略地位上来谋划和推动。在具体工作中，要重点做好"四个结合"，就是把加强宣传与制定政策相结合，把自由外出与有组织输出相结合，把提高就业技能与树立良好形象相结合，把加强管理与强化服务相结合。

4. 着力改革农村现行体制，促进乡镇建设城镇化，为增加农民收入优化环境。深化农村改革是农业发展的重要保证。解决"三农"问题，增加农民收入，需要有良好的体制和机制环境。要以农村税费改革、粮食流通体制改革、农村金融体制改革和土地征收制度改革为重点继续深化农村各项改革，特别是要深化乡镇机构、农村义务教育管理体制、县乡财政体制等配套改革。在农村税费改革过程中，各地普遍进行了以减人、减事、减支为中心的配套改革，取得了一定进展。但从总体上看，配套改革还相对滞后，机构臃肿、人员过多的问题在不少地方仍很突出，农民负担反弹的压力和隐患仍然存在。特别是长期以来，一些乡村干部形成了向农民伸手要钱的习惯，政府办事所需经费，往往向农民收取，有时还以清收老欠、罚款等名目向农民乱收费，这样不仅会抵消免征农业税的政策效果，而且会影响农村生产力的发展，影响农民生产积极性的发挥。必须进一步加大改革力度，特别是加快乡镇机构改革和农村义务教育体制改革，减少机构和吃财政的人员，确保农民负担明显减轻。加快乡镇城镇化建设，为进镇农民提供良好的生活环境，有利于农村富余劳动力就地转移，进一步解放和发展农村生产力。必须搞好小城镇基础设施建设，拓展农村第二、第三产业的就业空间，逐步建立适应小城镇发展需要的住房制度、医疗制度、劳动就业制度、教育制度和社会保险制度，解除进入城镇农民的后顾之忧。同时，进一步强化农村基层政权建设，把加强农村基层政权建设作为做好"三农"工作的治本之策，真正使农村基层政权为老百姓服务、为解放和发展农村生产力服务，进一步巩固党在农村的执政基础。

5. 着力加强农村文化教育，推进农民素质现代化，为增加农民收入夯实基础。提高农民素质既是社会发展的需要，也是农民的自身要求。没有现代科学文化知识和市场经济知识的武装、没有农民素质的现代化，农民持续增收就失去了基本条件和基础。长期以来，由于对农村科技教育文化卫生等领域的投入不够，农村社会事业和基础设施严重落后于城市，不仅制约了农村经济的发展，而且严重影响了农民整体素质的提高。当前，河南农民的科技水平还不高，受过职业技术培训的农民比例较低，这已经严重影响到农业和农村的发展，影响到全面建设小康社会的进程。因此，必须把义务教育和农民职业技术培训结合起来，提高农民的科技文化素质和经营水平；通过实施"绿色证书工程"、"星火人才培训工程"、"阳光工程"，切实加强农村人才队伍建设，培养适应现代化要求的新型农民。同时，农民素质的高低，不仅决定农村经济的发展，也决定农业人口非农化的速度，直接影响到工业化、城镇化的进程。只有农民素质提高了，就业本领和技能增强了，才能适应不同层次、不同行业就业的需要，转移到第二、第三产业。要加大对农村教育文化基础设施的投入，加强农村科学文化教育、广播电视等工作，千方百计提高农民素质。当前尤其要抓好进城务工农民的技术培训，提高他们的就业技能，增强外出就业、稳定就业的能力。各级党委、政府要把教给农民知识和技能作为一项重要服务措施，使农民进城务工有广泛的职业选择余地，进而能够更好地增加收入。

6. 着力增加投入、减轻负担，推动支农措施的法制化，为增加农民收入提供保障。农业是弱质产业，不仅承受着市场风险，还要承担着自然风险。世界各国都对农业实施保护。我国农业基础差，加入 WTO 后，随着农产品进口不断增加和竞争的不断加大，更需要在政策上加大对农业的支持与保护力度，从体制上和法律上建立保护农民权益的长效机制，保护农民的生产积极性，增加农民收入。一是坚持依法支农。按照《农业法》的规定，确保财政每年对农业投入的增长幅度高于财政经常性收入的增长幅度。在稳定现有各项农业投入的基础上，新增财政支出和固定资产投资向"三农"倾斜，提高支农资金在财政支出中的比重。二是坚持依法护农。土地是农民的立身之本。必须认真贯彻《农村土地承包法》，切实落实二轮承包的各项政策，特别是要认真执行承包期 30 年不变的规定；农村土地流转必须坚持依法、自愿、有偿的原则，逐步发展适度规模经营；保护外出务工农民的土地承包经营权，不得随意收回承包地。三是坚持立法减负。把减免农村税费、减轻农民负担、搞好农民社保、确保农民工收入等一系列行之有效的措施，用法律法规的形式固定下来，依法惩处侵犯农民利益的违法行为，为解决好"三农"问题、增加农民收入提供法律保障。

以科学发展观为指导解决好"三农"问题，建立农民稳定增收的长效机制，对河南来讲，是一项长期而艰巨的任务，需要我们付出加倍的努力，在实践中不断进行探索。我们要坚持以科学发展观统领，统筹城乡发展，实现城乡互动、协调发展，开创河南农业和农村工作的新局面，加快推进实现中原崛起的历史进程。

正确看待积极应对全球粮食危机[*]

——关于粮食安全问题的思考

"虽有数斗玉，不如一盘粟"。粮食是生命之源、宝中之宝，粮食问题是最大的民生问题，粮食安全关系到人类的生存与发展，关系到世界的和谐与稳定。2007年以来，世界粮食价格屡创新高，粮食危机席卷全球。中国是农业大国、人口大国，既是粮食生产大国也是粮食消费大国，必须正视全球粮食危机，立足自身解决粮食问题。河南是全国第一农业大省、第一粮食生产大省，肩负着维护国家粮食安全的重大责任。面对当前全球的粮食危机，我们要深刻认识，科学谋划，积极应对，坚定不移地抓好粮食生产，为保障国家粮食安全做出新贡献。

第一，深刻认识全球粮食危机的成因。今年以来，粮食危机的阴影笼罩着全球，影响全球经济发展的格局和态势。究其原因，既有客观因素，也有人为因素。客观因素

---

* 本文发表于2008年6月6日《河南日报》。

可以归纳为三点：一是近年来世界粮食供给一直处于偏紧状态。从 20 世纪 60 年代一直到世纪末，由于中国、墨西哥、印度等主要发展中国家实施了依靠先进技术提高粮食产量的"绿色革命"发展战略，推广优良品种、扩大灌溉面积、广泛施用化肥，将新技术引入农业生产领域，全球粮食产量急剧增长。但是，进入新世纪以来，农业新技术的发展没能再次取得根本性突破，尽管有关国家也开展了用宇宙飞船把粮食种子带到太空中去进行转基因试验等各种尝试，但都没有取得促进粮食增产的理想效果，世界农业发展和粮食增产遇到了瓶颈制约。与此同时，粮食生产成本不断上升，全球气温转暖，极端天气频现，干旱和洪水等自然灾害增加，土地沙漠化加剧导致耕地减少，直接影响了世界各国粮食产量的提高，造成了世界粮食出口的大幅减少。二是粮食的高消耗问题日益突出。主要表现在两个方面：一方面是粮食被转化为新的能源。一些国家为了应对石油危机带来的影响，把大量粮食转化为生物燃料，如美国、巴西等国家用玉米制造乙醇、柴油，消耗了世界玉米产量的近 20%。另一方面是随着人们食品结构发生重大变化，肉、蛋、奶的需求量大幅增加，畜牧业、养殖业的快速发展直接消耗了大量粮食。据有关资料显示，生产 1 公斤猪肉需要消耗 3 公斤粮食，生产 1 公斤牛肉则需要消耗 7 公斤粮食。世界粮食消耗从 45 年前的每天 230 万吨增加至现在的每天 560 万吨，增幅达 149%。三是各国粮食储备逐年减少。"冷战"结束以来，不少国家认为大规模的粮食储备成本高、不划算，不愿意耗费大量财力、物力去保存粮食，导致最近30年间全球粮食库存不断下降，目前已经降到了30年来的最低点。其中，全球最大的小麦出口国美国的小麦库存已经下降到60年来的最低水平。人为因素主要体现在国际投机基金不断通过操控国际油价和粮价来扩大自己的市场影响力，不断通过抬高粮食价格从中渔利。粮价的飞速上涨，已经改变了正常的国际贸易秩序，成为影响全球经济健康增长的重要因素。作为全球大米价格基准的世界头号大米出口国泰国的大米报价涨幅达到了20年来的最高点，出口价格在2008年已经翻番。全球第五大粮食出口国俄罗斯、第六大粮食出口国乌克兰从去年就开始限制粮食出口；近来全球第二大米出口国越南、第三大米出口国印度都大幅减少大米出口量，令全球大米供给减少了1/3。更为严重的是，粮价的飞速上涨，已经在一些国家引发了社会动荡，甚至直接导致了政权更迭。在亚洲，印尼、孟加拉国都已经出现了饥荒；在非洲，很多国家都发生了暴动，埃及曾因抢购面包而引发冲突、导致数人死亡；在拉丁美洲，因无法控制粮价海地总理已经被迫下台。事实充分证明，对任何一个国家来说，粮食安全都是一个重大问题，不仅是吃饭问题、社会问题，而且是经济问题、政治问题，事关人们的生存、社会的发展，事关国家的安全、政局的稳定。

第二，切实正视维护国家粮食安全面临的难题。党的十六大以来，党中央、国务院高度重视粮食生产，作出了一系列意义重大、影响深远的战略部署，为粮食连续4年丰产丰收提供了坚强保证，目前的全球粮食危机尚未对我国经济社会发展造成破坏性影响。从长远来看，维护国家粮食安全，我们必须正视两个问题。一个是我们的农业生产特别是粮食生产基础还比较脆弱，粮食安全领域还存在许多不确定因素；另一个是中国作为世界第一人口大国，粮食安全问题不仅是全中国的问题，而且是全世界的问题。我们国家有13亿人口，解决粮食问题主要靠我们自己。目前我国是大豆净进口国，每年进口大豆数量超过3000万吨，已接近国内大豆产量的两倍。一旦我们放松粮食生产，使我国再成为小麦、水稻、玉米的净进口国，不但会使13亿人口的吃饭成为空前严重的问题，直接影响我国经济社会的健康发展，而且还会进一步加剧世界粮食市场的动荡，引发国际国内物价的飞涨。当前，解决好粮食问题，我们面临着五大难题：一是尽管连续多年粮食丰收，但当年的粮食产量依然不足以满足当年的粮食需求。从2003年以来，我国粮食的供求矛盾大大缓解，产需缺口从1000多亿斤缩小到2007年的300亿斤以内，但每年仍要进口一批粮食来满足国内的粮食需求。二是随着城镇化、工业化加快推进，耕地的流失必将进一步加大稳定粮食产量的难度，工业特别是食品加工业的快速发展必将进一步增加对粮食的需求。三是政府补贴的力度赶不上农资上涨的幅度，将影响产粮区和广大农民的种粮积极性。近年来我们加大了对种粮农民的综合补贴力度，但相比较而言，物价上涨特别是农资价格上涨偏快，使粮食生产的成本进一步提高。四是农业结构的调整优化、畜牧业的加快发展，也会增大粮食需求的压力。五是粮食流通难以完全实现市场化，使种粮农民增收的空间较小。面对这些问题，我们必须站在战略安全的高度，对农业发展作出全面的战略考虑，采取长期的综合性政策，加大对粮食生产的投入，增加粮食的储备，提高抵御灾害的能力，确保粮食增产和粮食供应。

第三，竭尽全力为保障国家粮食安全做贡献。近年来，河南坚持把粮食生产放在重中之重的位置，认真贯彻落实中央的各项支农惠农政策，粮食生产连续两年稳定在1000亿斤以上，连续4年创历史新高，粮食总产占全国的1/10强。经过全省各方面的努力，2008年夏粮丰收已成定局。面对河南加快发展的需要，面对当前全球性粮食危机，我们一定要保持清醒头脑，增强安全意识，高度重视粮食问题，坚持立足长远、科学谋划、积极应对，稳定提高粮食产量。在政治层面上，要把粮食安全提高到执政安全、战略安全的高度，切实把粮食生产放在突出位置抓紧抓好，一点都不能犹豫，一点都不能马虎，一点都不能动摇；在宏观调控层面上，要限制出口，控制将粮食转化为能源，不断增加对进口粮食的补贴；在财政层面上，要切实增加对种粮农民的直接补贴力度，继续增加粮食直补、良种补贴、农机具购置补贴和农资综合直补，扩大良种补贴范围，提高粮食的最低收购价，给农民稳定的利润预期；在技术层面上，要加大先进生产技术的引进，提高科技含量，并积极介入国际农产品期货市场，确保从国际市场得到一定量的供应；从工作层面上，要摸清国库底数，用好国储粮，稳定国内粮价，同时加强市场监管，减少流通环节，最终让农民从种粮中享受到更多的好处。同时，要做好舆论引导工作，大力宣传粮食生产的大好形势和一系列支农惠农政策，及时让公众了解粮食丰收的讯息，以平衡人们的消费预期，以利于稳定人心、稳定粮价、稳定大局。

"手中有粮，心中不慌"。我们一定要站在党和国家工作的全局高度，站在实现中原崛起的战略高度，深刻认识抓好粮食生产的极端重要性，坚决完成党中央、国务院提出的确保全省全年粮食总产 1000 亿斤的目标，切实履行好作为全国第一农业大省、第一粮食生产大省应负的责任和使命。

三、关于经济社会发展和中原崛起

GUANYU JINGJI SHEHUI FAZHAN

HE ZHONGYUAN JUEQI

加快两大跨越　实现中原崛起*

促进中部地区崛起，是党中央从促进全国区域协调发展、全面建设小康社会的全局和战略高度作出的重大决策。中原崛起与中央促进中部崛起战略部署相统一，与全面建设小康社会相一致，是包括经济、政治、文化和社会建设在内全面发展的综合目标。实现中原崛起，就是要按照科学发展观的要求，经过坚持不懈的努力，基本实现工业化，人均生产总值等主要发展指标赶上或超过全国平均水平，建成惠及全省人民更高水平的小康社会，建成农业先进、工业发达、文化繁荣、环境优美、社会和谐、人民富裕的新河南。实现这一目标，需要分两步走：经过五年努力，经济强省、文化强省、和谐中原建设取得重大进展；再经过近十年努力，实现全面建设小康社会的目标，建成经济强省、文化强省，保持社会和谐，实现中原

---

* 本文节选自作者 2006 年 10 月 23 日在中国共产党河南省第八次代表大会上的报告，发表于 2006 年 10 月 24 日《河南日报》。

崛起。

一、加大改革开放和结构调整、转变经济
增长方式的力度,加快经济大省向
经济强省跨越

实现经济大省向经济强省跨越是一次质的飞跃,不仅要加快经济发展、做大经济规模,而且要加快经济转型、提高发展质量,实现量的扩张与质的提升、大而强与富而美的统一。这就要求我们必须全面贯彻落实科学发展观,不断创新发展模式,更加注重经济结构调整,更加注重转变经济增长方式,更加注重统筹协调发展,更加注重人与自然和谐发展,更加注重科技进步和自主创新,更加注重深化改革开放,推动经济社会发展转入以人为本、全面协调可持续发展的轨道。

(一)坚持走新型工业化道路,努力在转变经济增长方式上取得新突破。新型工业化是建设经济强省的必由之路。走新型工业化道路,必须下大力气推动经济增长方式由粗放型向集约型转变,全面提升区域竞争力。

把调整优化工业结构作为转变经济增长方式最紧迫的任务。坚持以信息化带动工业化,以工业化促进信息化,优先发展电子信息、生物技术和新材料等高新技术产业,积极运用高新技术和先进适用技术改造提升传统产业,培育壮大食品、有色金属、石油和煤化工、汽车及零部件、装备制造、纺织服装等支柱产业,拉长产业链条,支持老

工业基地改造升级和资源型城市发展接续产业，努力把河南建成全国重要的先进制造业基地和原材料工业基地。大力发展建筑业和具有一定技术含量的劳动密集型产业。

把加快基础产业发展和基础设施建设作为转变经济增长方式的重要支撑。加快治淮、治黄工程和其他兴利除害重点水利工程建设，建成南水北调中线工程（河南段）、燕山水库等一批大型水利设施，构建防洪抗旱减灾体系和水资源保障体系。搞好大型煤炭、电力、新能源和可再生能源项目建设，促进能源工业结构优化升级，建成全国重要的能源基地。加快铁路客运专线、公路网络、管道运输、航空运输、内河航运和通讯枢纽等重点工程建设，加快郑州等综合交通枢纽建设，构建交通区位新优势。

把发展服务业作为转变经济增长方式的重要着力点。坚持产业化、社会化、市场化方向，加强现代商贸流通体系建设，改造提升传统服务业，积极发展信息、文化、中介、房地产等现代和新兴服务业，大力发展物流、旅游和金融业，使现代物流业成为优势产业，文化、旅游业成为支柱产业，金融业成为新的经济增长点，显著提高服务业增加值和从业人员比重。改善消费环境，培育消费热点，扩大消费需求。

把集约发展作为转变经济增长方式的重要途径。大力发展集群经济，形成一批配套能力强、聚集效应明显、特色突出、竞争力强的产业集群。大力发展园区经济，提高土地利用率和投资强度，提高国家级和省级开发区、重点产业园区的产业集约化水平。大力发展品牌经济，培育一批具有自主知识产权的名牌产品和核心竞争力强的高成长性企业，推动更多的大型企业集团进入国家 500 强。

（二）坚持走新型城镇化道路，努力在促进城乡区域协调发展上取得新突破。加快城镇化是建设经济强省的重要途径。要适应城镇化发展趋势，走城乡互动、区域协调、体系合理、发展集约、以人为本理念得到充分体现的新型城镇化路子。

实施中心城市带动战略，发挥城市对农村的带动作用。优化城镇空间布局，逐步形成大型中心城市、中小城市、小城镇协调发展的城镇体系。强化产业支撑，增强集聚和辐射带动能力。搞好城镇规划，加强基础设施建设，完善服务功能，增强综合承载能力。坚持依法治市，提高管理水平。促进集约发展，突出特色，提升品位，创建宜居城市和节约型城市。重视城区发展，认真解决存在的矛盾和问题。破除体制障碍，搞好城乡一体化试点，逐步形成以统筹产业发展、基础设施建设、公共服务和社会管理为重点的一体化新格局。

中原城市群是建设经济强省的"柱石"。认真实施中原城市群发展规划，提升郑州全国区域性中心城市地位；把洛阳建成新型工业城市和先进制造业基地；积极推进郑汴一体化，大力培育郑汴洛城市工业走廊等产业带；加大重大基础设施建设力度，着力促进区域功能对接、资源共享、生态共建、环境同治、产业互补、协调发展，增强中原城市群辐射带动能力，不断拓展发展空间，使其成为带动中原崛起的龙头，促进中部崛起的重要增长极。

豫北、豫西、豫西南和黄淮地区是建设经济强省的重要支撑。要在产业政策、生产力布局、重大项目和资金安排等方面加大扶持力度，支持依托重要交通线发展新兴产业带，促进区域内中心城市加快发展。

县域经济是建设经济强省的"基石"。要完善扶持政策，优化发展环境，加强分类指导，促进县市综合经济实力全面增强。鼓励经济实力较强的县市跻身全国百强县市。进一步加大对产粮大县、扶贫开发重点县和经济困难县的支持力度。加强市区和县城建设，促进人口向城镇集中、产业向园区集聚。继续扩大县级经济社会管理权限，激发县域经济发展活力。

（三）坚持把解决"三农"问题作为重中之重，努力在建设社会主义新农村上取得新突破。"三农"问题事关建设经济强省大局。要坚持以工促农、以城带乡和多予少取放活的方针，按照生产发展、生活宽裕、乡风文明、村容整洁、管理民主的要求，立足当前，着眼长远，科学规划，分类指导，深入开展"抓试点、争致富、办实事"活动，充分发挥农民主体作用，扎实推进社会主义新农村建设。

发展经济是建设社会主义新农村的首要任务。要用先进物质条件装备农业，用现代科学技术改造农业，用现代经营形式发展农业，逐步实现农业区域化布局、规模化生产、产业化经营、社会化服务，推进传统农业向现代农业转变。实行最严格的耕地保护制度，加强农业基础设施建设，推动农业科技进步，稳定提高粮食综合生产能力，积极发展特色农产品产业带，加快发展现代畜牧业，健全农产品质量安全标准和安全检验检测体系，继续推进全国重要的优质粮食和优质畜产品生产加工基地建设。大力推进农业产业化经营，加快培育龙头企业，积极推广龙头带基地、公司连农户经营模式，发展各类专业合作经济组织，壮大农民经纪人队伍，提高农民组织化程度。

持续增加农民收入是建设社会主义新农村的基本出发点和根本目的。加快调整农业和农村经济结构，充分挖掘农业内部增收潜力，大力发展农村二、三产业。发展壮大劳务经济，积极开展农村劳动力培训，健全劳务输出服务体系，加强劳务输出基地县建设，打造河南劳务品牌，维护农民工合法权益。鼓励外出务工人员回乡创业，带动农民致富。进一步扩大补贴范围，逐步增加对农民的补贴。继续做好农民负担监督管理工作，防止农民负担反弹。加大扶贫开发力度，因地制宜地推进整村扶贫开发和易地扶贫，加强对革命老区的扶持，减少贫困人口。

解决农民生产生活中最迫切的实际问题，是建设社会主义新农村的切入点。大力发展农村社会事业，实行"两免一补"，全面免除农村义务教育阶段学生学杂费，继续对农村贫困家庭学生免费提供教科书并补助寄宿生生活费，使义务教育阶段的农民子女都能上得起学；健全农村卫生服务网络，全面实行新型农村合作医疗制度，让农民都享有初级卫生保健；完善农村公共文化体系，丰富农民精神文化生活，培养有文化、懂技术、会经营的新型农民。搞好村庄规划，建立多元化的投入机制，加强农村交通、电网、通讯、沼气、安全饮水、流通、生态环境等设施建设，及早实现村村通电、通柏油路、通宽带，村村有连锁农家店。引导和支持农村加快村内道路、给排水、垃圾处理等设施建设。

深化农村改革是建设社会主义新农村的动力源泉。要坚持农村基本经营制度，有条件的地方可按照自愿有偿原则依法流转土地承包经营权，发展适度规模经营。巩固农村税费改革成果，深化以乡镇机构、农村义务教育、县乡财政管理体制为主要内容的农村综合改革。加快征地制度、集体林权、流通体制、金融体制和供销合作社等改革。

（四）坚持可持续发展，努力在建设资源节约型和环境友好型社会上取得新突破。河南人均资源少，能源原材料工业比重大，建设经济强省，必须坚持节约发展、清洁发展，促进经济发展与资源、环境相协调。

大力推进资源节约和综合利用，加快发展循环经济。加强土地、矿产等资源管理和调控，积极推行节约集约用地，继续推进矿产资源整合。加快开发和推广新技术、新工艺、新设备和新能源、可再生能源，积极推进节能节水节材，完善资源回收利用体系，推广工农业废弃物综合利用，逐步形成节约型的生产方式和消费方式。建设鹤壁、义马等循环型城市和一批循环经济示范工程，培育一批循环经济示范性企业和园区，形成一批循环产业链；大力推进城市节能和生活节能，着力建设节约型机关，引导社会循环式消费，形成低投入、低消耗和高效率的经济社会体系。完善促进资源节约、综合利用和循环经济发展的政策、地方法规、资源价格体系及标准体系。

加强生态建设,搞好环境保护。加大污染防治、重点区域流域环境综合整治和重污染行业结构调整力度。全面推行清洁生产,大力发展环保产业。实施生态保护工程,建立生态补偿机制。认真实施主体功能区规划,在重点开发区要注意提升产业层次,优化经济结构;在限制开发区要坚持保护优先、适度开发,积极发展特色产业;在禁止开发区要实行强制性保护,控制人为因素对自然生态的干扰,努力实现人口、经济与资源环境相协调。加强天然林保护和防护林建设,提高森林覆盖率。认真执行产业政策和市场准入标准,优化投资结构,严格禁止新上高污染、低效益、破坏和浪费资源的项目,依法淘汰落后生产能力。通过不懈努力,让人民群众喝上干净水、呼吸到清新空气,为子孙后代留下蓝天绿地、青山碧水。

(五)坚持实施自主创新跨越发展战略,努力在建设创新型河南上取得新突破。自主创新是建设经济强省的不竭动力。要把自主创新浓墨重彩地写在中原崛起的旗帜上,着力建设创新型河南。

建设创新型河南,重点是科技,主体是企业,关键是人才。坚持自主创新、重点跨越、支撑发展、引领未来的方针,鼓励原始创新,突出抓好集成创新和引进消化吸收再创新,逐步形成以自主创新为主动力的增长机制。加大科技创新力度,不断增加科技投入,实施高新技术产业重大专项工程,积极研发对经济增长有重大带动作用、具有自主知识产权的核心技术和共性技术，大力开发市场占有率高、经济效益好的高新技术产品，以自主创新提升产业技术水平。加强区域创新体系和科技基础条件平台建设，整合科技资源，推动产学研结合，发展风险投资，保护知识产权，加快科技成果转化。积极培育创新型企业，鼓励有条件的企业建立研发机构，支持大中型企业建立工程技术研究中心、研究所或重点实验室，促使企业成为研究开发投入、技术创新活动和创新成果应用的主体，提高技术创新能力。坚持人才强省，尊重劳动、尊重知识、尊重人才、尊重创造，加强创新型人才队伍建设，培养造就一支能干事、会干事、干成事的党政人才队伍，一批一流的科技文化领军人物，一批具有现代经营管理思想、国际化视野和富有创新精神的企业家，一批社会急需的专业化高技能人才，打造"中原人才高地"，把各方面的人才集聚到实现中原崛起的伟大实践中来。

（六）坚持深化改革开放，努力在完善落实科学发展观的体制保障和发展开放型经济上取得新突破。坚持社会主义市场经济的方向，创新体制机制，实施开放带动主战略，务求在重要领域和关键环节取得重大进展。

着力推进行政管理体制改革。加快推进政企、政资、政事、政府与中介组织分开，强化政府社会管理和公共服务职能，全面推行依法行政，提高政府的执行力和公信力，建立法治政府、服务政府、责任政府和效能政府，切实做到有权必有责、用权受监督、违法要追究。深化行政审批制度改革，积极建设电子政务，努力提高行政效率。

健全科学民主决策机制，推进政务公开，保障人民群众的知情权、参与权和监督权。

全面深化各项改革。毫不动摇地巩固和发展公有制经济，积极引进战略投资者和社会资本，加快国有大中型企业规范的股份制改造，建立现代企业制度，完善公司法人治理结构；采取多种形式放开搞活国有中小企业。毫不动摇地鼓励、支持和引导非公有制经济发展，坚持政治上放心、政策上放开、发展上放手，改善投资环境，加强服务、引导和管理，促进非公有制经济快速健康发展，显著提高非公有制经济在全省生产总值中的比重。加快推进国有资产监管、投资、财税、就业、社会保障、收入分配等体制改革。改善金融生态环境，大力发展和利用资本市场，扩大股票、债券、信托等直接融资规模，支持保险业、郑州商品交易所加快发展。支持农村信用社、地方商业银行等金融机构改革发展。积极培育劳动力、技术、土地、产权、信息等要素市场，完善商品市场体系，健全价格形成机制，促进资源要素合理配置。

以加大招商引资力度为突破口，努力破解经济外向度低这一难题。紧紧抓住国际国内产业转移的机遇，多形式、多渠道引进境外资本和沿海资本，努力实现利用外资规模和质量的重大突破。大力引进先进技术、管理经验和高素质人才，提高参与国际合作与竞争的能力。转变对外贸易增长方式，扩大出口规模，提高出口效益。加强关键设备和短缺资源进口。鼓励有实力的企业进行对外直接投资和跨国经营。

二、大力发展科学教育文化事业,加快文化资源大省向文化强省跨越

当今时代,文化与经济、政治相互交融,日益成为推动经济社会发展的重要力量。河南科教基础较好,文化资源丰富,文化产业发展势头强劲,建设文化强省条件得天独厚,必须树立新的文化发展观,把文化建设作为满足人民群众精神文化生活需要和增强软实力、提高竞争力的重要途径,作为实现中原崛起的战略任务,加快文化资源大省向文化强省跨越。

(一)深入开展科学理论学习研究宣传,在理论武装和舆论引导上取得新进展。坚持用马克思列宁主义、毛泽东思想、邓小平理论和"三个代表"重要思想武装党员、教育群众,巩固全省人民团结奋斗的共同思想基础,努力形成社会主义核心价值体系。全面深化理论武装工作,突出抓好科学发展观和构建社会主义和谐社会等重大战略思想的学习研究宣传,继续抓好党的基本理论、基本路线、基本纲领、基本经验的学习教育。认真组织好《江泽民文选》的学习。加强和改进各级党委中心组的理论学习,提高党员干部特别是县处级以上领导干部的思想理论水平。实施马克思主义理论研究和建设工程,加强应用对策研究和重点社科研究基地建设。普及科学理论,着力回答人民群众关心的重大理论和实际问题。

坚持团结稳定鼓劲、正面宣传为主,组织好重大主题

宣传活动，大力宣传贯彻落实科学发展观的新进展，宣传经济社会建设的新成就，宣传河南日新月异、正在崛起的新形象。加强和改进舆论监督，提高监督水平。健全和完善重大突发事件新闻报道机制，搞好热点引导。

（二）深入开展社会主义荣辱观教育，在提高公民思想道德素质上取得新进展。以社会主义荣辱观教育为核心，加强思想道德建设，深入开展知荣辱、讲正气、树新风、促和谐活动，用社会主义荣辱观引领社会风尚。深化道德规范进万家、诚实守信万人行活动，推动社会公德、职业道德、家庭美德建设取得新成效。加强和改进未成年人思想道德建设，抓好大学生思想政治教育。在全省未成年人和大学生中开展伦理、心理、生理知识教育。拓展文明城市、文明景区"双创"工作，广泛开展文明行业、文明单位和文明村、文明户创建活动，推进家庭和美、邻里和睦、人际和谐"三和行动"，提高城乡文明程度。

不断增强加快中原崛起的精神动力，大力弘扬民族精神和时代精神，大力弘扬愚公移山精神、焦裕禄精神、红旗渠精神，大力弘扬河南人民朴实正直、自强不息、团结友善、求真务实、开放创新的优秀品质。树立和宣传一批在中原崛起主战场涌现出来的先进典型。深入开展爱国主义、集体主义、社会主义教育，改革开放和现代化建设成就教育，深入开展形势政策教育。加强和改进思想政治工作，推动思想政治工作向新的社会群体、进城务工人员、下岗失业人员和城乡困难群体拓展。

（三）加大教育和科学事业发展力度，在提高公民科学文化素质上取得新进展。要全面实施科教兴豫战略，大力发展教育科学事业，为加快中原崛起提供强大智力支持。优先发展教育事业，全面实施素质教育，促进城乡区域教育均衡发展，推动各级各类教育协调发展，办好让人民群众满意的教育。强化政府对义务教育的保障责任，依法加大教育投入，新增教育投入主要用于农村。巩固提高九年义务教育。积极发展普通高中教育。大力发展职业教育，构建多层次、多形式、多领域的现代职业教育体系。坚持规模、结构、质量、效益相协调，推进高水平大学和重点学科建设。加快发展民办教育和现代远程教育。发展继续教育，构建终身教育体系，建设学习型社会。继续深化办学体制、管理体制和教学体制等改革。采取有力措施提高教师队伍素质。

积极发展科学事业。认真贯彻落实中长期科学和技术发展规划纲要，加快科学基础设施和科研人才队伍建设。支持自然科学基础研究，加强科技交流与合作。坚持哲学社会科学和自然科学并重，充分发挥哲学社会科学在经济社会发展中的重要作用。切实落实全民科学素质行动计划纲要，弘扬科学精神，普及科学知识，树立科学观念，提倡科学方法，坚决反对迷信和伪科学。

（四）加快发展文化事业和文化产业，在满足人民群众的精神文化需求上取得新进展。文化事业和文化产业是建设文化强省的重要支柱。要抓好文化创新能力建设，全面推进体制创新、艺术创新和运营方式创新，加大优势文化资源开发力度，不断解放和发展文化生产力，实现全省先进文化的大发展。

加大政府对公益性文化事业的扶持力度，完善公共文化体系，基本实现市、县有群众艺术馆、文化馆、图书馆，乡镇有文化服务中心，村村有文化活动室的目标。实施文化精品工程，繁荣发展文学艺术、广播影视、新闻出版事业。推进文化资源、文化服务和广播影视、新闻出版数字化进程，推进广播电视"村村通"。深入开展创建文化先进县、先进文化进基层、文化科技卫生三下乡等活动。规划建设好省体育中心二期工程、省广播电视发射塔、河南中国文字博物馆等标志性文化设施。抓好世界文化遗产、重点文物、珍贵档案和非物质文化遗产的保护和管理。积极开展对外文化交流。坚持走规模化、集约化发展之路，加快发展主导文化产业、新兴文化产业和社会文化产业，着力打造一批有核心竞争力的大型文化企业和企业集团，培育一批文化知名品牌，建设一批文化产业基地和特色文化产业园区。推动文化产业科技进步，提高文化产品和服务的现代化水平。

（五）不断深化文化体制改革，在体制机制创新上取得新进展。适应新形势下社会主义文化建设的特点和规律，进一步革除制约文化发展的体制性障碍。大力推进文化事业单位改革，加大经营性文化单位转企改制力度，促进文化事业单位经营业务与主业剥离，深化内部三项制度改革，增强发展活力，提高服务水平。加快文化企业改革，培育壮大市场主体。全面落实改革配套政策和文化经济政策，积极吸引社会资本进入政策许可的文化产业领域，形成以公有制为主体、多种所有制共同发展的文化产业格局。深化文化管理体制改革，推动政府由办文化向管文化、由管微观向管宏观转变。深化文化流通体制改革，建立统一开放竞争有序的文化市场体系。搞好文化体制改革试点工作。加强文化市场监管，净化文化市场。

文化凝结历史，文化连接未来。伴随着文化资源大省向文化强省的跨越，源远流长、博大精深的中原文化，必将绽放出更加绚丽的光彩，为中原崛起提供强大动力，为中华文明做出新的贡献。

科学发展：
中部崛起的机遇与挑战[*]

近年来，中部地区全面贯彻落实科学发展观，紧紧抓住中央实施促进中部地区崛起战略机遇，真抓实干，开拓进取，"三基地一枢纽"建设成效明显，经济社会发展迈出新步伐。GDP 增速赶上全国水平，占全国的比重稳中有升；经济效益明显好转，生态环境日益改善；居民收入增速超出全国平均水平，科技、教育、卫生等社会事业全面发展，人民群众得到了更多实实在在的好处。河南同中部兄弟省份一样，认真贯彻落实中央要求，采取有力措施推动科学发展，加快了经济大省向经济强省、文化资源大省向文化强省的跨越。最近 4 年，生产总值从 8800 多亿元增长到 1.5 万多亿元，人均生产总值也先后突破 1000美元和 2000 美元大关，实现翻番。工业增加值和规模以

＊ 本文节选自作者 2008 年 4 月 25 日在中部论坛武汉会议上的发言，发表于 2008年 4 月 26 日《河南日报》。

上工业利润分别达到 7508 亿元、1960 亿元，分别翻了一番多和两番多。粮食产量连创新高，达到 1049 亿斤，占全国的 1/10 强。基础设施明显改观，高速公路通车里程达到 4556 公里。文化建设空前加强，文化产业增加值翻了两番多。生态环境逐步好转，所有市县全部建成污水处理厂和垃圾处理场，水环境质量达到近 10 年来最好水平。民生问题得到较大改善，连续 3 年累计投资 540 多亿元为人民群众办好"十大实事"。实践证明，中央实施促进中部地区崛起战略的决策部署是完全正确的，中部地区推进科学发展、加快崛起的实践也是富有成效的。

一

当前，无论从国际国内发展环境还是中部地区自身发展现状看，中部崛起正处在一个非常重要的战略机遇期，主要表现为"七大效应"。

一是科学发展观的导航效应更加有力。科学发展观解决了新时期"发展是什么，什么样的发展是科学发展，怎样才能实现科学发展"的根本问题，是我国经济社会发展的重要指导方针，在全国上下已深入人心，正在转化为人民群众的自觉行动和推动发展的强大物质力量，为中部地区实现又好又快发展指明了前进方向，提供了根本保障。

二是技术的溢出效应空前增强。当前世界新科技革命日新月异，创新周期大大缩短，各种新技术、新发明、新工艺等新创造层出不穷，为中部地区通过自主创新营造后发优势、实现跨越发展创造了有利条件。2003 年以来，正是在国际国内技术溢出效应、行业企业技术溢出效应的共同作用下，河南高新技术产业蓬勃发展，增加值年均增长 23%，高于同期工业增长速度 6 个百分点以上。

三是政策的支持效应日益凸显。近年来国家先后出台了一系列促进中部崛起的政策，包括重大项目布局的安排、比照振兴东北和西部大开发的政策实施，促进中部地区崛起部际联席会议制度的建立，以及有望今年编制实施的促进中部崛起规划，政策措施一项比一项有力，为中部发展注入了强大动力。如我们利用中央加强中部交通建设的政策，与交通部、铁道部开展部省合作，先后投资建设了高速公路、高速铁路客运专线等一批重大工程，初步建成了中原交通大通道。今后随着政策的逐步到位，必将拓展更大的发展空间，营造更大的发展优势。

四是改革的示范效应不断放大。中央先后开展了成渝城乡一体化试点，江苏、江西、四川等深入学习实践科学发展观活动试点以及武汉城市圈、长株潭城市群"两型社会"试验区，这将为探索出具有中国特色、中部特点的科学发展的体制机制提供实践经验，为激发中部整体创造活力，释放制度创新的巨大能量提供现实途径。

五是合作的共振效应正在聚集。中部各省省情相似，人文相近，同时又各具特色，各有优势，共通共融领域广，互补互惠潜力大，在资源配置、产业整合、人文开发、交通共连、市场相通等方面已经形成了一些整体合力，合作共赢、协同发展所释放出的倍增效应正在显现。如正在举办的中部博览会已成为中部地区招商引资和经贸合作的重要平台，展示形象和魅力的重要窗口。又如中部各省开展的旅游合作，正在形成综合优势，打造强势品牌，推动旅游业成为中部经济社会发展的一大亮点。

六是产业转移的梯度效应日趋明显。目前，世界发达国家和地区产业向中国转移、沿海地区产业向内地转移步伐加快，中部地区具有交通便利、市场广阔、能源充沛、劳动力充足、商务成本低等多重组合优势，承载和辐射空间巨大，正在成为承接两大产业转移的"桥头堡"。中国社科院的研究成果显示，2006 年全国最具跨国公司投资潜力的 20 个城市中，中部就占了 12 个。最近 4 年河南实际利用外商直接投资增长了 2.5 倍，引进省外资金 3400亿元，就是梯度效应在承接外资转移中发挥的独特作用。

七是自身的能动效应愈发强劲。中部各省近年来立足自身实际，主动在大格局中谋篇定位，探索出了各具特色的崛起之路，经济增长的内生机制已经形成并逐步强化，为中部又好又快发展打下了坚实基础。比如，山西以新能源基地建设促产业升级、安徽以打造自主品牌提升创新能力、江西以招商引资发展外向型经济、湖北以光电子信息产业为主大力发展高新技术产业、湖南以"三基"建设增强长远发展后劲以及我省加快"两大跨越"、推进"两大建设"，实现中原崛起等决策部署，都有力地推动了经济社会的大发展。

二

在看到积极因素和有利条件的同时，我们也清醒地认识到，前进的道路上，还存在着可以预见或难以预见的困难和问题，面临着严峻的挑战和风险，主要表现在六个方面。

一是推进农业发展由大到强障碍重重。中部地区是全国重要的粮食生产区，近几年农业生产形势喜人，但与现代农业发展的要求相比，与发达地区相比，农业现代化水平还比较低。究其原因，发展中还存在着思想、素质、制度、政策、融资等诸多障碍，集中体现在小农意识强、基础设施弱、科技水平低、配套改革不到位、资金投入少，直接制约着农业现代化进程。比如，近年来支农惠农政策虽力度加大，但仅仅是"补"农还不足以"强"农，还没有形成支撑农业发展的强大动力。又如，农村资金外流严重，造成农业投入严重不足。据统计，2007 年河南农村仅通过四大国有银行县域分支机构上存和邮政储蓄银行流失的资金就达 2000 亿元以上，是 2007 年农林牧渔业固定资产投资的近 15 倍。制约因素的大量存在，使得农业由大变强困难重重。

二是推进产业升级由低到高任务艰巨。中部的工业化总的看还处于初中期阶段，水平还比较低，集中反映在第二、第三产业发展特别是第三产业发展严重滞后；能源原材料产业所占比重大，高新技术产业和先进制造业发展严重不足。就河南而言，2007 年全省服务业增加值占生产总值的比重为 29.3%，比全国平均水平低 10 个百分点。能源原材料工业增加值占全省工业增加值 60%，规模以上高新技术产业占全省规模以上工业企业增加值比重仅有 18.8%。在当今由制造向创造转变的新形势下，这样的产业层次不仅难以适应竞争的需要，而且直接影响到经济的可持续发展。

三是推进城乡发展由分到统道路坎坷。中部地区农村人口占全国的 1/3，城镇化水平比全国约低 7 个百分点，农业劳动力比重高于全国平均水平 4.7 个百分点，城乡二元结构矛盾尤为突出。破解这一矛盾，既需要庞大的投入推进农村基础设施、公共服务等各项建设，又需要加快工业化、城镇化进程促进农村富余劳动力转移，更需要创新社会管理等体制机制，头绪繁多，道路坎坷。以实现基本公共服务均等化为例，据测算，河南农村的基础设施和教育、卫生、医疗等社会事业要赶上城市的水平至少需要 40 年。从转移劳动力看，河南农村富余劳动力达 3600 多万人，尽管我们通过发展劳务经济，已经转移了 1900 多万人，但还有 1700 万人左右需要转移。即使不考虑农村新增劳动力因素，按照最近 5 年城镇化率年均提高 1.7 个百分点，把这 1700 万人转出去至少还得 10 年。由此可见，统筹城乡发展，实现共同繁荣任重道远。

四是占领国际国内两个市场步履维艰。市场有多大，发展的空间就有多大。中部地区改革开放起步相对较晚、开放意识不强和开放程度不高，产业层次较低、产品附加值较低，这样的现状导致了我们市场开拓能力不强、市场占有率低。2006年中部地区经济外向度仅为9.7%，比全国水平低近50个百分点。面对全球经济一体化浪潮的巨大冲击，面对发达地区"先入为主"的先发优势，面对竞争产品品牌化、技术高端化、手段综合化的新态势，面对国际贸易保护主义的抬头，市场竞争越来越激烈，实施新的突围，抢占新的市场就会越来越艰难。

五是缓解建设用地供需矛盾难上加难。中部地区目前正处在工业化、城镇化快速推进阶段，在今后相当一段时期内将处于建设用地高峰，而作为国家粮食主产区，基本农田保护面积大、建设用地预留空间少，供需矛盾日益突出。从河南情况看，"十一五"期间每年需要建设用地大约在40多万亩，而在可预见的未来国家每年下达河南的农转地指标大约12万亩，仅能满足我省实际建设用地需求的1/4左右，供需缺口巨大。我们尽管千方百计盘活存量、用好增量，积极探索集约化利用土地、提高土地利用效率的途径，但在国家严把土地供应闸门的形势下，满足工业化、城镇化用地需求难度加大。

六是完成节能减排目标形势严峻。中部地区高耗能产业比重大、资源消耗总量大、污染物排放量大问题比较突出，如何完成国家节能减排目标、实现可持续发展难度很大。总的看，中部地区以能源资源型为主的产业结构短期内难以改变，随着经济规模的不断扩大，能源资源消耗和污染物排放还会刚性增加。从河南看，2006年、2007年单位GDP能耗仅下降2.98%、3.8%，要完成"十一五"

单位 GDP 能耗下降 20% 的指标，需要在后 3 年平均每年下降 5.1%；同时在节能减排资金筹措、机制完善、监管执法方面还存在诸多难题，完成节能减排目标形势十分严峻。

三

科学发展是康庄大道不是羊肠小道，是万里长征不是百米赛跑，是千姿百态不是千篇一律。面对前所未有的机遇和挑战，推进中部地区科学发展，必须走符合时代发展特征、具有中部区域特色同时又具有各自省情特点的、宽广的、永续的科学发展之路。对河南而言，就是以科学发展观为统领，切实转变发展方式，大力调整产业结构，深化改革开放，坚持自主创新，努力走出一条不以牺牲农业和环境为代价的新型工业化、城镇化和农业现代化道路，重点抓好以下七个方面的工作。

一是突出粮食生产，巩固提高农业基础地位。农业是国民经济的基础，关系国计民生和社会稳定，坚持不懈地抓好农业特别是粮食生产既是我们义不容辞的责任，也是我们的优势所在。实行最严格的耕地保护制度，落实各项支农惠农政策，加强农业基础设施建设，强化科技兴农措施，力争粮食产量稳定在 1000 亿斤左右。加大农业产业结构调整，深化农村改革，加快农业产业化经营，大力推进农业现代化。

二是突出转移农村富余劳动力，化人口压力为发展动力。河南人口多特别是农村人口多，只有加快农村富余劳动力转移才能为农业的规模化、集约化和现代化创造条件，为工业化、城镇化增添力量。加强职业培训，大力发展劳务经济，架起一座由农村走向城市、由农民转向市民、由农业走向工业、服务业的桥梁。在加快新农村建设和城镇化发展过程中，推进城乡统一户籍制度改革，积极探索多种实现土地收益权的有效形式，为促进务工农民稳定有序地转移提供制度保障。

三是突出发展高新技术产业，大力促进产业优化升级。高新技术产业是形成区域核心竞争力的主要载体，是实现中原崛起的先导力量。大力发展高新技术产业，要以引进消化吸收再创新为重点，以优势产业、优势企业为依托，以改造提升传统产业为基础，以先进制造业和现代服务业的融合发展为方向，努力在电子信息、生物、新材料等领域占有一席之地，打造现代产业体系。

四是突出中原城市群发展和县域经济振兴，实现区域协调发展。中原城市群和县域经济是中原崛起的柱石和基石，只有柱石支撑更有力、基石铺垫更牢固，相得益彰、各展其长，中原崛起的步伐才会更快更稳健。加快中原城市群发展，主要是以科学规划为保障，以大郑州建设为重点，以打造郑汴洛工业走廊为突破，大力发展第二、第三产业，使其成为中原崛起的龙头。推进县域经济振兴，主要是以工业经济为主导，以农业产业化为载体，突出发展民营经济，加快城乡一体化步伐，使其成为中原崛起的重要基石。

　　五是突出发展循环经济，加强生态环境建设。河南的生态环境压力主要来自粗放式的工业生产，发展循环经济对于实现节能减排、促进环境保护具有决定性的意义。要按照"引导循环、能够循环、畅通循环"的基本思路，加大规划和政策引导，建立促进循环经济的技术支持体系，发挥循环经济试点区域和示范园区的带动作用，使应该循环的都主动循环起来，能够循环的都可以循环起来，想要循环的都顺利循环起来。

　　六是突出培育中小企业，推进全民创业。中小企业具有门槛低、起步易、机制活、就业容量大等显著特点，是区域发展的经济"植被"，是激发民力、增强活力的最佳载体，是推动全民创业、实现人力资源向人力资本转化的有效途径。培育中小企业，关键是要营造良好的环境，多给一些鼓励支持的阳光，多给一些自由宽松的空气，多给一些优惠政策的雨露，多给一些茁壮成长的养分。

　　七是突出解决"三就两保"，着力改善民生。就业、就学、就医、社会保障和住房保障"三就两保"问题，是当前城乡居民最关心、最直接、最现实的切身利益问题。解决得快慢、解决得好坏，既是检验我们改革发展成果是否真正普惠于民的显著标志，更是凝聚人心、聚集民力推进崛起的根本大计。要通过不断加大投入力度，建立目标责任制，建立为人民群众办实事办好事的长效机制等有效措施，逐步实现学有所教、劳有所得、病有所医、老有所养、住有所居。

四

中部崛起既需要各省自力更生、奋发图强，又需要彼此之间加强合作、共谋发展，同时也离不开国家的指导和支持。

第一，国家应支持中部地区全面提升"三基地一枢纽"层次和水平。建设"三基地一枢纽"是国家对中部发展提出的要求。目前虽初见成效，但差距甚大。建议国家在编制主体功能区规划时，尽可能地将中部地区更多的区域列入重点开发区，并在开展城乡建设用地挂钩试点改革和建设用地指标上给予倾斜。在重大项目布局上充分考虑"三基地一枢纽"建设的需要，尤其是要在农业产业化，能源建设，资源的精深加工，高新技术产业和现代装备制造业发展，综合交通运输枢纽工程和重大物流项目等布局上给予优先考虑。

第二，国家应支持中部地区加大改革创新力度。改革创新是增强区域发展活力、加快中部崛起的根本出路。希望国家在中部设立转变经济发展方式先行示范区，为推动全国发展方式转变积累经验、探索新路。加大对金融创新支持力度，设立中部产业投资基金；支持发展风险投资和私募股权投资基金；扩大村镇银行试点，大力培育多种形式的小额信贷组织，帮助拓宽融资渠道、壮大发展资本。

第三，完善中部地区交流合作机制。可以探索建立省长联席会议制度和部门衔接落实制度，就信息交流共享、基础设施建设、区域市场体系对接等一些重大区域战略合作事宜进行沟通协商和督导落实。积极搭建平台，开展多层次、多领域合作交流。

　　中部六省既是友好近邻，又是战略伙伴，肩负着崛起的共同使命。当前，中部地区迈入了继往开来的新时期，我们相信，中部论坛的举办必将对全面贯彻党的十七大精神、深入实施中央促进中部崛起的战略部署、推动中部各省合作和发展起到巨大的推动作用。我们坚信，在以胡锦涛同志为总书记的党中央的坚强领导下，中部各省携手共进、和衷共济，一定能够共创科学发展新局面，共谱中部崛起新篇章！

用科学发展观统领中原崛起[*]

——中原崛起的策略思考之一

实现中原崛起是河南贯彻落实党的十六大精神、全面建设小康社会提出的奋斗目标，就是要在优化结构和提高效益的基础上，确保人均生产总值到 2020 年比 2000 年翻两番以上，达到 3000 美元，使人民物质文化生活和健康水平不断有明显提高。这一目标是社会主义经济、政治、文化、社会全面发展的目标，符合中央促进中部地区崛起的战略部署，体现了全省人民的根本利益，反映了河南人民的共同愿望。实现中原崛起，必须坚持以科学发展观统领经济社会发展全局，坚定不移地坚持科学发展，坚定不移地坚持宏观调控，坚定不移地坚持改革创新，坚定不移地坚持以人为本，促进经济社会全面发展和人的全面发展，促进社会主义物质文明、政治文明、精神文明协调发展，促进人与自然相和谐。

---

* 本文发表于 2005 年 3 月 2 日《经济日报》。

一、坚持城乡协调发展，加快工业化、城镇化，推进农业现代化

　　河南农业比重大，农村人口多，全面建设小康社会、实现中原崛起重点和难点都在农村。要从根本上解决"三农"问题，推进中原崛起，就必须统筹城乡发展，把工业化、城镇化、农业现代化有机统一起来，做到以工促农、以城带乡，实现城乡互动、协调发展。

　　推进工业化进程，重点是运用高新技术和先进适用技术改造提升传统产业，大力发展高新技术产业，做大做强优势产业，积极发展服务业。河南正处于工业化加速发展时期，我们按照围绕市场、创新制度、练好内功、做强做大的思路，抓住世界性产业转移由我国沿海发达地区向中西部延伸、东部一些产业加快向内地转移的难得机遇，大力调整工业结构，加快先进制造业、煤化工和石油化工等六大基地建设；认真贯彻国家宏观调控政策，大力发展符合国家产业政策、有市场、有效益的行业、企业和产品。充分利用区位和交通优势，改造提升传统服务业，加快发展现代商贸业、现代物流业和旅游产业。全省工业持续快速增长，2004年工业增加值达3862亿元，增长17%；规模以上工业企业综合效益指数提高17.4%，实现利润增长36%；全省二、三产业增加值占生产总值的比重由1989年的66%提高到81.3%，经济结构发生了根本性变化。

城镇化是统筹城乡发展的重要途径。我们坚持大型中心城市、中小城市和小城镇三头并举的方针,推进城镇化进程。大力实施中心城市带动战略,强化中心城市的产业支撑,增强聚集、辐射、带动能力;加快以郑州为中心的中原城市群建设,构筑中原城市群经济隆起带,着力建设大郑州,使其在中原崛起中发挥龙头带动作用。重点扶持26 个县(市、区)和 123 个镇,加快小城镇发展步伐。县域经济是经济社会发展的基础,我们积极支持引导各县市从自身实际出发,发展有一定技术含量的劳动密集型经济,培育各具特色的支柱产业,形成具有比较优势的特色经济和产业集群,并对 35 个县(市)不同程度地赋予省辖市的部分管理权限,县域经济发展活力明显增强。2002年、2003 年连续两年全省城镇化率提高 1.4 个百分点,2004 年又提高 1.7 个百分点,成为改革开放以来提高最快的时期。

推进农业现代化,必须坚持把解决好"三农"问题作为各项工作的重中之重,把增加农民收入作为农业和农村工作的中心任务,用发展工业的理念发展农业,促进农业增产、农民增收和农村发展。河南粮食产量占全国的近1/10,小麦产量约占 1/4,有责任、有义务毫不放松地抓好粮食生产,为国家粮食安全作贡献。实行最严格的耕地保护制度,稳定粮食种植面积;通过农村税费改革、减征免征农业税和对种粮农民直接补贴等措施,调动农民种粮积极性。1998 年起粮食总产量连续 5 年保持在 4000 万吨以上,2004 年粮食总产量再创历史新高,小麦增产占全国增产量的近40%。同时，用工业的思维、工业的方法发展农业，加快农业产业化步伐。以市场为导向调整农业结构，大力发展优质农产品、特色农产品和高效经济作物，加快优质专用小麦生产和优质畜产品生产加工基地建设，优质专用小麦面积已占麦播总面积的36%，畜牧业产值占第一产业的39%。大力发展农产品精深加工和综合利用，拉长产业链条，提高农产品附加值，全省粮食和肉类年加工能力分别达2700万吨和230万吨，小麦年加工量连续7年位居全国首位，速冻食品国内市场占有率超过60%。把发展劳务经济作为解决"三农"问题的战略性举措，实行自由外出与有组织输出相结合、提高就业技能与树立良好形象相结合、加强管理与强化服务相结合，加快农村富余劳动力转移。2004年外出务工农民达1411万人，务工收入达613亿元。

二、坚持经济社会全面发展，推进各项社会事业不断进步

实现中原崛起必须推动经济社会全面发展。经济发展是社会发展的前提和基础，也是社会发展的根本保证；社会发展是经济发展的目的，也为经济发展提供精神动力、智力支持和必要条件。我们在加快经济发展的同时，大力发展各项社会事业，努力实现经济社会协调发展。坚持实施科教兴豫战略和人才强省战略，抓住国家实施高校扩招的机遇，扩大高等教育规模，优化布局和结构，提高办学

水平，全省普通高等院校发展到 82 所，普通高校在校生由 1999 年的 14.6 万人增加到 70 万人。大力普及"两基"教育，连续 9 年全省小学和初中适龄人口入学率高于全国平均水平；大力发展高中阶段教育、职业教育和成人教育，全省中等职业学校校数、招生数和在校生数均居全国第一。不断加大科技投入，加快科技创新体系和科技基础设施建设，企业正逐步成为技术创新和产业化的主体，科技进步对经济增长的贡献率达 43%。高度重视发展公共卫生事业，建立和完善疾病预防控制体系和医疗救治体系，城乡居民健康水平不断提高。大力改善农村医疗卫生条件，连续 3 年投资改造乡镇中心卫生院 600 所；在 25 个县市推行新型农村合作医疗试点，参合农民达 1158 万人。广泛开展全民健身活动，提高竞技体育水平，2004 年我省运动员获雅典奥运会金牌 3 枚、残奥会金牌 7 枚。

大力发展文化事业和文化产业，努力建设文化强省。河南文化资源丰富，文化底蕴深厚，人文景观众多，中国八大古都中有 4 个在河南。我们加大对公益文化事业的投入，加强基层公益文化设施建设，实施了一大批重大文化设施建设项目。大力组织实施"五个一工程"和"郑汴洛文艺精品工程"，推出了一批精品力作，7 次获得全国"五个一工程"组织奖。高度重视文化产业的开发和利用，下大力气建立公共服务、市场运营、政府监管三个体系，既注重发挥文化的教育、娱乐功能，又注重发挥其产业功能，把它作为经济发展新的增长点来经营，努力把河南建设成为文化产业大省，推进文化大省向文化强省的跨越。

三、坚持以人为本，把发展的成效落实
到人民群众得到更多实惠上

坚持以人为本是贯彻"三个代表"重要思想，坚持立党为公、执政为民的本质要求，也是科学发展观的本质和核心。实现中原崛起，必须坚持以人为本，以实现人的全面发展为目标，切实做好关心群众生产生活的各项工作，努力创造良好的社会秩序，让发展的成果惠及全体人民。

把提高人民生活水平作为一切工作的根本出发点，千方百计增加群众收入，城乡居民收入水平逐年提高。2004年全省城镇居民人均可支配收入比上年增长11.2%，农村居民人均纯收入比上年增长14.2%，8年来首次实现两位数增长。就业是民生之本。河南农村富余劳动力多，城镇每年新增就业人口多，扩大就业始终是一项重大而紧迫的工作。我们坚持在发展中解决就业问题，努力拓宽就业渠道，2004年全省城镇新增就业人员107.85万人，下岗失业人员再就业58.36万人，其中"4050"人员17.23万人；大专院校毕业生就业率88.8%。加快社会保障体系建设，推进三条保障线衔接，实现了"两个确保"和城市低保应保尽保。投入1.5亿元对118.6万农村特困人口实施救助，初步建立了城乡救助体系。高度重视涉及群众的切身利益和实际困难的问题，大力加强农村道路建设，

实施农村安全饮水工程；重视解决灾区群众生活困难问题，确保了农村贫困人口有饭吃、有衣穿、有房住、有病能治疗，儿童不因家庭困难而失学；加大扶贫开发力度，2004 年又有 100 万农村贫困人口脱贫和解决温饱。

创造良好的社会秩序，让人民群众安居乐业，是实现中原崛起的重要保证。我们以争创全国综治先进省为载体，严格落实领导责任制，推动维护稳定各项措施的落实，努力创造和谐稳定的社会环境和公正高效的法治环境。大力开展矛盾纠纷排查调处活动，有效化解和缓解了大量人民内部矛盾和纠纷。深入开展严打斗争，加强社会治安防控体系建设，命案侦破综合成绩居全国前列，严重刑事犯罪案件明显减少，群众安全感增强。把人民群众的生命安全放在第一位，努力提高安全生产水平。目前全省社会治安大局平稳，社会秩序良好。

现在河南的发展正处在一个新的历史起点。2004 年全省生产总值达到 8815 亿元，人均生产总值突破 1000 美元，全省总财力超过 800 亿元，社会消费品零售总额增长 15.7%，各项社会事业全面发展，社会主义精神文明建设、民主法制建设和党的建设得到加强，发展跃上了一个新的战略起点。本世纪头 20 年，是一个必须紧紧抓住并且可以大有作为的重要战略机遇期。世界经济继续快速增长，高新科技迅猛发展；国家实施促进中部地区崛起的战略部署，中央继续加强和改善宏观调控、加强"三农"等薄弱环节，全国新一轮经济整合带来的产业转移正在加快；经过多年的发展，综合实力进一步增强，经济自主增长机制逐步形成，特别是全省人民加快发展、实现中原崛起的热情空前高涨，这些都为河南发展提供了难得的历史机遇和有利条件。我们要坚持以科学发展观为统领，以新观念、新姿态、新举措，抓住机遇、乘势而上，加快实现中原崛起的伟大进程。

实现中原崛起需要长期的艰苦奋斗。最近三到五年，关键是做到"八个一"，为实现中原崛起创造条件，夯实基础。要形成一个科学的发展思路来引导，以科学发展观为指导，在实现中原崛起的大局下来思考、来谋划、来行动，使我们的决策部署更加符合河南实际，更加体现河南人民的利益，进而取得更加实实在在的效果，实现全面协调可持续发展；要建设一批大的产业基地作基础，改造提升传统产业，大力发展高新技术产业，做大做强优势产业，推动企业集聚，形成产业集群，建成一批在国内外有重要影响和较强竞争力的产业基地，奠定中原崛起的产业基础；要培育一批大的企业集团来带动，通过改组改造和机制创新壮大优势企业，通过开发具有自主知识产权的核心技术和特色产品提高企业的核心竞争力，通过运用科学的管理理念和管理方法提高企业素质，形成一批有实力、有名气、有品牌、竞争力强的大型特大型企业集团；要发展一批有实力的城市来支撑，大力实施中心城市带动战略，加快发展以郑州为中心的中原城市群经济隆起带，进一步发展壮大县域经济，实现城乡经济良性互动；要采取一系列重大改革举措来推进，在对外开放、壮大非公有制经济、振兴国有企业、优化发展环境、破解"三农"问题等方面采取更加有力的措施，为经济发展注入新的动力和活力；要集聚一批优秀人才来开拓，坚持实施科教兴豫战略和人才强省战略，在全省形成人才荟萃、各尽其能的良好局面，最大限度地发挥人才的积极性、创造性；要创造一个良好的人文环境来保障，大力加强民主法制建设，大力加强精神文明建设，大力发展社会事业，努力构建和谐河南，使中原大地充满正气、顺气、和气，使河南人民和所有来河南的投资者、建设者都能聚精会神搞建设、一心一意谋发展；要依靠一批坚强的领导班子和高素质的干部队伍来组织，充分发挥各级领导班子的领导核心作用，基层党组织的战斗堡垒作用和广大共产党员的先锋模范作用，团结一切可以团结的力量，调动一切积极因素，凝聚人心，形成合力，为实现中原崛起伟大事业共同奋斗。

构建社会主义和谐社会，是实现中原崛起的重要内容，又为实现中原崛起创造有利的社会条件。实现中原崛起，必须按照胡锦涛总书记在省部级主要领导干部提高构建社会主义和谐社会能力专题研讨班上提出的要求，努力建设民主法治、公平正义、诚信友爱、充满活力、安定有序、人与自然和谐相处的社会，营造更加文明道德的新风尚，营造环境优美安全、人民安居乐业、政通人和、风清气正的发展氛围，加快实现中原崛起的进程。

在新起点实现新跨越
用新思路推动新发展[*]

——中原崛起的策略思考之二

　　坚持用科学发展观统领经济社会发展全局，实现跨越式发展，在促进中部地区崛起中发挥更大作用、走在中部地区前列，这是胡锦涛总书记到河南视察时提出的明确要求，也是"十一五"时期摆在我们面前的重大课题和历史任务。

一

　　"十一五"时期是河南全面建设小康社会、实现中原崛起的关键时期，也是贯彻落实科学发展观的关键时期。在新的历史起点上实现新跨越，必须深入研究和把握这一

---

　　* 本文收入中共中央党校出版社 2008 年 1 月出版的《跨越的脚步——推进中原崛起的实践与思考》一书。

时期的重要阶段性特征，努力破解经济社会发展中的重大矛盾和问题，这对于我们认识跨越、谋划跨越、实现跨越具有非常重要的意义。

这一阶段是促进经济结构优化升级的关键时期。工业化的过程本质上是一个结构调整和优化升级的过程。进入工业化中期阶段后，居民消费结构升级拉动重工业部门比重和加工度提高，服务业和制造业、农业的融合加快，技术进步对经济增长的贡献逐步超过资本和劳动的贡献份额。"十五"时期河南经济结构逐步优化，经济整体素质得到提升，总体上进入了工业化中期的初始阶段，但结构性矛盾仍然是制约我们走新型工业化道路、加快工业化进程的主要矛盾，是制约经济社会全面协调可持续发展的根本性问题。主要表现在产业层次低，资源开发型产业比重大，新兴产业发展缓慢；产业的同类化和同质化现象突出，同类企业多且规模小、集中度不高，呈现过度竞争状况；自主创新能力薄弱，具有自主知识产权、掌握核心技术、具备一定国际国内竞争力的大型企业不多。这样的产业层次和结构，严重影响经济增长质量和效益的提高，一旦遇到大的市场波动就会造成经济的大起大落。"十一五"时期，河南已到了大幅度提高产业整体素质、促进工业化向深度加工转换的阶段，到了从主要依靠增加要素投入到更加注重科技进步与技术创新的阶段，加大结构调整力度、推动产业结构优化升级的任务重要而紧迫。

这一阶段是转变经济增长方式的关键时期。在工业化进程中，西方发达国家都经历了"先破坏后恢复、先污染后治理"的过程，付出了沉重的代价。这些年河南经济发展的成就有目共睹，但这种高速增长主要是依赖生产要素的高投入和能源、资源的高消耗来实现的，生态环境也为经济发展支付了巨大的成本，目前资源环境压力已经成为可持续发展的最大制约因素。一方面，河南虽然是资源能源大省，但人均水平却很低，水资源和探明储量的矿产资源的人均水平仅分别相当于全国的 1/5 和 1/4；万元GDP 能耗是国内先进水平的 2.1 倍，能源利用率比发达国家低 10 个百分点，工业万元增加值用水量是发达国家的3 至 5 倍。随着工业化、城镇化步伐加快，能源、资源紧张的状况将进一步加剧，实现经济的快速增长已经越来越难以为继。另一方面，大量消耗资源、造成严重的生态环境破坏，也与提高人们生活质量、实现可持续发展的目的背道而驰。"十一五"时期加快转变经济增长方式刻不容缓。

这一阶段是统筹城乡发展、破解"三农"难题的关键时期。河南农村人口多，农业比重大，全面建设小康社会的重点和难点都在农村，解决"三农"问题始终是我们重中之重的任务。"十一五"时期，无论是立足自身解决好吃饭问题，为保障国家粮食安全作贡献，还是确保农民持续增收、启动农村消费市场，无论是加快新农村建设、缩小城乡差距，还是推进全面建设小康社会的进程，都到了必须下大决心、花大力气破解"三农"问题的时候了。世界各地工业化的实践表明，一个国家或地区在农业产值和农业劳动力比重分别下降到大约 1/4 和 1/2 时，就具备了反哺农业的条件。目前河南农业比重和农业就业比重已分别降到 20% 以下和 50% 左右，已经到了工业反哺农业、城市支持农村的阶段，已经到了在加快工业化、城镇化过程中加速农村富余劳动力向城镇和非农产业流动，大量减少农村人口、大幅度提高农业生产率的阶段。特别是中央提出建设社会主义新农村的历史任务，进一步为我们破解"三农"问题提供了重大机遇和工作动力。我们有信心也有能力统筹城乡发展，推动"三农"问题的根本解决。

这一阶段是改革攻坚的关键时期。总体看，河南改革取得重要进展，社会主义市场经济体制初步建立，经济增长的内在动力和活力比较旺盛，但生产力发展仍然面临诸多体制性、机制性障碍，改革仍处在攻坚阶段。一方面，搞好"五个统筹"，进一步健全社会主义市场经济体制，完善落实科学发展观的体制保障，促进经济平稳较快发展和建设和谐社会，都迫切需要进一步深化改革；另一方面，随着改革的深化，必然涉及深层次利益调整，面临诸多"两难"问题，改革的难度和复杂程度明显加大。这就要求我们既要下定决心、增强信心，加快推进体制创新，又要注意稳妥、过细工作，努力在一些关键领域和重要环节取得突破，为经济社会发展提供强大动力和体制保证。

这一阶段是进一步扩大开放、有效解决开放度低问题的关键时期。开放度低、开放型经济发展缓慢是河南经济发展的软肋。"十一五"时期是我们解决这个长期困扰河南发展、下决心解决又没有解决好的问题的关键时期，一个原因是我们推动产业结构优化升级和经济增长方式转变的迫切需要，另一个原因是面临着扩大开放的难得机遇。加快开放不仅可以吸引更多的资金，更重要的是可以借鉴先进管理经验，引进消化吸收先进技术，提高自主创新能力，达到优化结构、转变增长方式的目的。我们要实现跨越式发展，不仅需要大量资金，更需要技术、市场和先进的管理经验，单靠我们自己的积累和力量，就可能延误发展进程。当前国际国内产业转移步伐加快、层次提高，为河南提供了扩大开放、承接产业转移的大好机遇，但随着国际竞争日趋激烈，贸易摩擦和纠纷日益加剧，如果我们见事迟、动手晚，就有可能与这个机遇失之交臂；抓住机遇，加快开放步伐，就能实现开放型经济发展的大突破。

这一阶段是"黄金发展期"与"矛盾凸显期"相交织的关键时期。从一些国家的发展历程来看，人均 GDP从 1000 美元到 3000 美元这个时期往往是社会利益格局剧烈变化的时期。在这一时期，政策把握得当、工作做得好，就能促进经济社会协调发展；反之，各方面矛盾处理不当，往往出现贫富差距拉大、失业人口增多、社会不稳定等问题，导致经济社会发展长期徘徊不前。河南省正处在这一特定的发展时期，人口总量大、就业压力大，社会保障能力和水平不高，困难群众和弱势群体多的问题亟待解决；社会经济成分、组织形式、利益分配和就业方式等进一步多样化，不同的利益主体、不同的价值观念、不同的行为模式、不同的利益诉求逐步增多，容易引发冲突和不稳定；加上河南地处中原，流动人口多，不稳定因素多，一些偶然的、局部的甚至很个别的问题，如果处理不当都有可能牵一发而动全身，演化成影响全局的重大社会问题。同时，随着物质生活水平的提高，人们对科技教育、医疗卫生、文化等方面的要求不断提高，我们社会事业的发展与满足人民群众日益增长的多样化、多层次需要还有不小差距。"十一五"时期促进经济社会全面发展、推进社会主义和谐社会建设的任务艰巨而繁重。

总之，"十一五"时期河南省已经站在了新的历史起点上，进入了实现跨越式发展的新阶段，说到底，就是进入了科学发展的新阶段，进入了必须把经济社会发展转入以人为本、全面协调可持续发展的轨道的新阶段。具体说，就是要着力推进"八个转变"，即推进河南由农业大省向经济强省转变，由资源大省向产业大省转变，由城乡二元结构向城乡一体化方向转变，由文化资源大省向文化产业强省转变，推进经济社会向相互促进、协调发展转变，人口资源大省向人力和人才资源大省转变，体制机制向更具活力、更加开放的经济体系转变，社会主义建设向经济、政治、文化和社会建设四位一体转变，使河南在新的历史起点上实现新的跨越，为全面建设小康社会、实现中原崛起打下坚实基础。

二

在新起点实现新跨越，必须坚持以科学发展观统领经济社会发展全局，转变发展观念，创新发展模式，提高发展质量，进一步加强对涉及发展全局重大问题的战略性、前瞻性、系统性研究和把握，尤其是要正确认识和把握好几个重大关系。

（一）正确认识和把握加快工业化、城镇化与推进农业现代化的关系，大力推进社会主义新农村建设，走出一条在农业稳定增产和农民持续增收基础上加快工业化、城镇化的路子。在工业化过程中统筹城乡发展、解决好"三农"问题既是一个重大的理论问题，也是我们必须牢牢把握和正确处理的一个重大现实问题。把加快"三化"作为全面建设小康社会、实现中原崛起的基本途径，是顺应经济社会发展规律、从河南实际出发作出的重大战略抉择。要通过加快工业化，将大量农村富余劳动力转移到非农产业，不断优化产品产业结构，为城镇化提供产业支撑，为农业现代化提供先进物资技术装备；通过加快城镇化，不断调整城乡结构，增强城市辐射带动能力，把大量农村人口转向城镇；通过推进农业现代化，不断提高农业集约化程度和农业劳动生产率，进而提高全社会劳动生产率。

加快"三化"进程，工业化是主导，城镇化是支撑，农业现代化是基础。工业化是河南经济社会发展的"引擎"，能够通过第二、第三产业的发展为城镇化提供强大的产业支撑，为农业现代化提供装备、创造条件；城镇化为工业化提供发展载体、拓展市场空间，通过转化农村人口促进农业现代化；农业现代化为工业化、城镇化提供各种物质资源和人力资源，奠定发展基础。加快"三化"进程是统一的整体，单纯就农业论农业而放松工业化、城镇化，农村富余劳动力就不可能大量转移出去，农业劳动生产率也不可能提高，就无法破解"三农"难题；忽视农业稳定增产和农民收入的持续增长，势必削弱经济社会发展的基础，影响经济安全、人民生活和社会稳定，也会影响工业化、城镇化的进程。我们必须统筹城乡发展，坚持工业反哺农业、城市支持农村的方针，统筹把握、共同推进"三化"进程。

正确认识和把握"三化"的关系，关键是要紧紧扭住工业化这个牛鼻子，牢牢抓住城镇化这个重要载体，努力做好建设社会主义新农村这篇大文章。要按照中央提出的生产发展、生活宽裕、乡风文明、村容整洁、管理民主的新农村建设基本要求，结合河南实际，在工作思路上，坚持发展这个第一要务、抓住增收这个关键环节、建立和谐这个必要保障、把握求实这个重要原则；在工作措施上，把提高粮食综合生产能力作为首要任务，把改善农村基础设施和公共服务作为基础条件，把发展劳务经济作为重要措施，把推进农村综合改革作为强大动力，把培育和造就新型农民作为根本途径，把推进和谐农村建设作为重要目标；在具体工作中，着力抓好"五个一"工程，即一个好的带头人、一个好的领导班子、一个好的发展思路、一个好的创业氛围、一套好的扶持政策，坚持规划先行，抓好试点示范，有步骤、有计划、有重点地逐步推进。

（二）正确认识和把握改造提升传统产业与发展新兴产业的关系，大力调整产业结构，推动产业优化升级，努力实现质的飞跃。产业结构的优化升级既离不开传统产业的改造升级，也离不开新兴产业的带动升级。传统产业在河南占主导地位，是目前我们的比较优势和竞争力所在；发展传统产业既具有现实和潜在的市场空间及发展前景，也是我们实现跨越式发展的重要支撑和基础。新兴产业是承担新的产业分工、满足新的市场需求、具有较高科技含量和发展潜力的先导产业，是未来的主导和优势产业；发展新兴产业是增加有效供给、扩大内需、提高全社会效率、增强综合实力和核心竞争力的紧迫需要。传统产业与新兴产业相辅相成、相互促进，改造提升传统产业是培育发展新兴产业的前提和基础，培育发展新兴产业则是传统产业的改造、延伸和发展。忽视发展传统产业，把传统产业当做淘汰的产业放弃改造升级，就脱离了省情和现有基础，就可能导致产业空洞化和虚高度化；忽视培育壮大新兴产业，就缺乏战略性和前瞻性，全省经济的未来发展就缺乏支柱和核心竞争力。

调整产业结构要促使传统产业和新兴产业优势互补，相互支撑，共同推进产业优化升级。一方面要加快运用先进适用技术和高新技术对传统产业进行改造升级，推进产业、行业内部资源优化配置，提高集中度，提高竞争力，不断做大做强做优。做大，就是要加快培育一批主业突出、市场占有率高、核心竞争力强的大型企业和企业集团，发挥规模效益；做强，就是要不断提升产品档次和产业层次，提高核心竞争力和市场占有率；做优，就是要着眼于人无我有、人有我优、人优我特，形成特色和优势。另一方面要着眼于长远发展，下决心培育壮大一批有优势、有潜力、有市场的新兴产业，特别是高新技术产业和文化、旅游、现代物流等现代服务业，培育新的经济增长点。要通过提升改造传统产业和发展新兴产业，在全省形成产业配套和分工合理、大小适度、富有特色、具有比较优势、适应经济发展阶段性要求和市场发展要求的产业体系，形成一批聚集效应明显、特色突出、竞争力强的产业集群，增强经济发展的整体竞争力、可持续发展力和抗御市场风险能力。

（三）正确认识和把握推动自主创新与转变经济增长方式的关系，切实把推动自主创新作为河南的"跨越战略"，努力建设"创新河南"。经济增长方式，本质上讲就是依赖什么要素、借助什么手段、通过什么途径实现经济增长。不同的经济增长方式对应于不同的经济发展阶段，在工业化加速发展时期，单靠资源、劳动等生产要素的投入，走传统粗放型增长的路子是不行的，必须依靠技术的进步、制度的完善、要素配置效率的提高，走现代的集约型增长路子。而实现这种增长方式的转变归根到底取决于科技进步与创新。中央把科技进步和创新作为经济社会发展的首要推动力量，把提高自主创新能力作为调整经济结构、转变增长方式、提高国家竞争力的中心环节，把建设创新型国家作为面向未来的重大战略来部署，是非常及时的，也完全符合河南实际。提高自主创新能力是转变经济增长方式的中心环节和有效途径，河南省要实现跨越式发展，必须把自主创新作为"跨越战略"来推动。只有这样，才能转变经济增长方式，把经济发展转入以人为本、全面协调可持续发展的轨道；才能提升比较优势、发挥后发优势，形成核心竞争力，在新一轮区域经济竞争中抢占先机，尽快完成从资源大省向经济强省的转变。

"十一五"转变经济增长方式，要切实把推动自主创新作为关键举措，着力解决制约经济社会发展的重大科技问题，推动经济发展由资源依赖型转为创新驱动型。要充分发挥企业作为自主创新主体的作用，加快建立以企业为主体、以市场为导向、产学研相结合的技术创新体系，同时充分发挥科研机构的引领作用和高等院校的基础作用；要拓宽创新渠道，把原始创新、集成创新和技术引进基础上的消化吸收再创新有机结合起来，探索自主创新的多种实现形式，保持和巩固在相关领域技术和产业的比较优势；要营造自主创新的良好氛围，让自主创新的源泉充分涌流。

（四）正确认识和把握加快发展与保护资源环境的关系，坚持走节约发展、清洁发展、安全发展、可持续发展的路子，努力建设资源节约型和环境友好型社会。加快发展与保护资源环境的目标是一致的，加快发展的目的是不断提高人们的物质文化生活水平，而保护资源和环境，既是实现经济可持续发展的必然要求，也是改善人们生活环境、提高生活质量的必然要求。在综合有效利用资源、保护生态环境基础上加快发展，能够使资源环境为人类造福，实现人与自然和谐发展；反之，不仅发展会越来越受到资源环境的制约，而且资源环境状况越来越恶化，也将使人们的健康安全幸福受到损害。尤其是像河南这样一个具有资源能源产业比较优势的省份，对资源环境的依赖性更大，如果我们不转变经济增长方式、不注意保护资源环境，能源资源环境的瓶颈制约就难以突破，最终使发展受阻；但如果为了保护资源环境而不能充分利用资源优势加快发展，则会延误发展时机，影响我们实现跨越式发展。关键是要把二者有机结合起来，既要充分利用资源优势加快发展，又要使发展建立在节约资源和环境保护的基础上。我们要重视 GDP、进一步做大 GDP，但不能把 GDP 作为衡量经济社会发展状况和政绩的唯一标准，还要看质量效益指标，看能耗指标和环境保护指标。我们要通过大力发展循环经济，建设资源节约型、环境友好型社会，促进经济发展与人口、自然、环境相协调。

（五）正确认识和把握中心城市带动与县域经济发展的关系，大力实施中心城市带动战略，形成中心城市与县域经济、中原城市群与沿边各市相互促进、竞相发展的局面。实施中心城市带动战略，是我们顺应经济发展规律、立足河南实际作出的战略决策，也是对过去提出的大型中心城市、中小城市和小城镇三头并举方针的进一步深化。实现中原崛起犹如建筑一座雄伟的大厦，既要有顶天立地的支柱，也要有深厚坚实的地基。这支柱，就是以中原城市群为核心的一批中心城市的迅速崛起；这地基，就是全省县域经济的发展壮大。目前区域经济的竞争在很大程度上是中心城市实力的竞争，只有大力实施中心城市带动战略，打造强有力的经济增长极，才能充分发挥中心城市在要素聚集效应、规模效应、辐射带动效应等方面的主导和支撑作用，带动全省经济社会更快更好地发展。县域经济是统筹城乡发展的重要载体，河南80%的人口在县域，只有发展壮大县域经济，才能强本固基，为中原崛起奠定坚实基础。要把中心城市带动和县域经济推动统一于实现中原崛起的全过程，既要大力实施中心城市带动战略，加快培育区域中心城市，又要引导各县加强与中心城市的协调分工和合作，使县域经济与中心城市相互促进、竞相发展。

实施中心城市带动战略要突出重点、加快中原城市群建设步伐，同时要协调推进、加快沿边各市的开放开发。以郑州为中心的中原城市群经济基础较好，工业化水平较高，具备加快发展的多方优势和巨大潜力，又处在长江三角洲和京津冀北两大经济核心交互辐射的边缘地区，周围缺少辐射能力强的大城市或经济核心区，既有条件也有机遇发展得又快又好，"十一五"期间我们要努力把中原城市群建设成为全国重要的制造业基地、能源基地和现代物流中心、全省对外开放和东引西进的主要平台。中原城市群以外的9个省辖市，面积和人口在全省所占比重大，多属经济欠发达的农区，能否突出特色、形成优势、加快发展，直接关系到我省能否实现跨越式发展。省里要加大支持力度，促进沿边各市开放开发；沿边各市也要充分发挥自身优势，大力发展优势产业和特色产业，努力加快对外开放和经济社会发展步伐。要通过加快中原城市群建设和沿边各市开放开发，逐步形成中原城市群和沿边各市良性互动、协调发展的局面。

（六）正确认识和把握提升硬实力与培育软实力的关系，继续深化改革，大力实施开放带动主战略，不断增强经济发展的动力和活力。当今世界，国家或地区之间的竞争越来越表现为综合实力的竞争。综合实力的全面提升，既包括由区位条件、自然资源、基础设施、劳动力状况等构成的硬实力的不断提升，更离不开以体制机制为核心包括思想观念、政府效能、人文环境等构成的软实力的不断增强。硬实力是一个国家和区域发展的物质基础，是软实力的有形载体，软实力是发展的保障和助推器，软实力的提升会促进硬实力的增长，两者相互促进、相互提高。

正确处理提升硬实力与培育软实力的关系，关键是要在继续加大固定资产投资、实施项目带动的同时，把更多精力放在培育和增强软实力上。要加大改革创新力度，消除影响科学发展的体制机制障碍。坚持"两个毫不动摇"，在继续深化国有企业改革，壮大国有企业实力的同时，坚持政治上放心、政策上放开、发展上放手，促使非公有制经济更快更好地发展；加快人文环境建设，深化行政管理体制改革，营造宽松开明的政策环境、廉洁高效的服务环境、公正严明的法治环境、诚实守信的信用环境和正确鲜明的舆论环境。要大力实施开放带动主战略，自觉地把河南放到全国发展的大格局中去审视，放到经济全球化的大趋势中去思考，放到世界范围内的竞争中去比较，通过扩大开放，引进资金、技术、人才和先进管理经验等，推进工业化进程，走出一条既体现河南的资源优势、产业特点，又符合海外投资需求、符合市场需要的有鲜明河南特色的开放之路，以开放型经济的重大突破推动跨越式发展。

（七）正确认识和把握经济发展与社会发展的关系，大力发展各项社会事业，促进经济社会全面进步。经济发展是社会发展的前提和基础，也是社会发展的根本保证；社会发展是经济发展的目的和有力保障，为经济发展提供精神动力、智力支持和必要条件。我们要始终坚持执政为民，在坚定不移地加快经济发展的同时，把社会发展放到更加重要的位置上，加快社会事业发展步伐。要高度重视和充分发挥科技在河南实现跨越式发展中的引领和杠杆作用、人才的"第一要素"作用、教育的先导性基础性全局性作用，大力实施科教兴豫和人才强省战略，把经济增长切实转到依靠科技进步与提高劳动者素质上来。要适应城乡居民日益增长的教育需要，把教育摆在优先发展的位置，加大教育投入，重点加强义务教育特别是农村义务教育，积极发展高中阶段教育，继续扩大高等教育规模、提高高等教育质量，大力发展职业教育，促进各级各类教育协调发展。要紧紧抓住培养、吸引、用好人才三个关键环节，以培养高层次、技能型人才为重点，把巨大的人口压力转化为人力资源、人才资源优势。要继续深化文化体制改革，努力破解文化发展难题；不断加大对文化事业的投入，形成覆盖城乡的比较完备的公共文化服务体系，大力发展文化事业、文化产业，创造更多更好适应人民群众需求的优秀文化产品；把文化产业作为"十一五"新的经济增长点、作为重要的优势产业来培育壮大，把文化资源优势转化为经济优势，推动由文化资源大省向文化产业强省转变。要深化医疗卫生体制改革，完善公共卫生和医疗服务体系，特别是要进一步改善农村医疗条件，逐步解决群众看病难看病贵看病累的问题。坚持计划生育的基本国策，继续保持人口自然增长率低于全国平均水平，提高出生人口素质。要加强城乡社区体育设施建设，大力开展全民健身运动，提高人民群众的健康素质。

（八）正确认识和把握经济发展与关注民生的关系，切实做好关心人民群众生产生活工作，加快构建和谐中原。创造更丰富的物质财富，不断提高人民的生活水平，是经济发展的出发点和落脚点。正确处理经济发展与关注民生的关系，就要在坚定不移地加快经济发展的同时，把解决人民群众最关心、最直接、最现实的问题作为坚持以人为本、促进和谐社会建设的着力点，坚持发展为了人民、发展依靠人民，发展的成果由人民共享。要把就业摆在更加突出的位置，继续实施和完善鼓励就业再就业的政策，千方百计扩大就业再就业；建立健全与经济发展水平相适应的社会保障体系和社会救助体系，提高社会保障能力；更加注重社会公平，逐步提高最低生活保障和最低工资标准，缓解部分社会成员分配差距扩大的趋势。要建立办实事、办好事的长效机制，每年都坚持办一批得民心、顺民意的事情，使人民得到更多的实惠。要正确处理新形势下的人民内部矛盾，完善社会利益协调和社会纠纷调处机制，从源头上减少人民内部矛盾的发生。要加强社会管理体系建设，建立健全社会预警机制、突发事件应急机制和社会动员机制，提高保障公共安全和处置突发事件的能力，提高社会管理和防控水平。要健全安全生产监管体制，严格安全执法，努力维护人们的生命财产安全。要加强社会治安综合治理，依法严厉打击各种刑事犯罪活动，确保社会大局稳定、人民安居乐业。

三

在新起点实现新跨越，用新思路推动新发展，关键在于加强党的执政能力建设和先进性建设，充分发挥各级领导班子的领导核心作用、基层党组织的战斗堡垒作用和广大党员干部的先锋模范作用，为"十一五"时期经济社会发展提供根本政治保证。

要进一步增强责任感和紧迫感。思想是行动的先导，是加快发展的总开关。在全国各地竞相发展的形势下，我们要缩小与发达省份的差距，实现跨越式发展，就必须首先在思想观念上实现跨越。要时刻牢记和切实负起时代赋予我们的神圣使命，紧紧扭住经济建设这个中心不放松、不动摇，牢牢抓住发展这个第一要务不含糊、不松懈，以不甘人后的责任感和时不我待的紧迫感，千方百计加快发展步伐。要用发展来赢得尊重，用发展来赢得美名，用发展来赢得幸福，决不让改革的机会丧失在我们手中，决不让贻误发展的罪名落在我们头上。

要大力弘扬与时俱进、开拓创新精神。坚持以新视野认识新事物，以新观念研究新情况，以新理论回答新问题，以新思路谋划新发展。要把思想从封闭的、保守的、狭隘的框框中解放出来，以全局意识、战略眼光深入认识和把握我省经济社会发展的特点与规律，动脑筋、想办法，出新招、出实招，用思想认识的飞跃求得发展成效的飞跃，用观念政策的突破求得工作实绩的突破，用工作思路的创新求得工作面貌的创新。要把中央精神与本地本部门实际结合起来，创造性地开展工作，以创新的理念、创新的手段、创新的方法、创新的思路加快发展。要以昂扬向上的精神状态，锐意进取，奋力拼搏，克难攻坚，争创一流业绩，不断推动我省各项工作再上新台阶。

要形成干事创业的良好氛围。坚持把领导班子和干部队伍建设摆在突出位置，使各级领导班子成为贯彻"三个代表"重要思想、带领干部群众奋力实现中原崛起的坚强领导集体。要深化干部人事制度改革，树立正确的用人导向，创新干部选拔任用方式，营造公开、平等、竞争、择优的用人环境，大力选拔政治上靠得住、工作上有本事、作风上过得硬的干部，把广大干部的精力集中到不断提高自身素质、增强为人民服务的本领上来，集中到干事创业、促进发展上来。要按照廉洁兴省的要求，坚持标本兼治、综合治理、惩防并举、注重预防的方针，深入开展党风廉政建设和反腐败斗争，树立党和政府清正廉洁的良好形象，进一步密切党同人民群众的血肉联系。各级领导干部一定要加强学习、提高素质，着力增强贯彻科学发展观的能力、驾驭全局的能力、处理利益关系的能力和务实创新的能力，用自己的模范行动领出一个好班子、带出一个好风气、创出一个好局面。

要增强实现跨越式发展的精神动力。实现跨越式发展是一项艰巨的历史使命，需要正确的舆论氛围来引导，需要强大的精神力量作支撑。要进一步唱响主旋律、打好主动仗，大力推进社会主义精神文明建设，加强和改进宣传思想工作，为推进和实现跨越式发展提供理论指导、舆论力量、精神支柱和文化条件。要采取多种形式，大力弘扬艰苦奋斗、克己奉公、一心为民的焦裕禄精神，自力更生、艰苦创业、团结协作、无私奉献的红旗渠精神，"下定决心、不怕牺牲、排除万难、去争取胜利"的愚公移山精神，大力宣传学习常香玉、任长霞、陈新庄、洪战辉、李学生等先进典型身上体现出的时代精神，用精神动力鼓舞河南人民为创造幸福生活而拼搏的斗志、信心和力量。

要大力弘扬求真务实、真抓实干的优良作风。广大党员干部要不断增强贯彻科学发展观的自觉性和坚定性，坚持用科学发展观武装头脑、解决问题、指导工作。要牢记"两个务必"，坚持权为民所用、情为民所系、利为民所谋，真正把心思用在加快发展上，把智慧用在干好工作上，把精力用在为民造福上。要树立正确的政绩观，发扬"严、细、深、实"的工作作风，在求真务实、真抓实干上下硬工夫、下大工夫，创造经得起实践、历史和群众检

验的业绩。要坚持实事求是，一切从实际出发，按照客观
规律办事，不盲目攀比，不弄虚作假，不搞图虚名、招实
祸、劳民伤财的虚假政绩。

在新的起点上实现跨越式发展，在促进中部地区崛起
中发挥更大作用、走在中部地区前列，是党中央对我们提
出的准确定位，是时代和历史赋予我们的神圣使命。这不
仅关系河南人民的切身利益和福祉，而且直接关系到中部
地区崛起的进程，关系到全国全面建设小康社会的历史进
程。我们必须进一步增强时代责任感和历史使命感，继续
发愤图强，开拓进取，努力完成这一历史使命。

破解六大难题　促进科学发展[*]

——中原崛起的策略思考之三

　　"十一五"时期是全面建设小康社会的关键时期。科学发展观是指导发展的世界观和方法论的集中体现，是我们推动经济社会发展、加快推进社会主义现代化必须长期坚持的重要指导思想。2005 年 8 月，胡锦涛总书记视察河南时提出，河南要实现跨越式发展，在促进中部地区崛起中发挥更大作用、走在中部地区前列。为实现胡锦涛总书记提出的要求，我们必须以科学发展观为指导，准确认识河南发展的阶段性特征，加强对经济社会发展中重大问题的战略性、前瞻性、系统性思考和研究，力求站得高一些、看得远一些、想得深一些，以抓住关系全局的主要矛盾，实现重点突破、整体推进，逐步使经济发展从要素驱动型增长向创新驱动型增长转变，使经济社会发展切实转入科学发展的轨道。为此，在当前和今后一个时期，我们

＊ 本文发表于 2005 年 12 月 30 日《经济日报》。

要深入研究和着力破解六大难题。

第一，深入研究和破解经济的结构性矛盾，加快结构调整和产业优化升级步伐。经济发展中的结构性矛盾是制约河南走新型工业化道路、加快工业化进程的主要矛盾，也是经济社会全面协调可持续发展面临的根本性问题。目前，河南产业层次低、结构不合理，最突出的表现就是资源开发型产业比重大，加工链条短、综合利用程度低，带动性强、关联度高、对长远发展有重要影响的产业和包括高新技术产业在内的新兴产业发展缓慢。另一个就是产业同类化和同质化，不仅同类企业众多、规模不大、集中度不高，而且产品同类、生产水平和产品质量差不多，呈现过度竞争现象。这种高投入、高消耗、高污染、低效益的产业层次和结构，竞争力不强、抗市场风险的能力差，既影响经济增长质量和效益的提高，又加剧了资源环境的约束。特别是一个省过分依赖这样的产业和大量同类企业，一旦遇到大的市场波动就会陷入"一片困境"，造成经济的大起大落。对此，我们要头脑清醒，及早动手，下大力气研究破解这个突出矛盾。

破解结构性矛盾，关键是要使产业结构适应工业化阶段性发展的要求、适应走新型工业化道路的追求、适应市场变化的需求，大力实施自主创新这一"跨越战略"，不断推进产业结构优化升级。自主创新是支撑国民经济强盛的筋骨，是实现生产力发展质的飞跃的强大支点。我们必须把产业发展放在全国乃至全球的竞争格局中来谋划，把提高自主创新能力作为优化经济结构、转变经济增长方式的中心环节，围绕提高竞争力，不断做大做强做优传统支柱产业。做大，就是加快培育一批主业突出、市场占有率高、核心竞争力强的大型企业和企业集团，发挥规模效益；做强，就是不断提升产品档次和产业层次，提高核心竞争力和市场占有率；做优，就是着眼于人无我有、人有我优、人优我特，形成特色和优势。同时下决心发展一批有优势、有潜力、有市场的新兴产业和高新技术产业，在全省形成产业配套和分工合理、大小适度、富有特色、具有比较优势、适应经济发展阶段性特征和市场发展要求的产业体系，形成一批聚集效应明显、特色突出、竞争力强的产业集群，使产业集群成为产业发展的扩散源、自主创新和集成创新的聚散地、可持续发展的重要支撑，增强经济发展的整体竞争力、可持续发展力和抗御市场风险能力。

第二，深入研究和破解经济发展的资源环境约束问题，切实转变经济增长方式，走节约发展、清洁发展、安全发展、可持续发展的路子。当前河南经济发展受资源环境的约束问题日益突出，解决这个问题刻不容缓。虽然河南是资源能源大省，但人均水资源仅相当于全国平均水平的1/5，探明储量的矿产资源人均仅为全国的1/4。这些年河南经济快速发展，在很大程度上是靠能源资源的高投入、高消耗拉动的，随着工业化、城镇化步伐加快，这种粗放型增长方式将进一步加剧能源资源供求紧张的状况。如不抓紧改变这种粗放型经济增长方式，不仅河南的发展难以为继，而且与我们党执政为民的宗旨背道而驰。在经济发展中，问题不在于我们是否应当保持较快的增长速度，而在于以什么方式实现增长和这种较快的增长能否持续。我们应该重视 GDP、进一步做大 GDP，但不能把 GDP 作为衡量经济社会发展状况和政绩的唯一标准；一个地方的经济发展，不仅要看 GDP，还要看质量效益指标，看能耗指标和环境保护指标。这就要求我们，必须从维护人民群众生命财产安全、造福子孙后代、实现可持续发展的战略高度，从建设资源节约型、环境友好型社会的高度，充分认识提高自主创新能力、转变经济增长方式的重要性和紧迫性，充分认识资源节约和综合有效利用、保护生态环境的重要性和紧迫性，坚持走节约发展、清洁发展、安全发展，实现可持续发展的道路。

　　第三，深入研究和破解"三农"难题，走出一条在农业稳定增产和农民持续增收基础上加快工业化、城镇化的路子。在工业化过程中如何统筹城乡协调发展、解决好"三农"问题是一个世界性难题，也是我们在经济发展的指导思想和工作布局上必须牢牢把握和正确处理的一个重大问题。中央明确提出要坚持粮食供给基本立足国内的方针，河南有近亿人口，必须立足自身解决好吃饭问题，还要为保障国家粮食安全作贡献；"三农"问题的核心是农民问题，而农民问题的核心是增收问题，随着短期政策空间和价格上升空间的减小，农民持续增收的难度加大。这些都要求我们必须坚持工业反哺农业、城市支持农村的方针，统筹城乡发展，统筹工业化、城镇化和农业现代化进程。单纯就农业论农业而放松工业化、城镇化，农村富余劳动力就不可能大量转移出去，农业劳动生产率也不可能提高，就无法破解"三农"难题；反之，忽视农业稳定增产和农民收入的持续增长，像河南这样一个农业和农村人口比重这么大的省份，势必削弱经济社会发展的基础，影响经济安全、人民生活和社会稳定，因而也会影响工业化、城镇化的健康推进。工业化、城镇化和农业现代化是一个有机整体，把它们割裂开来或者单纯强调某个方面都是片面的、错误的。这几年我们坚持统筹城乡发展，在农业稳定增产和农民持续增收基础上加快了工业化、城镇化进程，将坚定不移按照这条路子走下去，决不能因为农业形势稍有好转就忽视农业和粮食生产。

中央作出加快社会主义新农村建设的重大决策，并将从建设资金、财政支出、银行信贷等方面向农村倾斜，这为破解"三农"难题提供了有利条件。我们将抓住这一机遇，把社会主义新农村建设同加快工业化、城镇化进程相结合，进一步加强农业和农村基础设施建设，进一步促进粮食稳定增产，大力发展畜牧业，大力发展劳务经济，发展壮大县域经济。建设社会主义新农村是一项重大而长期的历史任务，要抓好教育、抓好规划、抓好试点，从实际出发，有步骤、有计划、有重点地稳步推进，努力开创河南社会主义新农村建设的新局面。

第四，深入研究和破解改革滞后带来的矛盾，把更多精力放在培育和增强经济发展的软实力上。当今世界，国家或地区之间的竞争越来越表现为综合实力的竞争。综合实力的全面提升，既包括由区位条件、自然资源、基础设施、劳动力状况等因素构成的硬实力的不断提升，更离不开以体制机制为核心包括思想观念、政府效能、人文环境等构成的软实力的不断成长和积累。硬实力是一个国家和区域发展的物质基础，是软实力的有形载体，软实力是发展的保障和助推器，软实力的提升会促进硬实力的增长，两者相互促进、相互提高。近年来，河南的硬实力不断增强，但软实力不强仍是制约发展的突出问题。培育和增强软实力既是摆在我们面前的十分紧迫而重要的课题，也是我们的重要职责。我们将把更多精力放在培育和增强软实力上，通过改革创新，消除影响科学发展的体制机制障碍，在一些重要领域和关键环节实现突破。要坚持"两个毫不动摇"，继续深化国有企业改革，提高国有经济的整体实力和市场竞争力；继续坚持政治上放心、政策上放开、发展上放手，加强引导、改进服务、优化环境，促进非公有制经济发展壮大。要深化行政管理体制改革，转变政府职能，推动各级政府依法行政，提高行政效率，建设法治政府和服务型政府，同时加快人文环境建设，努力营造宽松开明的政策环境、廉洁高效的服务环境、公正严明的法治环境、诚实守信的信用环境和正确鲜明的舆论环境，为市场主体在公正公平公开的市场环境下实现自我发展提供保障。通过各方面努力，使河南成为投资创业的热土，让一切生产要素的活力竞相迸发，让一切创造社会财富的源泉充分涌流。

第五，深入研究和破解开放型经济发展缓慢的问题，真正把发展开放型经济放到促进经济发展主战略的重要位置上来。开放型经济发展缓慢是河南经济发展的软肋，需要我们加大力度，破解这个长期困扰河南发展、下决心解决而又没有解决好的难题。这既是我们推动产业结构优化升级和经济增长方式转变的迫切需要，也是我们抓住扩大开放难得机遇的必然选择。加快开放不仅可以吸引更多的社会资金加快发展，更重要的是可以借鉴先进管理经验，引进消化吸收先进技术，提高自主创新能力，达到优化结构、转变增长方式的目的。在优化结构、提高效益、降低消耗的基础上实现跨越式发展，不仅需要大量资金，更需要技术、市场和先进的管理经验，单靠我们自己的积累和自我的力量，就可能延误发展进程。特别是在当前，国际国内产业转移步伐加快、层次提高，这为地处中原，交通、资源与区位优势明显的河南提供了扩大开放、承接产业转移、促进经济发展的大好机遇，但随着国际竞争日趋激烈、贸易摩擦和纠纷日益加剧，如果我们见事迟、动手晚，就有可能与这个机遇失之交臂。因此，河南必须进一步强化机遇意识，大力实施开放带动主战略，通过观念、政策、管理方式的创新，实现开放型经济发展的大突破；必须下决心解决好思想解放不够、开放意识不强、投资环境不理想等问题，进一步扩大开放，推动优势产业和特色经济发展壮大，特别是要瞄准国内外大企业，引进战略性合作伙伴，策划运作一批对地方经济发展有全局性和决定性作用的项目。在这个问题上，需要我们胆子更大一些，思想更解放一些，效率更高一些，招式更新更多一些，努力实现开放型经济发展的大突破。

　　第六，深入研究和破解影响社会和谐的矛盾和问题，切实把经济社会发展转到以人为本、关注民生上来。近年来，河南各项社会事业取得明显进步，但经济社会发展"一条腿长、一条腿短"的问题还没有根本改变，需要我们更加关注民生，把社会发展放到更加重要的位置上，促进经济社会协调发展。这不仅是满足人民群众日益增长的多方面需求的迫切需要，也是我们坚持以人为本、执政为民的重要体现。当前河南经济社会发展已进入"黄金发展期"与"矛盾凸显期"相交织的关键时期，社会利益关系更趋复杂，社会矛盾和问题更加突出，社会管理水平和方式亟待提高；河南作为全国第一人口大省，人口总量大、就业压力大，社会保障能力和水平不高，困难群众较多的问题亟待解决，加快社会发展、促进社会和谐是摆在我们面前的重大课题。政策把握得当、工作做得好，就能促进经济社会协调发展；反之，就会加剧各种社会矛盾，发展就会遭受挫折。这就要求我们在坚定不移地加快经济发展的同时，毫不放松地抓好社会发展，把解决人民群众最关心最直接最现实的问题作为坚持以人为本、促进和谐社会建设的重要着力点，集中财力、物力、人力解决涉及民生的紧迫问题和根本问题，逐步改变"一条腿长、一条腿短"的状况。为此，我们需要更加重视社会事业发展，从促进人的全面发展的高度大力发展社会事业，不断提高社会管理水平，使广大人民群众更多地享受到改革发展的成果；更加重视安全生产和维护社会稳定，坚持安全第一，严格落实安全生产责任制，坚决遏制重特大事故的发生；妥善处理各种利益关系，注意维护困难群众的利益，坚决打击各种违法犯罪行为，确保社会大局稳定；更加重视察民情、解民忧、纾民困。河南省委、省政府结合开展保持共产党员先进性教育活动，着力办好涉及人民群众切身利益的 10 件实事，受到全省人民普遍欢迎，我们要形成制度，坚持每年都办几件得民心顺民意的事情，切实维护好实现好发展好最广大人民的根本利益。

以上六大难题，是河南经济社会发展在新的历史起点上实现新跨越必须着力解决的突出矛盾和问题。破解六大难题的实质，就是适应经济社会发展的阶段性要求，切实把发展转入科学发展的轨道。这是一项长期而紧迫的历史性任务，需要我们不断提高贯彻科学发展观的能力、驾驭全局的能力、处理利益关系的能力、务实创新的能力，以抓住根本、把握大局，立足当前、着眼长远，通过破解难题、创新体制机制，实现经济社会全面协调可持续发展。

抓好转变经济增长方式
这项重要而紧迫的任务[*]

经济增长方式是指推动经济增长的各种生产要素投入及其组合的方式，其实质是依赖什么要素，借助什么手段，通过什么途径，怎样实现经济增长。中央对转变经济增长方式十分重视。早在制定"九五"计划时，就提出实行两个根本性转变，即从传统的计划经济体制向社会主义市场经济体制转变和从粗放型经济增长方式向集约型经济增长方式转变。近几年来，在中央许多重要会议、文件和领导讲话中，尤其是在制定"十一五"规划时，对转变经济增长方式都提出了一系列更加明确的要求。2006年2月，中央政治局就转变经济增长方式问题进行了集体学习，胡锦涛总书记发表了重要讲话。河南省委、省政府认真贯彻落实中央关于转变经济增长方式的一系列精神和明确要求，也作出了安排部署。2005年，省委在研究制

---

* 本文发表于 2006 年 7 月 21 日《河南日报》。

定"十一五"规划时，把转变经济增长方式作为重大原则提了出来。省委七届十次全会和省委经济工作会议提出要实现八个转变和破解六大难题，其核心也是促进经济增长方式转变。近年来，河南经济社会呈现出又好又快发展的势头，主要得益于经济增长方式转变步伐的不断加快。实践使我们认识到，转变经济增长方式意义重大、势在必行。

一、认清形势，充分认识转变经济增长方式 对于全面贯彻落实科学发展观、实现 "十一五"目标和中原崛起的重大意义

科学发展观是我国经济社会发展和现代化建设的重要指导思想。"十一五"和今后一个时期是贯彻落实科学发展观的关键时期。2005年8月，胡锦涛总书记亲临河南视察指导工作时，明确要求河南要实现跨越式发展，在促进中部地区崛起中发挥更大作用、走在中部地区前列。最近，中央出台了中发10号文件，明确提出要把中部地区建成全国重要的粮食生产基地、能源原材料基地、现代装备制造及高技术产业基地和综合交通运输枢纽。这是党中央和胡总书记从全国区域协调发展和促进中部崛起的大局出发给河南提出的新目标、新任务、新要求。实现这一目标、任务和要求，在新起点实现新跨越，要求我们必须坚持以科学发展观统领经济社会发展全局，切实转变经济增长方式。这对于贯彻落实科学发展观，推进全面建设小康

社会进程和实现中原崛起具有重要意义。

第一，转变经济增长方式是建设经济强省的必由之路。河南是经济大省，但远不是经济强省，实现从经济大省向经济强省的跨越，不仅要求发展快、总量大，而且要求结构优、素质高、效益好、后劲足。目前，河南无论是发展速度还是经济总量在全国、在中部都有明显优势，但结构、质量、效益指标却不太理想。据统计，2005 年高技术产业增加值占工业增加值的比重仅为 2.1%，低于全国平均水平 8 个百分点；财政收入占 GDP 的比重只有 5.1%，而全国各省市平均为 8.3%；全社会劳动生产率为每人每年 18730 元，仅相当于全国平均水平的 78%。只有转变经济增长方式，切实把经济增长转移到科技进步和提高劳动者素质上来，才能催生一批新的经济增长点，提升产业层次，优化经济结构；才能不断优化资源要素的配置效率，提高投入产出率；才能在保证经济高速增长的同时，不断提高经济增长的质量和效益，提高区域竞争能力，从而推动经济又快又好的发展，实现经济大省向经济强省的转变。

第二，转变经济增长方式是推动经济社会协调发展的本质要求。实现经济社会协调发展是全面落实科学发展观的一个重要内容。近几年来，我们坚持统筹经济社会发展，在加快经济发展的同时，大力实施科教兴豫、人才强省战略，各项社会事业也得到较快发展。但相对于快速发展的经济来说，社会事业发展还显得远远不够，存在经济和社会事业发展"一条腿长、一条腿短"的问题，难以满足人民群众对公共服务的巨大需求。河南经济总量比较大，但老百姓人均占有的社会财富较少，与东南沿海地区相比，同样是老百姓，同样是农民，但他们占有的社会财富远远高于我们。解决这个问题，需要采取综合措施，根本出路就是转变经济增长方式。转变经济增长方式，可以不断降低经济发展对投资拉动的过度依赖，腾出更多的财力、引导更多的社会资金投入到社会事业发展中去。转变经济增长方式，还可以从根本上提高经济增长的质量和效益，增加有效财力和社会财富，提高城乡居民收入水平，为经济社会事业的协调发展提供雄厚的物质保障，有效促进社会事业的发展和人的全面进步。

第三，转变经济增长方式是实现可持续发展的根本大计。转变经济增长方式，增强可持续发展能力，不仅是全面建设小康社会的重要目标，也是关系民族生存与长远发展的根本大计。河南是个以能源原材料工业为主的工业大省，能源原材料工业占工业经济总量的60%左右，一方面这样一种经济结构短期内很难改变，资源消耗总量大还将持续一段时间。另一方面，资源利用率低、浪费严重，万元GDP能耗是全国平均水平的1.2倍、世界平均水平的2倍，万元GDP用水量是世界平均水平的4倍；资源开采中乱采滥挖、采厚弃薄、采富弃贫、采易弃难问题比较突出，后备资源不足甚至资源枯竭的问题也日益暴露出来。以铝工业为例，铝土矿储量居全国第四位，但按照目前的消耗速度，仅能满足10至15年的需要。一切自然资源都是有限的，资源的不可再生性与加快发展的矛盾，客观上要求我们必须未雨绸缪，及时转变经济增长方式，否则将会做出"吃祖宗饭、断子孙路"的蠢事。

第四，转变经济增长方式是推进和谐社会建设的迫切需要。人与自然的和谐，是社会主义和谐社会的基本特征之一，是构建社会主义和谐社会的重要内容和基础条件。社会的和谐、人的全面发展只有在人与自然的协调和谐中才能实现。恩格斯在《自然辩证法》一书中曾经说过一段精辟的话："我们不要过分陶醉于对自然界的胜利。对于每一次这样的胜利，自然界都报复了我们。美索不达尼亚、希腊、小亚细亚以及其他各地的居民，为了想得到耕地，把森林都砍完了，但是他们梦想不到，这些地方今天因此成为荒芜不毛之地。"发达国家在上百年工业化过程中分阶段出现的环境问题，我国在近20多年内集中出现了。河南省也有一些地方历史上曾经是山清水秀，林草丰茂，但由于长期以来乱采滥挖、过度开发，导致一些地方植被破坏，水土流失，空气质量下降，水源受到污染。一些地方环境事故频发，老百姓反映比较强烈，有关环境问题的投诉和纠纷明显增多，影响到社会的和谐稳定。事实表明，如果人与自然的关系不和谐，生态环境受到破坏、人们的生产生活环境恶化，人与人的和谐、人与社会的和谐是难以实现的。保护环境，就是保护经济社会发展的根基，就是保护我们赖以生存的家园，为子孙后代留下蓝天绿地、青山碧水。只有大力推进经济增长方式转变，才能保护好脆弱的生态环境，提高环境的承载能力，促进经济增长和环境保护、生态建设的有机统一，让人民喝上干净的水、呼吸到清新的空气、吃上放心的食品，有一个良好的生产、生活环境。

二、突出重点，努力在转变经济增长方式中推动经济社会又好又快地发展

当前和今后一个时期，经济增长方式的转变既面临着资源和环境形势更加严峻的挑战，也面临着科技大发展、产业大转移的难得机遇。我们一定要增强忧患意识和机遇意识，转变发展观念，坚定信心，扎实工作，尽快把经济增长转到以人为本、全面协调可持续发展的轨道上来，不断提高经济增长的质量和效益，走出一条适合河南省情的新型工业化道路和生产发展、生活富裕、生态良好的文明发展之路。

第一，调整经济结构是转变经济增长方式的重要途径。经济结构是一个国家或地区经济发展阶段和水平的重要标志之一，反映了生产要素投入的方向和使用效率，反映了生产力的布局和产业发展的态势，影响着一个国家或地区的经济增长方式。经济结构的每一次优化升级，都会有力促进经济增长方式的转变进程。目前，河南已进入工业化中期阶段，跻身新兴工业大省行列，三次产业结构尽管实现了由二一三向二三一转变，但还不够合理，集中表现为：二、三产业比重不够高，尤其是第三产业比重比全国平均水平低 10.3 个百分点。同时在三次产业内部也存在着层次低、加工链条短和附加值低等突出问题，农业中

传统农业比重大，农业产业化水平低；工业中现代制造业特别是高新技术产业发展缓慢；服务业中现代服务业和新兴服务业发展滞后。适应新形势，完成新任务，正确的选择是，按照"优农业、强工业、兴三产"的总体思路，坚定不移地走新型工业化道路，不断推进经济结构优化升级，努力形成以高新技术产业为先导、基础产业和制造业为支撑、服务业全面发展的产业格局。

第二，增强自主创新能力是转变经济增长方式的关键环节。自主创新能力是一个国家和地区综合竞争力的核心和决定性因素，是第一竞争力。自主创新不仅导致经济总量的增加，而且使得经济增长的结构与质量发生深刻变化。区域间竞争实力的消长，企业间核心竞争力的强弱，经济增长方式转变的快慢，归根到底取决于自主创新能力的高低。中安科技之所以能够打响"中安科技、安全中国"这一信息安全的第一品牌，在于他们独立开发出了系列科技含量高的信息安全保密技术，探索了一条信息安全自主创新建设之路。郑州拓普轧制技术有限公司之所以能够成为国际顶级轧制企业，在世界轧钢史上铸上河南烙印，在于他们坚持依靠高新技术起家，不断推进发明创造，研究拥有自主知识产权的轧机设备。同样，金龙集团能够成为世界第一大精密铜管加工企业，宇通客车能够成为亚洲最大的客车生产厂家，许继集团能够成为我国电力系统继电保护研究生产领域的排头兵，双汇集团能够成为全国最大的肉类加工基地，都在于他们持续不断的技术创新发挥了主导作用，不仅创出了名牌，拥有了专利，有的还成为行业标准的制定者，形成了人无我有、人有我优、人优我强的强大竞争优势。无数事实证明，没有自主创新能力的提高，没有科技进步贡献率的大幅度提升，就不可能在有限资源、有限机会的竞争中获取先机。近几年来，河南转变经济增长方式之所以还没有取得大规模的突破，主要是自主创新能力不强，始终没有形成促进经济增长方式转变的强有力的技术支撑和动力源泉。因此，我们一定要坚定不移地实施自主创新跨越发展战略，始终把增强自主创新能力作为调整产业结构、转变增长方式、提高综合竞争力的中心环节，大力提高原始创新能力、集成创新能力和引进消化吸收再创新能力，务求在高新技术产业发展、促进科技成果转化、发挥企业技术创新主体作用和创新人才队伍建设上实现突破，推动经济增长从资源依赖型向创新驱动型转变，形成促进经济增长方式转变的良性机制。

第三，集约发展是转变经济增长方式的主攻方向。集约发展是现代经济的重要趋势，是降低成本、减少消耗、提高效益的有力举措，是把速度与质量有机结合起来的最佳形式。目前，河南存在着人均资源占有水平低、资源消耗量大、浪费比较严重、产业集中度低、规模效益差等突出问题，严重制约着整体素质的提升和竞争力的提高。近一个时期，各地都反映建设用地紧张是制约经济发展的瓶颈。但是，我们土地的利用率不高、利用方式粗放问题比较突出，建设用地是广东省的近两倍，创造的 GDP 仅为广东的 1/2，效益仅是广东的 1/3。在产业集中度方面，以钢铁和水泥行业为例，河南钢铁企业有 40 多家，最大企业的生产量力只有 800 万吨，全省钢铁总产量还不及武钢或鞍钢一家企业；规模以上水泥企业有 270 多家，全部生产能力刚过 6000 万吨，而安徽海螺集团一家企业生产能力就超过 4000 万吨。改变这种"散、小、弱"的粗放增长状况，必须立足省情，突出特色，走规模化、集中化、高效化的集约发展之路，促进优势资源向优势行业、优势地区和优势企业集中，提高资源的利用率和产出率，提高经济的竞争力。一是大力发展循环经济，推进由"资源—产品—废弃物"的单向式直线过程向"资源—产品—废弃物—再生资源"的反馈式循环过程转变，实现资源的循环和高效利用。鹤壁、义马两市近年来抓住国家发展循环经济试点城市的机遇，初步形成了特色鲜明的循环经济体系。鹤壁市构筑了煤炭、电力、水泥、金属镁、畜产品加工等五大循环产业链，义马市构建起了煤化工、铬化工、新型建材三大产业循环链，探索出了一条资源型城市可持续发展的新路子。二是大力发展集群经济，培育一批配套能力强、聚集效应明显，特色突出、竞争力强的产业集群。近年来，产业集群在中部地区异军突起、发展迅速，涌现出如漯河的食品，濮阳的特种玻璃制品，长垣的起重机械和卫生材料，林州的汽车配件，虞城的钢卷尺，许昌的制鞋，偃师的钢制家具等一批有地方特色、在全国具有较强竞争力和影响力的产业集群，同时园区经济也在迅速发展，初步形成了小产品大市场、小商品大产业、小企业大集群、小园区大生产的格局，呈现出"集小成大、集弱成强"的发展态势。但总的来看，集群经济发展起步晚、层次低，特别是与沿海经济发达地区还有较大差距，需要下大力气、大力发展。三是大力发展规模经济和品牌经济，走以规模创品牌、以品牌带规模的发展之路。许烟的帝豪、新烟的红旗渠、郑州的三全和思念的速冻食品、许昌的瑞贝卡发制品、西峡的进排气管、镇平的玉雕、鄢陵的花卉等，都是由小到大、由弱到强，成为国内驰名品牌和全国同行业最大的生产基地。

　　第四，改革体制机制是转变经济增长方式的根本保障。经济增长方式难以实现根本性转变，原因固然很多，最根本的是改革不到位，体制陈旧、机制不活，市场机制的基础性作用还没有发挥到位。不少地方的领导总还认为政府的作用是无所不能的，不少政府部门还没有从具体事务中解脱出来，不同程度地存在着错位、越位、缺位等现象，该管的没管好，不该管的乱插手，不仅"有形之手"没有发挥好作用，也影响到"无形之手"配置资源基础性作用的充分发挥。相当一部分企业还没有成为真正的市场主体，短期行为严重，创新发展动力不足。改革开放20多年的实践证明，体制机制改革与经济增长方式转变往往是正相关的，哪里有改革，哪里就有新突破，哪里就有新局面。这两年，河南的文化产业之所以能有大发展，跻身全国9个文化产业增加值超百亿的大省（市），在全国占有一席之地，主要得益于解放思想，推进了体制机制的突破，使全省文化产业焕发出空前的生机和活力。我们必须在改革上下真工夫、实工夫、硬工夫，加快转变政府职能，努力建设有限政府、责任政府和服务政府；深化国有企业改革，建立现代企业制度；大力发展非公有制经济，显著提高非公有制经济比重；推进现代市场体系建设，建立反映市场供求状况和资源稀缺程度的价格形成机制；加快发展文化事业和文化产业，使软实力尽快"硬"起来；坚定不移地实施开放带动主战略，发挥好开放的"倒逼"作用，形成有利于经济增长方式转变的体制机制，增强经济发展的活力和动力。

三、营造环境，扎扎实实推动经济增长方式转变

转变经济增长方式既是一个长期而艰巨的历史任务，也是一个十分紧迫的现实问题。全省各级党委、政府一定要增强责任感、使命感，紧密结合工作实际，勇于探索，大胆实践，相互配合，营造环境，形成推进经济增长方式转变的强大合力。

一是加强规划引导。不断深化对转变经济增长方式基本特点和规律的认识，发挥好国家产业政策的导向作用，研究制定转变经济增长方式的中长期发展规划，进一步明确远景目标和近期任务，谋划好区域生产力布局。抓住重点领域和重点行业，研究制定好各项专门规划，明确科技进步和节能降耗的标准、目标和措施。通过研究制定规划，使全局与局部、远期与近期、重点与一般的目标任务和政策措施紧密结合，发挥好规划的指南针和风向标作用。

　　二是搞好试点示范。积极开展创新型企业试点，加大对企业自主创新的引导和支持，探索促进企业成为技术创新主体的有效措施，形成具有示范性的创新型企业，引导更多企业走创新发展之路。扩大循环经济试点，着力建设一批循环经济企业、循环经济园区、循环生态城市试点示范工程，建立资源循环利用机制，推动循环经济在重点行业、重点领域实现突破。加强对试点工作的指导，及时研究解决试点过程中存在的困难和问题，认真总结推广鹤壁、义马等国家级循环经济试点城市和其他试点的经验，确保全省经济增长方式转变顺利健康发展。

　　三是完善考评体系。要研究改进过去那种重物轻人、重产值轻效率、重投入规模轻成本核算、重经济发展轻社会事业的考核办法，建立和完善比较科学的政绩考核体系。坚持既要有可信的数量指标，又要有群众的评价意见；既要看发展速度、经济总量等经济建设成果，又要看社会指标、人文指标、环境指标等社会进步情况；既要看经济发展，又要看社会稳定；既要看经济增长的总量，又要看人民群众得到的实惠；既要看硬环境的加强，又要看软环境的改善；既要看当前的发展，又要看发展的可持续性等。要通过完善经济发展的评价和考核体系，引导各级领导干部树立正确的政绩观，真正把精力放到转变经济增长方式上来。

　　四是制定促进政策。要根据河南产业发展和经济发展现状，研究制定科学的、操作性强的促进政策，明确重点支持什么，放开什么，限制什么，禁止什么。具体地说，要完善产业政策，建立规范的市场准入制度，严格限制高消耗、高排放产业的盲目投资，加快淘汰落后生产能力，积极支持节能环保型产业的发展和新能源、新材料的开发利用。完善投资政策，适当压缩资源类投资规模，大力加强高附加值精深加工工业投资和高新技术产业投资。完善财税政策，加大对公共服务领域的投入；加大对矿产、土地、水等资源的供给和需求的调控，促进企业对资源的节约和合理开发利用。完善金融政策，积极协调和引导金融机构加大对高新技术企业和资源节约型、环境友好型企业的支持。

五是加强法制建设。结合河南实际，对国家已颁布的相关法律法规和标准，抓紧研究制定与之相配套的地方性法规条例和标准，不断完善促进经济增长方式转变的地方性法律法规体系。严格执法，不断加大对违法违规开采、破坏资源、污染环境等行为的打击力度，坚决依法关停和淘汰消耗大、污染重的企业和项目。加强监督检查，坚决杜绝地区封锁和地方保护行为，打击侵犯知识产权行为，切实为转变经济增长方式保好驾、护好航。

六是营造社会氛围。大力宣传各行各业涌现的先进典型、采取的先进做法和创造的先进经验，引导和鼓励企业节约资源、降低能耗、保护环境。大力宣传建设节约型社会的基本国策，倡导科学理性的生活方式和消费方式，鼓励使用节约型产品，形成崇尚节约的社会风气。采取多种形式，发挥好理论研究的支撑作用、企业的主体作用和政府的引导作用，全力打造节约河南、生态河南、效率河南，在全社会营造有利于转变经济增长方式的良好环境。

经济发展要切实实现
"三个转变"*

当前河南的发展站在了一个新的起点上。做好全省当前和今后一个时期的工作，实现又好又快发展，关键是要把科学发展观落实到发展的各个方面、各个领域，努力实现三个转变、切实抓好三项工作。

一是要实现由主要追求经济增长的速度目标向主要追求经济发展的质量效益目标转变。中央经济工作会议明确提出，要坚持"稳"字当头、"好"字优先，这就要求我们把主要追求经济增长的速度目标转向主要追求经济发展的质量效益目标，把经济发展重心转移到"好"上来。提出这一转变，并不是说我们不要追求增长速度目标，而是由原来把增长速度作为主要目标转变为以发展质量效益为主要目标。特别是河南作为全国第一人口大省，经济基

* 本文节选自作者 2008 年 1 月 20 日参加河南省十一届人大一次会议审议时的讲话，发表于 2008 年 1 月 21 日《河南日报》。

础比较差，与东部发达地区的省情不一样，如果不保持一定的增长速度经济发展就难以为继。这几年我们在深入贯彻落实科学发展观上下了很大工夫，也取得了明显成效，全省经济保持了又好又快发展的良好态势。2007 年全省经济总量突破 1.5 万亿元、居全国第五位，工业总量达 7470 亿元、居全国第五位，粮食产量连续 2 年超过 1000 亿斤、达 1039 亿斤，稳居全国第一位。经济发展质量效益显著提高，作为经济增长主导力量的工业效益很好，规模以上工业主营业务收入达到 18500 亿元，实现利润 1800 亿元以上，增长 65% 左右，居全国第四位。深入贯彻落实科学发展观、朝着提高经济发展质量效益目标作出不懈努力，这既是近年来河南省经济社会发展取得辉煌成就的重要原因，更是今后推动经济社会发展必须坚持的重要原则。我们要切实把经济发展的目标由主要追求增长速度转移到主要追求质量效益上来，把经济发展重心转移到"好"上来，既不断提高经济发展的质量效益又保持一定的经济增长速度，努力实现速度质量效益相协调、消费投资出口相协调、人口资源环境相协调、改革发展稳定相协调，实现有效的发展、协调的发展、平稳的发展、持续的发展，把发展成果体现到人民生活水平的提高上来，不断开创经济社会又好又快发展的新局面。

二是要实现经济发展由主要依靠资金、物质要素投入向主要依靠科技进步和人力资本提升转变。在目前河南省经济发展阶段和发展水平下，一定的资金和物质要素投入是必要的，但不应该作为经济发展的主要手段，而应该主要依靠科技进步和人力资本提升来推动经济发展，这是由经济发展现状和宏观经济环境决定的。近年来河南经济之所以快速发展，主要依靠资金投入和资源开发利用。2006年温家宝总理视察河南时，对河南给予了"五个第一、两个重要"的高度评价，即河南是全国第一人口大省、第一农业大省、第一粮食生产大省、第一农村劳动力输出大省、第一粮食转化加工大省和全国重要的工业大省、重要的经济大省，充分肯定了河南经济社会发展取得的成绩。同时，温总理也指出，河南省存在固定资产投资增长过快过猛的现象。这一现象正是经济发展主要依靠资金和物质要素投入的具体表现。随着国内宏观经济环境和河南经济发展状况的变化，这种粗放型增长方式已经难以为继。中央针对当前投资过快过猛的现象，严把信贷、土地两个闸门和市场准入一个门槛；河南现有的资源非常有限，如果不加以有效控制，再过几十年一些主要能源资源就会枯竭，就会使今后的发展非常被动。这就要求我们必须保持清醒头脑，学会在热运行中注意冷思考，在开顺风船时注意水下暗礁，努力把经济发展转到主要依靠科技进步和人力资本的提升上来。要充分发挥科技第一生产力的作用，提高科技进步对经济增长的贡献率。近年来我们大力推进创新型河南建设，为经济社会又好又快发展提供了强大引擎。在前不久召开的国家科学技术奖励大会上，河南省22项科技成果荣获2007年度国家科技奖励，是新中国成立以来获奖数量最多、质量最高的一年。今后要继续在创新型河南建设上下大工夫，要努力提高劳动者素质，提升人力资本。河南省虽然劳动力众多，但高素质劳动力明显不足，一方面存在巨大的就业压力，另一方面各方面人才严重短缺。必须切实加强教育和培训，努力把人口压力转化为人力资源优势和人才优势，为经济社会发展提供智力支持和人才保障。

三是要实现由主要通过行政手段调整生产要素破解发展难题向主要通过改革体制机制破解发展难题的转变。生产要素的优化组合是提高生产效率、转变发展方式的重要途径。现在，解决发展难题，我们基本上都是靠行政手段调整要素配置、改变要素投向，常常导致生产要素流动的低效益。在通过改革形成资源要素合理流动的体制机制方面虽然有所作为，但力度还不够大、效果还不明显。比如近年来我们在农村综合改革特别是乡镇机构改革方面做了一些工作，但其他方面的改革特别是农业经营体制、经营方式的改革着力不够、明显滞后，出现了"粮食吃不完、口袋没有钱"的现象，农民增收很大程度上靠各级党委、政府的支农惠农政策。因此，必须进一步加大改革创新力度，改革行政管理体制，完善所有制结构，发展各类生产要素市场，推进统一开放竞争有序的现代市场体系建设，充分发挥市场在资源配置中的基础性作用，努力形成有利于生产要素合理流动的新机制，进一步消除制约经济发展的各种体制性障碍，有效激发经济发展的内在活力。

把科学发展观落实到经济工作的各个方面，实现三大转变，必须切实抓好以下三项工作。

一是要把提高质量效益作为经济工作的主要目标。目标具有重要的指向性、带动性和规范性。确定一个什么样的目标,对经济发展具有重要决定作用。河南要实现科学发展,就必须把切实提高经济发展的质量效益作为发展的主要目标。各地各部门必须进一步强化质量效益意识,牢固树立经济增长的成本意识,紧紧围绕提高质量效益思考问题、谋划发展、推动工作,将科学发展的理念体现在经济工作目标的确定上,不断巩固和加强经济发展的产业、环境、社会人文和民生基础,不断提高经济发展的经济效益、社会效益、生态效益,努力实现从扩大规模数量和盲目追求速度为主向提高质量效益为主的转变。

二是要把转变发展方式作为经济工作的主要任务。加快转变经济发展方式,是促进经济社会又好又快发展的紧迫而重大的战略任务,必须下大工夫、下真工夫、下硬工夫、下苦工夫。一要优化结构。要加大经济结构调整力度,发展现代产业体系,推动产业结构优化升级。第三产业的发展是现代社会的一个标志,目前发达国家都是第三产业为主导、第三产业比重占绝对优势。当然,产业结构的转变需要一个过程,无论是美国还是日本、德国,都是从以农业为主导转变到工业为主导、再转变到服务业为主导,都经历了产业结构演变的过程。我们提出的目标是要走在中部地区崛起的前列,但目前看河南省服务业发展就落后于周边一些省份,消费性服务业、生产性服务业的发展水平与近亿人口的大市场、全国第五的工业规模相比明显滞后。我们要切实把加快服务业发展作为一项重大任务抓紧抓好抓出成效,真正把经济发展主要依靠第二产业带

动转到第三产业快速发展、三次产业协同带动上来。二要
加大创新驱动力度。要着力突破关键技术，优先发展高新
技术产业，加快用先进适用技术改造提升传统产业，提升
产业层次和水平，提高科技含量和经济效益，推动经济发
展从要素驱动型向创新驱动型转变。三要加大节能减排力
度。实行严格的节能减排问责制和"一票否决制"，加快
淘汰落后生产能力，搞好土地"三项整治"，加快发展循
环经济，大力实施林业生态省建设战略，努力实现节约发
展、清洁发展、安全发展。

　　三是要把创新体制机制作为经济工作的主要抓手。体
制机制创新是经济发展的活力源泉，体制僵化、机制不活
是经济发展的最大障碍，要以改革的思路、改革的措施扎
实推进体制机制创新。目前，各级政府对微观经济运行干
预过多，管了很多不该管、不能管、也管不了的事情，导
致行政效率低下，在一定程度上制约了经济发展，不能够
完全适应市场经济发展需要，影响了生产力的发展。下一
步要在行政管理体制改革上下工夫、出实招，大力改革创
新政府行政职能和体制机制，按照权责一致的原则明确政
府及相关部门的职责权限，形成权责一致、分工合理、决
策科学、执行顺畅、监督有力的行政管理体制，努力建设
法治政府、服务政府、责任政府和效能政府，为促进科学
发展提供体制机制保障。

谈谈国有企业的改革发展问题[*]

　　长期以来，国有企业作为共和国这个大家庭中的"长子"，肩负着"养老抚小"的重任，艰苦创业、奋勇开拓，为共和国的成长作出了不可磨灭的贡献。过去如此，现在也是这样，国有企业在经济社会发展中的作用是不可替代的。河南国有企业比较集中，从"一五"时期开始就形成了一大批有影响的国有企业，为国家、为河南、为当地的经济社会发展作出了积极贡献。但是，在新的形势下，如何加快国有企业的改革和发展，在中原崛起的伟大进程中发挥新的作用？我就这个问题谈几点意见。

---

　　* 本文节选自作者于 2007 年 4 月 11 日在河南省加强国有企业党建工作会议上的讲话，发表于 2007 年 4 月 12 日《河南日报》。

一、从加快"两大跨越"、实现中原崛起的战略高度,充分认识推进国有企业改革发展的重大意义

国有企业是国民经济的支柱,是我国社会主义制度和党执政的重要经济基础,在推进中国特色社会主义伟大事业中肩负着重大的经济责任、政治责任和社会责任。党的十六大明确提出两个"毫不动摇",首先就是毫不动摇地巩固和发展公有制经济。以国有企业为主体的公有制经济,是国家引导、推动、调控经济和社会发展的基本力量,是实现广大人民根本利益和共同富裕的重要保证,对于发挥社会主义制度的优越性、增强我国的经济实力、国防实力和民族凝聚力具有关键性作用。改革开放以来特别是十五届四中全会以来,中央对国有企业改革和发展高度重视,先后采取了"抓大放小"、调整国有经济战略布局、建立现代企业制度、完善法人治理结构和国有资产管理体制等一系列重大举措,有力地促进了国有企业的改革和发展,国有经济的控制力和影响力不断增强,在涉及国民经济的重要行业和领域,国有经济占据着主导地位,进入世界500强的中国内地企业都是国有和国有控股企业,中国企业500强中超过70%是国有及国有控股企业,为巩固和发展社会主义经济制度和政治制度作出了突出贡献。河南是一个国有经济比重较大的省份,国有企业对经济社会发展发挥着举足轻重的作用。近年来,国有企业改

革和发展取得了显著成效。以产权制度改革为核心的股份制改造取得实质性突破，国有工业企业基本实现了股权多元化，商贸、文化、交通、金融等其他国有企业改革迈出坚实步伐，国有经济的活力不断增强；以结构调整为主线的国有经济战略布局调整取得重大进展，涌现了一批在全国叫得响的大型企业和企业集团，国有企业的竞争力显著提升；以解决企业改革发展突出问题为重点的解困帮扶工作取得明显成效，企业稳定得到切实维护，为和谐中原建设作出了重要贡献。总之，近年来河南省国有企业改革发展步子大、步子稳、效果好，曾一度出现的不稳定问题总体上已经得到解决，进入了巩固提高、加快发展的新阶段。在新的发展时期，我们一定要从加快"两大跨越"、实现中原崛起的战略高度，充分认识国有企业改革发展的重大作用。

（一）国有企业是推动经济实力不断迈上新台阶的重要依托。较大的经济规模既是经济强省、文化强省的应有之义，也是持续做强的重要基础。大是强的前提，没有一定的大，就没有真正的强；强是大的升华，没有强的支撑，就难有大的发展。国有企业是河南省经济发展的重要支柱和强大引擎。从对经济增长的贡献看，以国有企业为主体的公有制经济占全省经济总量的45%，是国民经济发展的重要力量和财政收入的重要来源。仅以国有及国有控股工业企业为例，近两年增加值增量占经济增量的1/10，现利润占全部工业利润的1/4。从发展前景看，国有企业大多集中在煤化工和石油化工、有色金属、装备制造和文化、旅游等成长性强的优势产业，而且大多数国有企业是具有较强竞争力的大型企业和企业集团，是河南加快工业化的骨干力量，发展第三产业的主导力量。由此可见，国有企业对做大经济总量影响巨大，对支撑快速发展至关重要，直接关系到"两大跨越"的进程，直接关系到经济发展能否迈上新台阶。

（二）国有企业是提升区域竞争力的中坚力量。区域之间的竞争是企业之间的竞争特别是大型企业之间的竞争。国内外发展的经验表明，大型企业的多少与区域竞争力是呈正相关的。大型企业多，则区域竞争力强，大型企业少，则区域竞争力弱。美国之所以成为世界超级强国，主要在于拥有近200家世界500强企业，基本控制了世界经济的先导产业。广东、江苏、山东、浙江等之所以成为全国经济发展的排头兵，也在于占有近四成的中国500强企业发挥着关键作用。河南省近几年之所以越来越受到全国的瞩目，也得益于一批大型企业的快速成长。大家知道，我们的大企业多数是国有企业，是先进技术、研发人才相对集中之地，是技术创新的重要力量，近年来河南省企业获得的省部级以上科技奖项，大多数是国有企业获得的。如改革开放以来在工业领域获得的国家科技进步奖一等奖"超薄浮法玻璃"项目就是洛玻集团获得的，国家科技进步二等奖"煤矿区土地生态环境损害的综合治理技术"项目就是由平煤集团获得的。可以说，抓好了国有企业的改革和发展，就抓住了增强自主创新能力的关键，抓住了建设创新型河南的关键，抓住了提高区域竞争力的关键。

（三）国有企业是产业结构优化升级的主力军。不断推进产业结构优化升级是实现中原崛起的本质要求，没有优化的产业结构，经济强省、文化强省建设也就无从谈起。适应科学发展的新要求，推进产业结构优化升级，必须在进一步巩固农业基础地位的同时，做精做强第二产业，发展壮大第三产业，努力形成以高新技术产业为先导、基础产业和制造业为支撑、服务业全面发展的产业格局。国有企业不仅在二、三产业中占有明显优势，而且是推动二、三产业发展的主导力量。2006 年，河南省国有及国有控股企业增加值占规模以上工业增加值的比重为36.6％，国有文化企业无论是增加值还是文化精品生产在全省文化产业中都占有绝对优势。比如河南出版集团在全国 500 强服务企业中居 150 位，河南报业集团、河南广播影视集团也进入了全国同行业的前 10 位，没有这些企业的有力支撑，就不可能建设文化强省。随着国有企业改革的全面深化和对外开放的不断扩大，不少大型企业和企业集团大力发展高新技术产业，加快应用高新技术和先进适用技术改造传统产业，在产品质量、工艺技术、生产装备、劳动生产率等方面达到国内先进水平，有的甚至居于世界领先水平，有力地带动了全省产业结构的优化升级。面对方兴未艾的知识、信息、生物等新经济时代的到来，我们只有充分发挥国有企业基础较好、人才密集、技术先进等综合优势，才能乘势而上，在激烈的竞争中把握先机、赢得主动，才能大有作为，构筑起支撑"两大跨越"

的强大筋骨。

（四）国有企业是建设资源节约型和环境友好型社会的领头羊。经济社会发展与资源、环境相协调是建设经济强省、文化强省的内在要求，也是积极顺应经济社会发展规律的必然选择。从世界发展潮流看，绿色生产、经营和贸易是许多大企业的共同追求，也是开拓国际市场的重要法宝。最近，美国《财富》杂志评出的日本丰田、美国大陆航空、加拿大太阳石油等世界十大绿色企业的共同特点，就是在理念上重视社会责任，在措施上投巨资开发环保技术，不仅赢得了社会认可和赞誉，而且拓宽了发展领域，取得了很好的经济效益。人均资源少的省情、环境压力大的现状和绿色生产的新要求决定了企业必须转变经济增长方式，实现由"三高一低"向"三低一高"转变。河南省国有企业特别是工业企业多数是能源原材料企业，节能降耗、污染减排空间大，也具有技术开发和加大投入的基础和实力，有义务更有责任为建设资源节约型、环境友好型社会作出更大贡献。从许多国有企业的实践来看，已经成功地走出了一条经济效益、社会效益双丰收的路子，如鹤煤集团通过构建煤炭—电力—建材、煤炭—煤层气—电力、煤炭—煤化工三大产业链，理顺了开发资源与节约资源的关系，其围绕煤电主业的多元化产业循环发展也为资源型企业的增长模式树立起可资借鉴和学习的标杆。安钢也探索出了在土地、能源紧张的情况下，进行产能置换、空间置换集约发展的路子，2006年在厂区面积增加2%的同时，实现钢产量增加138%，销售收入增加

241%。目前单位面积生产负荷达到 1068 吨钢/亩，到 2008 年将达到 1480 吨钢/亩，可能成为地球上"亩产钢"最多的企业。事实说明，国有企业对节能降耗更自觉、对环境保护更重视、对绿色生产更向往，是建设资源节约型、环境友好型社会的排头兵、领头羊。

（五）国有企业是完善社会主义市场经济体制的重要载体。完善公有制为主体、多种所有制经济共同发展的基本经济制度是完善社会主义市场经济体制的主要任务，也是各类经济主体发挥优势、各展所长，相互促进、共同发展的根本保证。实现"两大跨越"，必须毫不动摇地巩固和发展公有制经济，毫不动摇地鼓励、支持和引导非公有制经济发展，使两者统一于中原崛起的宏伟实践。也就是说，实现"两大跨越"必须要用两条强有力的腿，一条是以国有企业为主体的公有制经济，一条是非公有制经济，只有这样才能跨的远、跨的扎实。如果一条腿长、一条腿短，一条腿粗、一条腿细，就会跨不远、跨不好。国有企业是社会主义市场经济的重要微观基础，如果国有企业得不到很好的发展，社会主义市场经济将是不完善的、有缺陷的。同时，国有企业在改革发展的过程中不断壮大，也为民营企业发展腾出了空间，创造了条件，形成了充满活力的市场环境，促进了市场配置资源基础性作用的充分发挥，完善了社会主义市场经济体制。近年来，河南省经济持续快速健康发展，呈现出强劲的发展势头，生产总值增速连续 39 个月保持在 13% 以上，主要得益于市场经济体制的日益完善，激发了强大动力和充沛活力。适应经济全球化和发展开放型经济的要求，我们必须坚持不断深化市场取向的国有企业改革，积极探索公有制多种实现形式，为加快"两大跨越"提供比较完善的制度保证。

二、坚持以科学发展观为统领,努力做大
做强做优做久国有企业

科学发展观是以胡锦涛同志为总书记的党中央适应新形势、总结新实践、完成新任务而提出的重大战略思想，是指导发展的世界观和方法论的集中体现，是推动经济社会发展、加快推进社会主义现代化必须长期坚持的重要指导思想。企业是经济活动的主体，也是实现国民经济又好又快发展的微观基础。推进国有企业改革和发展，必须坚持以科学发展观为统领，以又好又快发展为方向，以改革开放为动力，以加强和改进企业党建工作为保证，以加快"两大跨越"为己任，解放思想，开拓创新，扎实工作，努力在做大、做强、做优、做久上实现新突破。

（一）做大国有企业。就是要做大企业综合实力。具体讲，就是要着重做大资产规模、生产能力和销售收入。大企业既是一个地区综合实力的集中体现，也是一个地区的形象标识。正像人们提起微软就想到美国、提起诺基亚就想到芬兰、提起奔驰就想到德国和提起海尔就想到青岛、提起平煤就想到平顶山一样，大企业已经成为一个地区的名片。大企业实力强，融资能力强，具备集聚资源、快速发展的巨大优势，是提升区域综合实力的最佳平台；

大企业管理规范，制度完善，整体素质高，是有效利用两个市场、两种资源的最佳平台。河南省经济实力总的来看还不够大，一个重要的原因就是大企业不够多、也不够大，带动发展能力不强。以2006年中国500强为例，河南只有9家企业，仅占1.8%；资产总额为1335亿元，仅占总资产的0.3%；营业收入总额为1217亿元，仅占总收入的0.9%，与全省经济总量在全国的地位很不相称。加快"两大跨越"的进程，要求我们必须千方百计做多大企业、做大大企业，特别是要利用好一些国有企业基础好、成长性强的优势，使更多的企业进入全国500强行列。要抓住世界产业转移步伐加快、对外开放进入新时期、促进中部地区崛起、部分城市享受振兴东北老工业基地政策等重大机遇，大力引进战略投资者，积极开展资本运营，加强同省内外优势企业和各类非公有资本的合资合作，扩大规模，壮大实力。河南省烟草集团的成功整合、平煤集团控股的平煤天安成功上市就是资产重组、资本运作实现扩张的典型范例。将新郑烟草集团、许昌卷烟总厂和郑州卷烟总厂融为一体的河南中烟工业公司，一下子形成了一个资产超百亿、产量300万箱、跻身全国烟草行业前十位的"烟草巨人"，并且赢得了国家烟草专卖局更大的支持。平煤天安在上海证券交易所的上市募集资金30亿元，创全国煤炭企业A股融资额之最，而且建立起现代企业制度，促进了企业管理的加强和改进。这些成功的例子充分说明，国有企业要尽快做大，必须改变单纯依靠自我积累、滚动发展的传统观念，树立现代发展理念、市场意识和开放意识。要按照横向配套、纵向成链的要求，抓好技术改造和项目建设，不断扩大生产能力。要树立现代营销观念，创新营销手段，积极开展电子商务，全面加强营销网络建设，不断提高产品覆盖面和市场占有率。

（二）做强国有企业。就是要做强企业核心竞争力。具体讲，就是不断增强企业自主创新能力，掌握具有自主知识产权的关键技术和核心技术。当今世界，自主创新能力是企业的第一竞争力，直接关系着企业的兴衰成败。比如，几年前我国有一大批生产 DVD 的企业，就是因为没有 DVD 的专利技术，遭到跨国公司的诉讼索赔，被迫支付巨额专利使用费用，致使国内多数 DVD 生产企业丧失竞争优势，甚至破产倒闭。又如，我们贴牌生产的手机，专利费要占到售价的 20%，这是在用我们的劳动力、资源，污染我们的空气和水，让别人挣了大钱。与此相反，河南省的金龙铜管集团，原来也是一个不起眼的"小不点"企业，一度亏损严重、资不抵债，自从掌握了核心技术以后，进入快速发展轨道，现已成为世界最大的精密铜管制造企业，市场占有率雄踞全球之冠。事实证明，企业即使再小，一旦掌握了先进核心技术，就能成为市场的宠儿；再大的企业，一旦丧失自主创新能力，就必然会被市场所淘汰。国有企业作为提升我省区域竞争力的主导力量，尤其需要加大技术创新力度，掌握并拥有同行业的先进技术，只有这样，才能在日趋激烈的市场竞争中主动出击、"开疆拓土"，才能从容应对各种风险，始终立于不败之地。要牢固树立"科技强企"的思想，牢固树立科技投入是最具潜力、最有效益投入的观念，正确选择企业科技发展战略，加强企业技术研发机构建设，努力使企业成为研究开发投入的主体、技术创新活动的主体和创新成果应用的主体。要强化知识产权意识，加强对知识产权的积累和保护，努力通过技术创新创造知识产权、通过知识产权促进技术创新的良性互动。要建立企业自主创新的动力机制，不断深化"三项制度"改革，制定新的激励举措，激发科研人员的创造激情和创新智慧。要切实通过加强以技术创新为核心的全面创新，努力培育一批控股份、控品牌、控技术、控标准、创新能力强的"四控"龙头企业，不断提高国有企业的竞争力、控制力和影响力。

（三）做优国有企业。就是要做优企业赢利能力。具体说，就是要把国有企业主营业务做优、企业品牌做优、内部管理做优。常言道，优胜劣汰，适者生存。从自然界动物生存的"丛林法则"，到人类社会的进化规律，再到市场经济的竞争规则，无不是"优"者海阔天空，"劣"者四面楚歌。企业的天性就是谋求利润最大化，经济效益差的企业，必然步履维艰，甚至死路一条。国有企业在这一点上，也不例外，虽然要承担一些社会责任，但决不能因此而不思进取，徘徊不前，因为市场不讲情面，市场不会宽容。一定要把不断提高赢利能力作为生产经营的中心任务，努力使国有资本保值增值，创造更多的社会财富，实现国家增收、企业增效和职工增资。一要做优主营业务，这是企业的生命线。主营业务对企业的成长性起着决定性作用，不仅是企业稳定利润的主要来源，而且左右着企业的发展方向、发展速度和发展质量。必须按照有所为有所不为的原则，把企业的有限资源集中到最擅长的业务上，集中发展主导产业，积极抢占行业制高点。在此基础上，根据市场需求和自身需要，可以适度发展多元化经营。在这个问题上，我们一定要注意避免盲目扩张业务领域，搞所谓的低成本收购，出现辅业拖累主业、子公司拖垮母公司、坏企业拖垮好企业等令人痛惜的现象。二要做优品牌，这是企业的制胜法宝。市场经济在一定程度上是品牌经济。现代市场的竞争就是品牌的竞争。品牌是企业核心竞争力的重要体现，是通向市场的门票，是征服人心的宝剑。据统计，世界名牌仅占全球品牌总数的不到3%，而其产量却占全球市场份额的40%以上，销售额占到全球总销量的50%左右，个别行业甚至高达90%。日常生活中，多数年轻人爱穿的耐克运动鞋，市场销售价为600元左右，成本仅有120元，这就是品牌的价值和魅力。河南省目前经济总量虽然不小，但影响力不大，一个很重要的原因就是缺乏一批在全国影响大的知名品牌。我们要想在未来的全国经济格局中占有一席之地，拥有一定话语权，就必须坚定不移地实施名牌带动战略，精心培育品牌、大力发展品牌、壮大提升品牌，让品牌成为经济跨越发展的助推器。三要做优内部管理，这是企业的永恒主题。内部管理是巩固企业改革成果和保持企业良性发展的有效保障。大家经常看到这种现象，很多企业行业相同、产品相似、规模相当，但效益却大不相同，主要原因就在管理水平的差异。管理是科学，管理也是艺术。对于大企业来说，管理到位，效率就高，效益就好；管理粗放，就会漏洞百出，自乱阵脚，好的企业也会搞砸。这方面我们有经验，也有很多教训。大家一定要深长思之，高度重视，采取切实措施，积极推进信息化建设，全面加强财务管理、生产管理、质量管理等基础管理工作，确保企业安全运行、集约发展。

（四）做久国有企业。就是要做久企业生命力。具体说，就是要加强战略管理、制度建设、人才队伍建设，培育企业永续发展的"长寿基因"，打造百年老店。"做久"是企业的永恒追求。市场多变，云谲波诡，翻手为云，覆手为雨。纵观企业发展历史，生生灭灭，兴兴衰衰，有的经风雨、见彩虹，成了常青树，有的则在大浪淘沙中成了昙花一现的匆匆过客。据统计，100 年前的日本百强企业，如今只剩 1 家榜上有名。我国 1987 年最大的 100 家公司，到 2002 年剩下的不足 20 家。在中国 500 强企业排行榜中，2002 年出现了 112 家新面孔，2003 年又有 101 家企业被新面孔替代。由此可见，企业成功不易，做久更难。作为肩负特殊重任的国有企业，一定要树立忧患意识，时刻保持清醒头脑，千万不要因近几年发展形势好而骄傲自满，要抓住机遇而不可丧失机遇，开拓进取而不可因循守旧，扎实工作而不可心浮气躁，永葆企业发展的生机和活力。一要加强战略管理，这是打造百年企业的重要前提。要善于以战略眼光审视发展，把企业的发展放在全国乃至全球发展的大格局中来谋划，高瞻远瞩、把握方向；善于以战略思维思考发展，注重研究企业成长、市场变化、产业演进、产品更替等发展规律，抓住机遇，抢占先机；善于以战略规划指导发展，按照远近结合、内外结合的原则制定发展目标、步骤、举措，扎实推进、奋发有为。二要抓好制度建设，这是打造百年企业的根本要求。除了涉及国家安全或国家产业政策禁止外资、民营资本投资的企业外，其他企业都要以产权制度改革为核心，采取资产重组、联合并购、引进战略投资者等多种方式加快国有企业股份制改革步伐，实现投资主体多元化，提高股份制改造的质量。继续完善国有企业的法人治理结构，尽快形成权力机构、决策机构、监督机构和经营管理者之间各负其责、协调运转、有效制衡的机制。扎实推进企业文化建设，以人本管理为核心，以服务发展为宗旨，以学习创新为动力，建立具有时代气息、健康向上、特色鲜明的企业文化，不断增强企业的凝聚力和职工的创造力。三要建设一支高素质的人才队伍，这是打造百年企业的关键所在。人才资源是第一资源，企业之间的竞争本质上是人才的竞争。谁拥有一流的人才，谁就会成为一流的企业、创造出一流的业绩。要坚持"人才兴企"，建立与现代企业制度要求相适应的育人选人用人机制，营造各类人才各展所长、各尽所能的良好环境，培养造就一批富有创新精神的科技人才、高技能专业人才和高水平管理人才，为企业长远发展提供有力的智力保证。

三、以改革创新的精神全面加强国有企业党建工作，为国有企业改革发展稳定提供坚强保证

推进国有企业改革发展，关键在党、关键在人、关键在领导班子。当前国有企业改革发展正处于关键时期，日趋激烈的市场竞争形势，加快"两大跨越"的繁重历史任务，不断深化的国有企业体制机制改革，使国有企业党建工作面临着许多新情况、新问题，也提出了新的更高的要求。如果国有企业党建工作依然简单地沿用老体制、旧办法，不仅难以很好地为企业改革发展提供保证，甚至会影响到企业的改革发展。我们必须以改革创新的精神全面加强国有企业党建工作，以党的先进性建设为主线，紧紧围绕中心、服务发展这个大局，抓住"四好"班子建设这个关键，突出建立健全企业党组织充分发挥政治核心作用的有效机制这个重点，创新党建工作的思路、体制、方法和载体，扎实推进企业思想政治工作、基层组织建设、党员队伍建设、人才队伍建设、党风建设和反腐倡廉工作，努力把党组织建设成为推动企业改革发展稳定的坚强政治核心和战斗堡垒。

（一）创新思路，更好地保持和发展企业党组织和广大党员的先进性。思路决定出路。思路新，则举措新、面貌新。要认真总结和继承党建工作的经验和做法，坚持在继承中创新，在创新中加强，不断拓宽党建工作的新思路。要跳出党建抓党建，将党建工作与经营管理工作相结

合、从严治党与依法治企相结合、思想政治工作与企业文化建设相结合、发挥职工民主管理作用与维护企业领导人员依法行使经营管理职权相结合。只有这样，国有企业党建工作才更有生命力、更有活力，更有扎实的基础，更受到企业的欢迎。要融入中心抓党建，紧紧围绕贯彻落实党的方针政策和企业重大决策来谋划工作、安排工作、落实工作，积极宣传贯彻党关于企业发展改革的方针政策，参与改革方案和措施的研究制定，为企业的改革发展把握方向；广泛深入实际，认真倾听职工意见，善于集中职工智慧，为企业科学决策出谋划策；充分发挥企业党组织的战斗堡垒作用和共产党员的先锋模范作用，充分调动广大职工的积极性、主动性、创造性，为企业生产经营贡献力量。要贴近实际抓党建，贴近企业改革实际、贴近企业发展实际、贴近生产经营管理实际、贴近党员职工思想实际开展党建工作，促进企业改革发展中的重大问题和涉及职工切身利益的突出问题的有效解决。要通过树立崭新的党建工作观念，使企业的思想政治工作能够适应新的发展形势、跟上发展节拍，使党组织和广大党员在思想、工作、作风等各方面始终保持和发展先进性。

（二）创新体制，积极探索党组织发挥政治核心作用、参与重大决策的有效途径。科学的体制，是国有企业党建工作更好发挥作用、持久发挥作用的关键。要认真研究和遵循新形势下国有企业思想政治工作规律，立足本企业投资主体、资产结构、经营方式等实际情况，积极探索党组织参与重大决策的有效途径。要坚持和完善"双向进入、交叉任职"的领导体制，建立健全运作规则和程序，探索管理者定期向党组织报告工作、党政领导重大问题决策前共同磋商、党委扩大会和党政联席会等制度，促进企业的科学决策、民主决策、依法决策。要积极探索党管干部原则的有效实现形式，建立和完善与现代企业制度要求相适应的选人用人机制，把好企业干部选拔任用、监督考核和教育培训关。要创新党管人才的机制，建立健全以品德、知识、能力和业绩为导向的考核评价体系和选用标准，以及岗位责任、风险与工作业绩挂钩，短期激励与中长期激励相结合，物质激励与精神鼓励相结合的激励约束机制，树立正确的用人导向，营造各类人才发挥作用的良好环境。要创新党组织发挥保证监督作用机制，规范企业领导行为和经营行为，建立与现代企业制度相适应的教育、制度、监督并重的惩治与预防腐败的体制机制，切实搞好企业党风建设和反腐倡廉。

（三）创新方法，不断增强党建工作的针对性和实效性。我们党历来重视工作方法问题。毛泽东同志早就指出："领导工作不仅要解决方针政策，还要制定正确的工作方法。有了正确的方针政策，如果在工作方法上疏忽了，还是要发生问题。"加强国有企业党建工作，要善于运用马克思主义的世界观和方法论来研究新情况、分析新问题、采取新举措，努力探索符合实际、灵活多样、扎实有效的工作方法和手段。要创新思想政治工作方法，把重点工作和广泛覆盖结合起来，把思想教育和严格管理结合起来，把思想建设和文化建设结合起来，把解决思想问题与解决实际问题结合起来，注意吸收借鉴先进经验和方法，积极利用互联网、多媒体等方便形象的手段，借助丰富多彩、生动活泼的形式，总结提升为广大职工所认同的企业精神、经营理念、经营宗旨、价值观念和行为准则，增强企业凝聚力，激发职工创造力，不断提高企业精神文明建设水平。要创新群众工作方法，积极探索现代企业制度下发挥职工民主管理作用、维护职工合法权益的有效途径，正确处理职工民主管理与企业负责人依法管理的关系，既要尊重维护职工的合法权益，发挥职工民主管理和监督的积极作用，也要尊重维护出资人权益，支持企业负责人依法行使经营管理权力，把发扬民主和依法治企统一起来；推动厂务公开，确保职工对企业重大事项的知情权、监督权；要通过监督劳动合同制度的执行，推行平等协商和集体合同制度，探索完善维权和帮困救助工作机制，建立协调稳定的劳动关系和劳动关系预警协调机制，切实依法维护职工合法权益。创新基层党组织设置方式，要按照灵活简便、高效实用的原则，采取专职兼职结合等办法，做到新建经济组织的同时建立党组织，调整经营管理组织的同时调整党组织的设置，配备经营管理人员的同时配备党务工作人员，努力使党组织的覆盖横向到边、纵向到底。

（四）创新载体，努力提高党建工作的活力和凝聚力。近年来，河南省国有企业党组织坚持从实际出发，开展了一系列主题鲜明、内容丰富、形式多样的主题实践活动和载体，为企业改革发展注入了强大生机和活力。我们要在认真总结经验的基础上，积极适应新形势、新要求，突出重点，全面深化各项创建活动，积极创新活动载体。要以这次经验交流为契机，深化"四好"班子创建活动，着力在理论武装上下更大工夫，切实做好用马克思主义中国化的最新成果武装领导班子头脑工作；着力在推动企业又好又快发展上下更大工夫，注意学习，加强研究，努力提高战略决策能力、经营管理能力、市场应变能力、开拓创新能力、风险防范能力和驾驭复杂局面能力；着力在坚持民主集中制上下更大工夫，形成团结共事的合力、完善科学决策的制度；着力在转变作风上下更大工夫，全面深入贯彻胡锦涛总书记在中央纪委七次全会上的重要讲话精神，加强五个方面作风建设、树立八个方面良好风气，进一步增强忧患意识、公仆意识、节俭意识，坚决克服奢靡之风、浮躁之风、贪占之风、跑要之风。要随着形势任务的发展变化，结合企业特点和实际，在保证正常生产经营的前提下，采取集中与分散、脱产与业余等灵活多样的形式，在思想建设、组织建设、作风建设等方面不断创造新的活动载体，如"创先争优"、"技术比武、岗位练兵"、"党员责任区"、"党员先锋岗"等实践活动，为党建工作的开展搭建良好平台、营造浓厚氛围，不断推动党建工作上台阶、上水平。

推进国有企业改革发展是一项复杂的系统工程。各级党委、政府必须加强领导，搞好服务，确保国有企业改革发展顺利推进。要切实把国有企业改革发展摆上重要议事日程，有领导、有分工、有制度、有措施，保证领导力量到位、工作责任到位、工作举措到位。要完善组织选拔与市场配置相结合的选拔任用制度，把组织考核推荐和引入竞争机制、公开向社会招聘结合起来，把党管干部原则和董事会依法选择经营管理者以及经营管理者依法行使用人权结合起来，通过公开选拔、公开推荐、公开招聘等形式，选好配好企业领导班子，尤其是选好配强企业一把手，确保党的路线方针政策得到贯彻落实，确保中央和省委关于国企改革发展的重大决策不出现"棚架"，确保企业上下团结一心、群策群力，实现科学发展、和谐发展。各级政府及其相关部门，要进一步转变职能，强化服务意识，简化办事程序，规范执法行为，落实责任追究制度，提高办事效率，降低服务成本，营造良好的政务环境。要认真研究解决国有企业在改革发展中遇到的突出困难和问题，完善有利于企业发展、有利于投资者参与国有企业改制改组的相关政策，加大对重点国有企业、重大项目的支持，认真解决好涉及职工切身利益的养老统筹、医疗保险和就业再就业等突出问题，营造良好的服务环境。大力整顿和规范市场经济秩序，加强平安河南建设，坚决依法打击各种干扰企业经营的不法分子和不法行为，严格依法行政、坚持公正司法，妥善处理好涉及国有企业改革发展的相关问题，营造公正的法治环境。

　　总之，要高举邓小平理论和"三个代表"重要思想伟大旗帜，全面贯彻落实科学发展观，解放思想，实事求是，与时俱进，开拓创新，不断开创国有企业改革发展和党建工作新局面，为加快"两大跨越"、实现中原崛起作出新的更大的贡献！

加快非公有制经济发展的
策略选择[*]

一、进一步加深对非公有制经济重要
地位和重要作用的认识

改革开放以来，我们党对发展非公有制经济的认识不断深化。党的十六大明确提出，必须毫不动摇地巩固和发展公有制经济；必须毫不动摇地鼓励、支持、引导非公有制经济发展。要把坚持公有制为主体，促进非公有制经济发展，统一于社会主义现代化的进程中。十六大还特别强调，在社会变革中出现的新的社会阶层，都是中国特色社会主义事业的建设者，对他们的创业精神都要鼓励，对他们的合法权益都要保护，对他们中的优秀分子都要表彰；一切妨碍发展的思想观念都要坚决冲破，一切束缚发展的

---

* 本文节选自作者 2005 年 1 月 11 日在河南省民营企业表彰大会上的讲话，发表于 2005 年 1 月 12 日《河南日报》。

做法和规定都要坚决改变，一切影响发展的体制弊端都要坚决革除，让一切劳动、知识、技术、管理和资本的活力竞相迸发，让一切创造社会财富的源泉充分涌流。十届全国人大二次会议通过的宪法修正案，以国家根本法的形式，把党的十六大提出的毫不动摇地发展非公有制经济的基本方针确定下来。这些都为非公有制经济发展指明了方向，增强了动力，提供了法律保障，对促进非公有制经济快速健康发展具有重大而深远的意义。

近年来，河南省各级党委、政府认真贯彻落实党的十六大精神，千方百计加快非公有制经济发展步伐。特别是2003年省委、省政府召开了高规格的发展非公有制经济工作会议，出台了《关于进一步促进非公有制经济发展的决定》，非公有制经济发展步伐明显加快，已经成为最具活力的经济增长点，为河南改革发展稳定做出了重要贡献。但是，面对加快发展的大好时机，与全面建设小康社会、实现中原崛起奋斗目标的要求相比，与沿海发达地区相比，河南省非公有制经济发展还存在较大差距，还有广阔的发展空间。我们必须进一步提高对非公有制经济重要地位和重要作用的认识，采取有力措施，加快发展步伐，努力保持河南省非公有制经济发展的好势头。

第一，非公有制经济是全面建设小康社会、实现中原崛起的一支重要力量。主要表现在三个方面。其一，非公有制经济的发展有力地推进了河南省工业化进程。目前河南规模以上非公有制工业企业增加值已占全省的40%以上，非公有制经济对工业增加值的贡献越来越大。2004

年在银行贷款大幅减少的情况下，河南经济之所以能够保持平稳较快发展，主要得益于我们引来了大批民间资金。随着投资体制改革的不断深入，加快工业化更要依靠民间资本和社会资本推动。大力发展非公有制经济，能够更有效地聚集民间资金、社会资金投资兴业，必将愈益成为工业化进程的有生力量。其二，非公有制经济是加快城镇化和农业现代化的重要载体。在加快城镇化和农业现代化，县域经济具有举足轻重的作用，而发展县域经济主要依靠非公有制经济。郸城曾是一个比较穷的农业大县，这些年大力发展"农"字头的非公有制经济，形成了 8 条农业产业链，有力地推动了农业发展、农民增收，经济状况明显改善，财政收入大幅增加。大力发展非公有制经济既是增加农民收入和农业投入的主要来源，又可以创造更多的就业岗位，吸引大量农村人口向城镇集聚，提高农业劳动生产率，同时还可以大量聚集民间资本投资城市基础设施建设和城市公益事业，形成产业支撑，完善城市功能，加快城市建设步伐。其三，非公有制经济是保持经济平稳快速发展的新的增长点。改革开放以来，非公有制经济对河南经济增长的贡献越来越大，预计 2004 年河南省非公有制经济占生产总值的比重将达到 45%，民间投资占全社会固定资产投资的 51.7%，非公有制企业出口也已经成为全省出口增长的主要推动力。因此，要保持经济持续快速健康发展，促进经济社会协调发展，实现中原崛起的宏伟目标，就必须大力发展非公有制经济。

第二，非公有制经济在推进和谐社会建设中具有重要作用。非公有制经济是就业和再就业的重要渠道。河南人口多，就业再就业任务重。多年来，在国有经济和集体经济的就业人数持续减少的情况下，非公有制经济创造了大量的就业机会，不但吸收了新增的就业人员，也吸收了大批从国有企业分流出来的人员和农村富余劳动力；随着改革的深化和发展步伐的加快，非公有制经济将为社会创造更多的就业机会。非公有制经济是发展社会事业的重要力量。更多民间资本投资发展教育、文化、卫生、绿化、环保等社会事业，将进一步促进经济社会协调发展。非公有制经济还可以为形成与社会主义市场经济体制相适应的思想观念和道德体系产生积极作用。非公有制经济的发展，促使竞争意识、效率意识等现代思想观念更加深入人心；一批先富起来的民营企业家解囊赈灾、捐资助学、扶贫济困，推动了社会公益事业发展。发展非公有制经济能够极大地激发人们创造财富的热情。非公有制经济人士通过诚实劳动和合法经营不仅自己先富起来，还能通过示范作用，激发人民群众的创造力，使各类人才依靠自己的知识和才华干事创业，创造社会财富，有利于带动和帮助更多的人走向富裕。

第三，非公有制经济是完善社会主义市场经济体制的直接参与者和积极推动者。非公有制经济是天然的市场主体，对促进市场主体多元化、促进公平竞争和市场机制作用的充分发挥，不断完善社会主义市场经济体制具有独特作用。非公有制经济的发展为国有企业和其他公有制企业的联合、兼并、嫁接、租赁和拍卖等提供了现成的对象和有效途径。像宇通公司等一些民营企业，这些年不断发展壮大，兼并盘活了一批破产的国有企业，呈现出红红火火的发展局面。公有制经济参股或控股非公有制经济，有利于扩大公有资本的支配范围、增强公有制的主体作用，从而促进公有制实现形式的多样化。大力发展非公有制经济，可以促进投融资体制由单一投资主体向多元投资主体的转化，激活市场竞争机制，形成多元竞争格局，促进市场主体相互竞争、相互合作，实现优胜劣汰，推动统一、开放、竞争、有序的现代市场体系的形成。

　　总之，各级党委、政府一定要从贯彻落实党的十六大精神、全面建设小康社会的战略高度，进一步提高对非公有制经济重要地位和重要作用的认识，真正把它作为加快工业化、城镇化和农业现代化的重要突破口和县域经济发展的战略重点，作为构建和谐社会、完善社会主义市场经济体制的重要动力，进一步增强紧迫感和责任感，促使河南省非公有制经济更好更快的发展。

二、民营企业和企业家要内强素质、外树形象，进一步加快发展步伐

　　目前，非公有制经济发展正处于最好时期，面临着前所未有的大好机遇。党和国家的方针政策解除了对非公有制经济发展的束缚，社会主义市场经济体制的进一步完善为其加快发展创造了更加有利的制度环境；经济全球化进程的加快和我国加入世贸组织，为非公有制经济的发展提

供了更广阔的发展空间；国有经济战略性调整和国有企业改革为非公有制经济发展提供了新契机；各级党委、政府和社会各界对非公有制经济发展更加重视，政府的管理、服务进一步改善，非公有制经济的发展环境更加宽松。虽然，近几年河南省非公有制经济发展速度很快，数量不断增多，效益不断提高，但是总体来看，民营企业规模比较小，大个头企业数量不多，资本实力还不是很强，市场占有率也不是很高。民营企业和企业家一定要认清形势，抓住机遇，按照科学发展观的要求，内强素质、外树形象，不断做强做大做优，力争在较短时间内使全省非公有制经济总量上规模、结构上档次、质量上水平、管理上台阶，形成一大批机制灵活、技术先进、管理有序、效益良好的民营企业群，为全面建设小康社会、实现中原崛起做出更大贡献。

内强素质，关键是做到"两个提升"和"三个创新"，不断增强企业的市场竞争力。"两个提升"，就是提升企业规模和产业层次。提升企业规模，就要利用各种有效的资本运作手段，积极参与国有企业改组改造，更好地利用资本市场、提高投融资能力，加快做强做大步伐，形成一批核心竞争力强的大型企业集团。要善于利用国内国外两个市场、两种资源发展壮大自己，努力扩大产品出口，积极开展与外商的合资合作，特别是注重与世界著名品牌的配套协作；有优势、有实力的企业要大胆"走出去"，开展境外投资，开拓国际市场。提升产业层次，就要摆脱家庭作坊式的低、小、散状态，谋大发展、求大突破、上新台阶。适应市场需求变化和市场竞争的需要，从单纯的劳动密集型向技术密集型和劳动密集型相结合转变，大力发展高端产品和终端产品，注重发展高新技术产业，形成高技术、高质量、高附加值、高效益的发展局面，实现产业升级；非公有制中小企业要向精、细、专、深发展。特别要注重提高与大企业的配套协作水平，逐步形成以大企业为主导、大中小型企业分工协作、相互配套的产业组织体系。

"三个创新"，就是机制、技术和管理创新，这是提升非公有制企业规模和层次、提高竞争力的根本着力点。机制创新，就是要不断探索适合增强企业发展活力的机制。非公有制企业能够从无到有、从小到大地发展壮大，很大程度上就是依靠其经营灵活、反应迅速的运营机制。面对激烈的市场竞争，要实现更好更快的发展，还要不断推进机制创新。具备条件的非公有制企业要积极推进股份制改造，建立多元和开放的产权结构；要创新激励和约束机制，建立合理的分配制度和用人用工机制，创造培养、引进、用好、留住高素质管理和技术人才的环境，最大程度地调动广大职工的积极性。技术创新，就是要提高企业的研发能力，根据市场需求不断开发科技含量高、经济效益好的新产品。坚持先进技术引进和消化、吸收、创新相结合，开发具有企业自主知识产权的核心技术和特色产品；加强与高等院校、科研院所的"联姻"和协作，"借脑发展"；有条件的企业要建立技术创新中心，努力提高自主创新能力，增强可持续发展能力。管理创新，就是要积极引进先进管理思想和经营理念，采用现代化、社会化的管理模式和科学先进的管理方法，不断提高企业管理水平；要逐步建立现代企业制度，完善法人治理结构；因地制宜、因企制宜，积极探索具有自身特点的企业管理路子。

外树形象，就是要树立民营企业和企业家"诚信、守法、贡献"的良好形象。在市场竞争日趋激烈的今天，企业的形象好不好，直接关系到企业能否生存、能否长远发展。诚信是中华民族优秀的传统道德，是市场经济有序运作的道德基石，也是企业的安身立业之本。在信誉已经成为企业无形资产的今天，失去信誉就意味着企业失去了生存和发展的根基。我们一定要坚持诚信为本，守信用、讲信誉、重信义，提高企业的知名度和竞争力，赢得更好的发展机遇，决不能做损害社会、损害消费者和投资者利益的事情。守法是市场经济对企业的基本要求。非公有制企业要牢固树立勤劳致富、守法经营的观念，严格遵守国家的法律法规，遵循市场规则和行业规范，依法经营，照章纳税，维护国家、集体的利益，维护社会正常的秩序，维护企业员工的合法权益；坚持发展符合国家政策的产业，注重安全生产和环境保护，在增加科技含量、提高经济效益、降低资源消耗、减少环境污染、发挥人力资源优势上下工夫、见实效。贡献，就是要进一步增强社会责任感，积极参加公益事业，扶危济困，服务社会、回报人民。最近印度洋发生了海啸，很多民营企业和企业家慷慨解囊，捐助灾区人民。我们就应该大力发扬这种精神，这也是民营企业和企业家树立良好形象的一个难得机会。要致富思源、富而思进，把企业自身的发展与全社会的发展结合起来，把个人富裕与广大人民群众的富裕结合起来，把遵循市场法则与发扬社会主义道德结合起来，以更加昂扬的创业精神、更加强烈的责任意识和更加突出的成就，为河南经济发展、社会进步多做贡献。

三、要坚持"放心、放开、放手"的方针，为非公有制经济发展创造更加良好的环境

各级党委、政府和领导干部要坚持"放心、放开、放手"的方针，切实加强领导和协调，进一步强化服务，优化环境，推动非公有制经济加快发展。我们不仅要有这样的认识，更要有这样的行动。

放心，就是政治上要放心。一要高度重视。充分认识非公有制经济的重要地位和重要作用，从根本上消除发展非公有制经济的思想障碍和疑虑，真正把大力发展非公有制经济作为实现中原崛起的重要力量，摆上重要日程，纳入国民经济和社会发展整体规划。现在全省非公有制经济在生产总值中已占较大比重，各级党委、政府要高度重视解决非公有制经济发展中遇到的困难和问题，促其更快更好地发展。帮助他们解决问题，实际上也是解决党委、政府在推动经济发展和社会进步中的困难和问题。二要大力宣传。采取各种有效形式，广泛宣传非公有制经济的重要地位、作用和优秀民营企业、民营企业家对社会做出的贡

献，营造谁发展谁光荣，尊重民营企业家就是尊重劳动、尊重人才、尊重创造的良好社会氛围，使全社会都关心支持非公有制经济的发展。三要表彰先进。对贡献突出、行业认可、社会公认的优秀民营企业和企业家要大张旗鼓地表彰，增加非公有制经济代表人士担任各级人大代表和政协委员的比例，提高他们的政治待遇，使奉公守法、事业有成的非公有制经济人士社会上有地位、政治上有荣誉、经济上有实惠。今天大家披红戴绿、喜气洋洋，接受省委、省政府的表彰，就是一次具体体现。目的就是为了进一步激发民营企业和企业家更好地发展，同时也给社会一个导向，使社会方方面面都来支持和帮助民营企业和民营企业家更好地成长和发展壮大。

放开，就是政策上要放开。一是放宽投资领域。原则上，凡是国家没有明确禁止民营资本进入的行业、领域，都要向民营资本开放，有关职能部门不得自行设置限制条件；凡是我国政府承诺对外商逐步开放的投资领域，都应向民营资本开放，进一步拓展非公有制经济的发展空间。二是放宽市场准入。对非公有制经济的发展不限比例、不限速度、不限规模、不限经营方式。民营企业在办理证照、申请立项、进出口、用地、技术人员职称评定以及科研项目申报、政府专项扶持资金使用、出口退税等方面，享受与其他类型企业同等的待遇，使各类市场主体在同一起跑线上平等竞争发展。三是创造条件。坚决把国家和我省关于鼓励、支持和引导非公有制经济发展的政策措施落到实处。完善劳动合同制度，建立合理的收入分配和社会

保障制度，保护劳资双方的合法权益；加强民营企业人才
队伍建设，为民营企业人员培训和开展国际交流创造条
件，采取多种形式，为民营企业引进各类急需人才。

　　放手，就是发展上要放手。着力为非公有制经济发展
创造良好环境，让非公有制经济在一个开放的、法治的市
场空间中自主成长。一是进一步转变政府职能，强化服务
意识。继续深化行政审批制度改革，加快电子政务建设，
简化办事程序，提高政府服务效率；坚持依法行政，文明
执法，坚决清理和规范各种收费行为，坚决查处对民营企
业的乱收费、乱摊派、乱罚款、乱检查行为，为非公有制
经济发展创造公开、公平、公正的市场环境。二是建立健
全社会化服务体系。进一步完善企业信用制度体系，引导
非公有制经济守信经营；加强融资担保体系建设，拓宽非
公有制经济的融资渠道；大力发展各类社会中介组织，为
非公有制经济发展提供社会化、专业化和规范化服务；加
快行业协会的改革与发展，促进民营企业加强自律，维护
民营企业的合法权益。三是加强和改进对非公有制经济的
监管服务。要寓监管于服务之中，整合监管力量，互通监
管信息，实行联合执法，避免监管行为对企业正常生产经
营活动的影响。加强对民营企业安全生产、环保、劳保、
劳资关系、社会保险等方面的监察，严肃查处各种违法违
规行为。

　　这里还要强调一下关于加强非公有制经济党建工作。
这是在新的历史阶段增强党的阶级基础，扩大党的群众基
础，巩固党的执政根基，确保党的路线方针政策得到落实

的重大问题。要继续抓好在具备条件的非公有制企业中建立党组织和发展党员工作，扩大党组织的覆盖面。进一步探索和完善非公有制企业党建工作管理体制；充分发挥党组织的政治核心作用。加强对非公有制企业思想政治工作和精神文明建设的领导，建立健全非公有制企业的工会、共青团、妇联组织，团结凝聚职工群众，维护各方的合法权益。

关于县域经济发展实现
新跨越的意见[*]

县，在中国是一个重要的行政区域，也是一个重要的经济领域，在经济社会发展的大格局中具有重要的地位，发挥着重要的作用。下面，我就坚持科学发展，努力实现县域经济发展新跨越，谈几点意见。

一、认识新阶段，不断强化县域经
济在中原崛起中的新作用

县域经济作为国民经济的基本单元，是构建和谐中原、促进中原崛起的重要基石。党的十六大以来，河南省高度重视县域经济发展，始终把实施中心城市带动和发展壮大县域经济作为全省工作的两个大局，在大力实施中心

---

* 本文是作者 2008 年 4 月 1 日在河南省县域经济工作会议上的讲话，发表于 2008 年 4 月 2 日《河南日报》和《党的生活》2008 年第 5 期。

城市带动战略的同时，把发展壮大县域经济作为富民强省的重大战略，作为破解"三农"难题、推进新农村建设的重要载体，作为促进城乡协调发展的重要途径，创新体制，完善政策，采取措施，强力推进，县域经济综合实力明显增强，质量效益显著提高，产业层次大幅提升，主要表现在"六个突破"：县域生产总值突破 1 万亿元，比 2002 年增长 99.1%，占全省生产总值的比重达到 70.6%，已经"三分天下有其二"，对全省经济增长的贡献率达到 77%；工业增加值突破 5000 亿元，达到 5427 亿元，比 2002 年增长了 152.9%，占县域 GDP 的比重达到 51.1%，比 2002 年提高了 12.5 个百分点，对县域经济增长的贡献率达到 65.3%；粮食产量连续两年突破 1000 亿斤大关，连续四年创历史新高，作为承担全省粮食生产主要任务的县市，为全省粮食产量连创历史新高做出了巨大贡献；农村公路总里程突破 21 万公里，居全国第一位，在中西部地区率先实现了所有行政村通水泥路或柏油路，实现了"户户通电"，解决了 777.9 万农村居民的饮水难题，农民生产生活条件得到了极大改善；县均财政一般预算收入突破 3 亿元、支出超过 8 亿元，分别是 2002 年的 2.9 倍和 3 倍，收入超 5 亿元的县（市）20 个，超 10 亿元的 4 个；农民人均纯收入增长率连续两年突破两位数，去年达到 3852 元，比 2002 年增加 1637 元，农村居民家庭恩格尔系数由 2002 年的 48% 下降到 38%，下降了 10 个百分点。这六大突破也是六大亮点，表明了抓县域经济发展的方向是正确的，措施是有力的。县域经济的大发展推动全省经济发展上了层次，上了水平，更坚定了我们进一步抓好县域经济发展的决心和信心。与此同时，改革开放、社会事业、精神文明、民主法制、党的建设等都迈出了较大步伐。在第七届中部六省百强县中，河南省占了46个，其中前十位我们就占了6个。可以说，经过上一轮的发展，河南省县域经济已进入提质增速、加快转型、推动城乡二元结构向城乡协调发展转变的新阶段，站在了一个新的历史起点上，开始迈向更大规模、更高水平的新跨越。

发展壮大县域经济是一项长期而艰巨的历史任务。尽管这几年我们县域经济发展实现了大突破，为中原崛起打下了良好基础，但这仅仅是县域经济跨越式发展的开始。随着全省发展新跨越步伐的加快，中原崛起这座大厦越来越宏伟，既迫切需要中心城市这个柱石更加高大，也迫切需要县域经济这个基石更加坚实。县域经济的发展步伐决定着全省跨越的步伐，决定着中原崛起的进程。

从加强宏观调控、实现经济平稳快速增长的要求看，实现县域经济发展新跨越是重要举措。当前和今后一个时期，控制物价特别是食品价格上涨过快、缓解就业压力是经济发展中面临的突出问题。县域人口多，就业形势严峻，是粮食等农产品的主要生产地，没有县域经济发展的新跨越，劳动力就业压力就难以缓解、物价就难以稳定，就难以保持全省经济平稳快速增长。

从破解资源环境瓶颈制约、实现可持续发展的要求看，实现县域经济发展新跨越是主攻方向。县域是资源能源主要所在地，又是发展的生态屏障，能源原材料工业比重大，产业层次较低，经济增长方式粗放的问题还较为突出。县域经济总量在全省经济总量中的比重较大，如果县域经济发展不能实现新跨越，完成节能降耗任务、建设生态文明、实现可持续发展就难以取得显著进展。

从统筹城乡发展、破解"三农"难题的要求看，实现县域经济发展新跨越是关键所在。县域包括城镇与农村，县域经济包括工业、农业与服务业，发展壮大县域经济是统筹城乡发展、破解"三农"难题的主要抓手。只有县域经济发展实现新跨越，城乡差距才能逐步缩小，农业基础才能更加巩固，农民收入才能持续提高，农村经济才能日趋繁荣，社会主义新农村建设才能加快推进。

从促进区域协调发展的要求看，实现县域经济发展新跨越是有效手段。县域经济发展不平衡的问题十分突出，总体上看，中原城市群与黄淮四市发展水平差距较大，工业强县与农业大县发展水平差距更大。只有加快发展县域经济，使弱县变强、强县更强，才能实现区域发展。

从构建和谐中原的要求看，实现县域经济发展新跨越是重要基础。农业稳则经济稳，农村稳则全局稳，郡县治则天下安。当前影响我省社会大局和谐稳定的问题多数发生在农村，主要原因是经济发展水平还不高，改善民生条件还有限。只有县域经济发展实现新跨越，县乡财政实力才能有大提高，解决民生问题才能有大成效，构建和谐中原才能有最广泛最深厚的基础。

从应对日趋激烈的区域竞争的要求看，实现县域经济发展新跨越是有力支撑。当前全国上下正在兴起新一轮大发展的热潮，沿海地区继续保持强劲发展势头，中部各省发展明显提速，多数省份都更加重视发展县域经济，采取许多有力举措大力推动，呈现出你追我赶、奋勇争先的发展局面。面对前有标兵渐行渐远、后有追兵渐行渐近的竞争态势，如果县域经济发展不能实现新跨越，加快中原崛起、走在中部地区前列的目标就难以实现。总之，面对党的十七大提出的新要求，面对国内外竞争日趋激烈的新形势，面对县域占全省80%以上的人民过上更加富裕美好生活的新期待，县域经济在新起点上实现新跨越，任务更重、责任更大、难度更高、挑战更多。中央的重托，发展的大势，人民的期盼，都要求我们在科学发展观的指引下，抓住机遇，发挥优势，克难攻坚，勇于进取，奋力实现县域经济发展新跨越。

二、认清新形势，进一步明确县域经济发展的新要求

近年来，胡锦涛总书记多次视察河南，要求我们全面贯彻落实科学发展观，抓住机遇，实现跨越式发展，在促进中部崛起中发挥更大作用，走在中部地区前列，这是对河南省经济社会发展提出的总要求，也是河南省县域经济发展的总要求。当前，我省县域经济发展面临许多重大机遇和有利条件。随着经济全球化和区域经济一体化深入发展，生产要素在全球范围的重组和流动进一步加快，为我们承接国际国内产业转移提供了难得机会；新科技革命方兴未艾，新产业、新经济蓬勃兴起，为我们发挥后发优

势、实现县域经济发展新跨越提供了可能；中央坚持统筹城乡发展的基本方略，扎实推进社会主义新农村建设，支农惠农强农力度加大，对我们这样一个县域人口占大多数的省份来说，更是一个大好机遇；中部地区崛起战略的深入实施，必将有力促进我省县域经济的发展。同时，我们已经走出了一条加快县域经济发展的路子，一批特色鲜明的经济强县快速崛起，为发展壮大县域经济提供了宝贵经验。但我们也要清醒地看到，河南省县域经济发展方式还比较粗放，城乡差距扩大的趋势还没有得到有效遏制，农民增收难度依然较大；随着国家宏观调控不断加强，经济发展环境不断变化，进一步发展壮大县域经济，还存在不少突出矛盾和问题，面临诸多前所未有的挑战和压力；全国各地都在加快发展县域经济，我们面临的竞争更加激烈。总的来看，机遇和挑战并存，动力和压力同在，机遇大于挑战，优势多于困难。只要我们始终保持清醒头脑，进一步增强机遇意识、忧患意识、发展意识，抢抓机遇不错过，迎接挑战不畏难，扭住发展不放松，开拓进取不懈怠，扎实工作不浮躁，就一定能够实现县域经济发展的新跨越。

实现县域经济发展新跨越，总的要求是：在党的十七大精神指引下，高举中国特色社会主义伟大旗帜，深入贯彻落实科学发展观，牢牢抓住发展这个第一要务，以富民强县为目标，以改革创新为动力，以工业经济为主导，以现代农业为基础，以农业产业化为载体，着力发展特色经济，突出发展民营经济，大力发展园区经济，全面提升劳务经济，加快城乡一体化步伐，努力实现县域经济向更大规模、更高水平发展。通过 5 年的努力，到 2012 年县域生产总值要突破 1.8 万亿元，规模以上工业增加值达到 7500 亿元，财政一般预算收入超过 670 亿元，农民人均纯收入达到 6000 元，粮食总产稳定在 1000 亿斤以上，城镇化率达到 34% 左右，力争在以下五个方面取得突破性进展：

产业结构进一步优化。工业主导更加突出，新型工业化迈出坚实步伐，农业基础更加巩固，现代农业快速发展，服务业比重明显提升，三次产业协调发展，竞争力不断提高。

转变发展方式迈出实质性步伐。自主创新能力明显提高，科技进步对经济增长的贡献率大幅上升，节能减排成效显著，资源利用效率不断提升，经济发展由资源依赖型向创新驱动型转变，由主要依靠投资拉动向投资、消费、出口协调拉动转变。

经济发展更具活力。各项改革不断深化，体制机制更加完善，各类创业主体的潜能充分激发，创业环境更加优化，全民创业蔚然成风，开放型经济水平大幅度提高，非公有制经济占县域经济的比重进一步提高。

可持续发展能力不断增强。生态文明新观念得到确立，资源节约型、环境友好型社会建设迈出坚实步伐，循环经济加快推进，生态环境明显改善，80% 的县市建成林业生态县，县城及县级市污水处理率达到 70% 以上、垃圾无害化处理率达到 80% 以上，经济发展与人口、资源、环境更加协调。

城乡一体化进程取得突破性进展。以工促农、以城带乡的长效机制初步建立，城乡差距扩大的趋势得到有效遏制，覆盖城乡居民的社会保障体系不断完善，城镇化水平明显提高，新农村建设取得重大进展。

三、采取新举措，努力实现县域经济发展新跨越

当前，我们正处于一个以创新制胜的时代，创新是最大的资源、最强的动力，已成为发展的基本要求和永恒主题。站在新起点上的县域经济，要从容应对新阶段出现的新变化，实现新形势提出的新要求，必须在科学发展观的指引下，以更宽的眼界、更大的魄力、更新的思维来推动创新实践，把创新贯穿于经济社会发展的方方面面，以创新把握新主动，以创新赢得新优势，以创新破解新难题，以创新注入新动力，以创新的新局面推动发展的新跨越。

（一）创新发展观念，就是要破除制约发展的旧观念，树立敢想敢干、敢闯敢冒的新观念，在促进全民创业上实现新突破。许多阻碍创新发展的无形力量，更多地来自于观念滞后。创新发展的首要问题，是发展观念的创新。知识是生产力，观念也是生产力；技术革命固然重要，观念革命更加重要。许多事例证明，观念的突破往往是一个企业、地区和国家加快发展，乃至于人类文明得以演进的决定性因素。只有不断创新发展观念，永葆思想活力，才能激发创造活力和发展动力。江苏省江阴市从改革

开放初期的农业大县，发展成为现在的全国县域经济排头兵，GDP 超 1000 亿元，人均 GDP 超 1 万美元，9 家企业跻身全国 500 强，在江苏率先实现全面小康，其成功的最大奥秘就是较早洞察到并牢牢抓住了发展外向型经济、利用资本市场等重大历史机遇，在发展观念上始终超前一步。平煤集团通过上市，既筹集到了企业发展所急需的资金，又完善了企业治理结构，促进了企业大发展、快发展。林州市如果没有当初的"十万大军出太行"，长了见识、换了脑子、变了观念，也很难有今天全民齐心富太行的局面。这些典型事例充分展示了创新发展观念具有的独特魅力、产生的巨大能量。要实现县域经济发展的新跨越，就必须冲破一切妨碍创新发展的观念，以思想的大解放、观念的大创新，求得发展活力和动力的大迸发。

创新发展观念，最核心的是牢固树立全民创业是县域经济发展实现新跨越第一动力的思想，使广大群众的创业热情充分激发出来、创业能量全面释放出来、创业活动蓬勃开展起来，为经济社会发展提供强大持久的内生动力。

一要跳出片面强调自然资源的狭隘意识，树立人才资源是第一资源的新观念。必须充分认识到人才资源是当今世界最具竞争性的战略资源。坚持把实现县域经济发展新跨越的立足点放在充分发挥每个人的主观能动性上，有爱才之心、育才之识、聚才之力、用才之艺，为广大群众营造干事创业的最佳环境，做到人尽其才、才尽其用、用当其时。要善于通过推动群众创业，最大限度发挥人才的作用，使本地资源优势得到发挥，外部资源为己所用。舞阳县大力开发当地盐矿资源，进行精深加工，延长产业链条，建设工业盐、纯碱、氯化铵、三聚氰胺等项目，正在走出一条"就地寻宝"的发展路子。镇平县不产玉却是"中国玉雕之乡"，蚕丝不多却是"中国地毯之乡"，水面不大却是"中国金鱼之乡"，成功走出了一条"无中生有"的发展之路。

二要跳出片面强调政府推动大项目的狭隘意识，树立人人争先创业才能最大限度推动发展的新观念。在国家宏观调控力度不断加大，严把土地、信贷闸门，提高市场准入门槛的形势下，由政府推动大项目的难度越来越大。实现县域经济发展新跨越，在千方百计争取大项目的同时，要让全民创业担当起拉动经济持续增长的重任。要把发展民营经济作为全民创业的主战场，胆子再大一些，步子再快一些，支持再多一些，努力形成"万马奔腾"、竞相发展的繁荣局面。

三要跳出片面强调依靠上级扶持的狭隘意识，树立不等不靠自我发展才是决定因素的新观念。各县特别是欠发达县一定要清醒地认识到，尽管省里的扶持力度会不断加大，但要实现发展新跨越必须立足自身，充分挖掘基层和群众的创造潜能，充分发挥当地劳动力和自然资源优势，努力增强内生发展动力。要把提高劳动力素质作为增强自我发展能力的基础工程，切实抓紧抓好抓出成效。

四要跳出片面强调本地市场要素的狭隘意识，树立大开放才能大发展的新观念。把促进全民创业与加强招商引资和发展劳务经济有机结合起来，一手抓民营经济、一手抓招商引资，一手抓劳务经济、一手抓回归经济，以内部资源嫁接外部资源，以外生力量激活内生力量，全面拓展县域经济发展空间。地处偏远的山区县新县，积极转变思想观念，大力发展海外劳务培训，积极开辟海外劳务市场，成为全省有名的海外劳务培训输出基地。所以，要大力破除守土恋家的小农意识，支持更多的人走出去干大事创大业。

（二）创新发展模式，就是要跳出传统发展方式的束缚，确立清洁节约可持续的发展理念，在集约集聚发展上迈出新步伐。经济集约集聚发展，可以降低发展成本，优化要素配置，放大外部效益，实现资源共享、环境同治，是速度、质量、效益有机统一的最佳方式，是现代经济发展的必然趋势，是坚持科学发展、转变经济发展方式、走新型工业化道路的内在要求，也是近年来经济强县普遍采用的发展模式。江苏的"昆山之路"就是集约集聚发展的典范，全市60%以上的财政收入、80%以上的地区生产总值、90%以上的外资和工业产值、98%以上的进出口总额都来自园区，其中昆山开发区主要经济指标均占到全市的50%以上。我省的长垣县大力推动防腐、起重机械、医用卫材等产业集约集聚发展，被誉为中国防腐蚀之都、中国起重机械之乡，起重工业园区入驻生产性企业达200多家，创造了全国瞩目的"长垣现象"。偃师的钢制办公家具、虞城的钢卷尺、林州的汽车配件等也都通过集约集聚发展，成为当地的支柱产业，在全国叫响了牌子、占领了市场、创造了效益。同时也要看到，引项目不加选择、用资源不重节约、治污染不够坚决等问题在一些地方仍然存在，经济发展"散、乱、弱"的问题仍较突出，"把鸡养在院子里，把厂办在村头上"的现象仍很常见。这种分散、粗放的发展模式，不仅难以实现发展新跨越，甚至会被日趋激烈的市场竞争所淘汰。

走集约集聚发展路子，当前要努力做到"三个加快推进、三个大力引导"。"三个加快推进"，一是加快推进工业结构优化升级。有选择地承接国内外产业转移，加快发展加工制造业和新兴产业，改造提升钢铁、水泥、造纸等传统产业和劳动密集型产业，切实改变县域工业中能源和原材料初加工工业比重偏高的状况，提高产业竞争力。二是加快推进县域工业节能减排。严把项目入口关，严格执行国家产业政策和准入门槛，从源头上控制高耗能高污染项目建设，大力发展循环经济，积极推广先进节能技术，坚决淘汰落后生产能力。三是加快推进生态环境建设。加大县域重点流域、重点区域环境污染治理力度，加强县城污水、垃圾处理配套设施建设，全面开展农村污染治理，认真实施林业生态省建设规划，积极推进集体林权制度改革，不断提高县域生态环境承载能力，改善城乡居民生活环境。"三个大力引导"，一是大力引导企业向各类园区集聚。坚持以科学规划指导企业入驻，以优化园区软硬环境吸引企业入驻，以创新园区发展模式推动企业入驻，努力形成"县域发展园区化"、"园区发展专业化"的格局。二是大力引导要素向优势产业集聚。围绕优势产业引导群众创业取向、招商引资方向和项目安排投向，发展配套产业，延伸产业链条，形成块状经济、集群经济。三是大力引导资源向重点企业集聚。坚持以市场为导向，加大政府扶持力度，推动企业联合重组，促进企业规模化、品牌化经营，努力培育具有较强竞争力和带动力的龙头企业。

（三）创新发展优势，就是要避免县域经济发展趋同化现象，确立差异化发展战略，在发展特色经济上再创新辉煌。优势决定成败，优势决定未来。谁拥有发展优势，谁就能够抢占发展先机，赢得发展空间，在区域竞争中处于强势地位。特色就是优势，就是品牌，就是竞争力。在日趋激烈的市场竞争中，谁拥有了特色，谁就拥有了优势，拥有了市场话语权，就能占领市场的制高点。要实现县域经济发展新跨越，就必须在培育特色经济上做大文章，在创新发展优势上下大工夫，不断提升县域经济核心竞争力。长葛金刚石制造及制品年产值80亿元，规模全国最大、亚洲第一、世界三强；有色金属加工年产值达150亿元，规模在长江以北最大。沁阳大力发展造纸机械产业，已成为全国型号最全、规模最大的纸机生产基地，被誉为"全国造纸机械之乡"；电动车产业"从无到有、由小到大"，车用蓄电池和轮毂产量均居全国首位。潢川通过农业产业化经营，做大做强鸭产业，华英集团年加工能力突破1亿只，成为世界鸭王。鄢陵大力发展花木特色产业，栽培面积已达52万亩，成为"中国花木第一县"。栾川大力实施旅游强县战略，已拥有三家国家4A级旅游景区，成为河南省唯一的"中国旅游强县"。这些县通过大力培育特色经济，走出了一条发展壮大县域经济的成功路子。

河南省县域情况千差万别，要想在国际国内市场的激烈竞争中占有一席之地，就必须发挥各自的比较优势，着力培育壮大特色产业，努力做到挖掘特色、创造特色、放大特色。挖掘特色，就是要根据自己的历史文化、区位特点、资源禀赋、环境条件，找准比较优势，宜农则农，宜工则工，宜商则商，变潜在优势为现实优势，变特色优势为经济优势。创造特色，就是要在把握全局中打造特色，在扬长避短中培育特色，在资源整合中形成特色，在差异发展中突出特色，做到人无我有、人有我优、人优我特、人特我新、人新我精。放大特色，就是对于已经形成的特色产业，必须进一步做大做强，在科技进步中提升特色，以发展显特色，以特色促发展，让特色"火"起来，使县域经济始终充满活力，立于不败之地。需要指出的是，作为一个农业大省，农产品生产加工是我们的一大特色支柱产业，同时也是许多县的优势产业。要以农产品加工业和龙头企业为抓手，带动农业结构调整，稳定提高粮食综合生产能力，加快农业产业化发展和服务体系建设，努力实现由传统农业向现代农业的转变，把这一特色产业做得更大更强。特别是黄淮四市等平原农区县（市）要在这方面下大工夫，创造性地开展工作，用创新的思路谋划跨越式的发展，争取在较短的时间内使经济社会面貌发生大的变化。

（四）创新体制机制，就是要打破城乡二元结构制度性障碍，增强发展的活力和动力，在推进城乡一体化上取得新进展。党的十七大明确提出，要建立以工促农、以城带乡长效机制，形成城乡经济社会发展一体化新格局。县域经济是统筹城乡发展的经济，城乡分割的二元结构是导致城乡失衡的根本原因，是"三农"问题难以有效解决的症结所在，更是县域经济发展的最大体制性障碍。体制机制藩篱不能冲破，发展的坚冰就难以消融，群众的创造力就难以释放，县域经济的活力就难以迸发。河南省是一个农业大省，工业化、城镇化水平还比较低，最大问题是"三农"问题，城乡二元体制不打破，以工促农、以城带乡的长效机制就难以形成，"三农"问题就难以从根本上得到解决。目前，我们有1900万农民在外务工，但相当一部分是在外边打短工，基本上处于"流动"状态，并没有真正从农村转移出去，最终还要回到农村。之所以出现这种"流"而不"转"、"动"而不"移"的状况，主要是由于城乡分割的痼疾造成的。我们一定要解放思想，放眼长远，创造条件，以破除城乡二元结构为突破口，在"转"字上下工夫，转变农民身份，转农民为市民；在"移"字上做文章，让农民移地方，真正从农村走出来，在城镇扎下根。

城乡二元结构不仅是个社会问题，而且是个政治问题，更是一个经济问题，事关县域经济发展实现新跨越的大局，我们要大胆地想、大胆地试、大胆地闯、大胆地建，积极稳妥地加以推进。我们讲积极稳妥，积极是前提，稳妥是保障，没有积极，就不需要稳妥。

　　大胆地想，就是要加强研究。破除城乡二元结构是一项长期、复杂、艰巨的重大课题，在如何解决这个问题上我们还远没有破题，需要下大工夫、下真工夫进行研究。省委政研室、省发改委等部门要组织力量，深入研究中央的政策，研究河南的省情，提出符合我省实际的对策建议。

　　大胆地试，就是要认真试点。在继续抓好鹤壁、义马等7市城乡一体化试点的基础上，认真总结经验，扩大试点范围，丰富试点内容，提高试点层次，在统筹城乡产业发展、社会事业发展、基础设施建设、劳动就业和社会保障体系建设等方面取得新进展，努力探索符合我省实际的城乡一体化发展道路。有条件的县市可以积极开展试点工作，享受城乡一体化试点政策。

　　大胆地闯，就是要深化改革。要增强自觉性和紧迫感，不等不靠，积极改、主动改、深入改，力争在改革户籍制度、完善社会保障、促进土地流转等方面取得实质性进展，尽快消除影响城乡一体化推进的体制性和政策性壁垒，实现城乡通开、资源共享、待遇平等、人员流通。加快建立健全覆盖城乡的社会保障体系，不断完善县城居民基本养老保险制度，积极探索建立农村养老保险制度，进一步完善新型农村合作医疗制度，加快县域城乡居民最低生活保障制度建设。深化农村金融改革，积极协调引导各类金融机构加大对县域经济发展的支持，加快农村信用社转换经营机制步伐，积极推进农村合作银行、村镇银行等试点工作，探索建立农业信贷担保机构，积极开展政策性农业保险试点。

大胆地建，就是要统筹城乡建设。加强城镇体系建设，坚持科学规划、合理布局，健全基础设施，强化产业支撑，在加快发展工业的同时抓住机遇大力发展服务业，完善城镇功能，提升城镇品位，增强综合承载能力，推动城镇集约、内涵式发展，加快提高城镇化水平。突出县城在县域经济社会发展中的龙头地位，吸引省内外有实力的开发商参与城区建设和城中村改造。加强农村基础设施和公共服务设施建设，充分用好省里的引导资金，增加并整合支农资金，加快农村饮水、道路、电力、沼气、文化、卫生等基础设施建设，用三年时间有效改善环境卫生状况和村容村貌。

（五）创新发展环境，就是要消除影响经济社会发展的各种制约因素，增强服务意识和服务能力，在建设服务型政府上取得新成效。环境是生产力，是竞争力，是区域经济社会发展的第一品牌。良好的发展环境不仅能够大大增强对域外资金、人才等生产要素的吸引力，而且能够充分激发本土资金、人才等生产要素的聚变力，为经济发展创造更多的机遇和条件。在区域经济横向融合速度日趋加快，大开放、大市场格局已经形成的新时代背景下，县域经济的竞争最关键的是发展环境的竞争，谁能够再造环境新优势，放大环境新亮点，谁就能够在激烈的市场竞争中赢得新主动，实现新跨越。孟州矿产资源匮乏、地域面积狭小、区位优势不强，他们大力实施"环境立市"战略，全力打造"孟州环境"品牌，推动了经济又好又快发展，连续两年入选"全国最具投资潜力中小城市百强",外贸出口连年居全省对外开放重点县(市)第一位。叶县是个典型的农业大县,也是省级扶贫开发重点县,他们牢固树立抓环境就是抓发展、抓环境就是抓机遇的理念,把优化环境作为工业发展的"一号工程",实现了招商引资的大突破。但也要看到,我们还有一些县(市)不太注重发展环境建设,甚至出现了"开门迎商"、"关门损商"的现象。我们要在优化发展环境上下更大力气,着力营造务实高效的政务环境、公正严明的法制环境、诚信规范的市场环境、和谐稳定的社会环境,用发展环境的大提升推动县域经济的大发展。

政府是营造环境的主体。营造县域经济良好发展环境,关键是要深化行政管理体制改革,加快政府职能转变,努力建设服务型政府。

一要切实增强服务意识。牢固树立"权力就是责任,管理就是服务,公务员就是服务员"的理念,把服务发展作为一种价值追求来强化,作为一种行政能力来提高,作为一种良好风气来培养,做到在服务中实施管理,在管理中体现服务。

二要切实抓好服务重点。当前县域社会事业发展"短腿"现象比较突出,不仅影响了民生改善,而且影响了投资创业环境,制约着县域经济发展。要着力加快覆盖城乡的公共服务体系建设,推进基本公共服务均等化。加大对教育、卫生、文化等社会事业发展的投入,逐步提高农村教育经费保障水平,不断改善农村办学条件,加快普及高中阶段教育；积极化解农村义务教育历史债务，县市政府要切实担负起化解债务的主体责任，确保按时完成债务化解任务；加强县乡村卫生服务网络建设；大力构建覆盖城乡的公共文化服务体系，积极推进文化信息共享、广播电视村村通、农家书屋和农村电影放映工程。

三要切实创新服务手段。进一步完善"一站式办公"、"一条龙服务"、"一个窗口对外"的政务运行机制，积极探索新的务实高效的服务方式，提供全方位、多元化服务。

四要切实提高服务水平。大力倡导立说立行、急事急办、特事特办的作风，能一次办结的绝不让跑第二次，能在一个地方办好的绝不让跑第二个地方，能一天办成的绝不拖延到第二天，使各级政府部门真正成为发展的引导者、服务者和保护者。

四、肩负新使命，奋力开拓县域经济发展新局面

实现县域经济发展新跨越，是时代赋予我们的历史使命，是全省人民的热切期盼。各级领导干部要以强烈的事业心和高度的政治责任感，以饱满的热情和创新的精神，以科学的态度和务实的作风，勇于担当、奋勇向前，为县域经济更大规模、更高水平发展作出新贡献。

加强学习、研究规律。各级领导干部要把学习作为一种政治责任，一种精神追求，一种思想境界，深入学习党的十七大精神，用中国特色社会主义理论体系武装头脑、

指导实践、推动工作，不断增强贯彻落实科学发展观的自觉性和坚定性。认真学习现代市场经济、社会管理、法律、科技等知识，不断完善知识结构，提高理论水平和业务素质。要转变作风，深入基层，研究新情况、把握新趋势、探索新规律、解决新问题，不断提高科学决策的水平，增强驾驭县域经济发展的能力。

把握大局、统筹推进。各级党委、政府要站在全局的高度认识问题、思考问题，始终做到识大体、顾大局、谋大事、创大业。必须牢牢把握中心城市带动与发展壮大县域经济这两个大局，既要大力实施中心城市带动战略，加快城区发展，培育区域中心城市，又要引导各县加强与中心城市的协调分工与合作，使县域经济与中心城市相互促进、比翼齐飞。县域发展是四位一体的全面发展，要把经济、政治、文化和社会作为一个整体统筹考虑，同安排、同部署，绝不能顾此失彼、畸轻畸重，必须学会"弹钢琴"，奏响每个琴键，奏出县域全面发展的和谐新乐章。

因县制宜、分类指导。各县（市）必须坚持从县情出发，发挥优势，突出特色，选准突破口、抓住关键点、找到着力点，走符合本地实际的发展路子。平原农区要重点发展现代农业，大力推进农业产业化经营，延长产业链条；工业基础较好的县（市）要着力推进产业结构优化升级，提高产业竞争力；矿产资源丰富的县（市）要从提高后续深加工能力和发展循环经济中寻找新的发展空间；劳务输出大县要不断提高劳务经济层次，着力打造劳务品牌；经济欠发达县要增强发展的紧迫感，努力在某些领域和特色产业上寻求突破。

完善政策、加大支持。根据新形势新任务的要求，我们专门研究制定了促进县域经济发展的若干意见，从完善财政奖补机制、支持县域工业发展、推进城乡一体化发展等方面，进一步明确了支持方向和重点。各级各部门要结合各自实际，完善相关扶持政策，大力支持县域经济加快发展。在今后的发展中牢固树立正确的政绩观，更加重视经济社会的协调发展，更加重视经济发展的质量、结构、效益以及可持续性。

实现县域经济更大规模、更高水平的发展，发展壮大县域经济对于全面建设小康社会、实现中原崛起意义重大，更是各级党委、政府的责任。他们不畏艰辛、忘我工作，为全省县域经济发展做出了重要贡献。同时，他们也处在各种矛盾的焦点上，各方面的压力大，工作负荷重，我们对他们要多理解、多关心、多支持、多重用。要完善县（市、区）领导干部的激励机制，继续落实好对贡献突出又特别优秀的县级党政正职就地解决职级待遇的政策。在发展县域经济，推进新农村建设这个干事创业、施展才华的广阔天地锻炼干部、培养人才。

城镇化是经济社会发展的
客观要求和必然趋势[*]

党的十六届五中全会强调,"十一五"时期是改革发展的关键时期,也是贯彻落实科学发展观的关键时期。就河南省的城镇化而言,伴随着工业化、农业现代化进程的加快也进入了关键时期。这一时期,城镇化的路子走得对不对、发展得好不好,直接关系河南省能不能基本实现工业化、大力推进农业现代化,因而也直接关系河南省能否走在中部地区前列、实现中原崛起的奋斗目标。可以说,这是河南省"十一五"期间经济社会发展中具有全局性、战略性、前瞻性的一个重大问题。我们知道,城镇化是经济社会发展的客观要求和必然趋势,是由农业社会向工业社会转变的必然历史过程,也是我国现代化进程中必经的发展过程。在世界城市化发展史上,既有成功的经验,也

---

 * 本文节选自作者 2005 年 11 月 17 日在河南省城镇化工作会议上的讲话,发表于 2005 年 11 月 18 日《河南日报》。

有沉重的教训。新中国成立以来，我国的城镇化也几经波折。像我们河南这样一个农村人口占70%、需要转移大量农村富余劳动力的农业大省，能否在城镇化发展的关键时期走出一条适应经济社会发展规律、符合省情的路子，尤为重要和紧迫。这就要求我们必须坚持以科学发展观为指导，把科学发展观贯穿到城镇化发展的全过程，认真汲取正反两方面的经验，正确总结河南省城镇化走过的道路，促进城镇化快速健康发展。大家一定要把思想统一到科学发展观和中央第十六届五中全会精神上来，统一到省委七届十次全会精神上来。只有认识提高了，才能增强以科学发展观为指导推进城镇化的自觉性和坚定性；只有思想统一了，才能把方方面面的积极性创造性调动起来，智慧和力量凝聚起来；只有各级领导认识到位、思想统一，不断提高领导和驾驭城镇化工作的能力和水平，才能确保我省城镇化快速健康发展。为此，我重点讲一下城镇化发展中需要正确认识和把握的十个方面的关系，做到认识更加统一、思想更加明确、领导更加有力。

第一，正确认识和把握城镇化与工业化的关系，加快推进中原崛起的进程。基本实现工业化是实现全面建设小康社会奋斗目标的重要任务。加快工业化、城镇化，推进农业现代化，是全面建设小康社会、实现中原崛起的基本途径和必由之路。工业化是"三化"的核心，是城镇化发展的基本动力和加速器，近年来河南省城镇化发展取得很大进步，城市面貌发生了可喜变化，就得益于工业化快速发展打下的坚实基础；城镇化是"三化"的载体，是工业化发展的基本条件和工作平台，两者相互依存、相互促进。一方面，城镇化是工业化发展的必然结果，工业化导致人口、资源和经济要素向城市集聚和重新配置，推动和加速城镇化发展；另一方面，城镇化为加快工业化提供高素质的劳动力和集中、高效、便捷的公共服务，能够创造需求、刺激消费，降低成本、提高效率，加快二、三产业的聚集，推动工业化向深度和广度发展。如果城镇化滞后于工业化，则会对工业化发展产生制约和阻碍。目前我国面临着以信息化带动工业化、以工业化促进信息化，走新型工业化道路的新形势，这不仅增加了加快城镇化进程的紧迫性，而且对城镇化发展提出了新的更高的要求。"十一五"时期是工业化、城镇化加速发展的重要时期，面临着走新型工业化道路和加快城镇化进程的双重任务，而目前我国普遍存在的城镇化水平低、城镇化滞后于工业化的问题，势必会严重制约工业化的进程。河南省主要经济指标均居中部地区前列，但城镇化率和经济外向度明显靠后。不提高城镇化水平，不仅无法满足走新型工业化道路的要求，还会严重影响全省工业化发展进程，拖工业化发展的后腿。这就要求我们必须认清和顺应经济社会发展的基本趋势和规律，进一步增强加快城镇化进程的紧迫感和责任感，从全面建设小康社会、实现中原崛起的全局出发，从2020年基本实现工业化、本世纪中叶基本实现现代化的战略高度出发，把加快城镇化进程作为事关经济社会发展全局的重大战略举措来部署和推进，以适应经济社会发展的必然要求，适应工业化进程加快的客观需要，适应人民群众改善生产生活条件、向城镇聚集、到城镇发展的强烈愿望，加快城镇化发展步伐，使工业化、城镇化协调发展、相互促进。

第二，正确认识和把握城镇化与解决"三农"问题的关系，促进城乡协调发展。"三农"问题一直是困扰我国经济社会发展、实现国家现代化的重要问题。我们党一直把"三农"问题作为全党工作的重中之重来决策和部署，十六届五中全会又提出建设社会主义新农村的重要历史任务。河南省农业比重大、农村富余劳动力多，要实现走在中部地区前列、全面建设小康社会的目标，难点、重点和关键点都在"农"字上。要抓好"重中之重"，完成"重要历史任务"，关键是要探索从根本上解决"三农"问题的途径和路子。正是从这一点出发，我们把加快工业化、城镇化，推进农业现代化作为破解"三农"难题的基本途径，目的就是要通过加快工业化、城镇化，把大量农村富余劳动力转移到非农产业，把大量农村人口变为城镇居民，不断提高农业劳动生产率，为农业发展提供更先进的物质装备条件，为农村经济集约式发展提供广阔的空间，大力推进农业现代化，建设社会主义新农村，从根本上解决"三农"问题。工业化国家的实践证明，只有农村人口数量下降到总人口的25%以下时，农业土地的集约式生产、农业的规模化生产和专业化生产才能达到一定水平，农业的科技含量、服务水平和农业效益才有大幅度提高，农民的文化水平和整体素质才会有明显进步，农业现代化才能够实现。我们提出并实施加快工业化、城镇化，推进农业现代化的重大战略举措，是适应经济社会发展规律和工业化发展规律的客观要求，也是实行工业反哺农业、城市支持农村的方针的必然选择，更是按照中央要求把"三农"问题作为重中之重的具体体现。所以，加快"三化"进程与建设社会主义新农村是统一的整体，都是把解决"三农"问题作为"重中之重"的应有之义，决不能把它们割裂开来，必须在全面建设小康社会、实现中原崛起的全过程中统筹把握、共同推进。

第三，正确认识和把握突出重点与协调推进的关系，努力形成大中小城市和小城镇协调发展的城镇化体系。突出重点、以点带面，是我们党一贯坚持的行之有效的工作方法。河南省委提出中心城市带动战略，进一步明确了我省城镇化发展的工作重点，这是我们贯彻落实中央十六届五中全会提出的坚持大中小城市和小城镇协调发展的要求、顺应经济发展规律、从河南实际出发作出的重大抉择，也是对我们过去提出的大型中心城市、中小城市和小城镇三头并举方针的进一步深化。中心城市在推进城市化进程中具有主导作用，在资本聚集、人口聚集、规模效应、辐射带动效应及经济高速增长、持续增长方面具有十分重要的导向和支撑作用，区域经济的竞争在很大程度上已演变为城市实力尤其是中心城市实力的竞争。目前河南省城镇化水平低于全国平均水平十多个百分点，关键在于中心城市发展水平不高，辐射带动能力不强，迫切需要通过实施中心城市带动战略，加快中心城市的发展，增强中心城市的竞争实力乃至全省的综合实力。过去我们提出大中小三头并举的方针，但在实际工作中，不可能做到平均使力，也没有那么大的实力推进中心城市和小城镇同步发展。我们必须紧紧抓住实施中心城市带动战略这个重点，大力培育区域中心城市，突出发展中原城市群，加速提升郑州区域中心城市地位，重点建设省辖市，同时加快县级市和县城建设，支持发展中心城镇，逐步形成以郑州为中心、以省辖市为骨干、以中小城市为依托，布局合理、协调发展的城镇化体系。当然，实施中心城市带动战略，并不是忽视和放弃发展小城镇，而是要通过中心城市的发展带动中小城市和小城镇的发展，同时有选择、有重点地发展小城镇和卫星城，用中心城市的比较优势消除小城镇的弊端，用小城镇的比较优势弥补中心城市的不足，实现大、中、小城市和小城镇的协调发展。

　　第四，正确认识和把握加快中原城市群发展与加快沿边地区开放开发的关系，逐步形成中原城市群和沿边各市良性互动、竞相发展的局面。实施中心城市带动战略也要突出重点，就是要加快中原城市群建设步伐，使之成为带动全省发展、实现中原崛起的龙头。这是河南加快城镇化的现实选择。城市群是区域经济的增长极，其吸引和扩散作用决定着区域经济社会发展进程。一个经济协调发展的城市群，可以使地理位置和产业结构不同的大、中、小城市承担不同的经济功能，在区域范围内实现单个城市无法达到的规模经济和集聚效益。中央十六届五中全会明确强调，"有条件的区域，以特大城市和大城市为龙头，通过统筹规划，形成若干用地少、就业多、要素集聚能力强、人口分布合理的新城市群"。中原城市群经济基础较好，工业化水平较高，具备加快发展的多方优势和巨大潜力，又处在长江三角洲和京津冀北两大经济核心交互辐射的边缘地区，周围缺少辐射能力强的大城市或经济核心区，既有条件也有机遇发展得又快又好。我们要着力加强基础设施建设，大力发展二、三产业，进一步优化产业布局，努力把中原城市群建设成为全国重要的制造业基地、能源基地和现代物流中心、全省对外开放和东引西进的主要平台，成为带动中原崛起的增长极。

在实施中心城市带动战略、加快中原城市群建设的同时，也要注意加快沿边各市的开放开发。中原城市群以外的9个省辖市，面积和人口在全省所占比重大，又多属于农区，经济欠发达，能否突出特色、形成优势、加快发展，不仅关系到沿边各市全面建设小康社会奋斗目标的实现，而且关系到实现中原崛起的全局。我们将采取有力措施，加大支持力度，促进沿边各市开放开发。沿边各市要以中心城市为核心，以小城市包括县城和中心城镇为依托，充分发挥自身优势，大力发展优势产业和特色产业，努力加快对外开放和经济社会发展步伐。加快中原城市群建设是全省发展的一个大局，沿边各市要服从这个大局，主动承接中原城市群的辐射和带动；加快沿边城市开放开发也是一个大局，中原城市群也要服务这个大局，支持和带动沿边城市的发展。要通过加快中原城市群建设和沿边各市开放开发，逐步形成中原城市群和沿边各市良性互动、协调发展的局面。

　　第五，正确认识和把握实施中心城市带动战略与壮大县域经济的关系，积极探索中心城市建设与县域经济发展有机结合、相互促进的路子。实现中原崛起、走在中部地区前列，犹如建筑一座宏伟的大厦，既要有顶天立地的支柱，也要有深厚坚实的地基。这支柱，就是以中原城市群为核心的一批中心城市的迅速崛起；这地基，就是全省100多个县（市）县域经济的发展壮大。城镇化是县域经济发展的推动力量，只有实施中心城市带动战略，才能形成足够的产业集聚和经济规模，在激烈的国际国内竞争中抢占有利位置；才能促进各种生产要素和农村劳动力向城镇聚集，发展壮大县域经济，为实现中原崛起构筑坚实基础。放眼全国乃至全球，中心城市与其周边地区发展的良性互动，已成为经济发展的一种普遍现象。在河南省县域经济综合实力排行榜上，位居前5名的均是郑州所辖的县市，很大程度上就是由于这些县市靠近郑州、承受了郑州的辐射带动，接受了郑州的产业转移，为郑州拾遗补缺。河南要实现中原崛起、走在中部地区前列，当务之急是加快中心城市特别是中原城市群的崛起，打造强有力的经济增长极。否则，不仅难以吸引外部各种市场要素向河南省汇集，省内现有的各种资源也会加快流向周边省份，而且会使县域经济面临"失血"之忧。实施中心城市带动战略，就是要通过中心城市的发展带动全省城镇化的进程，为县域经济的发展带来更大的机遇和活力。同时也要看到，河南省80%以上的人口在县域，县域国土面积占全省的90%多，发展壮大县域经济是加快城镇化的重要支撑。河北的香河、廊坊抓住靠近北京的有利位置，围绕北京市的需求，大力发展服务业，改善条件，优化环境，城市发展呈现出欣欣向荣的喜人局面。我们要继续完善支持县域经济发展的政策措施，简政放权，多予少取，促强扶弱，加快县域经济发展。各县市要主动承接中心城市外溢的产业，因地制宜发展特色产业，大力发展非公有制经济、劳务经济，弥补中心城市的不足，减轻中心城市的负担，在发展"链条"上找准自己的定位。要引导中心城市和县域经济协调分工，强化合作，密切经济联系，促进各类市场要素整合，增强综合竞争力。

第六，正确认识和把握扩大城市规模与加强产业发展的关系，使城镇化发展建立在强有力的产业支撑上。城镇化加快发展的过程往往是城镇规模不断扩大的过程，扩大规模是城镇化的必要条件，但城镇化的发展离不开产业支撑，产业发展是城镇化的核心。扩大城市规模与加强产业支撑相互适应、互为依托。扩大城市规模可以增强聚集力、扩大影响力、提高竞争力，争取更大区域、更高层次的中心城市地位，也能够创造出更多的需求和就业机会。当前，河南省的城市规模总体上还不够大，根据经济社会发展需要和各类资源要素的承受能力，进一步扩大城镇规模、拉大城市框架、加强基础设施建设是必要的。但我们也必须清楚，加快城镇化进程决不是简单地扩大规模，仅有城市规模和框架的快速膨胀，仅靠建广场、盖高楼，多修几条宽阔的马路、多建几个漂亮的花园是不够的，还必须依靠强有力的产业作支撑。产业是立城之本、兴市之基，是城市发展的推进器。可以说，一个没有产业支撑的城市，必然是一个经济基础脆弱、缺乏造血功能、没有发展动力、徒有虚名的城市，不仅发挥不了城市的应有作用，而且会拖整个经济社会发展的后腿，带来严重的社会问题，成为"空壳"和"包袱"。像南亚和拉美一些国家出现的"大城市病"，究其根本病因就是缺乏强有力的产业支撑。推进城镇化如不高度重视产业支撑问题，其带来的弊端就会越来越严重。对需要转移大量农村富余劳动力的河南来说，推进城镇化尤其需要强化产业支撑，把城市规模的扩大建立在产业发展的基础上，通过产业发展创造更多的就业机会，吸纳更多的生产要素，特别是吸引农村富余劳动力进入城镇，使扩大城市规模与加强产业支撑走上良性循环的轨道。

　　强化产业支撑，必须明确城市功能和产业定位，大力发展优势产业和特色经济。这是提高城市竞争力和可持续发展能力的着力点。当前我国许多城市根据经济社会发展形势，借鉴国内外城市发展的规律和经验，对自身的城市功能、产业发展进行了重新审视和定位。首都北京一改过去提了几十年的国家政治、经济、文化中心的定位，将发展目标定位于国家首都、世界城市、文化名城、宜居城市，下决心把"首钢"等大企业搬出北京。美国的纽约和华盛顿城市定位不同，分工不同，因而各有特色。这些给予我们一个重要启示，就是在"十一五"城镇化发展过程中，一定要高度重视城市功能和产业定位问题，摒弃"大而全"、"小而全"的做法，紧密结合自身的资源禀赋、产业基础、区位条件，因地制宜，科学规划，促使潜在的资源与优势迅速转化为经济优势，促使具有潜在优势的产业在城镇成长和集聚，真正培育起具有鲜明特色和较强竞争力的优势产业。强化产业支撑，还要把服务业发展摆上重要位置，制定和完善政策措施，使服务业在城镇化进程中得到长足发展，优化城市产业结构和功能，更多地吸纳劳动力。

第七，正确认识和把握政府调控与发挥市场机制作用的关系，为城镇化快速健康发展提供强大动力。市场在城镇化进程中对资源配置起基础性作用，但推进城镇化也离不开政府的调控和引导，二者相辅相成、缺一不可。只有把二者有机结合起来，才能既提高城镇化的效率，又保证城镇化健康有序推进。通过市场机制作用的充分发挥，可以有效整合城乡资金、劳动力、人才、技术、信息等资源，吸引各类生产要素向城镇集聚，实现资源的有效配置、自由流动和充分竞争，提高城镇化的效益和效率。同时，也需要政府按照市场经济规律，运用经济、法律和必要的行政手段对城镇化进行宏观调控，引导城市建设发展方向，实现快速健康发展。总之，凡是市场可以解决的事情，都要通过市场解决；凡是需要政府发挥作用的地方就要加强宏观调控。

充分发挥政府调控与市场机制作用，关键是要加大改革创新力度。当前体制、机制、观念的障碍依然是城镇化发展的主要制约因素，我们一定要解放思想，更新观念，勇于打破一切不利于城镇化发展的思想观念和体制机制，为城镇化发展提供不竭动力。要统筹城乡协调发展，打破城乡分割体制，积极推进二元经济结构转变，逐步建立协调统一的区域性规划指导和调控机制，从体制和政策上为城镇化发展创造良好环境。要消除农村人口向城镇转移的体制性障碍，加快户籍、住房、就业等方面的制度改革，将进城人员纳入政府规划和管理范围，努力创造条件，为其提供与城镇人口一视同仁的教育、医疗、社保等服务，决不能借口农民工素质问题而因噎废食，阻碍农民进城的潮流。要拓宽城市建设投融资渠道，大力推行公用设施的产业化运营、市场化运作，完善建设工程招投标、经营性土地使用权出让等项改革。要优化财政支出结构，扩大公共产品投入，使城镇人口普遍享用到公共产品和政府服务。

第八，正确认识和把握规划建设与管理服务的关系，把城镇化发展建立在以人为本的要求上。规划建设是城市发展的基础和前提，管理服务是城市发展的保证，两者都是推进城镇化的关键环节。我们发展城镇化，既要高起点规划建设，又要高标准管理服务。这是一个老问题，虽然经过不断努力，我们在这两方面确实进步不小，但实事求是地看，许多城市的规划建设与管理服务水平还比较低，与国内外先进城市相比、与人民群众日益提高的要求相比，仍有较大差距。主要问题是，规划缺乏前瞻性、科学性，建设标准低、效率低，缺乏统筹协调，管理粗放、不精细，服务意识差、不到位，群众意见还比较大，也在很大程度上制约了城市快速健康发展。不少城市新区建得很漂亮，但人们还是不愿意入住，主要原因也是管理跟不上、服务功能不健全。城市规划建设品位的高低、管理服务精细化的程度，反映了一个城市的综合实力、管理水平和文明程度。我们一定要树立超前意识、精品意识，高水平、高标准地搞好城市的规划建设和管理服务，努力让我们的城市更加靓丽、更宜人居、更有品位。

城市发展要坚持以人为本，着力优化城市环境，完善城市功能，让人民群众工作生活得更方便、更舒心、更幸福。这里强调三点。一是规划建设要高起点、高标准。城镇规划是城镇建设的蓝图，是建设管理城镇的基本依据。新的城市发展阶段对城市的规划建设提出了更高的要求，我们一定要深刻认识和全面把握城市发展规律，立足当前、面向未来，缜密论证、科学规划，确保规划经得起实践和时间的检验。要维护规划的透明性、权威性、严肃性，高质量、高标准地按照规划搞好城市建设，真正做到"一张蓝图绘到底"。二是规划建设要突出特色、注重品位。过去城市建设较多注重人的基本生存生活需要，今天的城市建设则要在满足基本生活需要的基础上，更多地关注城市的特色和品位。许多城市在发展中，重物质改善轻城市特色和内涵，导致千城一面、千街一面、城城雷同，我们要引以为戒。各地都要根据各自历史文化、风土人情、城镇风貌和生活习惯，突出自己的文化品位，确立独特的建设风格，逐步形成高品位的城市特色。三是管理服务要高质量、精细化。城市的管理服务水平关系到人民生活质量和城市整体形象，也是衡量领导能力和水平的重要方面。要坚持科学管理、强化服务，精益求精、细之又细，不留死角，不放过任何细枝末节，真正克服大而化之、粗枝大叶的不良习气，形成制度化、规范化、精细化的管理服务体系，努力推动管理服务上档次、上水平。

第九，正确认识和把握推进城镇化与保护资源、环境的关系，走集约式、可持续发展的城镇化道路。我国正处在城镇化发展的关键时期，面对日益突出的资源、环境约束，能否走出一条集约式、可持续发展的城镇化道路，是关系我们能否顺应经济社会发展趋势、顺利推进城镇化进程的重大问题。推进城镇化、发挥城市的聚集效应，既可以节约土地等资源，提高资源利用效益，提高公共设施利用水平，又可以有效解决环境污染问题，还可以通过大批农民进城腾出大量土地，提高劳动生产率和保护生态环境。但从世界各国城镇化的历史看，尤其是在城镇化早期，资源浪费、耕地减少过快、环境污染和生态破坏严重等问题十分突出，都经历了先污染后治理的过程，付出了惨重的代价；我国一些发达地区在城镇化快速提高的同时也不同程度地出现了上述问题。河南作为全国第一人口大省，水和土地等许多资源人均占有率远低于全国平均水平，人口密度是全国的 4.3 倍，生态环境承载能力较弱，在多年经济快速增长的同时，经济增长与资源、环境的矛盾日益突出。这样的基本省情，决定了我们推进城镇化必须按照建设资源节约型、环境友好型社会的要求，坚持循序渐进、节约土地、集约发展、合理布局的原则，努力形成资源节约、环境友好的城镇发展新格局，走出一条集约式、可持续发展的城镇化道路。这既是我省加快推进城镇化的现实选择，也将是我们这个人口大省对全国城镇化发展做出的重大贡献。我们一定要牢固树立走集约式、可持续发展的城镇化道路的观念，始终把有效利用资源和保护环境放在突出位置，坚持保护环境和保护资源的基本国策，加强资源综合利用，在全社会形成有利于节约资源的产业结构和生产方式、消费方式，尽快形成城市发展与生态环境建设良性互动的新格局，促进城镇化与人口、资源、环境协调发展。

第十，正确认识和把握城镇建设与文化建设的关系，努力提高市民素质和城市文明程度。城市既是人类文明进步的产物，又是人类文明进步的助推器。市民文明素质和城市文明程度的提高是城镇化的基本要素。城镇化不仅是人口聚集、生产要素集聚、产业发展的过程，而且是生活方式、生产方式、组织方式转变的过程，是市民文明素质提高和城市文明程度提高的过程。因此，推进城镇化，既要注重城市硬件建设，又要注重发展城市文化，提高市民素质和城市文明程度，增强城市软实力。可以这样说，一个城市良好的建设、先进的设施、优越的环境，是其必备的硬件与外形；而其具有的文化内涵、文化个性和文明程度，则是其不可或缺的软件与灵魂。文化是一个城市核心竞争力的重要组成部分，没有文化的城市是没有灵魂的城市，没有文化理念的指导，城市就不可能规划好、建设好；高楼大厦、马路广场建得再多、再好，缺少文化底蕴和特色，也难以形成强大的吸引力和凝聚力。世界各国很多国际大都市，除了良好的交通、发达的金融、繁荣的商业等共性因素之外，每个城市都有着鲜明的个性、良好的人文环境、与众不同的文化氛围，构成了令人神往的独特魅力，也是其长期繁荣、持续发展的重要因素。河南作为中华民族的发源地之一，历史文化资源丰富、特色鲜明。在推进城镇化的过程中，既要搞好硬件建设，又要重视文化建设；既要继承历史文化，又要致力于文化创新，在自然地理、历史文化、城市现状特点等多方面进行深入挖掘，努力将传统文化与现代特色结合起来，将城市文化融于城市规划、城市建设中，形成一批文化氛围浓厚、现代气息浓郁的城市。

推进城镇化，要加强城市文化建设，努力提高市民素质和城市文明程度。一是要大力发展城市文化事业、文化产业。要加大对公益性文化的投入，加强公共文化设施建设，完善公共文化服务体系，创造更多更好的文化产品，丰富人民群众的精神文化生活；要推动经营性文化单位转企改制，大力吸引社会资本投资文化产业，完善文化市场体系，实现文化产业大发展。二是要加强理想信念教育。坚持用邓小平理论和"三个代表"重要思想武装党员、教育群众，进一步巩固人民团结奋斗的共同思想基础；大力弘扬以爱国主义为核心的民族精神和以改革创新为核心的时代精神，使广大市民坚定中国特色社会主义理想信念，始终保持昂扬向上、开拓进取的精神状态。三是要提高市民的道德素养和文明程度。广泛开展社会公德、职业道德、家庭美德教育，大力开展文明城市、文明社区、文明家庭创建活动，教育引导广大市民增强主人翁意识，培养和强化市民的文明意识和文明习惯，树立文明形象，维护文明环境，争做文明市民。特别是要注意加强教育培训，采取多种形式对进城农民进行现代观念、文明准则和城市意识教育，提高其技术水平和文化素质，改善其生活习惯和生活方式，使市民素质和城市文明程度整体上不断提高。四是要坚持依法治市，建立稳定和谐的社会秩序。加强民主法制建设，加强和改进立法工作，建设法治政府，全面推进依法行政。加强法制宣传教育，提高市民法律意识。正确处理新形势下的人民内部矛盾，协调好各方面的利益关系。加强社会治安综合治理，强化社会治安防控体系建设，维护社会稳定。要通过依法治市、加强社会管理，努力形成公平正义、和谐有序、市民安居乐业的良好环境。

总之，城镇化是一场深刻的经济社会变革，是一个复杂的系统工程。我们要正确认识和把握以上十个方面的关系，要把这项工作作为经济社会发展的全局性、战略性、前瞻性的重大问题来抓，潜下心来认真学习城镇化的有关政策和知识，深入研究和把握城镇化发展的规律，认真总结经验教训，不断借鉴成功经验，研究解决城镇化发展中的重大问题和关键问题，努力提高领导和驾驭城镇化工作的能力和水平。要大胆改革、勇于创新，从思想观念、发展理念、体制机制等方面入手，进一步解放思想、与时俱进，坚决改变和革除一切束缚、阻碍城镇化发展的做法、规定和体制弊端，以创新的理念、创新的手段、创新的方法、创新的思路，用思想的大解放开创城镇化工作的新局面。

自主创新是中原崛起的关键[*]

建设创新型河南，实现中原崛起的奋斗目标，加快发展是第一要务，而科技是加快发展的主导力量，抓住了科技创新，就抓住了加快发展的根本，所以说自主创新是中原崛起的关键。我们必须紧紧抓住影响长远、带动全局的重大科技问题，集中优势，合力攻关，务求突破。

第一，要在高新技术产业发展上实现突破。高新技术产业是战略产业、朝阳产业，对经济社会发展具有强大引擎作用，直接决定着区域经济竞争力。我们要把高新技术产业作为支撑河南"十一五"经济社会发展的先导力量，作为支撑中原崛起的强大筋骨，摆上突出位置，下更大决心、采取更有力的措施，优先发展、加快发展。要以电子信息、生物技术、新材料和先进制造技术等领域为重点，大力培育有竞争力的高新技术企业和产业集群，加快建设高新技术产业化基地，积极研发对经济增长有重大带动作

---

* 本文发表于 2006 年 7 月 16 日《经济日报》。

用、具有自主知识产权的核心技术和关键技术，开发市场占有率高、经济效益好的高新技术产品，实施高新技术产业重大专项工程，为河南产业结构的战略性调整发挥引领作用，力争在全国占有一席之地，在中部占有突出位置。

我们强调优先发展、加快发展高新技术产业，决不是忽视传统产业的发展，传统产业也要努力做大做强，特别要注重用高新技术和先进适用技术改造传统产业，拉长和延伸产业链条，促进传统产业特别是支柱产业的优化升级，努力形成支柱产业科技化、科技产业支柱化的发展格局。

第二，要在促进科技成果转化上实现突破。科技成果能否转化为现实生产力，是实现科技与经济结合的关键，也是发挥科学技术第一生产力作用的主要体现。我们要把加快科技成果转化步伐作为科技工作的重中之重，作为加速科技创新、实现跨越式发展的强大"助推器"，努力实现科技资源优势向科技经济优势的转变。具体讲就是要综合施策，建立有利于科研成果形成与转化的市场机制。一要推动产学研结合，完善产学研合作机制，实现从重论文、评职称的"封闭循环"向重市场、讲效益的"开放循环"转变，从"闷头想题目、闭门搞研究、成果束高阁"到"论文写在产品上，课题做到企业里，成果长入产业中"转变，加快产学研的融合。二要加快科技服务体系建设。大力发展和规范科技服务机构，引导科技服务机构向专业化、规模化和规范化方向发展，促进科研成果及时、有效地转化为现实生产力。积极发展各种类型的科技企业孵化器，把孵化器建设成为转化科技成果的基地、培育高新技术企业的摇篮、创新要素资源汇聚结合的中心。加快中试基地的建设和发展，为社会提供成熟配套的工艺和技术，增强科研院所转化成果的能力，打通科技成果走向市场的道路。发展技术交易市场，促进技术商品的流通转让。三要大力发展风险投资。要本着技术创新、金融创新相结合的原则，进一步加大风险投资的发展力度，开辟多渠道的风险投资资金来源，加快高新技术产业化进程。

第三，要在提高企业技术创新能力上实现突破。河南要在新一轮的经济发展中抢占先机，就必须采取更加有力的措施，彻底改变企业创新能力薄弱的状况，促使企业真正成为研究开发投入的主体、技术创新活动的主体和创新成果应用的主体。一要加大科技投入。要采取积极措施，鼓励企业加大对技术创新的投入力度，该提的提足、该摊的摊足、该留的留足，不断提高研究开发支出占销售收入的比重，确保企业有充足的研发资金。二要加强企业研究开发机构建设。要鼓励有条件的企业建立研发机构，重点支持大中型企业建立健全工程技术研究中心、研究院或重点实验室，使研发机构真正成为企业技术创新的"发动机"。企业要积极主动与科研院所、高等院校加强合作，尽快形成优势互补、风险共担、利益共享、合作共赢的运行机制。三要加快中小企业和民营科技企业的发展。要充分发挥这些企业适应市场能力强、机制灵活的优势，使其成为新的经济增长点和自主创新的生力军。

　　第四，要在建设创新人才队伍上实现突破。科技创新，人才为本。谁拥有一流的创新人才，谁就拥有了科技创新的优势和主导权。要增强自主创新能力，建设创新型河南，就必须大力实施人才强省战略，造就一支门类齐全、梯次合理、素质优良、规模宏大的创新人才队伍。重点是要培养造就一批一流的科技领军人物，带动和培育一批在国内有较大影响的科技创新团队；培养造就一批具有现代经营管理思想、国际化视野和富有创新精神的企业家队伍，使先进科技成果尽快转化为生产力；同时，要采取多种方式尽快培养造就一批社会急需的高技能型人才。实现这一目标，我们要牢固树立人才是第一资源的观念，更加关爱、厚爱、偏爱广大科技人员，形成尊重和珍惜人才的浓厚社会氛围；科学制定创新人才队伍建设规划，加快人才培养和引进步伐，实现人才的优化配置；不拘一格选拔人才，善于在创新中发现和培育人才；加大人才引进力度，制定灵活多样的引进政策，重视运用"柔性"引进人才方式，吸引和聚集国内外一流的科技人才和国际化人才直接或间接来我省创业；建立健全激励机制，积极推动技术等生产要素参与收益分配，重奖在科技创新中做出突出贡献的科技人员。要创造拴心贴心、宽心舒心的选人用人环境，做到用感情爱才、用事业育才、用待遇聚才、用机会引才，全力打造"中原人才高地"，实现创新人才队伍建设的新突破。

　　总之，我们要通过实施自主创新跨越发展战略，在高新技术产业发展、促进科技成果转化、发挥企业主体作用和创新人才队伍建设上实现突破，使河南省自主创新能力显著增强，科技促进经济社会发展的能力显著增强，科技综合实力显著增强，取得一批具有重大影响的科技成果，培育一批拥有自主知识产权的核心技术和知名品牌，开发一批具有高技术含量、高附加值的科技产品，打造一批在国内乃至国际上具有较强竞争力的创新型企业，形成一批充满活力、具有实力的高新技术产业群，为实现中原崛起提供强有力的支撑。

优化投资环境　打造诚信社会[*]

——关于加快发展开放型经济的思考

　　胡锦涛总书记 2005 年 5 月 31 日在中央政治局集体学习时发表重要讲话，强调在新世纪新阶段，必须继续毫不动摇地实施对外开放的基本国策，从树立和落实科学发展观的战略高度，立足国情，扬长避短，趋利避害，坚持用全球战略眼光观察和谋划国内发展和对外开放，努力实现我国经济社会又快又好地发展。这一重要讲话精神，为我们进一步做好对外开放工作指明了方向。我们一定要认真学习贯彻，努力开创开放型经济发展的新局面。根据河南的实际和我的思考，要开创河南开放型经济的新局面，当前迫切需要做好以下工作。

---

* 本文发表于 2005 年 7 月 12 日《河南日报》。

一、解放思想、更新观念，充分认识进一步
扩大开放、加快发展开放型经济的
重要性、必要性和紧迫性

首先，要确立"开放度有多大，发展空间就有多大"的思想，进一步认识发展开放型经济的重要性。河南是一个发展中的内陆省份，关起门来搞建设是行不通的，仅靠自我积累加快发展是难以奏效的，完全靠国家拨款、贷款来发展是根本不可能的，必须借助外力加快发展。发展开放型经济，既是适应经济全球化和加入世界贸易组织的客观要求，又是充分利用国内外两个市场、两种资源，参与国际国内竞争的必然选择，也是深化改革、推进体制机制创新、增强我省经济发展的动力和活力的必然要求。可以说，在经济全球化步伐不断加快的今天，发展的空间取决于开放的程度，发展的速度取决于开放的进度，发展的水平取决于开放的深度。现在，世界性产业转移和全国新一轮经济整合带来的产业转移正在加快，全国各地特别是中西部省份都在竞相开放、加快发展。我们必须进一步强化开放意识、竞争意识和机遇意识，充分发挥河南的区位优势、资源优势、市场优势、劳动力优势，大力实施开放带动主战略，积极承接产业转移，努力形成全方位、多层次、宽领域、内外融通的大开放格局。

其次，要认真查找差距，进一步明确发展开放型经济的必要性。在我国全方位开放日益发展，特别是加入世界

贸易组织后的新形势下，我国国内市场和国际市场的联系日益紧密，国内经济和国际经济的互动明显增强。这既给河南改革发展带来了难得机遇，也提出了严峻挑战。与新形势新任务的要求相比，河南在发展开放型经济方面还存在多方面的差距。一是与中央的要求比，思想上存在差距。把对外开放作为一项基本国策，是我们党深刻总结我国历史经验教训得出的科学结论，是对当代经济科技发展形势敏锐观察的结果，也是强国富民的必由之路。胡锦涛总书记指出，怎样以更加积极的姿态走向世界，充分利用国际国内两个市场、两种资源，在激烈的国际竞争中掌握主动权，推动我国经济又快又好地发展，始终是关系我国改革发展全局的一个重大问题。目前河南一些地方和一些领导干部在对对外开放重要性的认识上还存在较大差距，没有把对外开放作为一项基本国策来把握，没有提到应有的战略高度来重视，没有按照省委的要求作为一项主战略来实施，因而工作力度不够大，成效也不够明显。认识上的差距是进一步扩大对外开放的最大障碍，必须尽快予以改变。二是与周围省份比，工作上存在差距。改革开放以来特别是近年来河南大力发展开放型经济，取得了明显成效。但与周边省份相比，发展开放型经济的政策还不够宽松，办法不够灵活，措施不够得力，工作不够扎实。目前河南利用外资规模低于江西、湖北、湖南，外贸依存度低于安徽、湖南、江西，这与河南经济总量居中西部地区第一的地位形成了极大反差。三是与中原崛起的目标比，实力上存在差距。实现中原崛起，最根本的是综合经济实力的不断提升，在经济全球化步伐加快的新形势下，提升综合经济实力在很大程度上要靠开放型经济拉动。目前河南外贸依存度只有6.2%，大大低于全国70%的水平；实际利用外资仅占全国的1.4%，这与生产总值占全国6.45%的现状很不相称。开放度低已经成为制约河南经济快速发展的关键因素，必须大力发展开放型经济，以开放促改革促发展，推动中原崛起。我们要进一步把思想和行动统一到中央的要求上来，坚持实施开放带动主战略，加大工作力度，营造良好环境，推动开放型经济更快更好地发展。

　　其三，要解放思想、更新观念，进一步增强发展开放型经济的紧迫性。思想是行动的先导，是扩大开放的总开关。河南改革开放取得的成就，主要得益于解放思想、更新观念；河南的发展与沿海发达地区存在较大差距，最根本的差距就差在解放思想不够、更新观念不够、改革创新不够方面。大力发展开放型经济，最紧迫的是要进一步解放思想，更新观念，用观念政策上的突破，来求得工作实绩上的突破；用工作思路上的创新，来求得工作面貌上的创新；用思想认识上的飞跃，来求得发展速度上的飞跃。具体来讲，就是要做好五个方面的工作，实现对外开放的"五子登科"。

　　一是换脑子。就是要换掉旧思想，吸收新观念，形成新思路。要坚决破除一切影响开放型经济发展的旧观念，树立"开放才有机遇、开放才能发展"和"大开放、大发展，不开放、不发展"的新观念，自觉地把河南放到全国发展的大格局中去审视，放到经济全球化的大趋势中去思考，放到世界范围内的竞争中去比较，用更加开放的胸怀谋划新的发展思路，用思想大解放推动大开放格局的形成。

二是挖根子。就是要铲除小农经济意识。河南地处中原，深受传统观念的影响，不少人小农经济意识浓厚，思想保守，习惯于沿用老经验、旧做法；小富即安、小进即满，因循守旧、不思进取，缺乏开拓创新、敢闯敢试的勇气和信心；思想狭隘、目光短浅，容易害"红眼病"、搞地方保护主义。我们要结合正在开展的保持共产党员先进性教育活动，努力增强对外开放的能力，坚决打破小农经济意识的思想枷锁，敞开胸怀、张开双臂，竭诚欢迎外商来河南投资兴业、共谋发展。

三是变法子。就是要变革目前影响外向型经济发展的一切旧制度、旧政策、旧办法。改革创新是经济社会发展的强大动力。变则通，通则灵，灵则成。要适应新形势新任务的要求，坚决改变一切束缚发展的做法和规定，坚决革除一切影响发展的体制弊端，不断创新制度、创新政策、创新工作方法，使开放型经济发展的活力进一步迸发。

四是装轮子。就是装上外向型经济的轮子，形成国内发展、国际发展两个轮子一起转的经济运行模式。两个轮子跑车要比一个轮子跑得快、跑得稳。我们要在充分发挥自身优势、加快发展步伐的同时，坚持对内开放与对外开放并举，既要积极吸引省外境外国外投资、技术、人才和管理经验，也要鼓励有比较优势的企业到省外境外国外投资兴业，使国内省内发展与对外开放两轮驱动、两翼齐飞。

五是闯路子。就是要从河南的实际出发，闯出一条速度快、质量高、影响大、效益好的对外开放新路子。这条路，既不同于沿海，又不同于西部；既能充分体现河南的资源优势、产业特点，又符合海外投资需求、符合国外市场需要的有鲜明河南特色的开放之路，以尽快摆脱因开放度不够严重制约河南经济发展的被动局面。要认真，要着力转变对外贸易增长方式，大力实施以质取胜、以特获宠的战略，增加产品科技含量，提高出口竞争力，吸引更多更大规模的国际资本、国外企业来豫投资创业，占据更多的国际市场份额，多挣美元、欧元、日元。

二、加快发展开放型经济,加大招商引资力度,关键是增强投资者的信心

河南要加快发展开放型经济，必须加大招商引资力度，通过招商引资促进经济结构的调整和优化，保持经济的持续快速增长。扩大招商引资，关键在于营造良好的发展环境，增强投资者到河南投资兴业的信心。投资者的信心从何而来、如何增强？这就要坚持做到"诚信、互利、放开、热情"八个字的要求。

一是要坚持诚信，这是增强投资者信心的基础。现代市场经济是信用经济，诚信是现代市场经济的生命，扩大招商引资必须坚持以诚信为本。目前一些地方承诺的优惠

政策不落实、不兑现，甚至"开门招商、关门损商"，严重损害了投资环境，削弱了外商投资的信心和热情。古人说："人无忠信，不可立世。"要增强投资者信心，让投资者放心大胆地进来，就必须在全社会大力营造诚实守信的良好环境。要全力打造信用政府，各级领导干部要做诚实守信的模范，严格落实已出台的各项政策措施，不折不扣地兑现各项承诺。企业要以诚为本、以信立业，形成重合同、守信用、依法正当经营的良好风气。加大失信惩戒力度，加强舆论监督，严厉打击各种制假售假、合同欺诈等违法犯罪活动。加快社会信用体系建设，在全社会营造言必信、行必果的诚实守信氛围。

二是要坚持互利，这是增强投资者信心的根本。逐利是资本的本性，利益最大化是所有企业家和投资者的追求，而在外商赚取利润的同时，我们不但可以扩大就业、增加税收，而且可以引进资金、技术、管理和人才，提高资源配置效率，推动产业结构优化升级。我们要坚持互惠互利的原则，努力实现外商盈利与本地发展"双赢"的目标。各地各部门要坚决破除"肥水不流外人田"的思想，要有算大账、算远账、不计较眼前得失的"大精明"、"大智慧"，树立"你投资我欢迎，你创业我支持，你赚钱我发展"的新观念。要舍得"靓女先嫁"，敢于拿出优质资产引资重组，勇于接受国内国际大企业大集团的收购兼并，通过"以强引外"、"以优引外"实现企业裂变式扩张、经济倍增式发展；要保护好、支持好、发展好落地投产的项目，使外商"招得来，留得住，发得了"。

三是要坚持放开，这是增强投资者信心的条件。政策放开，做到优惠、优先、优待，就能吸引外商、外资更多更快地到河南来。要敢于借鉴和创新，凡是沿海发达地区行之有效的政策措施，都要勇于借鉴；凡是有碍于发展开放型经济的条条框框和政策限制，都要坚决打破。当然，该放开的要放开，不该放的要守住。原则上，凡是国家没有明确禁止外资进入的行业、领域，都要向外资开放；凡是我国政府承诺对外商逐步开放的投资领域，都应逐步向外商开放。要发挥河南制造业较好的优势，采用外企的先进适用技术改造提升传统产业；利用外资加快基础设施建设，为加快工业化、城镇化提供支撑；加快国有企业与国外大公司的并购重组，在扩大开放中培育大企业和企业集团；引进国外先进服务技术和标准、先进经营理念和形式，促进服务业管理体制机制创新；吸引外资投资农业和农产品加工业，培育壮大一批农产品加工龙头企业。

四是要坚持热情，这是增强投资者信心的前提。据一些外商反映，一些机关工作人员身上还存在"脸难看、门难进、事难办"的现象，影响了投资者的热情和信心。人都是有感情的，一个微笑、一次热情服务就可能给投资者增加一份好感、使项目成功的可能性增加一分，而一次冷落、一次不愉快的经历就可能使投资者的热情下降一分、项目成功的可能性减少一分。从这个意义上说，人人都是投资环境，人人都关系着投资环境的好坏、都关系着招商引资的成败。每一个政府工作人员都要增强责任意识，主动服务，热情服务，满腔热情地想客商之所想、忧客商之所忧、解客商之所疑、称客商之所愿，以真情吸引投资者，以感情打动投资者，以热情感动投资者，为搞好招商引资做出自己应有的贡献。目前审批环节多、周期长、办事效率不够高，仍是外商反映的焦点。各地各部门要牢固树立服务至上的理念，努力为投资者提供方便快捷、周到细致、科学规范的服务，切实把服务窗口前移、触角延伸，贯穿于外商来豫考察、项目建设、企业经营的全过程。要继续深化行政审批制度改革，进一步简化审批手续；继续探索完善一站式办公、一条龙服务，倡导立说立行、急事急办、特事特办的作风，提高行政效能。要关心外商生活，改善外商的人居环境，使外商在河南安居乐业、放心发展。

三、切实加强领导,大力推动开放型经济的发展

各级党委、政府要把优化投资环境、促进开放型经济发展作为一项重大任务，高度重视，切实抓好。要从战略和全局的高度，充分认识发展开放型经济的重要意义，按照加强党的执政能力建设的要求，进一步提高做好对外开放工作的本领。要真正把发展开放型经济摆上突出位置，提上重要议事日程，认真研究、协调和解决工作中遇到的困难和问题，确保领导力量到位、研究部署到位、工作责任到位、政策措施到位。要把优化投资环境、发展开放型经济的成效作为考察领导班子和领导干部政绩的一项重要内容，作为奖优惩劣、使用干部的一项重要依据。各级党

政主要领导同志要切实负起优化投资环境第一责任人的责任，对本单位的环境治理负总责，经常到第一线去督察，对重大案件要直接过问，亲自处理。各有关部门要认真履行职责，发挥优势，加强协调，密切配合，形成强大合力。

　　各级政府要加快职能转变，为开放型经济发展创造政策、制度、办事的良好政务环境。随着经济全球化进程的加快，经济竞争在一定程度上表现为各国政府之间服务水平的竞争，哪里的政府能为企业提供良好的服务，资本就往哪里流动和聚集。各级政府都要切实把职能转变到经济调节、市场监督、社会管理和公共服务上来，坚持依法行政，转变工作作风，优化政务环境，提高行政效率，做到多服务、少干预，多支持、不添乱，多协调、不扯皮，使投资者安心、舒心、放心发展。要从政策、制度、办事方面创造条件，制定有利于吸引外资的新政策，建立有利于外企发展的新制度，创造有利于外商经营的新办法，使河南成为资本聚集的"洼地"、投资效益的"高地"，成为环境良好、投资回报率高的地区。

　　要坚决查处"四乱"行为，维护投资者的合法权益，为推动开放型经济发展加大清障排污的力度。乱检查、乱罚款、乱收费、乱摊派这"四乱"行为，严重侵害了投资者和广大群众的合法权益，扰乱了市场经济秩序，是影响河南经济发展的一个顽症，也是当前迫切需要解决的一个问题。优化投资环境，必须把整治"四乱"行为作为工作重点，坚决予以打击，确保收到实效。要对现有各类收费项目进行全面清理，加大对执法人员的监督力度，对搞"四乱"的，要追究直接责任人及其主管领导的责任；对"吃、拿、卡、要"的要予以严处，触犯刑律的依法追究刑事责任。各级纪检监察机关要加大对破坏投资环境案件的查处力度，集中查处一批"四乱"的典型、外商投诉的典型，情节严重的要公开曝光。各地各部门要建立健全投诉快速反应机制，集中受理各种投诉案件，鼓励社会各界监督、举报、投诉。各级人大、政协要充分发挥优势，加大对经济发展环境的监督检查力度。

要加强对外宣传，树立良好形象，增强招商引资的吸引力。各级党委、政府要高度重视对外宣传工作，充分发挥报纸、电台、电视台和网络等新闻媒体的作用，采用多种形式，大力宣传优秀的外商投资企业、企业家和发展开放型经济的先进典型，宣传经济社会发展的成就和良好的投资环境，展示河南对外开放的良好形象，营造有利于河南开放型经济发展的舆论氛围。要开展声势浩大、扎实有效的宣传活动，把省委、省政府治理经济环境的态度决心、政策法规和具体实施意见，宣传到广大干部群众，形成全省上下人人关心、人人支持、人人参与经济环境治理的良好局面。

让全民创业之歌响彻中原大地[*]

　　党的十七大明确提出，实施扩大就业的发展战略，促进以创业带动就业。前不久召开的中央经济工作会议强调，要健全创业服务体系，健全职业培训制度，提高城市新增劳动力和农村转移劳动力就业和创业能力。刚刚结束的河南省委八届五次全会，认真贯彻落实党的十七大精神和中央经济工作会议精神，提出了促进全民创业的新要求。促进全民创业，就是要通过各种方式，让每一个人根据自身情况，抓住发展机会、选准发展路子、充分发挥才能，在市场经济中大显身手，在各自领域创造价值、成就事业；就是要激发一切能够鼓起的创业热情，调动一切能够动员的创业主体，放开一切能够开放的创业领域，落实一切能够做到的创业政策，在全省上下大力营造千方百计谋创业、千辛万苦去创业、千军万马兴创业的生动局面。促进全民创业，显示了社会主义市场经济的本质特征，反

---

　　* 本文发表于 2008 年 1 月 3 日《河南日报》。

映了干部群众的迫切愿望，体现了全省人民的根本利益，是夺取全面建设小康社会新胜利的必然要求。必须从全面贯彻落实党的十七大精神、奋力开创中原崛起新局面的高度，从发展之基、富民之本、活力之源、崛起之路的高度，充分认识促进全民创业的重大意义。

首先，创业是发展之基。创业能够充分挖掘自身潜能，激活各类生产要素，越是创业活跃的地方，经济内生增长机制就越强，发展的基础就越扎实，经济社会发展也就越快。从国际上看，美国大力推行"创业革命"，青年人自主创业比率居世界之冠，大学生创业比例达到20%，促进了以高新技术为特征的新经济蓬勃发展，长期保持了世界经济"火车头"地位。日本在20世纪六七十年代，通过不断改善创业环境，迎来了创业高峰期，迅速实现了经济复兴。从国内看，浙江大力倡导自强不息、坚忍不拔、勇于创新、讲求实效的精神，鼓励人人创业，每18个人中就有1个民营企业老板，每2个人中就有1人在民营企业从业，民营经济比重超过70%，创造了"浙江现象"。从河南来看，近年来民间投资快速增长，非公有制经济接近"三分天下有其二"，已成为技术创新的重要载体、县域经济发展的重要力量。许昌市通过大力发展非公有制经济激活创业，目前非公有制经济已占全市经济总量的68.8%。长垣县在无资源、无优势，贫穷落后的情况下，以发展民营经济为龙头带动县域经济发展，形成了防腐、烹饪、起重、医疗器械等支柱产业，综合实力全省排序10多年来前移61个位次。实践充分证明，经济发展的最大动力在民间，从一定意义上说，抓全民创业就是抓发展。挖掘自身潜力，催生内在动力，充分启动民资、挖掘民力、开发民智，是提升区域竞争力最为有效和直接的途径。当前和今后一个时期，国家宏观调控力度不断加大，货币政策从紧，河南要缩小与先进地区差距，在日趋激烈的区域竞争中赢得先机、掌握主动，就必须通过促进全民创业激发社会潜力，把庞大的劳动力资源变成人力资本，把充裕的民间资金变成生产投资，把群众求发展求富裕的迫切愿望变成自觉的创业行动，为经济又好又快发展提供强大持久的内在动力。

其次，创业是富民之本。解决民生问题，出路在就业，关键在创业。创业不仅是创业者自己实现就业，还可以通过发展多元化创业主体和多种创业形式，发挥创业带就业的倍增效应，提供更多的就业岗位，是人民群众增加收入、走向富裕的根本途径。只有创业社会化，才能就业最大化。研究表明，自 1980 年以来美国小企业和创业者每年创造了 70% 以上的新就业机会。河南作为全国第一人口大省，劳动力总量过剩和结构性矛盾并存。据统计，全省城镇每年需要就业再就业的人员总量达 200 万以上，而当前所能提供的新增就业岗位仅有 100 万个左右，缺口较大，就业形势非常严峻。破解就业难题，必须在实施积极就业政策的同时，大力鼓励创业，以创业促就业。近 3 年来，我们积极开展创业促进就业工作，培训下岗失业人员 5 万多名，其中 60% 的人创办了自己的小企业，吸纳安置就业再就业人员 11 万；发放小额担保贷款帮助和扶持近 10 万名下岗职工实现自主创业、自谋职业，带动就业再就业 30 万人，创业带就业的效果非常明显。这些充分表明，全民创业是惠及人民群众的事业，有利于实现人民群众致富的愿望，有利于满足人民群众日益增长的物质文化生活需要，使人民群众更好地共享改革发展成果。抓好了创业，就抓住了就业的"播种机"，找到了致富的"金钥匙"，选准了改善民生的突破口。

其三，创业是活力之源。人是潜力最大的社会资源，只有通过创业，极大地调动全体劳动者的积极性、创造性，才能形成人人各展其能、各得其所、和谐相处的充满生机与活力的局面。人民群众在创业实践中尝了甜头、有了奔头、长了劲头，参与热情就会进一步高涨，创造潜能就能充分发挥，就能使人变得更加聪明起来，更加活跃起来，更加能干起来，促进人的全面发展。推进全民创业，体现了尊重劳动、尊重知识、尊重人才、尊重创造的方针，抓住了群众想干事、求进步的迫切愿望，找准了百姓增收致富的着力点，选准了干部群众共谋发展的结合点，必将使全社会创造活动蓬勃开展、创造成果不断涌现、创造能量充分释放。红旗渠工程就是在当时的历史和自然条件下全县人民艰苦创业的结晶。近年来林州人民在红旗渠精神激励下，开拓创新，锐意进取，续写了"出太行、富太行"的全民创业新篇章。郑州市二七区服装业由 20 世纪 80 年代初的一些马路市场，发展到现在不仅有 20 余家服装专业市场，而且拥有服装加工企业 430 余家、年产值 10 亿多元，特别是化纤女裤占据了全国市场的一半，生动地说明了群众创业带来的巨大活力和深刻变化。但要看到，河南作为一个长期受传统观念影响的内陆省份，影响全社会创造活力的制约因素还很多。从思想根源上说，主要是安于一个"守"字，即守摊思想，缺乏一个"敢"字，即敢为人先，存在一个"满"字，即小进即满。因此，只有大力促进全民创业，引导广大群众自力不依赖、自强不畏难、自信不自满，敢于闯新路、善于创大业，才能充分激发每一个社会细胞的活力，充分释放每一个市场主体的潜能，让全社会的创造活力竞相迸发。

其四，创业是崛起之路。通过创业能够加快农村富余劳动力转移，"化"农民为市民、"化"传统农业为现代农业、"化"传统农业社会为工业社会，推进工业化、城镇化进程，加快崛起步伐。农村富余劳动力转移，是工业化和现代化的必然趋势。如美国农业就业人口比重由1830年的70.8%降至2004年的1.6%，日本由1870年的84.8%降至2004年的4.5%。就我国来看也是如此，1985年中央1号文件的出台，打开了农民进城务工创业的大门，有力地带动了农村人口向城镇转移，城镇化率由1985年的23.7%，迅速提高到2006年的43.9%。近年来，河南省工业化、城镇化进程明显加快，从2003年到2006年城镇化率年均提高1.68个百分点。但要看到，河南是人口大省、农业大省，目前城镇化水平仍然比较低，预计今年城镇化率达到34.3%，低于全国平均水平。据测算，全省农村劳动力达5100多万，已经转移了1900多万，还有1700万左右的富余劳动力，加快劳动力转移，推进工业化、城镇化进程，实现中原崛起，任务重大而艰巨。促进全民创业能够激励农民不断提升自身素质，能够为农民施展抱负提供更加宽广的舞台，能够带动更多的农民工扎根城市，为解决这一问题开辟了广阔前景。不管是在农村还是在城市创业，都要求创业者结合自身实际，不断获取新知识、形成新观念、增长新才干，在创业实践中不断提高自己的能力和水平；广大农民既可在当地大力发展现代农业、加工业、运输业、商贸服务业等，也可以离开农村走向城市，寻求新的发展天地；许多农民工经过多年的奋斗，挣了票子、换了脑子、学到了法子、找到了路子，积累了在城市经商办企业的资金、技术等必要条件，逐步实现了由"就业型"向"创业型"、由"打工仔"向"企业家"、由"候鸟型"向"留鸟型"的转变，真正融入了城市。革命老区新县坚持把劳务输出特别是涉外劳务输出作为自主创业、强县富民的产业来抓，出现了农民当年上山当红军，如今下山闯市场的生动局面。现在，常年在国外务工人员稳定在5000人左右，年创外汇5100多万美元，有8000多深山区农民实现了进城入镇、建房兴业的梦想，县城人口由5万人增加到11万人。事实说明，促进全民创业，是提高农民素质的"催化剂"，是加快农村富余劳动力转移的"助推器"，是推进工业化、城镇化进程的"加速器"。

　　总之，促进全民创业，抓住了发展这个第一要务，体现了发展为了人民、发展依靠人民、发展成果由人民共享的根本要求。那么如何促进全民创业呢？我概括了三句话：核心是弘扬创业精神，重点是发展民营经济，关键是营造创业环境。

第一，核心是弘扬创业精神，就是要把创业精神作为促进全民创业的动力源，大力培育、倡导、光大这种精神，让创业成为每个人的价值取向和自觉行动，成为全社会的风尚。精神力量是综合实力的重要组成部分，是软实力的主要体现，在一定条件下，精神可以变物质。创业精神是中华民族兴旺发达的重要支撑，是改革开放新时代的强烈呼唤，是民族精神和时代精神的具体体现，是成就事业的强大动力。一个具有创业精神的人，不管从事何种工作、何种事业，都会更有积极性、更富创造性，始终保持昂扬向上的激情和锲而不舍的毅力，迎难而上、克难攻坚。温州一无资源、二无优势、三无基础，改革开放后经济迅速腾飞，目前超过 1/4 的温州人在国内外创业，其中在海外 80 万人，温州商人、温州街、温州城遍布世界各地，创造了举世闻名的温州模式，其最大秘诀就是温州人的创业精神。中国商人、商业和商业文化的起源在中原，历史上中国商业的诸多第一产生在中原。悠久的历史传承和厚重的文化积淀，波澜壮阔的中国特色社会主义建设和改革开放洪流，塑造了河南人民勤劳智慧、自强不息、求真务实、开放创新等优秀品质。焦作山阳区巡返村党总支书记、许昌宏伟集团董事长、长垣县的驼人医疗器械有限公司董事长，他们身残志坚，勇创伟业，服务社会，是河南人民艰苦创业精神的具体体现。但也要看到，由于长期受农耕文化和封建意识的影响，小农思想、官本位意识等消极因素还不同程度地存在，读好书走仕途仍是不少人的第一追求和选择，守土恋家在许多人头脑中仍根深蒂固。在全民创业上，我们与沿海省市相比，最大的差距在创业精神上。河南作为一个地处内陆的发展中省份，弘扬创业精神，直接决定着促进全民创业的力度、深度和广度。

在弘扬创业精神上，首先要坚持转变思想观念这个先导。主要是做到"六个破除、六个弘扬"，即坚决破除等靠要的依赖思想，大力弘扬自尊自立、艰苦奋斗的自强精神；坚决破除怕苦畏难的消极思想，大力弘扬坚忍不拔、百折不挠的拼搏精神；坚决破除小富即安、小进即满的小农思想，大力弘扬勇创一流、永不自满的进取精神；坚决破除因循守旧、按部就班的保守思想，大力弘扬敢为人先、敢于创新的开拓精神；坚决破除坐而论道、夸夸其谈的漂浮思想，大力弘扬勇于实践、讲求实效的实干精神；坚决破除重官轻商的官本位思想，大力弘扬创业至上、致富光荣的企业家精神。其次，要用好强化舆论宣传这个手段。充分利用各种新闻媒体，全方位、多形式、多层次加大宣传力度，开辟一批创业栏目，发表一批研究成果，推出一批深度报道，树立一批成功典型，推广一批先进经验，用典型的精神激励人、用先进的事迹鼓舞人、用有益的经验启迪人，让群众学有榜样、干有劲头、赶有标兵。再次，要抓好培育创业文化这个支撑。继承发扬优秀传统文化，紧跟时代潮流，通过多种形式和多种途径，大力倡导崇尚创造、褒扬成功、宽容失败的价值观，大力加强创业教育尤其是对青少年的教育，广泛开展创业文化创建活动，让创业文化贯穿于经济社会发展的全过程，让创业基因植入到每个社会细胞中，在全社会形成浓厚的创业文化氛围。

第二，重点是发展民营经济，就是要把发展民营经济作为促进全民创业的主战场，胆子再大一些、步子再快一些、支持再多一些，要"参天大树"也要"灌木丛林"，要"虎踞龙盘"也要"千军万马"，努力推动各类创业主体各显其能、各展风采，促进民营经济在中原大地蓬勃发展。民营经济是市场经济的天然伴生物，具有机制灵活、成长迅速、生命力旺盛的特点，是百姓经济、活力经济、富民经济，是广大创业者的广阔舞台和最佳选择。民营经济活跃了，人民群众的创造力才能充分释放，区域经济的生机和活力才能更强。近年来，我们坚持"三放"方针，采取了一系列有力举措，民营经济实现快速发展，已成为经济社会发展中的一支重要力量。但与加快中原崛起的要求相比，整体上看民营经济发展依然不足，主要原因在于群众参与创业的广度和深度还不够，创业主体数量不多、规模偏小、竞争力不强。群众创业的积极性有多高，参与程度有多大，民营经济的发展就有多快。义乌作为一个县级市，之所以能够发展成为国际知名的小商品集散中心，靠的就是大量的创业主体，目前民营经济创造的增加值占全市经济比重达90%以上。长葛市青山金汇不锈钢产业有限公司，是一位青年农民从收废旧金属起家的，目前已拥有资产15亿元。这些生动地说明，只要发挥潜能、找准路子、拼搏进取，就能闯出一片广阔天地。

　　培育创业主体，发展民营经济，要多管齐下、多策并举，重点围绕七个方面加以引导。一是围绕"能人创业"，引导支持具有敏锐市场意识、较强经营本领和特殊才能的人争先创业，成为创业的示范者。二是围绕"知识创业"，引导科技、教育、文化等专业人才转变观念，发挥知识和技术优势，成为创业的引领者。三是围绕"青年创业"，引导大中专毕业生转变择业观念，自立自强，成为创业的生力军。四是围绕"劳务创业"，引导农村富余劳动力外出务工、在当地兴办二三产业以及回乡创业，成为农民致富的带头人。五是围绕"民生创业"，引导城镇下岗失业人员、征地拆迁居民、失地农民等就业困难群体以创业促就业、成为自谋职业、自主创业者，探索改革扶贫资金使用方式，走通过创业促扶贫的路子。六是围绕"二次创业"，引导创业有成者积极进取、勇于开拓，尽快做大做强，成为全民创业中的骨干力量。七是围绕"外来创业"，引导更多的境内外客商来豫投资兴业，成为创业推动者。在具体工作中，要因地制宜、分类指导，增强工作的针对性和实效性，当前要着力培养一批创业骨干，建立一批创业基地，发布一批创业项目，推广一批创业模式，切实解决好群众想创业、能创业、会创业的问题，努力在培育创业主体上取得较快进展，推动民营经济发展再上新台阶。

　　第三，关键是营造创业环境，就是要把营造良好环境作为促进全民创业最重要、最直接的孵化器，为创业者提供最优的服务、最大的支持、最佳的平台，做到发展有条

件、干事有舞台、创业有保障，让想创业的人创新业、正
创业的人创大业、善创业的人创伟业。良好的环境，对外
是竞争力，对内是生产力；环境不优，对外是排斥力，对
内是破坏力。创业具有开创性、风险性、艰巨性，只有在
良好环境里才能生根发芽、开花结果。没有好的环境，创
业就失去根基，发展就失去动力。一个国家或地区创业活
动的数量和质量，在很大程度上取决于创业者所处的环
境。深圳靠其良好的创业环境，成为中国的创业乐园，创
投机构数量和创投资本居全国第一，每 8 个成年人中就有
一个自主创业者。杭州市实施"环境立市"战略，提出
"创业在杭州"口号，目前仅留学归来创业人员就达 3000
多人、创办企业近 400 家。近年来，河南坚持不懈地抓好
环境建设，赢得了省内外投资者的好评。但也要清醒地看
到，环境建设永无止境，我们在发展环境上的一些问题仍
不容忽视。必须把环境建设作为促进全民创业的第一工
程、第一责任、第一品牌、第一保障，标本兼治、综合施
策，持之以恒地抓紧抓好，努力使中原大地成为干事创业
的热土。

　　良好的创业环境，应包括阳光、空气、雨露、养分四
要素。阳光，就是各级党委政府要把阳光普照在每个人身
上，满腔热情地鼓励和支持大家去创业。空气，就是营造
一种自由创业的氛围，形成人人能创业、到处可创业的局
面。雨露，就是为全民创业提供优惠的政策，为创业者普
降甘霖。养分，就像土壤测土配方一样，缺什么补什么，
为创业创造条件。为了营造这样的创业环境，应做好以下

三个方面的工作。一要提供最优的服务。各级党委、政府要将促进全民创业作为重要的发展工程、富民工程、和谐工程，放在心上、抓在手上、落实在行动上，经常深入基层了解创业者的愿望和要求，切实帮助他们解决实际困难和问题，真正成为全民创业的引导者、服务者和保护者。加快转变政府职能，深化行政审批制度改革，继续推进服务理念、服务内容、服务方式和服务手段的全面创新，多服务、少干预，多帮忙、少添乱，多设路标、少设路障，不断提高服务水平；积极发展各类创业中介服务机构，支持行业协会、商会等组织充分发挥作用，为创业者提供良好的社会化服务，要积极推广一些地方开展创业就业服务的经验做法，劳动部门要真正办成劳动者的"服务器"、创业者的"引导器"；大力整顿规范市场秩序，强化社会治安综合治理，推进公正司法；严格实施《物权法》，切实保障创业者的合法权益。工会、共青团、妇联等各级群众团体要围绕经济建设这个中心，积极发挥联系群众广、亲和力强的政治优势，开展扎实有效的活动，支持扶持群众创业。二要给予最大的支持。进一步拓宽民营经济准入领域，降低准入门槛，消除各种歧视性政策和不公平待遇，为创业者开辟更广阔空间；用足用好财税优惠政策，加强信用担保体系建设，积极协调金融机构加大对创业活动的贷款投放，充分运用各种政策性优惠贷款支持群众创业，积极发展劳动力、技术、资本等要素市场，解决好创业者资源要素短缺问题；采取多种形式加强创业培训，帮助广大群众提高创业能力和水平。三要搭建最佳的平台。

城市要满腔热忱、张开双臂、敞开胸怀拥抱农民兄弟进城务工创业，使其进入有归属感、办事有便利感、竞争有公平感、生活有舒适感、财产有安全感、创业有成就感、社会有荣誉感，增强磁场效应，真正成为创业者的第二故乡。坚决打破城乡分割的二元结构，逐步建立城乡统一的户籍、就业、就学、就医、社会保障等制度，尽快实现城乡通开、资源共享、待遇平等。提升现有各类工业园、科技园、开发区发展水平，积极发展创业园区，努力使其成为撒播创业种子、孵化创业项目、扶持创业人才、培育创业群体的有效载体。大力发展各类专业批发市场、商业街、商贸城等，实现建一片市场、揽一批人才、兴一地产业、富一方百姓。

目前，河南初显崛起之势，全省人民正以奋发有为的精神风貌思发展、谋发展、求发展，干事创业的激情正在涌动、能量正在聚集。只要再加一把力，再升一点温，给创业者多一点阳光、多一点空气、多一点雨露、多一点养分，创业的热情就会更高涨，创业的劲头就会更高昂，创业的动力就会更强大。我们一定要在党的十七大精神指引下，进一步解放思想，坚定信心，开拓进取，让创业之歌响彻河南大地，使创业之果惠及全省人民，奋力开创全民共创伟业、加快中原崛起的新局面！

推动服务业更大规模
更高层次发展[*]

　　党的十七大报告指出，要坚持走中国特色新型工业化道路，促进经济增长由主要依靠投资、出口拉动向依靠投资、消费、出口协调拉动转变，由主要依靠第二产业带动向依靠第一、第二、第三产业协同带动转变，由主要依靠增加物质资源消耗向主要依靠科技进步、劳动者素质提高和管理创新转变。贯彻落实科学发展观，实现经济发展方式的转变，必须大力发展服务业，提高服务业比重和水平。去年3月，国务院下发了《关于加快发展服务业的若干意见》，提出了加快服务业发展的总体要求和主要目标。

　　各级党委高度重视发展服务业，改革开放以来特别是近年来，通过大力调整产业结构，推进改革开放，增加建

---

　　* 本文节选自作者 2008 年 2 月 20 日在郑州市调研时的讲话，发表于 2008 年 2 月 21 日《河南日报》。

设投入，优化发展环境，河南的服务业有了较大发展，已成为繁荣地方经济、增加就业、改善民生、促进社会和谐的重要力量。2006 年实现增加值 3653 亿元，居中西部首位、全国第八位，增速高于全国平均水平 1.7 个百分点，对经济增长的贡献率达到 25.5％，吸纳就业超过 1340 万人，上缴税收占全省地税收入的 47.5％；2007 年第三产业增加值达到 4412 亿元、增长 13.9％，增幅为近年来最高水平。但从整体上看，河南省服务业发展仍然存在着总量不够大、发展不够快、整体结构不优、总体水平不高、竞争力不强等问题，特别是生产性服务业发展很不充分，新兴服务业明显滞后。目前，河南经济总量位居全国第五位，工业也位居全国第五位，可第三产业却是第八位，而且第三产业占经济总量的比重滞后于第二产业 20 多个百分点，也远低于全国平均水平；近 4 年来服务业年均增速落后于工业近 6 个百分点，在三次产业中比重近 3 年来下降了 2 个百分点以上，很不协调。造成这些问题的原因是多方面的，有客观的也有主观的，有历史的也有现实的，有体制性的也有阶段性的，但认识不到位是带有根本性和全局性的问题。有的过分看重工业发展，思想观念还停留在传统工业化阶段；有的认为把服务业作为主导产业还为时过早，现在抓服务业会削弱抓工业的力度；有的认为服务业只是繁荣市场、丰富生活，不创造价值，对服务业发展潜力挖掘不够；有的认为服务业过于分散、工作上没有抓手，致使缺乏强有力的工作指导和有针对性的工作措施。这些思想和认识之所以存在，主要是对经济社会发展的总体走势研究不够，对产业经济演变规律把握不准，对服务业发展的新特点新变化认识不清。

一、要认清发展形势

综观国内外经济社会发展，世界经济正在由"工业经济"向"服务经济"转型，中国经济已步入科学发展、和谐发展的新时期，这都要求我们必须紧跟进步潮流，把服务业发展作为发展经济社会的新目标新任务新动力。

从国际上看，肇始于20世纪70年代的产业结构大转变，使得全球服务业呈现快速增长势头，各国的服务业产值在其国家的整个经济中的比重持续上升，多数国家的服务业产值在整个国家的经济活动中逐渐取得了主导地位。目前多数发达国家服务业已经达到三个70%的水平，即服务业占经济总量的70%左右，服务业从业人员占就业人口的70%以上，经济增长的70%来自于服务业增长。即使是发展中国家也纷纷开始向服务经济转型，服务业规模和地位也在迅速上升。据世界银行统计，中等收入国家的服务业占GDP比重已经由1990年46%提高到2005年的53%。如俄罗斯服务业比重由1990年35%提高到2005年的56%，墨西哥服务业比重由64%提高到70%，印度服务业比重由41%提高到54%。一些跨国公司也纷纷加快由制造企业向服务企业转型的步伐。全球500强企业中，从事服务业的企业比例数已经达到56%。原来的制造企业，从施乐、惠普、IBM到海尔，正迅速转变为服务提供商。美国通用电器公司曾经是一个典型的制造业企业，而发展到今天，不仅是制造业巨头，也是服务业巨头，它很早就进入饮食行业和文化服务产业，其制造产品的比重已降至30%，提供服务的比重则上升并超过70%。法国最大的网络公司不是由文化人创办的，而是法国一家从事下水道维护管理的公司办的。IBM从计算机租赁、维修和软件等服务业务中得到了其收入的50%以上。我国的海尔公司服务收入也超过了单纯的产品销售收入。目前，服务贸易已成为世界贸易增长最具活力的增长引擎，服务消费占到所有消费的1/2左右。可以说，世界经济已经进入名副其实的服务经济时代，服务已成为当今全球经济的主导力量。

从国内看，科学发展、和谐发展已经深入人心，成为经济社会发展的主旋律。围绕实现科学发展、和谐发展，党中央提出了走新型工业化道路、转变经济发展方式、节能减排、建设生态文明、改善民生等一系列重大战略举措。加快发展服务业是贯彻落实这些重大举措的有效途径。

首先，加快发展服务业是实现节能减排硬约束要求的迫切需要。近年来，国家高度重视并不断推进资源节约型和环境友好型社会建设，把节能减排放到了事关经济社会发展全局的战略位置，强化节能减排工作的力度越来越大，并实行一票否决。河南处于工业化加速发展阶段，能源原材料工业比重大、资源要素驱动型经济增长模式短期内难以改变，决定了我们要完成节能减排任务尤为艰巨、形势不容乐观。服务业主要靠体力、智力劳动，能源、资源占用少，具有智力要素密集度高、产出附加值大、资源消耗低、环境污染少等优势，创造的是绿色GDP。据测算，每万元增加值，服务业用电量是工业的15%，造成的烟尘排放量、二氧化硫排放量不到制造业的6%、7%。发展旅游、会展、商务、文化等新兴服务业，不仅不会对环境造成破坏，更是具有一定的生态环境修复功能。同时，发展服务业不仅能够降低能源资源消耗、减少污染排放，而且通过发展专业化的服务，可以大大提高其他产业的节能减排效率。我们要保持经济持续较快增长，必须大力发展服务业。只有这样才能在经济总量规模增长的同时，把能耗和污染排放降下来，实现经济可持续发展。

其次，加快发展服务业是解决民生问题、构建和谐社会的内在要求。服务业门类多、就业的弹性系数大，就业方式灵活多样化，能够直接有效地为化解就业矛盾开辟多元就业空间。一些企业安排了大量就业，银基商贸城在下一步发展中，甚至还可以提供20万个工作岗位。可以说服务业创造就业的能力是最强的，而工业在向更高层次发展时，是不可能提供更多就业岗位的。研究成果表明，政府每投资100万元可提供的就业岗位，重工业是400个，轻工业是700个，第三产业是1000个，就业吸纳能力极大。当前，河南正处于工业化中期阶段，资本密集型的重化工业加速发展，相应带来了整体就业吸纳能力的下降。如2006年，全省规模以上工业增加值增长23.4%，而工业从业人数仅增长1.5%。同时，服务业还具有附加值高的特点，在整个经营环节中占据着产品价值链的高端。据估算，印度 500 亿美元服务贸易出口所创造的收益就相当于我国 1 万亿美元一般贸易出口。一位企业家提出产品附加值的"微笑曲线"反映的就是这样一种情况：制造业在整个产品的价值链中处于最低端，相当于微笑时的下巴；而产前和产后为生产服务的服务业处于产品价值链的高端，相当于微笑时的两个嘴角。有一个典型的玩具产品叫"芭比娃娃"，在美国市场上售价为 10 美元，但是在我国的离岸价格是 2 美元，其中劳动成本只有 35 美分。郑州虽然拥有全国最大的女裤生产基地，但因为缺乏相应的服务环节，产品大都是贴上别人的商标在出售，最大的收益也都被别人拿走了。在这样的一种情况之下，过度依赖制造业的结果是经济增长过程中有过多的收益流出，也就是说 GDP 高速增长的福利没有充分惠及我们的老百姓。当前，河南省三大需求最大的潜力在消费，三次产业中最大的潜力在服务业，改善民生、建设和谐社会最大的潜力也在于服务业。

其三，加快发展服务业是推动城镇化的强大动力。服务业发展程度与城市化水平呈现高度的正相关性。也就是说，服务业越发达，城镇化进程就越快、水平就越高。据调查，我国服务业增加值的 67% 是由 236 个地级以上城市所创造的，超大城市服务业增加值占生产总值的比重达 52%，特大城市是 46%，大城市为 42%，中等城市为 38%，小城市为 34%。目前，河南省城镇化率达到 34.3%，正处于加速发展的阶段，迫切需要发展与城市功能相协调的生产性和生活性服务业，以壮大城市规模、提高城市品位、提升城市功能、增强城市的聚集力、辐射力和带动力。

其四，大力发展服务业是走新型工业化道路的题中应有之义。工业化是经济发展不可逾越的阶段，但工业化并不单纯是工业的发展，而是一个伴随工业发展的经济社会全面变革与发展的过程，服务业在其中发挥着重要作用。没有服务业发展的支撑，工业化只能停留在初级阶段。从国际发展经验看，服务业的发展和工业的发展是相互促进的，有些时候甚至是相互融合的。日本和韩国在重工业化阶段基本形成的时候，就明确提出要大力发展服务业。从宏观来看，在工业化进程中，如果生产性服务业滞后于第一、第二产业的发展，将制约国民经济商流、物流、信息流以及资金流的运转速度，导致国民经济高成本、低效率、慢节奏运转。可以说，没有研发设计的制造业是没有灵魂的制造业，没有市场营销的制造业是盲聋哑瘫的制造业，缺少现代服务业支撑的制造业基地是高成本、低竞争力的基地。所以，我们要充分发挥服务业对制造业的强大支撑和引领作用，使服务业与工业相互结合、相互促进，尽快把研发、营销、物流服务的水平搞上去，走出一条富有竞争力的新型工业化道路。

其五，加快发展服务业是实现农业现代化的必由之路。近几年河南省农业现代化步伐不断加快，农业发展的水平和规模都有了新的发展。但我们当前的农业现代化还仅仅是农业生产的现代化，真正意义上的农业现代化必须要有与之相匹配农业服务业的发展，是通过现代营销、流通体系提升的农业现代化。我们经常讲，河南是全国第一农业大省，这是就农产品产量而言的。但从农业所创造的价值来看，我们还不能称其为农业第一大省。山东粮食产量、猪牛羊的拥有量等方面都比我们低，但其农业所创造的产值却比我们高，因而农业造福于农民、惠及于农民的利益也要比我们高。其间的差距，就在于农业服务业相对滞后，农村社会化服务体系不够完善，导致了农业的市场竞争力不强。山东在农业产业结构调整的力度上比我们大，食品工业比我们强，很关键的就在于其农业的产后销售流通的服务能力比我们强，他们不仅占领国内市场，而且国际市场的份额也很大。而我们的生产能力虽然很强，但营销能力、扩张市场能力却远远不足。而这些都需要通过大力发展服务业特别是农村服务业来解决。我们只有大力发展农业服务业，提高农业的营销能力和市场占有能力，让农业创造出与第一农业大省相匹配的价值，才能真正加快推进农业现代化进程。

二、要顺应发展趋势

目前，经济全球化、市场一体化、信息网络化的趋势日益明显，我们正迎来一个新的地球村时代。正如托马斯·弗里德曼在《世界是平的》一书中描述的那样，社会分工越来越细、资源配置效率越来越高、信息传递的速度越来越快，全球经济变得越来越"软化"。伴随着这一新的发展趋势，产业发展受到的地域交通等硬约束的限制越来越小，服务业也相应呈现出前所未有的新特点。

一是独立性。传统的观点认为，服务业的发展要依托于当地工业的发展，这种想法在 20 年前是正确的，但是随着科学技术的进步，特别是现代信息技术的发展，服务业逐渐突破了空间的限制，对当地工业的依附性减弱，某些新型服务业可以独立于当地工业而发展。作为高端服务业的服务外包完全可以独立于本地工业得到快速发展。向心力技术有限公司就是一个例子。以服务外包、服务贸易以及技术研发环节转移为主要特征的新一轮世界产业结构调整正在兴起。做自己最擅长的，把其余的外包出去，已经成为经济全球化的显著标志。例如，印度在工业发展落后的情况下，及时把握服务业发展的新趋势，抓住国际服务业产业转移机遇，发挥自身语言和文化优势，利用网络技术的便捷和光纤通讯即时化，承接外包业务，推动了印度服务外包业的迅速发展。目前，印度承揽了世界软件外包服务的80%，世界500强企业中，有250多家企业向印度发包软件服务业务，从而被誉为"世界办公室"。又如，河南的漯河双汇集团物流投资有限公司经过几年的高速发展，从企业自营物流逐步发展为第三方物流，除满足本企业物流配送外，还向漯河以外的企业提供物流服务，目前，双汇物流分别承揽了麦当劳和肯德基两家企业大陆地区物流业务的40%和70%。郑州商品交易所通过期货市场，成为全国重要的农产品定价和交易中心。我们河南不生产白糖，但白糖期货合约却能在郑州商品交易所上市交易。这些都充分体现了服务业的独立性。

二是多元性。服务业中劳动密集、知识密集、技术密集型行业并存，复杂程度各异，适合不同类型地区和不同人才发展。各地完全可以因地制宜、因势利导、各展其长，把小的做大，旧的做新，弱的做强。如沃尔玛、家乐福、麦德龙等一批跨国零售集团，就是运用现代化的经营方式和信息手段改造提升后发展起来的。近年来，沃尔玛多次超过汽车、石油、金融、IT 等行业大型企业，跻身世界 500 强企业之首。又如，在传统的餐饮行业，与连锁经营这种现代流通业态结合，产生了"小店大企业"的麦当劳、肯德基等国际知名大企业。在发展服务业方面，无论是经济水平高的地区还是欠发达地区，无论是高知群体还是务工群体，都能够找到与其水平相适应的突破口和着力点，都可以在发展服务业中大显身手。

三是广泛性。在产业布局中，服务业是整个经济不可或缺的一部分，服务对象极其广泛，已渗透到整个经济社会的各个领域，具有较大的发展潜力。服务业作为直接提供消费产品和服务的行业，农业和工业生产的物质产品，要通过物流、商业等服务业，才能被人民群众所消费。随着经济的持续快速发展，城乡居民生活水平不断提高，消费结构加快升级，社会需求更趋多样化、个性化，人们需要丰富多彩的精神文化生活，需要不断提高医疗卫生和教育培训水平，这些都要靠发展服务业来满足。服务业特别是现代服务业的发展是现代经济社会发展的一大趋势，就像广阔无垠的海洋，充满永不枯竭的活力，具有无比宽广的领域和无尽无止的前景。河南地域广阔，人口众多，资源丰富，经济总量大，市场发育好，基础设施完善，特别是交通发达，完全具备服务业大力发展的有利条件和坚实基础。

总之，服务业内涵随着生产力发展而不断变化，已经突破了时空的局限，改变了传统的产业发展顺序和轨迹，新的业态和部门不断涌现，发展的空间不断拓展。我们只有适应新变化，把握新特点，乘势而上，才能抓好新举措，求得新发展。

三、要抓住发展机遇

今后20年，是我们必须紧紧抓住并且可以大有作为的战略机遇期。中央高度重视服务业发展，提出了具体意见，各地都在为发展服务业创造条件。就河南服务业而言，发展机遇主要表现在以下几个方面。

一是我们已进入技术进步、产业升级加快、经济结构优化的新时期。经济发展规律表明，在工业化过程中，随着人均收入水平的提高，第一产业的比重持续下降，第二产业的比重迅速上升，服务业的比重逐步提高，并将在工业化中后期阶段，逐步超过第二产业而成为主导产业。河南人均生产总值突破2000美元，进入工业化中期阶段，也就是工业和服务业平行发展的阶段，即工业和服务业发展速度接近、发展水平相当的时期。这就预示着我们的经济将逐步出现一个拐点，服务业的比重将不断上升并成为主导产业。

二是随着人民生活水平的不断提高，消费结构升级换代加速。目前，河南省城镇居民人均可支配收入突破万元、达11400元左右，农民人均纯收入达3700元左右，分别进入十万元级、万元级消费的新阶段，正处于由生存型消费向休闲型、发展型消费转变，由物质商品消费向精神商品消费转变，服务含量高的消费需求成为新的消费热点，居住餐饮、教育培训、旅游休闲、文化娱乐、信息通讯、医疗保健等消费支出比重迅速上升，必将为服务业发展提供多层次的市场需求、创造巨大的市场空间。

三是国际服务业加快转移。服务业国际转移是进入21世纪后经济全球化第三波的重要特征和主要内容。20世纪70年代初，服务业只占全球外商直接投资总量的1/4。1990年，服务业的外商直接投资超过第一、二产业之和，占全球外商直接投资总量的50.1%。1999年后，服务业外商直接投资在国际直接投资总额中的比重超过60%。2005年，全球外商直接投资（FDI）中，服务业投资已占2/3。与其同时，经济全球化分工也带动了服务贸易、服务外包的蓬勃发展。从1993—2002年，全球服务贸易进口总额年增长率为5.5%，出口总额年增长率为5.8%，均高于同期的货物贸易增长速度。全球服务外包市场总值从1998年的990亿美元，增长到2007年的1.2万亿美元。据权威机构统计测算，在今后20—30年间，整个国际贸易中，服务贸易的比重大约每年提高一个百分点，预计到21世纪30年代，服务贸易将成为国际贸易的主要对象和内容。预计未来5年全球外包市场将以每年

30%—40%的速度递增。2015 年，美国将有 330 万白领工作岗位以及 1360 亿美元的工资转移到海外，诸如俄罗斯、印度、中国和菲律宾等国。国际服务业加速转移的新态势，对人力资源丰富、区位优势独特、产业基础坚实、文化兼容力较强、商务成本较低的河南来说，的确是一个非常难得的机遇。抓住了承接服务业国际转移和直接投资的机遇，就能够更好地提升我们的产业结构和经济实力。

四、要推进跨越发展

加快服务业的发展，事关河南长远发展和现代化建设全局，事关夺取全面建设小康社会新胜利和加快中原崛起新跨越宏伟目标的实现。面对服务业竞相发展的新机遇新趋势新形势，我们一定要增强紧迫感和责任感，切实加强领导，营造有利于服务业加快发展的良好环境，使服务业真正成为富民强省的大产业，产业升级的大熔炉，就业创业的大舞台，提升形象的大窗口。

第一，必须更新观念。要坚决摒弃把工业化等同于工业的落后观念，树立工业和服务业相互促进、相辅相成、融合发展的新型工业化观念；要坚决摒弃"重工轻商"、"重生产轻流通"、"重制造轻服务"的传统产业观念，树立工商一体、产流对接、制造业与服务业融合的现代产业观念；要坚决摒弃"服务业不创造价值"的错误观念，树立服务业是绿色 GDP、结构调整催化剂的正确观念，真正把服务业作为新型工业化的重要内容和有力支撑，以新观念、新思路、新举措、新方式，推进服务业又好又快发展。

第二，必须摆上位置。在河南经济已进入加速发展服务业的新阶段的背景下，要把加快发展服务业摆上更加突出的位置，坚持工业和服务业双轮驱动、统筹推进，要像重视发展工业一样重视发展服务业，要以谋划工业发展的力度谋划服务业发展，要以推进工业跨越的气魄推进服务业跨越发展。各地各部门都要把加快发展服务业列入重要议事日程，纳入经济社会发展的整体布局中统筹考虑，认真研究发展中遇到的重大问题，切实加强工作指导和协调。各级党委、政府主要领导要亲自抓、负总责，切实做到重要问题亲自研究，主要工作亲自部署，重大措施亲自落实，努力推动服务业又好又快发展。重点城区、重点园区、重点企业要增强加快发展服务业的责任感和使命感，牢牢抓住第一要务，调动各方面的积极性，加快发展步伐。省直有关部门要加强宏观指导，制定具体举措，支持和推动全省服务业加快发展。

第三，必须深入研究。相对于抓工业、农业而言，我们不少领导干部对服务业特别是现代服务业了解得还不够多、研究得还不够深，抓服务业发展的思路还不够宽、力度还不够大。特别是随着改革开放、经济全球化和科技革命浪潮的到来，服务业发展面临的市场环境、体制环境、政策环境、社会环境和功能定位都发生了很大变化，出现了许多新趋势、新特点、新规律，必须加强学习、深入研究、掌握规律、制定措施、推动发展。要研究新形势、新任务对服务业发展提供的新机遇，带来的新挑战，提出的新要求，明确发展方向，理清发展思路，掌握发展的主动权。要研究服务业发展的特点和规律，找准服务业发展的重点、难点和热点，找准整合提升服务业发展的着力点，不断扩展发展的空间和领域，不断催生服务业成长的新亮点。要研究如何用改革的办法、创新的思路，尽快破除制约发展的体制机制障碍，研究调动各方面加快发展积极性的政策措施，让发展的活力竞相迸发、发展的源泉充分涌流。在推进服务业的发展上，要充分调动全民创业的积极性，要"西瓜"也要"芝麻"，要"参天大树"也要"灌木丛林"，要"龙腾虎跃"也要"千军万马"，努力营造大中小服务企业共生共荣、蓬勃发展的生动局面。

第四，必须务求实效。服务业涉及领域广、行业多，又与工业化、城镇化、市场化进程关系密切。各级党委、政府要统揽全局，科学谋划，采取措施，狠抓落实，务求使服务业的发展速度有一个大跃升、服务业发展的总量有一个大跨越、服务业占生产总值的比重有一个大提高、吸纳全社会从业人员的比重有一个大提升，尽快扭转第三产业滞后第二产业的局面，促进三次产业相协调，推动经济社会又好又快发展。各地各部门要因地制宜地提出各自的目标任务，采取过硬措施，务求实现服务业发展的新突破。在当前工业高速发展的阶段，适时提出加快服务业发展的战略任务，不仅能够进一步健康地推进我们的新型工业化进程，而且为我们大力发展服务业创造一个平台和机遇，必将有利于更好地推进一二三次产业协调发展，更好地加快经济发展方式转变，更好地落实科学发展观。

四、关于构建社会主义和谐社会

GUANYU GOUJIAN SHEHUIZHUYI

HEXIE SHEHUI

努力做到"八个坚持"
积极推进社会主义和谐社会建设[*]

中央举办省部级主要领导干部专题研讨班，专门研讨加强党的执政能力建设特别是提高构建社会主义和谐社会能力问题，非常必要，非常及时，对实际工作必将产生重要的指导和推动作用。胡锦涛总书记在开班式上所作的重要讲话，是我们党领导和推动社会主义和谐社会建设的重要的纲领性文献。

胡锦涛总书记的重要讲话，是我们党对构建社会主义和谐社会问题的第一次全面阐述。党的十六大报告在阐述全面建设小康社会的宏伟目标时，把社会更加和谐作为我们党要为之奋斗的一个重要目标明确提出来，这在党的历次代表大会的报告中是第一次。胡锦涛总书记在这次专题研讨班开班式上的重要讲话，运用马克思主义的基本原理

---

* 本文是作者 2005 年 2 月在中央党校省部级主要领导干部研讨班上的发言，发表于《领导科学》2005 年第 9 期。

和马克思主义关于社会主义社会建设的理论，全面、系统、深刻地论述了构建社会主义和谐社会的历史背景、重大意义、科学内涵、基本特征、重要原则和主要任务，回答了什么是社会主义和谐社会、怎样建设社会主义和谐社会以及如何提高构建社会主义和谐社会的能力的问题，这在我们党还是第一次。《讲话》通篇贯穿着马克思列宁主义、毛泽东思想、邓小平理论和"三个代表"重要思想，通篇体现了解放思想、实事求是、与时俱进、开拓创新的精神，在构建社会主义和谐社会问题的论述中，既坚持了马克思主义的基本观点，又从现阶段中国的实际出发，提出了一系列创新的思想、创新的观点、创新的论断，富于时代特征和中国特色，是马克思主义关于构建社会主义和谐社会的崭新理论，是对马克思主义关于社会主义社会建设理论的新的丰富和发展。

胡锦涛总书记的重要讲话，是我们党对构建社会主义和谐社会工作的第一次全面动员。在我国社会发生深刻变革的过程中，能否建设一个全体人民各尽其能、各得其所而又和谐相处的社会，是对我们党的执政能力的重大考验。构建社会主义和谐社会是一项艰巨复杂的系统工程，需要全党全社会长期坚持不懈的努力。因此，需要提高认识，广泛动员，周密部署，认真实施，才能见到成效。胡锦涛总书记代表党中央，向党政军各部门、各单位、各地方的主要领导干部发出号召，要求各级党委和政府要增强使命感和责任感，加强和改善对构建社会主义和谐社会各项工作的领导；要把思想统一到中央精神上来，把构建社会主义和谐社会作为一项重大任务，纳入经济社会发展总体规划，列入重要议事日程，建立有效的领导机制和工作机制；要经常分析社会建设状况，及时了解和谐社会建设相关工作的情况，认真研究解决重大问题和突出问题，不断认识和把握新形势下和谐社会建设的特点和规律；要不断提高激发社会创造活力的本领、管理社会事务的本领、协调利益关系的本领、处理人民内部矛盾的本领、开展群众工作的本领、维护社会稳定的本领，把构建社会主义和谐社会的要求落到实处。《讲话》深入浅出地讲道理，全面具体地交任务，周到细致地教方法，不仅深刻地教育了我们，也极大地激发了我们做好构建社会主义和谐社会各项工作的政治热情。

胡锦涛总书记的重要讲话，也是我们党对构建社会主义和谐社会工作的第一次全面部署。《讲话》对我们所要建设的社会主义和谐社会，提出了"民主法治、公平正义、诚信友爱、充满活力、安定有序、人与自然和谐相处"的总要求；对构建社会主义和谐社会的工作，提出了"六个必须"的重要原则；对切实做好构建社会主义和谐社会的重点工作，从"十个方面"做出了全面部署；就加强对构建社会主义和谐社会的理论研究，提出了"九个如何"的重大课题。这使构建社会主义和谐社会的工作不仅有了明确的指导原则、工作要求，也有了具体的工作内容。

以上三个"第一次"，说明以胡锦涛同志为总书记的党中央，对新时期我国经济、政治、文化、社会四位一体协调发展的问题，特别是社会发展在中国特色社会主义事业发展中的重要地位问题，认识更加深刻，把握更加全面，指导更加科学。

学习胡锦涛总书记的重要讲话，我体会很重要的一点是要科学辩证地认识和处理社会和谐问题。既要高度重视，又不能急于求成；既要借鉴各种经验，又要与时俱进，从国情出发，按规律办事；既要有理性思考，又要有现实眼光，正确看待和做好社会和谐工作。和谐是相对的，不和谐是绝对的。和谐是手段，和谐也是目的。和谐是稳定协调的标志，和谐也始终处在变化发展的状态。在人类社会的进程中，和谐不断由低级到高级，由局部到全面，由单纯到复杂地发展着，因时代不同、社会性质不同、生产力发展水平不同、文化背景不同、统治阶级政治需求不同，总体上呈现多样化、分层次、有阶段的特点，形成不断变化、不断发展、不断前进、不断上升、不断完善的趋势。在种种不同的对社会和谐的追求中，社会主义和谐社会较之过去时代和其他社会形态的和谐，层次更高，发展更完善，更顺应人类社会发展的规律，也更符合最广大人民群众的意愿。考虑到和谐社会的建设必须与所处时代背景，生产力发展水平，国家经济、政治、文化发展需求相适应的要求，我们对于社会主义和谐社会的构建，应该从现阶段中国的实际出发，实事求是，有针对性地提出要求，确定任务，开展工作，为改革开放和现代化建设创造条件，为构建更高水平的和谐社会打好基础。因此，我认为当前我国和谐社会建设的着力点，应该放在稳定和发展这两个问题上。

结合河南的实际,对现阶段如何构建社会主义和谐社会问题,我们有这样一些想法。

一是要坚持以科学发展促进和谐。发展是硬道理,是党执政兴国的第一要务,也是社会和谐之根基。发展与和谐是互为因果的,即因为和谐而发展,又因为发展而和谐。社会矛盾和问题的存在,重要原因是经济不发达,社会不进步,要解决这些矛盾和问题,只有采取发展的办法。而发展又必须讲科学,不科学的发展,不仅不会带来和谐,反而造成不和谐。综观这些年河南出现的一些问题,深究起来,大都是没有贯彻科学发展观造成的,大都是利益矛盾造成的。因此,要加快发展而且要坚持以人为本、全面协调可持续的发展来促进和谐。

二是坚持以发扬民主促进和谐。社会和谐离不开社会政治民主。民主有利于统筹各方,广纳群言,兼顾利益;有利于调动各方面的积极性,化消极因素为积极因素,团结一切可以团结的力量,形成生动活泼的政治局面;有利于我们做到科学执政、民主执政、依法执政,提高党的执政能力。发展社会主义民主政治,保证人民群众依法行使民主权利,使人民群众和各方面的积极性、主动性、创造性更好地发挥出来,促进各种社会政治关系的和谐,是构建社会主义和谐社会的重要保证。

三是要坚持以搞好法治促进和谐。社会不稳定、不和谐的现象中,有相当一部分问题出在法治上,也就是说没有严格地依法办事、依法办案,有的是因为漠视法制、法律意识淡漠。因此，要实现和谐，必须加强法治。构建社会主义和谐社会，必须健全社会主义法制，落实依法治国的基本方略，充分发挥法治在促进、实现、保障社会和谐方面的重要作用。要加强法制宣传教育，传播法律知识，弘扬法治精神，增强全社会的法律意识，形成法律面前人人平等、人人自觉守法用法的社会氛围。

四是要坚持以增强团结促进和谐。团结出战斗力，团结出生产力，团结也是和谐的前提。社会是个大家庭，社会要和谐，要求大家庭的每一个成员都要以团结为重，和睦相处。党政军要团结，党群要团结，军民要团结，民族要团结。就河南来说，一些地方干群矛盾、村民纠纷比较突出。一些干部严重侵害群众利益，引起群众的不满，严重影响社会和谐。河南有些乡村村民之间纠纷甚至冲突时有发生，也严重影响社会稳定。我们正采取措施解决这两个主要矛盾，切实增强干群团结、村民团结。

五是要坚持以弘扬文明促进和谐。文明与和谐密不可分，社会和谐是社会文明的标志，社会文明是社会和谐的基础。发展社会主义先进文化，建设社会主义精神文明，是提高全民族的素质、构建社会主义和谐社会必不可少的智力支持、精神动力和思想保证。很多不和谐的问题，根源于不文明。所以要广泛开展社会公德、职业道德、家庭美德的教育，在全社会倡导爱国守法、明礼诚信、团结友善、勤俭自强、敬业奉献的基本道德规范，培养良好的道德品质和文明风尚，用文明开路来促和谐。

六是要坚持以兼顾公平促进和谐。不公平是不和谐的重要原因。受到不公平的待遇，大都是要抗争的。现在收入差距扩大，城乡差别扩大，分配不公严重影响社会和谐。河南近1亿人口，7000万农民，去年农民人均纯收入2550元，是近些年增长最快的一年，但与城市居民收入相比差距仍较大。河南是劳务输出大省，每年有1000多万农民进城务工，我们要采取加强培训、提高劳动力的竞争力、加大有组织地输出等措施，切实维护务工农民的权益，在公平的环境中维护稳定，促进和谐。

七是要坚持以改革创新促进和谐。社会不稳定不和谐，是由于支撑社会的架构不合理，社会运转的模式、方法不协调。因此，必须用改革的办法，创新体制、创新机制，使之合理起来、协调起来，这样社会才能稳定、才能和谐。要坚持把最广大人民的根本利益作为制定方针政策的基本着眼点，正确反映和兼顾不同地区、不同部门、不同方面群众的利益，在促进发展的同时，综合运用多种手段，依法逐步建立以权利公平、机会公平、规则公平、分配公平为主要内容的社会公平保障体系，使全体人民共享改革发展的成果，朝着共同富裕的方向稳步前进。

八是要坚持以加强党建促进和谐。中国共产党是领导中国特色社会主义事业的核心力量，是中国工人阶级的先锋队，是中国人民和中华民族的先锋队。党没有高超的执政能力，没有导航的能力，没有协调的能力，就不可能有凝聚力、有向心力、有整合力、有创造力，也不可能带领人民群众构建社会主义的和谐社会。所以，构建社会主义和谐社会，加强党的建设是关键。

　　河南的同志们有句话："河南河南，何其难；河南河南，和不难。"在实践中，我们深切感受到"和谐"对于经济发展、社会进步、人民幸福是多么重要、多么珍贵。我们将紧密结合河南实际，认真学习、深入贯彻胡锦涛总书记的重要讲话精神，在全面建设小康社会、奋力实现中原崛起的进程中，切实加强社会主义和谐社会的建设，开创河南各项工作新局面。

把握六个关系　构建和谐社会[*]

　　党的十六届六中全会是在我国改革发展关键时期召开的一次十分重要的会议。全会审议通过的《中共中央关于构建社会主义和谐社会若干重大问题的决定》，深刻阐明社会主义和谐社会的性质和定位，全面把握我国发展的阶段性特征，深刻分析影响我国社会和谐的突出矛盾和问题，指明了构建社会主义和谐社会的指导思想、目标任务、工作原则和重大部署，是指导我们构建社会主义和谐社会的纲领性文件。这是以胡锦涛同志为总书记的党中央，从中国特色社会主义事业总体布局和全面建设小康社会全局出发提出的又一重大战略任务，标志着我们党对共产党执政规律、社会主义建设规律、人类社会发展规律的认识达到了新的高度，表明我们党的理论创新工作取得了新的重大成果，在马克思主义中国化的进程中又迈出了新的步伐，必将对我国经济社会发展产生重大而深远的影

＊　本文发表于 2006 年 10 月 19 日《河南日报》。

响。学习贯彻好六中全会精神，对于动员全党全国各族人民为构建社会主义和谐社会，为全面建设小康社会、开创中国特色社会主义事业新局面而团结奋斗，具有十分重大的意义。广大干部群众和社科工作者要充分认识学习贯彻六中全会精神的重大意义，切实把握好六个关系，真正把党的十六届六中全会精神学习好、领会好、贯彻好、落实好，努力推进和谐中原建设。

第一，要把握好小康社会与和谐社会的关系。党的十六大明确提出了党在本世纪头 20 年的奋斗目标，其核心就是要抓住重要战略机遇期，全面建设小康社会。这一宏伟目标是中国特色社会主义经济、政治、文化、社会全面发展的目标，内涵十分丰富，其"六个更加"的标志性要求，明确地包含了"社会更加和谐"的要求。因此，构建社会主义和谐社会是全面建设小康社会的重要组成部分，是全面建设小康社会的重要内容和重要任务。同时，实现全面建设小康社会的宏伟目标与构建社会主义和谐社会相互联系、密不可分。只有坚持把构建社会主义和谐社会摆在更加突出的地位，推动社会建设与经济建设、政治建设、文化建设协调发展，才能够逐步消除我国经济社会发展过程中的不和谐因素，充分调动一切积极因素，使全面建设小康社会的目标在和谐氛围、和谐环境中实现。从这个意义上讲，社会主义和谐社会建设又是实现全面建设小康社会宏伟目标的重要条件和重要保障，是全面建设小康社会的重大现实课题。在实际工作中，全面建设小康社会和构建社会主义和谐社会现实起点一致、奋斗目标一致、实践过程一致，相互包含、相辅相成，都属于建设中国特色社会主义的范畴。我们只有正确认识二者之间的关系，才能更好地把握经济社会发展的阶段性特征，把握构建和谐社会的特点和规律，促进和谐中原建设。

第二，要把握好发展与和谐的关系。必须看到，发展是和谐的基础。和谐社会首先应该是一个发展的社会、富裕的社会、进步的社会，只有生产力得到极大的发展，才能最大限度地满足人民群众日益增长的物质文化需要，为构建社会主义和谐社会提供雄厚的物质基础；才能更好地调节不同阶层和群体的利益关系，解决好各种社会矛盾，从而消除产生不和谐因素的根源，实现社会的和谐稳定。我们要构建和谐中原，必须坚持以经济建设为中心，把发展作为第一要务，走科学发展的道路，更加注重全面发展、协调发展、可持续发展、和谐发展，切实解决好发展的不平衡问题。还要看到，和谐是发展的条件。社会和谐了，有利于协调各方面的社会关系，充分发挥人们的积极性、主动性和创造性，形成加快发展的强大合力；有利于加强民主法制建设，完善社会管理，为经济的持续快速健康发展提供良好的民主法制环境，安定有序、诚实守信的社会环境和良好的市场经济秩序，从而推动经济又快又好地发展。因此，在构建和谐中原的实践中，我们必须正确认识和处理好发展与和谐的关系，通过发展为构建和谐社会提供强大的物质基础，通过营造社会和谐来促进经济发展。

第三，要把握好当前与长远的关系。社会主义和谐社会是经济建设、政治建设、文化建设、社会建设协调发展的社会，是人与人、人与社会、人与自然整体和谐的社会。在各个不同的历史阶段，和谐社会建设有不同的具体目标，我们必须把握长远性目标和阶段性目标的统一，既要着眼长远、又要立足当前，既要尽力而为、又要量力而行。国内外社会主义建设的实践都告诉我们，社会主义社会开辟了通往高度和谐的未来社会的现实道路，但要实现理想的和谐社会，还是一个漫长的历史过程，需要进行很长时期的艰苦努力，需要几十代、上百代人的不懈奋斗。构建社会主义和谐社会作为贯穿中国特色社会主义事业发展全过程的长期历史任务，不可能一蹴而就，必须坚持着眼长远，一切从实际出发，自觉按照规律办事，在制度建设和创新上多下工夫，有重点分步骤地持续推进。同时，构建社会主义和谐社会还是全面建设小康社会的重大现实课题，必须立足当前，以人民群众最关心、最直接、最现实的利益问题为抓手，把工作着力点放在当前迫切需要解决的突出矛盾和问题上。我们要在深入调查研究的基础上，针对当前存在的影响社会和谐的问题，提出切实有效的政策措施和工作举措，一个一个地加以解决，真正把构建和谐中原的成效体现到为群众排忧解难上，体现到实现和维护群众的切身利益上。

第四，要把握好领导与群众的关系。构建和谐社会，各级党委、政府是主导，人民群众是主体，关键是发挥好党的领导作用，核心是发挥好人民群众的历史主体和创造作用。只有把握好领导与群众的关系，才能形成和谐的党群、干群关系，才能坚持在党的领导下全社会共同建设和谐社会。广大干部特别是领导干部要切实增强群众观点，坚持立党为公、执政为民，真正树立起权为民所用、情为民所系、利为民所谋的执政理念，做决策、想问题、办事情坚持从人民群众的根本利益出发，在服务中引导，在服务中管理，在服务中不断提高执政能力和执政水平。构建和谐社会是一项艰巨复杂的系统工程，涉及方方面面，需要全社会共同建设，人民群众才是真正的主体力量。党和政府的重大决策和工作部署都要从人民群众的创造中实践中汲取智慧、经受检验，都要依靠人民群众付诸实践、取得实效。这就要求我们在推进和谐中原建设中，既要明确各级党委、政府是领导者、组织者，发挥其宣传群众、组织群众、领导群众前进的作用；又要明确人民群众是实践主体，更广泛地调动广大人民群众投身和谐中原建设的主动性、积极性、创造性。

第五，要把握好学习与实践的关系。学习是实践的前提，是为了更好地实践；实践是对学习成效的检验，是对认识的深化，也是将思想、观点、决策、部署付诸行动、产生实效的必由之路。六中全会《决定》内涵丰富，思想深刻，立意高远，具有很强的思想性、理论性、科学性和指导性，特别是全会作出的社会和谐是中国特色社会主义的本质属性的重大判断，深化了对社会主义本质的认识，是总结国内外社会主义建设特别是我国社会主义建设历史经验得出的重要结论，为我们构建社会主义和谐社会奠定了理论基础。我们只有认真学习、深刻领会、全面把握全会的精神实质，在学习中提高认识，在学习中统一思想，才能把思想和行动统一到六中全会精神上来，把智慧和力量凝聚到完成六中全会提出的目标任务上来。同时要看到，科学理论的巨大生命力，在于能够给实践提供科学指导，使人们在认识规律、把握规律、运用规律的基础上更好地改造客观世界和主观世界。毛主席曾说过，"学习的目的全在于应用"。如果我们把学习仅仅满足于思想收获，不付诸行动，不指导实践，甚至局限于文件上，停留在口头上，那就难以深入，最终也难以取得成效。实践是理论的源泉，也是检验理论真理性的唯一标准。我们要坚持学习与实践相结合，通过实践更好地领会和把握六中全会的精神实质，深化对构建和谐社会这一重大战略思想的认识，完善和发展我们党关于构建社会主义和谐社会的理论，使我们所作的决策更具科学性、举措更具实效性，做到学以致用、推动工作。

第六，要把握好河南与全国的关系。这是一个局部与全局的关系。河南人口占全国的1/13，又地处中原腹地，承东启西、连南通北，在我国经济政治生活中有着重要的地位。河南能不能在稳定和谐中实现崛起，直接关系到中部地区能不能崛起，直接关系到全国改革发展稳定的大局。经过改革开放以来特别是近年来的发展，目前的河南已成为全国第一人口大省、第一农业大省、第一粮食大省、第一劳务输出大省、第一粮食转化加工大省，同时又是经济大省、工业迅速发展的大省，经济社会发展站在了一个新的历史起点上。但也要看到，河南正处于"黄金发展期"和"矛盾凸显期"相交织的关键时期，经济体制深刻变革，社会结构深刻变动，利益格局深刻调整，思想观念深刻变化，旧的矛盾还没有完全解决，新的矛盾逐步显现，维护稳定、促进和谐的任务尤为繁重。党中央、国务院对河南的发展和和谐社会建设寄予厚望。我们要更加自觉地把推进和谐中原建设放在全党全国工作的大局中来思考和谋划，自觉担负起推动河南科学发展、维护河南和谐稳定的历史使命，为全面建设小康社会、开创中国特色社会主义事业新局面做出更大贡献。

构建和谐中原之我见[*]

建设社会主义和谐社会，是以胡锦涛同志为总书记的党中央提出的一个重大战略思想和党的理论创新的又一重大成果，也是进一步推进中国特色社会主义建设的新的重大战略部署，适应了我国改革发展进入关键时期的客观要求，体现了广大人民群众的根本利益和共同愿望。

河南的历史和现实充分证明了构建和谐社会的重要性和紧迫性。河南是中华文明和中华民族的主要发祥地之一，历史上有过繁荣和辉煌，也有过贫穷和落后。构建社会主义和谐社会，河南广大干部群众的感受最深、要求也最迫切。历史上的河南，曾经是中国最富庶、最文明的地方，也是最和谐的地方。中国 5000 年文明史中，有 2000 多年的政治、经济、文化中心都在河南，夏、商、周、隋、唐、宋等 20 多个朝代在河南建都，中国八大古都中

* 本文是作者 2006 年 9 月 16 日会见中央党校构建社会主义和谐社会调研组时的讲话，发表于 2006 年 9 月 29 日河南省委《工作通报》。

河南就占了四个，即九朝古都洛阳、七朝古都开封、殷商古都安阳和商朝古都郑州。南宋以后，我们国家的政治、经济、文化中心逐步转向南方和北方，加上天灾人祸，河南逐渐失去了全国政治、经济、文化中心的地位，由一个原来相对比较富庶的地区，逐步成为一个经济社会发展比较缓慢的地方，成为一个比较贫穷、困难和矛盾比较多、不太安宁的地方。特别是清末以后到国民党统治时期，这些问题在河南显得尤为突出。这里所说的天灾人祸，就现代而言，既包括国民党反动统治的恶果，也包括新中国成立以后一些"左"的东西带来的影响，还包括黄河、淮河没有得到有效治理，水灾和旱灾频繁，导致河南这个人口比较密集的地方，一遇灾情就有大批人口外出逃难逃荒。今天遍布全国各地的河南人中就有不少是那时候出去逃荒逃难的。很多中国人心目中关于河南的概念是贫穷、落后、不稳定，就是与河南历史的变迁特别是与河南在中国近现代史上的遭遇密切相关的。回顾总结这段历史，对于我们深刻理解社会不和谐是什么原因造成的、怎样才能促进社会和谐，从而更好地推进和谐社会建设，是很有帮助、很有意义的。

如果说，回顾河南的近现代史使我们得到了一些构建和谐社会的深刻教训，那么，回顾河南在新中国建立以后特别是改革开放以来的发展历程，就会使我们得到许多深刻启示。新中国建立以后特别是改革开放以来，河南一直相对和谐稳定，中原大地发生了翻天覆地的变化。特别是近年来，河南经济社会发展和各方面工作都取得了新的成绩，实现了重大突破。经济持续快速健康发展，经济总量取得突破，成为全国第五个生产总值超万亿元的省份。工业经济提速增效，2005 年工业增加值达到 4923 亿元，同样居全国第五位，基本确立了河南作为新兴工业大省的地位。粮食生产能力连续 7 年稳定在 800 亿斤以上，去年总产突破 900 亿斤，成为全国第一产粮大省，为保障国家粮食安全做出了贡献。可以说，河南正在走出一条在较短时间内把一个人口多、底子薄、起点低的内陆农业大省建设成为经济强省的发展路子。河南的经济社会发展发生了质的变化，一个发展、进步、和谐的河南正展现在世人面前。过去是成千上万甚至几十万河南人到全国各地去逃荒逃难，现在河南人到全国各地去，不是因为家里没吃没穿，而是为了外出务工创业，进一步提高生活质量。同样是外出，性质已经发生了根本变化。2005 年 1500 万外出务工的河南人带回 700 亿元的收入；2006 年前 7 个月，1700 万外出务工的河南人已经挣到 500 亿元，预计全年可带回近 1000 亿元。尽管河南还有一些不稳定的因素和问题，但这只是局部的，是前进中的问题，是在我们执政过程中和改革发展中出现的新情况，与历史上发生的全局性的不稳定有着质的区别。从总体上看，经过多年的改革发展，河南不仅摆脱了贫穷落后的面貌，而且更加稳定，也更加和谐。

但是，由于河南历史上特别是近现代史上有过那么一段贫穷、落后、不稳定的过去，时至今日，很多没有到过河南的人，还一直认为河南虽然吃饭的问题不大了，温饱的问题解决了，但还是一个以农业为主、比较穷困的省份，一个在全国经济社会发展中地位不那么重要的省份。因此，他们到河南来亲耳所听、亲眼所看以后，对河南经济社会发展取得的巨大成就没有不感到吃惊的，对河南未来的发展前景没有不看好的。可以说，现在的河南，形象越来越好，人气越来越旺。当然，我们也清醒地看到，河南毕竟是一个发展中的人口大省，经济社会发展中还存在不少困难和问题，发展的任务很重，维护稳定的任务很重，实现中原崛起、构建和谐中原还需要付出长期艰苦的努力。我们一定要承担起历史和人民赋予的重任，扎扎实实地推进和谐社会建设，努力构建和谐中原。

2005 年 8 月胡锦涛总书记视察河南时，要求河南"十一五"时期要贯彻落实科学发展观，抓住机遇，实现跨越式发展，在促进中部地区崛起中发挥更大作用、走在中部地区前列。前不久，温家宝总理到河南视察指导工作，要求我们抓住和利用好难得机遇，把握省情，发挥优势，实现更大规模、更高水平的发展。胡总书记和温总理的重要讲话，是对河南工作带有全局性、战略性、前瞻性的、非常明确的重要指示，是河南发展的重要指导思想，是用历史的眼光、全局的眼光、发展的眼光、关怀的眼光提出的希望和要求。中央关注河南的工作、重视河南的发展，站在很高的战略层次上和很深的思想层面上，对河南的发展提出这么大的希望、这么高的要求，我们一定要认真学习领会、坚决贯彻落实。完成胡总书记和温总理提出的目标任务，实现跨越式发展，必须大力推进和谐社会建设，通过扎实有效的工作，通过改革发展稳定，把中央对我们的希望和要求、对我们的深厚感情和无比关爱，真正变为河南人民能够享受到的实惠。

河南这些年来之所以相对比较和谐稳定，保持了经济社会又快又好发展的好势头，有以下几个方面值得我们认真研究，并在今后的工作中长期坚持。

第一，发展是构建和谐社会的重要条件。发展是硬道理，是党执政兴国的第一要务。保持经济持续快速健康协调发展，创造更丰富的物质财富，使人民群众的生活水平不断提高，是构建社会主义和谐社会的物质基础。河南作为一个基础差、底子薄、有近亿人口的大省，解决经济社会发展中的诸多问题和矛盾关键要靠发展，提高全省人民群众的生活水平也要靠发展，发展是解决河南所有问题的关键。同时，发展必须是科学的发展。综观这些年河南出现的一些问题，深究起来，大都是没有坚持科学发展造成的。因此，我们必须更加坚定不移地贯彻落实科学发展观，坚持以科学发展观统领经济社会发展全局，按照"五个统筹"的要求，把经济社会发展切实转到全面协调可持续发展的轨道，创造更丰富的物质财富，使人民群众的生活水平不断提高，为构建和谐中原奠定丰厚的物质基础。

第二，改革是构建和谐社会的重要举措。社会不稳定不和谐，是由于支撑社会的架构不合理，社会运转的模式、方法不协调。只有用改革的办法，创新体制、创新机制，使之合理起来、协调起来，社会才能稳定、才能和谐。构建社会主义和谐社会，必须最广泛、最充分地调动一切积极因素，大力推进改革创新，为经济社会发展注入新的动力和活力。近年来，河南积极推进农村综合改革，特别是去年下决心率先取消农业税，深化乡镇机构改革，进一步改善了政府和农民的关系，广大农民又一次发自内心地喊出了"共产党万岁"；大力深化国有企业改革，大批企业走出困境，发展活力明显增强；同时积极推进其他各方面一系列的改革，解决了一些经济社会发展的体制性机制性问题，化解了大量社会矛盾，受到人民群众的拥护，有力地推进了和谐社会建设。我们要围绕解决影响发展全局、影响和谐稳定的深层次矛盾和问题，下更大的决心、以更大的勇气、采取更加扎实有效的改革措施，继续大力推进农村综合改革、国有企业改革、非公有制经济发展等各方面的改革创新，力争在一些重点领域和关键环节取得新的突破，通过深化改革来促进社会的和谐稳定。

第三，法治是构建和谐社会的重要保障。构建社会主义和谐社会，必须健全社会主义法制，充分发挥法治作为社会平安和谐基石的作用，来促进、实现和保障社会的和谐。河南人口众多，加之地处中原，流动人口多，又正处在"黄金发展期"与"矛盾凸现期"相交织的关键时期，经济社会发展还存在不少矛盾和不稳定因素。河南又是一个典型的少数民族散居省份，56个民族成分都有，其中回族群众105万人，人数仅次于宁夏、甘肃，居全国第三位，个别地方长期积累的回汉族群众之间的矛盾还没有得到有效解决，有时还会因为一个普通的治安案件引发群众械斗事件。前些年群众越级上访在全国曾经处于比较靠前的位置，特别是赴京上访多年居全国前五位。近两年，我们切实加强法制建设，努力维护社会稳定，特别是认真贯彻信访条例，严格依法办事，教育广大群众有事好好说、有事找政府、有事依法办，不断提高人民群众的法制观念，有效地维护了社会大局稳定，促进了社会和谐，为经济社会发展创造了良好的法制环境。2006 年群众进京上访已降到全国第 14 位，同时回汉民之间的纠纷也都得到及时妥善解决。我们要进一步增强法治意识，坚持依法办事、按政策办事，维护社会安定团结，促进社会和谐稳定。

第四，民主是构建和谐社会的重要途径。社会和谐离不开社会政治民主。构建社会主义和谐社会，必须发展社会主义民主政治，保证人民依法行使民主权利，使人民群众和各方面的积极性、主动性、创造性更好地发挥出来。我们在推进构建和谐中原的各项工作中，都注意按照科学决策、民主决策、依法决策的要求，大力发扬民主，认真听取广大群众和各方面的意见。2006 年在省市县乡党委换届工作中，我们坚持把扩大民主贯穿全过程，在提名、考察、选举等环节都提出了进一步扩大党内民主的新举措，民主推荐的程序增加了，民主推荐的范围扩大了，而工作总体上比以往换届安定得多，平稳得多，得到了干部群众的支持。我们要不断探索完善深入了解民情、充分反映民意、广泛集中民智、切实珍惜民力的决策机制，进一步健全民主制度，丰富民主形式，调动方方面面的积极性，形成推进中原崛起的强大合力。

第五，教育是构建和谐社会的重要基础。一个社会是否和谐，很大程度上取决于全体社会成员的思想道德素质。只有教育全体社会成员，使之拥有共同的理想信念，拥有良好的道德规范，才能真正实现社会和谐。我们通过加强社会主义荣辱观教育，加强大学生思想政治教育，加强对外出务工人员培训教育等方面的工作，提高了公民素质，形成了良好的社会风尚，促进了社会和谐。在全社会教育方面，坚持用邓小平理论和"三个代表"重要思想武装全党、教育群众，大力弘扬民族精神和时代精神相结合、富有河南特色的焦裕禄精神、红旗渠精神和愚公移山精神，深入开展"道德规范进万家、诚实守信万人行"活动，用以"八荣八耻"为主要内容的社会主义荣辱观规范人们的思想道德行为；深入开展学英模活动，广泛宣传先进典型的崇高思想品德，使大家学有榜样、做有标杆。对农民工，我们在十分注意加强技能培训的同时，注重加强思想教育，教育他们热爱家乡、增辉河南，处处维护河南人的良好形象。近年来河南涌现出一大批先进人物，如2005年"感动中国"十大人物中就有魏青刚、洪战辉两个河南人，还有在温州为救孩子献出生命的李学生等，他们都以自己的实际行动展示了河南人的良好形象。我们要坚持开展广泛深入的教育，进一步提高广大干部群众的思想道德素质，增强干部群众的精神力量，为构建和谐社会提供强大的精神动力、智力支持和思想保证。

第六，公平是构建和谐社会的重要手段。公平既是构建和谐社会的基石，也是实现社会和谐的一个重要手段。维护和实现社会公平与正义，涉及最广大人民的根本利益，是我们党坚持立党为公、执政为民的必然要求，也是我国社会主义制度的本质要求。没有公平，社会就不会有安宁。只有切实维护和实现社会公平与正义，人们的心情才能舒畅，各方面的社会关系才能和谐。我们把社会公平问题从政策的层面提升到理论的层面、从策略的层面提升到战略的层面加以考察、分析、研究，努力弄清各种社会不公平现象的成因、类别和发展趋势，在此基础上制定从根本上遏止、化解和消除不公平现象的对策。几年来，我们在维护和实现社会公平方面做了大量工作，连续两年每年都投入100多亿资金，认真办好落实对农民的补贴政策、缓解群众看病难行路难吃水难等关系人民群众切身利益的"十件实事"，并建立了为群众办实事、办好事的长效机制，解决群众最关心、最迫切的问题。特别是为保障社会弱势群体的合法权益，出台了一系列政策措施，解决他们的实际困难，切实做好就业再就业工作，加快社会保障体系建设，帮助解决困难群众子女上学、进城农民工工资拖欠问题，让他们切实感受到党和政府的温暖，有力地促进了社会公平。我们不仅要运用经济的手段，而且要运用政治、法律、行政等多方面的手段，进行综合治理，维护和实现社会公平与正义。

　　近年来的工作实践使我们深深体会到，构建社会主义和谐社会是一项艰巨复杂的系统工程，需要做很多艰苦细致的工作，需要全省上下坚持不懈的努力。特别要牢牢把握以下几点。一是发展要科学，就是坚定不移地落实科学发展观，大力推进经济结构调整，推进经济增长方式转变，实施自主创新跨越发展战略，促进经济社会全面、协调、可持续发展。二是法制要健全，就是要切实落实依法治国的基本方略，进一步制定和完善各项法律法规，全面推进依法行政，促进严格执法、公正司法。三是改革要有序，就是要充分考虑社会各方面的承受能力，正确处理改革发展稳定的关系，妥善协调各方面的利益关系，正确反映和兼顾不同群体的利益，在社会稳定中推进改革发展，通过改革发展促进社会稳定。四是民主要渐进，就是要把坚持党的领导、人民当家做主和依法治国有机统一起来，在党的领导下有步骤、有秩序地推进民主政治建设，进一步健全民主制度，丰富民主形式，更好地发挥社会主义政治制度的特点和优势。五是教育要全面，就是要德、智、体、美全面施教，深入开展社会主义荣辱观教育和思想道德教育，推进素质教育，全面提高社会成员的素质和能力。注重加强和改进未成年人思想道德建设和大学生思想政治教育，不仅教育他们掌握科学文化知识，而且教育他们懂得做人做事的基本道理，把他们培养成中国特色社会主义事业的建设者和接班人。六是公平要坚持，就是要在工作、生活、学习等各方面坚持公平的原则，推进社会的公平和正义，实现构建社会主义和谐社会的宏伟目标。

做好新时期党的群众工作
是建设和谐社会的坚实保障[*]

近年来，在党中央的正确领导和全体人民的共同努力下，河南省经济社会发展进入了快速健康发展的新时期，站在了一个新的历史起点上，成为全国知名的农业大省、重要的经济大省、新兴的工业大省和重要的文化大省。这些成绩的取得，也凝聚着信访战线同志们的心血和汗水。同志们恪尽职守、任劳任怨、默默奉献，在理顺情绪、化解矛盾、维护群众利益的过程中，树立起了党和政府执政为民的光辉形象，为凝聚民心、推动发展、维护稳定、促进和谐做出了积极的贡献。

2007 年 5 月 1 日，胡锦涛总书记亲临河南视察工作，殷切希望全省各级党委、政府和广大党员干部，要坚持以邓小平理论和"三个代表"重要思想为指导，全面落实

---

* 本文摘自作者 2007 年 5 月 9 日在河南省信访工作会议上的讲话，发表于 2007 年 5 月 10 日《河南日报》。

科学发展观，紧紧抓住国家实施促进中部地区崛起战略的宝贵机遇，以奋发有为的精神状态、求真务实的工作作风，切实提高经济发展的质量和效益，切实推进社会主义新农村建设，切实加强先进文化建设，切实关心群众生产生活，切实加强党员干部队伍作风建设，推动经济社会又好又快发展。胡总书记的重要讲话不仅是做好全省工作的行动指南，也为我们做好新时期的群众工作指明了方向。省委召开的全省信访工作会议，就是从做好群众工作的角度去落实好胡总书记重要讲话精神。

信访工作说到底是群众工作，是关系群众利益的工作。下面，结合学习胡总书记重要讲话精神和河南实际，我就做好新时期群众工作谈几点意见。

一、统一思想，充分认识做好新时期群众工作的重大意义

群众观点是我们党的基本政治观点，群众路线是我们党的根本政治路线，群众工作是我们党的政治优势和优良传统。胡总书记在视察河南时发表重要讲话指出，关心群众生产生活，是落实科学发展观的必然要求，也是促进社会和谐的关键环节。当前，河南正处在加快中原崛起、构建和谐中原的关键时期，任务艰巨而繁重，做好群众工作显得尤为重要。我们一定要按照胡总书记重要讲话的要求，站在全局和战略高度，充分认识做好群众工作的重大意义。

（一）加强和改进党的群众工作，是贯彻落实科学发展观的必然要求。科学发展观是马克思主义关于发展的世界观和方法论的集中体现，是加快推进社会主义现代化、实现又好又快发展必须长期坚持的重要指导思想。科学发展观的核心是以人为本。要把科学发展观真正落到实处，必须正确处理推动发展与人民群众的关系，坚持发展为了人民，发展依靠人民，发展成果由人民共享。现在有些地方出现项目建设上去了，群众上访也上去了的现象，就在于没有真正落实好科学发展观，没有处理好推动发展与人民群众的关系，在发展的指导思想上和工作方法上出了问题。做好群众工作，既是贯彻落实科学发展观的应有之义，也是实现科学发展的现实途径。我们只有切实加强和改进群众工作，及时了解民情，充分集中民智，切实为民谋利，才能最大限度地调动促进科学发展的积极因素，凝聚促进科学发展的强大力量；才能把人民群众的积极性保护好、引导好、发挥好，把人民群众的根本利益维护好、实现好、发展好，群策群力地推动经济社会实现又好又快发展。

（二）加强和改进党的群众工作，是加快"两大跨越"的客观需要。实现"两大跨越"是加快中原崛起的核心和标志，是支撑中原崛起的强大筋骨，代表了全省人民的根本利益，反映了河南人民过上更加幸福美满生活的强烈愿望。加快"两大跨越"的过程，既是为人民谋利益的过程，也是依靠人民共同创造更加富裕美好生活的过程。人民群众是历史的创造者。离开了9800万中原儿女的参加、支持和拥护，"两大跨越"就无从谈起。近年来，河南经济社会综合发展水平在中部地区之所以能够略胜一筹，在促进中部地区崛起中处于良好态势，关键在于全省上下干事创业的热情空前高涨。面对日趋激烈的竞争形势，我们也只有深入细致地做好群众工作，进一步把人民的积极性调动起来、智慧集中起来、创造性激发出来，才能形成浩浩荡荡的建设力量，为加快"两大跨越"提供不竭动力。

（三）加强和改进党的群众工作，是构建和谐中原的关键环节。和谐中原建设的过程是个不断增加和谐因素、不断减少不和谐因素的过程。河南作为全国第一人口大省和农业大省，目前正处于经济社会的重要转型期，随着经济的快速发展和工业化、城镇化进程的加快，影响社会和谐的问题增多，一些深层次矛盾日益凸显，其中相当一部分矛盾和问题与人民群众的切身利益有关。这些矛盾和问题如果不能得到及时妥善地解决，势必影响改革发展稳定大局。群众工作是构建和谐社会的最基本、最基础的工作，也是当前一项十分紧迫的工作。这项工作做好了，我们就能有效地把人口的压力转化为和谐的动力，把化解矛盾的过程转化为凝聚民心的过程，把利益调整的过程转化为改善民生的过程，形成构建和谐中原的强大合力，营造促进和谐人人有责、和谐社会人人共享的生动局面。

（四）加强和改进党的群众工作，是转变干部作风的重要条件。胡总书记在视察河南时发表重要讲话指出："党风正则干群和，干群和则社会稳。党的作风体现着党的宗旨，关系党的形象，关系人心向背，关系党和国家的生死存亡。"干部作风问题，说到底是与群众的关系问题，好的作风，必然是密切联系群众的，坏的作风，也必然是脱离群众的。河南的干部作风总体上是好的，但也存在许多突出的问题，比如对群众感情淡漠，高高在上，沉不下去，存在着官僚主义、形式主义。更有甚者，一些领导干部还存在着奢靡之风、浮躁之风、贪占之风、跑要之风。所有这些作风问题，都是脱离群众的问题。解决这些作风问题，做好群众工作、保持与人民群众的血肉联系是必由之路。只有深入群众，甘当小学生，才能从群众中汲取智慧；只有贴近群众，体察民情，才能增进对群众的感情，时刻把群众的安危冷暖放在心上，意识到自己肩上的责任和重担；只有服务群众，为群众办实事，才能把实现自身价值与自觉践行党的宗旨有机统一起来。可以说，能不能做好群众工作，不仅直接关系到干部的健康成长，更重要的是关系到党风政风的根本好转，关系到我们事业的兴衰成败。我们一定要按照胡总书记对我们提出的"真正做到权为民所用、情为民所系、利为民所谋，铭记肩负的使命、党的重托和人民的期待，倾听群众呼声，关心群众疾苦，切实纠正损害群众利益的不正之风"的要求，以正在深入开展的"讲正气、树新风"主题教育活动为契机，真心实意地关心群众的生产生活，以扎实有效的群众工作，推动作风的转变。

（五）加强和改进党的群众工作，是保持和发展党的先进性的根本保证。保持和发展党的先进性，关系党执政能力的提高和执政地位的巩固，关系党和人民事业的兴旺发达和国家的长治久安。我们党的根基在人民、血脉在人民、力量在人民。民心向背是检验一个政党是否具有先进性的试金石。要使我们的事业永远立于不败之地，就必须高度重视和切实加强党的群众工作，赢得人民群众的支持和拥护。党的先进性是具体的、生动的，体现在每一位党员身上，体现在每一件具体工作中，更体现在无所不在的群众工作中。用基层的话说，能和群众打成一片就是先进性，能真心实意为群众解决问题就是先进性。我们只有扎根基层，心系群众，在引导群众发展致富中多着力，在为民办实事办好事中多奉献，在构建和谐人际关系中多尽心，在树立新风正气中多垂范，才能把广大人民群众更加紧密地团结在党和政府周围，始终与人民群众同呼吸、共命运、心连心，始终保持和发展党的先进性。

二、分析形势,准确把握新时期群众工作的特点

新世纪新阶段，我们面临的发展机遇前所未有，面对的挑战也前所未有。随着科技进步日新月异，经济全球化、一体化步伐加快，我们正进入与外部世界联系更加密切、互动更加频繁的"地球村"新时代。随着我国经济体制深刻变革、社会结构深刻变动、利益格局深刻调整、思想观念深刻变化，经济社会进入"黄金发展期"与"矛盾凸显期"交织并存的关键时期。国际国内形势的变化，既给我们发展进步带来巨大活力，也必然会带来这样

那样的矛盾和问题。可以说，目前是人民群众得到利益最多最实在的时期，同时又是人民群众意见较多较为集中的时期。这一时期的群众工作纷繁复杂、多元多变，出现了新特点，提出了新要求。一是科学发展观深入人心，要求我们必须坚持以人为本，始终把最广大人民的根本利益作为一切工作的出发点和落脚点，实现好、维护好、发展好人民群众的利益，让人民群众共享改革发展成果。二是人民的主体意识更加突出，要求我们必须把党的领导核心作用、政府的主导作用和人民群众的主体地位统一起来，合理引导人们的心理预期，充分调动人民群众的积极性、主动性、创造性，激发社会活力。三是人民群众更加关注公平正义，要求我们必须在提高效率、加快发展的同时，更加注重社会公平，健全社会公平保障体系，促进公平正义。四是人民群众的思想更加活跃，要求我们必须在尊重主体性、差异性、多元性的同时，更加注重引导群众、宣传群众、教育群众。五是人民内部矛盾错综复杂，要求我们必须综合运用经济的、法律的、行政的等多种手段，理顺情绪、解决问题。六是社会主体更加多元，各种利益相互交织，要求我们必须正确把握最广大人民群众的根本利益、现阶段群众的共同利益和不同群体的特殊利益的关系，统筹兼顾各方面群众的关切。新时期群众工作的这些特点，体现在我们工作的方方面面，就信访工作而言，具有以下五个显著特征。

首先，利益诉求增强。马克思曾经说过，人们奋斗所争取的一切，都同他们的利益有关。社会发展规律表明，人民群众的物质需求是以算术级数增加的，而精神需求是以几何级数增加的。在生存需求得到满足之后，人们的安全需求、致富需求、文化需求、民主需求、平等需求日益强烈。从实际工作看，也的确如此。以全国群众信访为例，自1993年以来，已连续12年保持上升势头，虽然近两年来总量增幅有所下降，但信访总量高位运行的态势并没有从根本上扭转。而且一个值得注意的现象是，人民群众反映的问题由原来以经济利益诉求为主开始向社会文化、民主政治、公共利益等多方面延伸和扩展，比如社会保障、劳资纠纷、环境污染、退役士兵安置、乡镇机构改革分流人员等问题，在有些地方已成为新的信访突出问题。可以预见，随着改革开放的全面深化和社会主义民主政治建设的不断推进，社会经济成分、组织形式、就业方式和分配方式日益多样化，群众的民主意识、自主意识、平等意识、竞争意识、权利意识、政治参与意识不断增强，人民群众的利益诉求将更多、领域将更广、要求将更高。

其次，经济纠纷增多。物质需求是人们最基本的需求，也是最核心的需求。在社会主义市场经济条件下，市场主体日趋多样，趋利性逐渐增强，经济交往日益频繁，经济关系在社会关系中主导地位明显，涉及群众利益的经济纠纷不断增加。仅以河南一季度群众反映的问题为例，集中在土地征占、水库移民安置、农村财务管理、城镇房屋拆迁等四个方面的经济问题，就占信访总量的10.8%，其中土地问题较去年同期上升了61%，成为群众信访聚焦最多的问题。由于市场经济体制不够完善、法制不够健全、政府职能转变滞后，特别是一些地方出台涉及群众利益的政策时，考虑不周、顾及不全，造成"存量"问题没有解决，"增量"问题又不断产生，经济纠纷增多的状况短期内很难改变。

其三，群体性矛盾增加。群体性矛盾是指情况比较复杂，涉及人员和方面较多，对社会稳定影响严重，化解难度较大的矛盾，是新形势下人民内部矛盾的特殊表现形式。近年来，无论从全国还是从河南看，群体性矛盾都有明显增加。这种情况，既有社会转型、利益调整、开放扩大等大背景的原因，也有信息传媒发达、部分群体心理浮躁等小环境的原因。当前我们正处于经济社会转型期，利益格局深刻调整，每当群体利益发生变化时，基于共同的利益诉求，往往容易引发群体反应。比如，企业倒闭破产、职工下岗失业、土地承包、征地拆迁安置、教育医保改革等，这些问题如果处理不当，就容易引发群体性矛盾。河南今年以来，大规模赴京集体上访频发，都源于群体性利益的调整。在社会日趋开放、人员流动性日趋增强、互联网等现代传媒日益便捷的条件下，一旦出现矛盾和纠纷，极易引起群体性共鸣。另外，由于经济社会处于转型期，一些群众的工作生活压力加大，思想心理比较浮躁，一旦遇到诱发因素，就容易推波助澜，扩大事态，形成群体性事件。曾经发生在河南的"交行挤兑风波"和重庆万州的"扁担事件"，都是小诱因导致的大事件。群体性事件波及性强、负面影响大甚至具有相当的破坏性，必须引起各级党委、政府的高度重视。

其四，对抗性因素增长。应该看到，当前经济社会发展中存在的矛盾绝大部分是人民内部矛盾，都是非对抗性的，但由于多种原因，对抗性因素有所增长，处理不当，就会演变成对抗性矛盾。比如，一段时期以来，发生的一些民工为讨薪跳楼事件、一些群众因污染问题久拖不决集体卧轨事件、一些群众因个别干部作风粗暴冲击打砸政府机关事件等等，都是我们应该汲取的沉痛教训。引起对抗性因素增多的原因比较复杂，从目前情况看，有五个方面较为突出。一是社会发展不够均衡，尤其是贫富差距拉大，容易导致部分社会主体心理失衡。二是各种矛盾和不满情绪的积聚，使一些非直接利益关联的冲突时有发生。三是少数干部官僚主义严重，对人民反映的问题推诿扯皮，久拖不决，致使部分小问题演变为大问题。四是个别执法人员执法不公，徇私枉法，严重损害群众利益，促使矛盾激化和升级。五是极少数别有用心的人、邪教组织和境外敌对势力插手人民内部矛盾，煽风点火，造谣中伤，混淆是非，挑拨离间，成为对抗性因素增多的重要原因。除此之外，还存在着教育引导群众不够、解决方法不当、处置事件不力等问题，都需要我们在工作中高度警惕，积极主动地采取应对措施。

其五，处理难度增大。新时期群众工作需要解决的问题之多、矛盾之深、范围之广、情况之复杂是前所未有的，处理起来的难度也是前所未有的。集中表现在，一是各种矛盾交织并存，出现了历史遗留问题与现实问题、经

济利益诉求与政治利益诉求、合理要求与不合法方式、多
数人的合理诉求与极少数人的无理取闹、群众自发行为与
敌对势力恶意插手相互交织的复杂局面。二是统筹兼顾各
方利益难度加大，社会利益主体的日益多元化，各方利益
交叉交错的现实状况，使各种群体的利益要求难以得到充
分满足和有效平衡。三是政策法规不够健全，有的政策法
规已经不太适应现实需要，有些政策法规前后相互抵触，
同时存在一些盲点，不仅加大了解决现有问题的难度，而
且容易引发新的社会问题和矛盾。

从信访工作上述这些特征不难看出，新时期的群众工
作点更多了、线更长了、面更宽了，任务更重了、要求更
高了。我们必须适应新情况，分析新问题，把握新特点，
不断增强做好新时期群众工作的针对性、主动性和实效
性。

三、积极探索,大力推广创造性地
开展群众工作的有效经验

近年来，我们积极适应新形势下群众工作的新特点新
变化新要求，紧紧围绕改革发展稳定大局，认真贯彻中央
关于做好群众工作、做好信访工作的一系列方针政策，紧
密结合自身实际，积极探索新形势下做好群众工作、做好
信访工作的新途径、新举措，创造出了许多行之有效的好
经验、好做法，形成了以义马经验为主，包括渑池、焦作
和项城经验在内的各有特色的群众工作模式。

义马市以创新群众工作理念为先导，以整合群众工作职能为突破，以构建群众工作网络为载体，以理顺情绪、破解难题、保持稳定、促进发展为目的，以完善群众工作体制机制为保障，探索出一条全方位开展群众工作的新路子。项城、渑池、焦作等地也都在做好企业军转干部解困稳定、重大决策引入信访分析评估以及坚持教育引导与依法惩治相结合、确保"案结访息"等方面做了积极有效的探索。这些经验尽管各有侧重、各具特色，但在本质上是相通的，都体现了对群众工作基本规律的正确把握。这些经验的实质概括起来讲，就是坚持一个根本，即党的领导这个根本；抓住一个核心，即以人为本这个核心；确立一个模式，即抓源头、抓疏导、抓结果这个一体化模式；完善一个保障，即制度建设这个保障。这四个方面，既是我们对新时期群众工作规律性认识的深化，也是今后做好群众工作必须把握的重要原则。

学习推广义马等地群众工作经验，做好新形势下的群众工作，要着眼于服务加快"两大跨越"、推进"两大建设"这一中心任务，突出宣传引导、发扬民主、改善民生、化解矛盾这一工作重点，着力在强化群众观念、夯实工作基础、解决突出问题、创新工作方法、建立长效机制上下工夫，以新理念提升新认识，以新思路解决新问题，以新举措实现新突破，奋力开创新时期群众工作的新局面。

第一，要牢固树立群众观念，这是我们做好新时期群众工作的大前提。人民群众是我们的衣食父母。全心全意为人民服务是我们党的根本宗旨。过去革命战争时期我们取得胜利主要在于得到人民群众的拥护，现在搞社会主义现代化建设也必须紧紧依靠群众。实事求是说，建设时期一些干部容易出现群众观念淡薄，脱离群众的现象。立场决定感情，观念决定行动。我们只有牢固树立群众观念，才能感情上贴近群众、思想上尊重群众、工作上依靠群众，发展上为了群众，才能赢得群众的拥护和支持，使我们的事业深深植根于人民、兴盛于人民、造福于人民，才能立党立得稳、执政执得好。河南几年群众工作、信访工作中涌现的一些好典型、好经验，最核心的就是作决策、办事情都充分考虑群众利益、重视群众的意见。义马市委市政府视人民为亲人，把来访接待大厅建成"群众之家"，"累了你就歇歇脚，渴了你就喝杯茶，气了你就消消火，这里就是你的家"，他们不仅是这样说的，更是这样做的，始终带着浓厚的感情对待群众，让群众感受到了家的温暖。渑池县把群众当老师，把问计于民、受民监督作为决策的必经程序，既保证了决策的正确，又有力地维护了群众利益。这些都是牢固树立马克思主义群众观的生动体现。树立群众观念，首要的是要深刻认识人民群众是真正的英雄，自觉摆正主仆关系，怀着崇敬之心，虚心向群众学习，真心为群众服务；要坚持从群众中来，到群众中去，真正做到对党负责和对人民群众负责、对上负责和对下负责一致起来；要把群众工作放到发展社会主义市场经济和构建和谐社会的大背景下去谋划，作决策、定政策、部署工作，都要始终把群众呼声作为第一信号，把群众需要作为第一选择，把群众满意作为第一标准，把群众利益作为第一原则。要通过牢固树立群众观念，努力实现由管理向服务转变、由被动解决信访问题向主动研究群众诉求转变、由主要依靠行政命令向主要依靠民主法制转变，不断强化人本意识、服务意识、民主意识，使群众工作、信访工作水平有个新提高。如果就信访来抓信访，许多问题是很难真正得到解决的。因此我们在谋划发展、部署工作的时候一定要站在普通群众的角度去想问题，充分考虑广大群众的利益。只有这样，才能真正扭转群众上访高发的非正常态势。

　　第二，要抓好基层基础工作，这是我们做好新时期群众工作的基本功。做好群众工作最终要靠发展，必须坚持用发展的办法解决前进中的矛盾和问题；通过发展来不断改善民生，更好地满足人民群众日益增长的物质文化需要；通过健全社会主义民主法治，保证人民在经济、政治、文化、社会等方面的权利和利益，让人民群众共享经济发展和社会进步的成果。落实这些基础工作，关键在基层。从目前信访工作反映的情况看，绝大多数矛盾和问题产生于基层，预防和解决这些矛盾和问题也必须依靠基层，夯实基础。基层基础工作不牢，不仅问题和矛盾难以解决，即使解决了，也不会断根，如割韭菜一样，割了又长。基层基础工作抓好了，就能最大限度地预防和减少问题和矛盾的产生。从这个意义上说，基层基础工作对于做好群众工作至关重要。为使群众工作一竿子插到底，义马市在全市建立了以"群众工作部"为龙头、以"群众工作站"为纽带、以"群众工作室"为基础、以村组"信息员"为前哨的四级群众工作网络，开通了一条畅通民意的"高速路"和解决群众问题的"绿色通道"，有效地保证了在第一时间、第一地点了解社情、掌握民意、处理问题、服务群众。项城市针对部分军转干部情绪波动的新情况，及时采取办班培训、召开民主生活会、上党课等一系列措施，向他们讲政策、讲法纪、讲形势、讲作风、讲党性，解除了他们心中的困惑，阻断了各种消极情绪的传播，同时切实有效地解决这些人员的生产生活难题。学习推广义马等地经验，要牢固树立固本强基的思想，坚持重心下移、关口前移，及时化解矛盾，就地解决问题。当务之急是要搞好"四抓"，即：要抓教育，引导群众识大体、顾大局，理性合法表达诉求；抓组织，加强基层党组织建设、基层政权建设、城乡自治组织建设，增强组织群众和服务群众的能力；抓排查，利用各种渠道，采取多种方式，及早发现苗头性、倾向性问题，把问题解决在萌芽状态中；抓制度，建立社情民意的收集、研判、处理、反馈等制度，为群众工作提供有效保障。

　　第三，要切实解决突出问题，这是我们做好新时期群众工作的着力点。当前群众工作中存在的突出问题，从宏观看，主要是城乡、区域、经济社会发展不均衡的问题，是贫富差距拉大的问题，是民主法治不健全的问题；从微观看，主要是涉及人民群众最关心、最直接、最现实的切身利益问题，特别是"三就一保"问题。解决这些突出问题，要求我们必须想群众所想、急群众所急、帮群众所需，推进科学执政、民主执政、依法执政，切实把人民群众的根本利益实现好、维护好、发展好。从信访工作来看，群众反映的突出问题，往往是我们工作的薄弱环节，也是事关全局的关键所在。突出问题解决了，就会推动全局工作的跃升，取得事半功倍的效果。焦作市之所以能够多次成为全省综治先进市、平安建设先进市，与他们重视解决特困企业职工安置、失地农民生活保障等反映比较集中、比较强烈的现实问题密不可分。这些困难群体的问题解决了，对立情绪就化解了，也就有利于促进社会和谐。从河南今年以来的情况看，人民群众反映的突出问题主要集中在农林水土、劳动和社会保障、党纪政纪行风、涉法涉诉、组织人事、城市房屋拆迁等六大方面。这些问题不仅量大，占到全部反映问题的1/3，而且社会关注度高，可以说基本都是涉及人民群众切身利益的问题。解决不好，势必影响社会和谐稳定。无论从现实，还是从长远来看，都必须高度重视，着力解决。当前，要集中一段时间，采取一些特殊和果断措施，对这些问题进行逐一化解，尽快解决。对法律法规和政策有明确规定的，要依法按政策抓紧解决；对群众要求合理、但法律法规和政策没有明确规定或规定不够完善的，要抓紧研究新的解决办法；对群众提出的应当解决、但因客观条件不具备一时难以解决的问题，要主动说明情况，向群众解释清楚，取得群众的理解和支持，并积极创造条件适时予以解决；对群众提出的不合理要求，要开展积极的思想政治工作和法制教育，以正确引导。特别要强调的是，对有些上访群众的不合理要求和违法行为，我们不能放弃做工作，一定要通过做深入细致的思想工作等办法去说服他们、感化他们，真正做到息事宁人。总之，通过扎实有效的工作，务求使群众反映的问题件件有着落、事事有回音，务求使群众反映的突出问题尽力得到解决。

第四，要创新群众工作方法，这是我们做好新时期群众工作的新途径。方法决定成效。只有不断创新方法，才能突破难点，取得实实在在的效果。义马市变"堵"为"疏"，把群众工作部门建成与群众交流思想的平台、群众反映意见的绿色通道。项城市把解决实际问题同加强思想政治工作结合起来，在政策落实上下工夫，在政治关怀上下工夫，在思想教育上下功夫，有效地稳定了企业军转干部的情绪。做好新形势下的群众工作，要像义马等地那样，因地制宜、因时制宜、因事制宜，用新举措应对新情况，用新办法解决新问题，用新点子解决新矛盾。要把做思想政治工作与解决实际问题结合起来，学会运用社会学、心理学的方法，把工作做到群众的心坎上，通过做好思想政治工作推进实际问题的圆满解决，在解决实际问题中增强思想政治工作的说服力；把依法办事与带着感情做工作结合起来，将热情服务融入严格执法之中，动之以情、晓之以理，使群众心悦诚服；把言传与身教结合起来，既要善于用群众的语言宣传党的路线方针政策，更要以身作则、率先垂范，通过自身的品行影响群众、感召群众、凝聚群众，做到知与行、说与做的统一；把发扬优良传统与开拓新途径结合起来，既要继承和发扬我们党群众工作的优良传统，也要学会用民主的、经济的和法律的方法做好群众工作，特别是要综合运用行政的、司法的、调解的、仲裁的手段推动疑难问题的彻底解决，及时发现总结推广基层创造的新方法新方式，不断提高群众工作水平。

第五，要建立健全长效机制，这是我们做好新时期群众工作的好经验。建立健全长效工作机制，有利于实现群众工作的规范化、程序化，推进群众工作迈上持续健康发展的轨道。义马市建立的民意沟通机制、评估听证机制、便民服务机制、社会保障机制、排查调处机制，渑池县建立的信访评估制度，开封市建立的"三线联动"劝返机制，都是着眼于通过制度建设有效推进群众工作不断深入的好经验。做好新形势下的群众工作，首先要把各地在实践中创造的行之有效的好经验好做法推广开来、固定下来、规范起来、坚持下去。与此同时，要积极适应新形势新实践的需要，在加快建立健全长效机制上迈出实质步伐。在综合协调方面，建立上下联动、左右协调、运转高效、综合施治的工作机制，形成做好群众工作的强大合力。在科学民主决策方面，建立广泛吸纳群众意见、兼顾不同利益要求的工作机制，凡是与群众利益密切相关的重大决策，都要广泛听取和积极采纳群众意见，使我们的决策最大限度地反映不同群体的合理诉求。在矛盾纠纷处理方面，要建立健全排查调处机制，坚持经常排查与集中排查、普遍排查与重点排查相结合，进一步健全矛盾纠纷调处的工作网络，建立群众工作台账和定期分析制度，把矛盾化解在基层，解决在萌芽状态。在信息工作方面，建立健全多层次、全方位信息汇集分析机制，确保信息传递渠道畅通，同时注重综合开发利用群众工作信息资源，提高分析研判水平，掌握苗头性动向和预警信息，增强工作的预见性和针对性。在工作落实方面，建立健全党委和政府统一领导、主管部门组织实施、各职能部门共同参与的目标管理和督查督办工作机制，做到全程监控、跟踪管理、有效协调、及时反馈，全面掌握群众工作动态，确保群众工作的决策部署得到贯彻落实。

四、加强领导，切实把群众工作的
各项任务落到实处

群众工作是党和政府的一项重要工作。各级党委和政府一定要按照中央要求和省委部署，切实担负起做好群众工作的政治责任，进一步加强和改进对群众工作的领导，努力实现新时期群众工作的新突破。

（一）要加强组织领导。各级党委、政府要高度重视群众工作，切实列入重要议事日程，定期听取汇报，认真研究部署；各级人大、政协、法院、检察院，以及工会、共青团、妇联等人民团体要在党委的统一领导下，切实抓好各自职责范围内的群众工作；各职能部门要坚持科学决策、依法行政，努力避免本部门职能范围内影响群众切身利益的问题发生，及时妥善处理相关问题；充分发挥基层党组织、城乡自治组织协调利益、化解矛盾、排忧解难的

作用，引导各类社会组织发挥提供服务、反映诉求、规范行为的作用，形成统一领导、部门协调，各负其责、齐抓共管的群众工作格局。

（二）要抓好责任落实。各级党委、政府和有关部门主要领导是群众工作第一责任人，要亲自抓、负总责；分管领导是直接责任人，要具体抓、抓落实；其他领导成员要"一岗双责"，形成一级抓一级、层层抓落实的群众工作领导责任体系。各部门要把群众工作与业务工作紧密结合起来，融为一体，协调推进。要把群众工作成效作为考核各级领导干部工作的重要内容，作为考察选拔任用领导干部的重要依据。要严格实行群众工作责任追究制，对因工作不力或不负责任而造成严重后果和恶劣社会影响的，要严肃追究有关领导和工作人员的责任，尤其是要追究因决策失误或工作不当造成群众利益受损，引发群众集体上访的有关领导和工作人员的责任。

（三）要加强队伍建设。要高度重视群众工作、信访工作部门领导班子建设，选好配强领导班子特别是一把手，注重优化班子结构，提高综合素质和整体工作水平。要在政治上、工作上、生活上关心群众工作、信访工作干部，重视对他们的培养和使用，切实解决他们的实际问题，充分调动积极性、主动性和创造性。要抓好基层干部的选拔调配和培养教育，增强他们的群众意识和做好群众工作的本领，建设一支乐于做群众工作、善于做群众工作、有奉献精神、年富力强的高素质群众工作队伍。

（四）要营造良好氛围。坚持团结稳定鼓劲、正面宣传为主，大力宣传党的群众工作、信访工作的路线方针政策和相关法律法规，大力宣传群众工作、信访工作中创造的新经验、取得的新成效，大力宣传群众工作、信访工作中涌现出的先进典型和先进事迹；严肃新闻工作纪律，完善处理信访突出问题及群体性事件工作宣传报道的有关规定，重点加强对互联网、手机短信等传媒的管理，牢牢把握舆论引导的主动权；新闻工作者一定要切实把调查研究作为立身之本，对没有经过深入调研核实的问题坚决不能报道。要加强对群众工作、信访工作的研究，为做好新时期群众工作、信访工作提供理论支持，在全社会营造健康向上、理解群众工作、支持群众工作、参与群众工作的浓厚氛围。

五、关于文化、文化建设和文化体制改革

GUANYU WENHUA WENHUA JIANSHE

HE WENHUA TIZHI GAIGE

关于建设文化强省的若干思考[*]

加强文化建设，发展文化事业、文化产业，既是当前摆在我们面前的一个重大的战略问题，又是一项重大的战略任务。党的十六大以来，中央对文化建设做出了一系列重大的理论阐述和决策部署，为我们加强文化建设，发展文化事业、文化产业奠定了思想理论基础，指明了前进的方向。河南作为文化资源大省，必须抓住本世纪头 20 年重要的战略机遇期，切实加强文化建设，大力发展文化事业、文化产业，努力建设成为文化强省。

一、充分认识加强文化建设，发展文化事业、文化产业的重要性

加强文化建设，发展文化事业、文化产业，是实践"三个代表"重要思想的必然要求。党的十六大把"三个

---

[*] 本文发表于中宣部《宣传工作》2005 年第 32 期。

代表"重要思想正式确立为我们党必须长期坚持的指导思想。"三个代表"重要思想明确提出要"代表先进文化的前进方向",这表明了发展先进文化在建设中国特色社会主义事业中的重要地位和作用。要代表先进文化的前进方向,就必须把文化建设摆上事关全局的战略位置,大力推进文化建设,进一步发展文化事业和文化产业,努力建设面向现代化、面向世界、面向未来的,民族的、科学的、大众的社会主义文化。只有在推进文化发展、促进文化繁荣的过程中,才能使我们的党更好地代表先进文化的前进方向。

加强文化建设,发展文化事业、文化产业,是全面建设小康社会的重要目标。十六大报告确定了全面建设小康社会的经济、政治、文化、生态环境建设四大目标,推进文化建设是必须着力推进的重点目标之一,是我们全面建设小康社会的重要的战略性任务。报告还对新世纪新阶段文化建设的目标、任务提出了明确的要求,第一次把文化建设分为文化事业和文化产业两部分,在党的重要文件里第一次出现关于"文化产业"的概念,明确了文化产业在文化建设中的地位和作用,表明我们党对新世纪新阶段的文化建设在理论上和思想认识上有了一个新的飞跃,在工作上做出了新的战略性部署。全面建设小康社会,必须在满足人民群众日益增长的物质生活需求的同时,不断提高人们的思想文化素质、文化生活质量、城乡文明程度,满足人民群众日益增长的精神生活需求,促进人的全面发展。由此可见,大力推进文化建设,发展文化事业、文化产业，不断丰富精神文化产品，提高文化服务质量，是全面建设小康社会的题中应有之义。

加强文化建设，发展文化事业、文化产业，是提升综合国力的迫切需要。十六大报告明确指出："当今世界，文化与政治、经济相互交融，在综合国力竞争中的地位和作用越来越突出。"20世纪90年代中后期以来，主要发达国家纷纷把发展文化产业作为重要的发展战略和增强综合国力的重要手段，文化产业已经成为国民经济的一个重要支柱产业，成为21世纪发展最快的朝阳产业之一；经济文化一体化已经成为当代经济发展的一个重要特征，文化生产力已经成为当代社会生产力的重要因素和经济增长的重要推动力量。因此，党的十六届四中全会《决定》强调"要深化文化体制改革，解放和发展文化生产力"，第一次提出"文化生产力"的概念，为我国文化产业的发展奠定了理论基础，提供了根本依据，是我们党对文化建设、对文化事业和文化产业在理论上和思想认识上的一次升华，必将对我们文化事业、文化产业，特别是文化产业的发展产生巨大而深远的影响。我们必须深刻理解发展文化生产力对提升综合国力的战略意义，顺应经济文化一体化的发展趋势，充分发挥文化产业无污染、低消耗、高效益的优势，大力加强文化建设，放开胆子发展文化产业，使之成为优化经济结构、促进经济增长方式转变的有效途径，为经济发展开辟新途径、注入新活力、形成新的增长点。

加强文化建设，发展文化事业、文化产业，是提高党建设社会主义先进文化能力的具体体现。十六届四中全会《决定》把提高建设社会主义先进文化的能力，作为我们党提高执政能力建设的五大能力之一加以强调，表明我们党已经把文化建设提高到党的建设层面来认识，也凸显了文化建设在党的建设中的重要性。文化建设的出发点和最终目的是为了满足人民群众的精神文化需求和促进人的全面发展，检验我们是否具有建设社会主义先进文化能力，就看我们能否真正实现这一目的。还要看到，我们面临着经济全球化进程中各种思想意识、价值观念的激烈碰撞，西方发达国家在输出文化产品的同时，也在输出意识形态和价值观念。我们必须巩固马克思主义思想的指导地位，大力加强文化建设，发展社会主义先进文化，确立自己的文化优势，维护国家文化安全，在激烈的国际竞争中捍卫自己的战略利益。由此可见，文化建设事关党的执政能力建设，直接关系到中国社会主义事业兴衰成败，关系到中华民族前途命运，关系到党的生死存亡和国家长治久安。

河南文化资源十分丰富，既有灿烂的历史文化，又有一定实力的现代文化；既有丰厚的革命文化，又有特色鲜明的民俗文化；文化旅游资源数量多、规模大，类型齐全、山水兼备，人文旅游资源与自然旅游资源交相辉映；文学、书法、绘画、戏曲、民间工艺等文化艺术资源在全国均占重要位置；新闻出版资源、广播影视资源、网络文化资源和其他文化产业资源也都比较丰富。经过多年的积累和发展，河南文化基础设施建设有了很大改观，人才队伍不断壮大，形成了具有一定综合实力的文化企业集团，加强文化建设，发展文化产业已经具备比较坚实的基础。另外，河南广阔的市场空间、难得的区位优势，也为大力推进文化建设提供了得天独厚的条件。目前，越来越多的省份把加强文化建设作为新世纪新阶段取得领先优势和实现跨越式发展的重要战略，纷纷提出建设文化大省、文化强省；随着我国加入世贸组织过渡期的结束，我们将直接面对国外文化产品和服务的竞争。我们必须从践行"三个代表"重要思想、全面建设小康社会、提升综合国力、提高党的执政能力的战略高度，充分认识加强文化建设，发展文化事业、文化产业的重大意义，抓住机遇，加快发展，形成自己的文化产业优势，使文化成为河南经济增长的"助推器"，成为河南经济发展新的增长点，实现由文化资源大省向文化强省的跨越，推动全面建设小康社会、奋力实现中原崛起的伟大历史进程。

二、深刻理解文化建设的丰富内涵

文化建设内涵丰富，有大、中、小的不同概念。"大文化"主要包括思想道德建设、科技、教育、卫生、文化、体育、旅游、新闻出版、广播影视等，"中文化"主要包括思想道德建设、新闻出版、广播影视、文化艺术等，"小文化"主要指文化艺术。中央强调文化建设和文化体制改革，涉及的实际上是"中文化"的概念；建设文化强省，主要就是做好"中文化"方面的工作。需要明确的是，文化建设既是精神形态的建设又是物质形态的建设，有着特殊的使命和规律性。我们要正确认识和把握文化建设的若干重大问题，制定相应的政策，采取合适的手段推进文化建设。

一是文化建设作用的两重性。文化建设与政治建设、经济建设密切相连，文化建设必须与经济、政治共同发展。文化与政治相互作用、相互推动，文化建设离不开政治的影响，政治建设又以文化为依托，共同服务于经济。文化建设以经济为基础，经济发展推动文化建设。文化建设肩负着特殊的使命，即满足人民群众精神文化的需要，提高全民族的思想文化素质；而文化产业又属于经济活动的范畴，不仅要成为经济新的增长点，还要成为经济发展的强大推动力。

二是文化建设性质的两重性。文化建设既有事业性质又有产业性质，既包括文化事业也包括文化产业，两者如车之两轮、鸟之两翼。并非所有的文化工作都是文化产业，有些只能作为事业来发展，而不能作为产业来运作。用管理事业的手段、办法来经营管理文化产业，根本行不通；反过来，用经营文化产业的意识、手段来经营管理文化事业，同样也要出问题。我们要注意两者之间的差异，区别性质，分类指导，既要符合精神文明建设的特点和规律，又要适应社会主义市场经济规律的要求，促进文化事业和文化产业协调发展。

三是文化建设效益的两重性。文化产品既是精神文化产品又是商品，文化建设既有经济效益又有社会效益，两者并不是此消彼长或相互对立的。我们既要承认文化的经济价值，鼓励合理的利润追求，又要反对把利润追求当做唯一、把经济效益的好坏当做文化建设成功与否的唯一标准。不同的文化部门或领域，其在更偏重于社会效益或经济效益方面可能是有差别的，但总体而言，文化建设既要讲究社会效益，又要讲究经济效益，必须兼顾社会效益和经济效益的双重目标，否定其社会效益或经济效益都是片面的，必须正确处理两者的关系，坚持把社会效益放在首位，努力实现社会效益和经济效益的统一。

四是文化建设功能的两重性。文化建设从功能上讲，既有宣传教育功能，又有消费娱乐功能。大众文化比较贴近人们的日常心理需求，人民群众喜闻乐见，但成熟的社会文化不应仅有大众文化一种形态。在一个健康的社会中，社会所有成员的知识需要不断丰富，精神境界需要不断提高，人格需要不断完善，而大众文化所能够达到的高度和深度是有局限的。我们要正确对待文化建设的消费娱乐和宣传教育功能，既要强调适应，着眼于满足人的日常精神文化需求，鼓励和发展大众文化；又要强调引导，着眼于提升人的精神境界，大力发展高雅文学艺术、高尚伦理道德和精神学术文化。

文化建设的两重性远不止上述这些。比如广播电视报刊，既是党和政府推进工作的重要手段，同时也是人民群众精神文化消费的重要载体，也具有两重性。只有深刻认识和把握文化建设中的两重性，才能有效把握文化建设特殊的规律性，推动河南的文化强省建设。

三、正确把握建设文化强省的重要环节

建设文化强省，前提是解放思想、更新观念。解放思想、更新观念是总开关，这个开关打不开，各方面加强文化建设的积极性就调动不起来，很多政策措施就落实不了，河南的文化建设就不可能实现跨越式发展，河南的经济结构也难以进一步优化。解放思想、转变观念，主要是转变几个方面的认识。一是对文化功能的认识。长期以来，我们只重视文化的宣传教育功能，而忽视了它的消费娱乐功能，对文化产业的开发很不够；只强调文化建设是个"战场"，而忽略了它必须要面向市场，严重地影响了文化建设的全面推进。我们既要看到文化工作为政治服务的重要一面，又要看到它自身客观存在的产业功能。这个认识转变了，文化产业才能够发展起来。二是对文化和经济关系的认识。长期以来，我们只强调文化为经济服务，而没有考虑到文化本身也有经济要素、也存在经济价值，所以抓经济就抓钢铁、煤炭、交通、运输、商业、贸易等，从来没想到要抓文化，没想到文化也是生产力、也是产业、也能创造财富。社会发展到一定程度，物质消费达到一定比重以后，文化消费就会大幅度增长，恩格尔系数不断下降就反映了这个问题。文化消费的大幅度增长，必定驱动企业和社会资本向文化领域转移。从发达国家和我国一些比较发达的省市的情况看，目前文化产业的比重越来越大。美国文化产业已经超过以前最大的行业——航空

业，2003 年文化产业产值达 900 亿美元，成为重要的支柱产业。河南要进一步发展文化事业和文化产业，必须进一步解放思想、更新观念，用创新的思想来认识和指导文化建设。

建设文化强省，关键是区别性质、分类指导。中央已经明确，作为党的宣传舆论阵地，党报党刊、电台电视台等新闻媒体不能企业化，但是节目制作、广告、销售、发行等，完全可以按企业化、产业化的方式运作。公益性的文化事业要严格按照公益性的原则来管理，政府应当充分满足公益性文化事业的投资，在文化事业的发展中起主导作用。经营性的文化产业要严格按照市场化的方式来运作，将更多适合产业方式发展的文化单位和部门推向市场，经受市场的考验，形成产业化的生产能力和市场竞争力。我们要按照中央提出的要求和原则，区分清楚公益性文化事业和经营性文化产业，分别制定相应的扶持和发展政策，加快河南文化事业和文化产业的发展步伐。

建设文化强省，重点是改革体制、创新机制。十六届四中全会强调，根据社会主义精神文明建设的特点和规律，适应社会主义市场经济的要求，进一步革除制约文化发展的体制性障碍。河南许多文化单位的要害问题是事业性质、财政供养，缺乏活力和竞争力，没有发展的内在动力。要发展文化事业和文化产业，必须在体制上开刀，下气力在体制和机制上解决好文化面向群众、面向市场的问题，认真贯彻执行国家的有关政策和规定，加大文化体制改革力度，创新发展的体制和机制，增强发展活力，向市场要生存条件、要发展空间。要引导和鼓励各类文化事业单位通过多种形式、充分利用市场机制激发活力，在发展中搞活，在搞活中发展，不断提高为人民服务的水平；要创新体制，重塑文化市场主体，逐步形成以公有制为主体、多种所有制共同发展的文化产业格局，打造一批有活力、有实力、有竞争力的微观主体，着力打造一批大型文化企业集团，推动河南的文化产业快速发展。

建设文化强省，根本是坚持方向、加强领导。坚持方向，就是无论文化事业，还是文化产业，都要坚持先进文化的前进方向，不能搞腐朽文化，不能搞落后文化，要搞先进文化，搞健康文化。要毫不动摇地坚持社会主义先进文化的前进方向，绝不给任何腐朽、落后的文化任何生存之机。河南宝丰县的演出团体能够健康地发展起来，就是坚持正确的方向，规范管理、加强引导的结果，现在全国有 10 万民间艺人，宝丰就占 5 万，已经成为一支重要的民间艺术力量。加强领导，就要把文化建设列入党委的重要议事日程，搞好规划，制定政策，组织力量，大力推进；就要按照党委领导、政府管理、行业自律、企事业单位依法自主经营的原则，建立和完善党委领导、政府监管、公共服务和市场运作四个体系，确保河南的文化事业和文化产业健康发展。

加强文化建设，发展文化事业、文化产业，当前要坚持"六个着力"，即着力于满足人民群众精神文化需求，促进人的全面发展；着力于统一思想，调动方方面面的积极性，形成建设文化强省的合力；着力于寻找工作的突破口，带动全行业的发展；着力于河南实际，制定出切实可行的发展规划；着力于文化创新，用创新的文化满足时代的需要，满足人民的需求；着力于打造黄河文化、中原文化等著名的有特色的文化品牌和一批大型文化企业集团，带动河南整个文化产业的发展。

　　加强文化建设，发展文化事业、文化产业，中央有要求，人民群众有需求，广大文化工作者有追求，我们面临着前所未有的历史机遇。我们要抓住机遇，进一步增强责任感、使命感和紧迫感，团结带领全省人民，扎扎实实地行动起来。

努力加快文化资源
大省向文化强省跨越[*]

　　文化是综合国力的重要组成部分，是增强综合国力的重要力量；先进文化是人类文明进步的结晶，是推动人类社会前进的巨大动力。河南是中华文明的重要发祥地，中原文化源远流长、博大精深、内涵丰富、光辉灿烂，是中华民族传统文化的根源和主干，在中华文化发展史上占有突出地位。我们积极适应经济文化一体化的新趋势，以马克思主义中国化的最新成果引领先进文化建设，加快由文化资源大省向文化强省跨越。这是河南经济社会发展之必然，也是国家经济社会发展之必需，更是应对西方文化挑战之必要。

　　第一，在提高认识上下工夫。文化是民族的根和魂，是意识形态、价值观念的载体，是民族凝聚力的源泉，是软实力最重要的组成部分。谁占据了文化发展的制高点，

---

　　* 本文发表于 2007 年 6 月 21 日《光明日报》。

谁就能在激烈的国际竞争中掌握主动权。近年来河南的硬实力不断增强，但软实力不强仍是制约经济社会发展的突出问题。我们不断提高广大干部对先进文化在增强河南软实力、提高区域竞争力中重大作用的认识，增强建设文化强省的意识，并采取一系列强有力的措施，促进文化建设与经济、政治、社会建设协调发展，使实现中原崛起的过程成为硬实力与软实力同步增强的过程。一是把文化建设作为实现中原崛起的战略任务。河南省委、省政府连续两年召开高规格工作会议，出台了文化强省建设规划纲要和大力发展文化产业的意见，对文化体制改革、文化事业文化产业发展作了安排部署。在去年召开的省第八次党代会上，我们明确提出了加快"两大跨越"、推进"两大建设"的历史任务，就是加快经济大省向经济强省跨越，加快文化资源大省向文化强省跨越；努力推进和谐中原建设，全面推进党的建设新的伟大工程。加快"两大跨越"是中原崛起的核心和标志，基本内涵是实现量的扩张与质的提升和大而强、富而美的统一，实现经济"硬实力"与文化"软实力"的统一。二是把发展文化产业作为提高软实力的重要途径。制定了贯彻《国家"十一五"时期文化发展规划纲要》的实施意见，出台了经营性文化事业单位转企改制的配套政策，设立了省级文化产业发展专项资金，采用贴息、补助、奖励等形式支持重点文化产业项目，仅去年一年全省文化产业项目就完成投资106亿元。三是把开展文化活动作为提升形象的着力点。先后举办了"中原文化北京行"、"中原文化上海行"、"中原文化港澳行"、新郑黄帝故里拜祖大典等一系列大型活动,全面宣传河南博大精深的历史文化、丰富的旅游资源和优越的投资环境,把一个充满活力、正在崛起的河南展现在世人面前。通过不懈努力,文化强省建设迈出了有力的步伐。文化事业快速发展,全国重点文物保护单位增至189处,总数跃居全国第二位;继洛阳龙门石窟之后,安阳殷墟成功列入世界文化遗产名录。河南形象有效改善,广大干部群众思想解放、精神振奋,改革意识、开放意识、发展意识日益浓厚,先进经验、模范人物不断涌现,河南的知名度、美誉度和影响力日益提高,人气越来越旺,来河南投资兴业和旅游观光的人越来越多。

第二,在发展文化事业上多投入。随着物质生活的日益改善和精神生活的日益丰富,人民群众对精神文化消费提出了更高的要求。只有切实加大对文化事业的投入,才能不断为人民群众提供更多更好的文化服务。我们坚持把社会效益放在首位,以"增加投入、转换机制、增强活力、改善服务"为重点,积极构建覆盖全社会的比较完备的公共文化服务体系,努力让广大群众更多地享受到公共文化服务带来的福祉。一是加强文化设施建设。我们加快建设一批标志性文化建筑,建成了河南博物院、河南报业大厦、河南广电大厦、河南省体育中心,河南艺术中心即将投入使用,新的河南省广播电视发射塔和安阳中国文字博物馆即将开工建设;加快基层文化设施建设,省财政投入资金1300万元,对32个财政困难县"两馆"进行示范性改造,基本实现了县县有图书馆、文化馆。二是实施公共文化惠民工程。我们积极实施广播电视"村村通"工程、文化信息资源共享工程、农村电影放映"2131"工程、"新农村书屋"工程和"农民体育健身"工程等文化惠民工程，让更多群众享受文化发展成果。我们从丰富群众文化生活着眼，组织文化单位先后举办了"让中原告诉世界"文艺晚会、"河南风情"文艺晚会、纪念焦裕禄逝世40周年文艺晚会、春满中原春节、清明节系列文化活动以及河南省少儿文化艺术节等示范性文化活动项目，全省"全国文化先进社区"数量达到13个。三是提高公共文化服务能力。我们积极推进文化事业单位劳动、人事、分配制度改革，强化其服务职能。全省110多座博物馆、纪念馆、美术馆全部向未成年人免费开放，河南电视台经营收入大幅度提高，跃入全国地方电视台专业频道前三强。河南广播电台的经济实力也居全国广播电台前列。积极探索服务群众的有效途径，鹤壁市将图书馆、博物馆、群艺馆"三馆合一"，集中建设一个现代化、综合性的文化服务平台，走出了一条符合中小城市实际、集约发展公益性文化事业的新路子。

第三，在深化文化体制改革、推动文化产业发展上求突破。在社会主义市场经济条件下，文化单位的事业性质无法与市场对接，只有深化文化体制改革，把大部分文化单位从政府的怀抱里"放"出来改制成企业，才能使其真正成为市场主体，在面向市场、面向群众、自己创业的过程中求生存、求发展，推动文化产业的发展。在文化管理体制改革方面，我们以政事分开、政企分开、管办分离为方向，逐步实现政府部门行政管理的重点从办文化向管文化转变，从微观管理向宏观管理转变，从主要管理直属单位向进行社会管理转变。我们把出版行业从出版管理部门中剥离出来，组建了河南出版集团，实现了管办分离。在经营性文化单位改革方面，我们以"创新体制、转换机制、面向市场、壮大实力"为重点，推动经营性文化单位尽快"脱胎换骨"，脱事业性质之胎、脱政府包养之胎，换弱不禁风之骨、换没有自生能力之骨，成为自主经营、自负盈亏、自我发展、自我约束的市场主体。《销售与市场》杂志社推行企业化改造，从单纯办刊物走上了资本运作和多元发展的道路，发展成为引领全国营销期刊的"中国营销第一刊"。2005 年 12 月，《销售与市场》在美国买壳上市的运作通过了美国证监会的批准，目前已经和美国承销商签订了转板增发购买协议，将于 2007 年转入纳斯达克主板，届时市值将达到近 2 亿美元。河南省电影公司组建的"河南奥斯卡电影院线有限责任公司"，加快建立现代企业制度，在全国各大城市筹建了 7 座星级影城，实现年产值跃居全国第九位。以商丘市豫剧院和宋城影剧院为主体、整合 19 家文化企事业单位组建的商丘演艺集团，采取"集团 + 经纪人 + 市场"的经营模式，极大地调动了演艺人员的积极性，社会效益和经济效益显著提高。郑州歌舞剧院以股份制形式组建为演艺公司，创作演出的第一个剧本《风中少林》就一炮打响。在调整文化领域的所有制结构方面，我们向非公有资本投资文化产业敞开大门，大胆吸收民营资本进军非特殊性文化领域，努力形成以公有制为主体、多种所有制共同发展的文化产业格局。去年全省各类民营文化产业单位达到2.5万多家，从业人员约20万人，年经营额约40亿元。《禅宗少林·音乐大典》的成功演出，就是我们引进省外民营资本与省内企业资本相结合组建成文化演艺公司的产物，成为文化演艺产业的一道亮丽风景。民营文化企业河南超凡影视制作公司拍摄的科幻儿童电视连续剧《快乐星球》在中央电视台播出，收视率创下央视该时段新高，同名系列小说和漫画一上市就深受少年儿童的欢迎，销售量一度超过《哈利·波特》。在培育市场主体方面，我们对党报、党刊、电台、电视台等重要新闻媒体实行国有事业体制，在科学划分宣传业务和经营业务的基础上，把经营部分剥离出来，转制为企业；出版单位除河南人民出版社保留事业性质外，其他出版单位将全部整体转制为企业；文艺演出团体除河南豫剧院保留事业性质外，其他文艺表演院团和演出场所亦将全部进行转企改制。为培育龙头文化企业，我们按照现代企业制度和现代产权制度的要求，积极进行公司制和股份制改造，加快集团化建设，形成了河南日报报业经营集团、河南文化影视集团、河南电影电视制作集团、河南有线电视网络集团等文化企业集团公司。

　　第四，在传承与创新的结合上做文章。文化的生命力在于创新，创新是文化发展的源泉；不创新，文化就难以传承，更难以繁荣发展。河南是文化资源大省，我们把中原文化概括为史前文化、神龙文化、政治文化、圣贤文化、思想文化、名流文化、英雄文化、农耕文化、商业文化、科技文化、医学文化、汉字文化、诗文文化、宗教文化、戏曲文化、民俗文化、武术文化、姓氏文化等 18 种文化。在传统文化资源的挖掘、开发、利用过程中，我们坚持创新理念、创新思路、创新方法，使其始终保持旺盛的生命力。一是把内容创新作为着力点。对历史文化资源进行开发、利用、包装，为传统文化注入时代内涵，使之体现现代风格和审美情趣，把文化的"原生矿"变为有用的资源和材料，把文化资源的"富矿"转化为强大的现实文化生产力。如正在摄制的大型古装电视剧《少林传奇》、《愚公移山》等就是这样的产物。二是把形式创新作为关键点。立足自我、博采众长，既注重继承传统文化的表现形式，又注重汲取世界各国文化的有益成果，做到古为今用、洋为中用，不断探索新的艺术表现形式，打造"色香味"俱全、异彩缤纷的丰盛文化大餐；既生产"阳春白雪"，又生产"下里巴人"，努力满足不同消费者的不同消费需求。河南电视台名牌栏目《梨园春》，以演唱比赛、打擂台的新形式弘扬民族戏曲的优良传统，深受广大人民群众的欢迎。《风中少林》把"舞"与"武"很好地结合起来，给人一种美的享受。三是把推进业态创新作为切入点。一方面，积极采用新技术、新手段改造提升传统的创作、生产和传播模式，催生新的艺术业态，使之与人们新的审美情趣和审美方式相适应。大型实景演出《禅宗少林·音乐大典》，融水乐、木乐、风乐、光乐和石乐于一体，巧妙运用多彩的灯光，实现了视觉艺术和听觉艺术、静态艺术和动态艺术的完美统一，成为一种崭新的艺术样式。另一方面，运用电子出版、数字影视、网络传输等现代技术，大力发展文化创意、文化博览、动漫游戏、网络文化等新兴文化产业。河南小樱桃卡通公司的主打产品《小樱桃漫画》，是国内发行量最大的原创漫画图书。河南天乐动画影视发展有限公司拍摄的原创动漫电视连续剧《独脚乐园》，已经与英国、德国、沙特阿拉伯、马来西亚的公司达成了播映权、发行权输出协议。

第五，在坚持艺术追求与党的要求、人民群众的需求相统一上出成果。一切优秀文化产品都体现了思想性、艺术性、观赏性的完美统一。在发展先进文化的过程中，我们坚持贴近实际、贴近生活、贴近群众，把艺术追求与党的要求、人民群众的需求结合起来，努力创作内容健康、内涵深刻、品位高雅的文化作品，不断满足人民群众日益增长的精神文化需求，陶冶大家的情操。一是高扬主旋律。我们引导广大文化工作者、文艺创作者坚持不懈地把马克思主义中国化的最新成果渗透到精神文化产品的创作生产中，把个人的文化艺术追求融入时代发展的洪流之中，讴歌伟大时代，弘扬民族精神，抒发真挚情感，赞美火热生活，展示河南人民艰苦奋斗、顽强拼搏的精神状态，描绘河南更加美好的生活蓝图，激励人民群众团结在党的周围，锐意进取，共同前行。电视剧《任长霞》就是一部描写已故公安局长任长霞立党为公、执政为民崇高品质的优秀电视剧。电影戏曲艺术片《村官李天成》，艺术地再现了濮阳市西辛庄村党支部书记李连成带领群众艰苦奋斗、建设新农村的感人事迹，获得国家舞台艺术精品工程提名奖，成为全国保持共产党员先进性教育活动的生动教材，已放映 9 万多场。二是努力创精品。我们大力实施"河南文化精品工程"，每年推出一批重点剧目，大型舞剧《风中少林》荣获第五届中国舞蹈"荷花奖"金奖，成功进入 2005—2006 年度国家舞台艺术精品工程剧目。豫剧《程婴救孤》荣获 2004—2005 年度国家舞台艺术精品工程剧目并位居首位，获"文华奖"第一名，近日在台湾公演，引起强烈反响。通过精品战略的实施，中原文化的影响力日益提高，在全国文化界掀起了"河南风"。三是突出大众化。大力创作通俗易懂、容易普及、易于传唱的大众化文化艺术作品，为人民群众提供新鲜活泼、喜闻乐见、丰富多彩的精神文化食粮，满足人民群众多层次、多样化的精神文化需求。创新群众文化活动载体，组织开展群众喜闻乐见的文化活动，新郑市的炎黄文化广场、洛阳市吉利区的世纪广场双双入选第二批"全国特色文化广场"。率先在全国举办"文化遗产日"活动，73处历史文化遗址免费接待游客 460 多万人，在全国产生了强烈反响。

第六，在遵循文化自身规律与遵循市场经济规律相适应上去探索。文化产品既有意识形态属性，又有商品属性，必须在遵循文化自身规律的同时，充分发挥市场对文化资源配置的基础性作用。近年来，我们依托丰富的文化资源，积极探索符合河南实际、具有河南特色的文化产业发展之路。一是把打造文化品牌作为首要任务。我们实施品牌战略，着力打造黄河文化、黄帝文化等中原文化品牌，精心推出了一批具有河南特色、反映时代风貌、在社会上叫得响、在全国有影响的知名文化品牌。以武术、杂技为代表的演艺品牌，以《风中少林》、《程婴救孤》为代表的舞台剧目品牌，以《大河报》、《销售与市场》为代表的报刊品牌，以《梨园春》、《武林风》为代表的影视栏目品牌，以宝丰魔术、马街书会为代表的民间演艺品牌，以及文学豫军、中原书风、河南民间文化遗产抢救工程等，都在全国乃至国外产生了重要影响，成为河南的文化"名片"。二是把开发适销对路的文化产品作为基础工作。我们推动经营性文化产业"调头转向"，变面向政府、面向奖台为面向群众、面向市场，组织文化产品生产，开发和创作了一系列体现群众意愿、适应市场需求的文化产品，最大限度地占领市场，最广泛地赢得群众。如商丘民权县的王公庄村靠"画虎"致富，成为远近闻名的"画虎村"，一个村一年画虎收入就达600万元；"中国魔术之乡"宝丰县魔术表演从业艺人5.5万多名，年创收3亿多元，被中宣部、文化部称为"宝丰现象"。三是把建立市场化运行机制作为关键环节。我们坚持通过市场化运作经营文化产业，使文化产品的研发、生产、销售有机衔接，努力实现文化产业效益最大化。河南日报报业集团作为全国文化体制改革试点单位，已经成为拥有9报2刊1网站和10多家企业的现代传媒集团。河南出版集团名列2006年中国服务企业500强第150名、文化产业类第2名。近两年来，组织开展了6次大型文化招商活动，签订了155个合同项目，到位资金总额达20多亿元。四是把促进文化与旅游相结合作为重大举措。文化是旅游的灵魂，旅游是文化的载体。我们把"生态游"、"山水游"与"文化游"紧密结合起来，使文化与旅游穿上"连体衣"，构建了以古都、寻根、功夫、红色等为主要内容，融人文与自然于一体的特色旅游区块和精品旅游线路，到郑州赏少林文化、到开封游清明上河园、到洛阳观龙门石窟、到安阳品甲骨文、到林州看红旗渠已经成为国内外旅游爱好者的重要选择，去年少林寺、龙门石窟和云台山的门票收入均突破 1 亿元。目前，文化产业成为新的经济增长点，2006 年实现增加值 395 亿元，增长 17.1%，高于全省生产总值的增速，对经济增长的贡献越来越大；同时旅游业也得到迅速发展，2006 年全省共接待海内外游客 1.3 亿人次，实现旅游总收入 1039 亿元，均比上年增长 30%。

文化是经济社会发展的根基，加快文化资源大省向文化强省跨越是河南发展面临的重大历史任务。我们将进一步解放思想、转变观念，积极探索、开拓进取，不断解放和发展文化生产力，加快文化资源大省向文化强省跨越，为实现中原崛起、构建和谐中原打造新的支柱产业、提供强大精神动力。

加快文化建设需要把握的关键问题[*]

党的十七大向全党全国各族人民发出了兴起社会主义文化建设新高潮的号召，作出了推动社会主义文化大发展大繁荣的重大部署。这充分反映了我们党高度的文化自觉，充分体现了中国共产党人在推进中国特色社会主义事业的伟大进程中勇敢地承担起传承文化、发展文化、繁荣文化的历史责任，必将推动中华文化伴随着中华民族的伟大复兴实现空前的兴盛繁荣。我们要认真学习、深刻领会十七大关于文化建设的新思想新观点新部署新要求，采取措施狠抓落实，推动社会主义文化大发展大繁荣。

一、兴起新高潮需要增强新认识

兴起社会主义文化建设新高潮，是党的十七大从党和国家工作全局出发，总结历史、立足现实、着眼未来作出

* 本文发表于 2007 年 12 月 7 日《光明日报》。

的重大战略决策，充分反映了我们党对当今时代发展趋势和我国文化发展方位的科学把握，体现了新的历史条件下全面加强社会主义文化建设的新要求。兴起文化建设新高潮，必须增强对文化和文化发展的新认识。文化是国家和民族的根之所系、脉之所维。一个民族的觉醒首先是文化的觉醒，一个国家的强盛离不开文化的支撑。我们一定要深刻认识文化在经济发展和社会进步中的重要地位和重要作用，确立体现科学发展观要求的新的文化价值观、文化发展观，切实增强兴起文化建设新高潮的自觉性、坚定性，不断开创文化建设的新局面。

兴起新高潮必须深刻认识文化建设在中国特色社会主义事业总体布局中的重要地位。文化建设作为中国特色社会主义事业"四位一体"总体布局的重要组成部分，既是经济、政治、社会建设的反映，又能为经济、政治、社会建设提供有力的思想保证、精神动力和智力支持。大力推进中国特色社会主义文化建设，引领人们确立新的文化发展观和文化价值观，有助于促进经济发展方式转变，形成节约能源资源和保护生态环境的产业结构、增长方式、消费模式；引领人们树立社会主义民主法治、自由平等、公平正义理念，有助于发展社会主义政治文明；引领人们建设和谐文化，培育文明风尚，更加自觉地践行社会主义荣辱观，有助于形成全社会共同的理想信念、道德规范、价值取向，营造和谐稳定的社会环境。

兴起新高潮必须深刻认识我国文化发展所处的历史方位。十七大报告在深刻分析新世纪新阶段我国发展的阶段性特征时强调，"社会主义文化更加繁荣，同时人民精神文化需求日趋旺盛，人们思想活动的独立性、选择性、多变性、差异性明显增强，对发展社会主义先进文化提出了更高要求。"这一特征深刻揭示了我国文化发展所处的历史方位。近年来，我国文化建设虽然取得了很大成就，但同经济快速发展相比、同全面建设小康社会的新要求相比还不相适应，特别是随着人民群众物质生活水平不断提高，消费重心由物质产品领域向精神产品领域转移步伐会进一步加快，全社会求知求乐求美的愿望更加强烈。只有兴起社会主义文化建设新高潮，提供多层次、多方面、多样性的精神文化产品，才能更好满足人民群众的精神文化需求。

兴起新高潮必须深刻认识文化软实力在综合国力竞争中的重要作用。十七大报告指出："当今时代，文化越来越成为民族凝聚力和创造力的重要源泉、越来越成为综合国力竞争的重要因素。"随着经济文化化、文化经济化、经济文化一体化时代的到来，很多发达国家都把文化产业作为支柱产业来扶持和打造、作为软实力来培育和提升，文化输出已经成为其输出价值观、意识形态和影响力的重要手段。美国文化产业的生产总值占经济总量的1/4、成为其第一大产业，日本的卡通片、游戏业风靡全球，英国艺术产业规模已与其汽车工业不相上下。我国作为一个发展中社会主义国家，要提高综合实力和国际竞争力，就必须兴起文化建设新高潮，尽快形成与我国经济社会发展和国际地位相适应的文化优势，在有效维护国家文化安全的同时，不断增强国家文化软实力，扩大中华文化国际影响力。

认识是行动的前提。没有对社会主义文化重要地位、重要作用和重要任务的新认识，就不会自觉主动地兴起社会主义文化建设的新高潮。河南文化资源丰富，文化底蕴丰厚，经过近年来的积极探索、不懈努力，文化发展有了较大规模，但"大而不强"的问题依然突出。我们要以更加崭新的观念、更加深刻的认识、更加开阔的思路、更加得力的措施兴起文化建设新高潮，加快文化资源大省向文化强省跨越。

二、进行文化创造需要坚持前进方向

十七大报告提出要"在中国特色社会主义的伟大实践中进行文化创造，让人民共享文化发展成果"。进行文化创造，必须坚持社会主义先进文化的前进方向，这是由中国特色社会主义文化特质决定的。只有坚持先进文化的前进方向，才能继承和发展中华优秀文化传统，吸收世界各国有益文化成果，有力抵御各种腐朽落后文化的侵蚀，正确引领各种文化思潮和文化追求，不断创造面向现代化、面向世界、面向未来的，民族的科学的大众的先进文化。

进行文化创造必须高举伟大旗帜。中国特色社会主义伟大旗帜，是当代中国发展进步的旗帜，是全党全国各族人民团结奋斗的旗帜，同样是中国特色社会主义文化建设的旗帜，是进行文化创造必须高举的旗帜。建设中国特色社会主义文化，要始终坚持中国特色社会主义理论体系，用科学发展观统领文化建设，不断深化对为什么建设中国特色社会主义文化、怎样建设中国特色社会主义文化等重大理论和实践问题的认识，研究解决文化创造面临的新情况新问题，把科学发展观贯彻到文化创造的各个方面、落实到各个环节，使文化创造更加符合时代的新要求、适应人民群众的新期待。要把中国特色社会主义伟大实践作为文化创造的丰厚土壤和源头活水，感受实践的脉动，吮吸生活的醇香，倾听群众的心声，在人民群众的创造中进行文化创造，在历史的进步中实现文化进步。

进行文化创造必须体现价值取向。文化创造只有始终坚持为人民服务、为社会主义服务的根本价值取向，做到贴近实际、贴近生活、贴近群众，唱响代表时代发展方向、体现社会进步要求的主旋律，才能使文化焕发出强大的生命力、吸引力、感染力。河南推出的《任长霞》、《村官李天成》等优秀文化作品，正是坚持了"二为"方向才深受广大干部群众喜爱。文化创造要坚持先进文化的前进方向，就要把满足人民群众日益增长的精神文化需求作为根本出发点和落脚点，把人民的满意程度作为衡量标准和评价尺度，不断创造群众喜欢、群众欢迎、群众满意的文化产品，使文化创造的过程成为不断提高人民群众文化生活水平、促进人的全面发展的过程；热情讴歌党领导人民进行社会主义建设和改革开放取得的巨大成就，努力创造无愧于时代、无愧于历史、无愧于人民的文化产品。

进行文化创造必须抓住首要任务。社会主义核心价值体系是社会主义意识形态的本质体现，进行文化创造必须紧紧抓住建设社会主义核心价值体系这个首要任务。从人类历史上看，一切优秀文化创造都反映了时代前进要求和人民最深刻的心灵呼唤，进行社会主义文化创造同样要体现社会主义社会的思想体系、价值观念、道德准则和审美要求。要把社会主义核心价值体系作为文化创造的主体内涵，用高质量的精神文化产品生动形象地倡导社会主义核心价值体系，用体现社会主义核心价值体系的文化产品引领各种文化思潮和文化追求，为全面建设小康社会、推进社会主义现代化提供有力的思想保证、强大的精神支撑、坚实的道德基础、良好的社会风尚。

三、提高软实力需要采取硬措施

党的十七大强调要提高国家文化软实力，表明我们党和国家已经把文化软实力作为实现中华民族伟大复兴新的战略支点。要不断提高文化软实力，就必须在"硬"字上下工夫，像抓经济建设一样抓文化建设，像重视维护社会稳定一样重视文化建设，做到工作部署有硬要求、硬举措，加快发展有硬手段、硬办法，检查考核有硬杠杠、硬标准，组织领导有硬班子、硬队伍。

"硬"要体现在科学规划上。"凡事预则立，不预则废"。科学的规划、明确的目标是文化发展的先导和依据。近几年河南文化强省建设之所以迈出实质步伐，得益于我们从实现中原崛起的战略高度来谋划，把加快文化资源大省向文化强省跨越作为一项重要的历史任务，制定了规划纲要，明确了目标任务，采取了有力措施。当前，要进一步加强对新形势下文化发展问题的深入研究，丰富和完善文化发展规划，使发展的目标更明确、思路更清晰、措施更得力。要坚持统筹兼顾、因地制宜、分类指导，努力推动文化建设各环节、各领域相协调，推动文化建设与经济社会发展相协调。要切实维护规划的权威性、严肃性，做到有部署、有检查、有奖惩，切实把文化发展状况作为衡量经济社会发展水平的重要内容、作为衡量领导干部工作业绩的重要方面，确保规划不折不扣地落到实处。

"硬"要体现在政策扶持上。加快文化发展，提高文化软实力，必须加大政策扶持力度。近年来，河南通过设立省级文化产业发展专项资金，采用贴息、补助、奖励等形式支持重点文化产业项目，有力地推动了文化产业发展。要继续执行实践证明行之有效的文化经济政策，制定和完善扶持公益性文化事业、发展文化产业、鼓励文化创新、引进文化人才等方面的政策，形成推动文化大发展大繁荣的政策体系。特别是要制定和完善文化投入扶持政策，一方面加大政府对文化事业的投入，扩大公共财政覆盖范围，形成稳定的经费保障机制，确保对文化建设的财政投入逐年增长；另一方面制定土地征用、规费减免、税收优惠等政策，吸引、鼓励各类经济成分投资文化产业，促进其尽快做大做强做优做久。

"硬"要体现在法制保障上。维护文化市场秩序、保障文化健康发展，根本途径是加强法制保障、依法进行监管。改革开放以来，我国文化领域立法取得一定进展，但由于起步较晚、基础较弱，还不能适应文化发展的需要，文化立法的任务十分艰巨和紧迫。要加快立法步伐，制定和完善加强宏观管理、规范市场秩序、促进文化事业文化产业繁荣发展的法律法规，特别要抓紧制定非物质文化遗产保护、广播电视传输保障、文化产业促进等法律法规，尽快形成以宪法为根本、法律为主干，法律、规章、制度相互配套、协调统一的文化领域的法律法规体系。要切实解决文化管理中长期存在的多头执法问题，努力形成统一、高效的文化市场综合执法体系。

"硬"要体现在队伍建设上。人才是发展文化生产力的第一要素，提高文化软实力关键靠人才队伍。要根据文化发展规律，适应新形势新任务的要求，着力培养造就一批文化大师、一批各专业领域的领军人物、一批懂经营善管理的复合型人才、一批掌握现代传播技术的专门人才。经营管理人才一头连着市场，一头连着文化生产，在文化建设特别是文化产业发展中居于枢纽地位，这类人才的匮乏是当前制约文化发展的重要问题，必须尽快培养、抓紧引进。要坚持用事业激励人、用感情凝聚人、用待遇吸引人、用市场感召人，营造有利于出精品、出人才、出效益的良好环境，形成有利于文化队伍人才辈出、富有生机活力的体制机制。

四、推动大发展大繁荣需要实施大改革大创新

十七大提出要"推动社会主义文化大发展大繁荣"。如何推动文化的大发展大繁荣？报告指出，"在时代的高起点上推动文化内容形式、体制机制、传播手段创新，解放和发展文化生产力，是繁荣文化的必由之路"。这为我们推动文化大发展大繁荣指明了道路。近年来，河南坚持以改革创新推动文化强省建设，公共文化服务体系建设、文化产业发展步伐进一步加快，河南报业经营集团、文化影视集团、超凡影视等企业迅速发展壮大，《禅宗少林·音乐大典》、《风中少林》、《快乐星球》等知名品牌叫响国内外。但文化体制机制改革还不深入、不彻底，影响文化发展的深层次矛盾和问题依然突出。只有坚持大改革大创新，坚决破除制约文化发展的一切束缚，才能使全社会文化创造活力充分释放，使中华文化更加多姿多彩。

以体制机制的大改革大创新增强文化发展的活力、动力。体制机制不活，文化发展就没有出路。大改革才有大活力，大创新才有大发展。推进体制机制创新，关键是要做到真转、真活、真换、真放。真转，就是要把政府职能真正由主要办文化转到加强文化管理和提供公共服务上来，加快建立覆盖全社会的比较完备的公共文化服务体系，做到该管的管住、该做的做好。真活，就是要深化文化事业单位内部改革，彻底解决能干不能干一个样、干多干少一个样、干好干坏一个样等问题，使运行机制灵活起

来、员工积极性调动起来、创造活力迸发出来。真换，就是要大力推动经营性文化单位转企改制，尽快实现"脱胎换骨"，脱事业性质、政府包养之胎，换弱不禁风、缺自生能力之骨，绝不能搞"翻牌"公司、穿新鞋走老路。真放，就是要扩大市场准入，放宽投资领域，张开双臂、敞开大门，鼓励、支持和引导社会资本、非公有资本进入非特殊性文化领域，形成各种市场主体平等竞争、相互促进的新格局。

以内容形式的大改革大创新增强文化的吸引力、感染力。从唐诗宋词元曲到明清小说的发展演变，都充分说明了内容形式不断创新是文化发展的内在规律。只有不断为文化注入新的元素、催生新的品种，实现题材体裁、风格手法的极大丰富，才能更好满足不同时代、不同群体、不同层次的文化需求。要对历史文化资源进行挖掘和包装，对现代文化资源进行开发和利用，使博大精深的中华文化充分表现出来，以内容创新来丰富其内涵、增强其魅力。要立足自我、博采众长，既注重继承传统文化的表现形式，又注重汲取世界各国文化的有益成果；既生产"阳春白雪"，又生产"下里巴人"，以生动活泼、群众喜闻乐见的艺术表现形式创作优秀文化产品。在第八届中国艺术节上获得"文华大奖"的大型现代豫剧《常香玉》，采用时空交错的叙述结构，将老年、青年、少年常香玉同时展现在舞台上，大大增强了艺术张力和感染力。要运用现代科技创新文化生产方式，催生新的文化业态，推动文化创意、文化博览、动漫游戏、数字影视、网络出版等新兴文化产业发展。

以传播手段的大改革大创新增强文化的控制力、影响力。传播手段创新事关文化传播能力，是推动社会主义文化大发展大繁荣的重要途径。随着因特网和新媒体技术的应用和发展，文化产品传播手段越来越多样化，加快构建传输快捷、覆盖广泛的文化传播体系已成当务之急。要把提升主流媒体影响力作为战略重点，运用新技术新手段改造提升图书报刊出版、广播影视等传统传播手段，丰富文化生产方式与表现形式，形成强大的引领力量。要充分利用互联网在文化传播方面的巨大潜能，提高网络文化产品服务的供给能力，发挥网络文化滋润心灵、陶冶情操、愉悦身心的作用；加强网络管理，倡导文明办网，牢牢掌握网上舆论主导权，使互联网成为传播先进文化的新途径、提供公共文化服务的新平台、丰富人们精神文化生活的新空间。总之，要综合运用各种文化传播载体，努力形成各展所长、相得益彰的文化传播新格局。

五、更加自觉更加主动需要更加负责更加紧迫

更加自觉、更加主动地推动文化大发展大繁荣，是党的十七大提出的明确要求，也是各级党委、政府义不容辞的责任和面临的紧迫任务。"更加自觉、更加主动"，要求我们更加负责、更加紧迫，切实增强责任意识、大局意识、忧患意识，振奋精神、迎难而上，研究新情况，解决新问题，努力开创文化建设新局面。

　　更加负责，就是各级党委、政府和广大文化工作者及全社会都要切实担负起推动文化大发展大繁荣的重要责任。长期以来，文化建设之所以滞后于经济社会发展，一个重要因素是把推动文化发展仅仅看做文化部门的事情，对文化建设认识不深、重视不够、投入不足、措施不硬。各级党委、政府要切实承担起把握文化建设正确方向的政治责任，坚持"百花齐放、百家争鸣"的方针，弘扬主旋律、提倡多样化；承担起统揽文化建设大局的领导责任，把文化建设摆上重要议事日程，真正放在心上、扛在肩上、落实在行动上；承担起凝聚各方力量的组织责任，整合资源、明确分工、密切配合、共同推进，形成文化建设的强大合力；承担起提供基本公共文化服务的社会责任，加强文化基础设施建设，开展丰富多彩的文化活动。各级文化部门要充分发挥职能作用，工会、共青团、妇联以及文联、作协、记协等人民团体要充分发挥桥梁纽带作用，共促文化繁荣发展。文化工作者要切实发挥骨干作用，把党的要求、个人的艺术追求和人民群众的文化需求有机结合起来，多出精品力作，在推动文化发展繁荣中实现自己的人生价值。要充分发挥人民群众的主体作用，使推动文化大发展大繁荣的过程成为人民群众共同创造、共同享有的过程。

　　更加紧迫，就是各级党委、政府和全社会都要认清形势、正视差距，抓住机遇、乘势而上，以时不我待的紧迫感和危机感加快推进文化建设。面对经济社会的持续快速发展，文化自身的创造力、对经济发展的支撑力还不强，文化短腿现象比较突出；面对腐朽落后文化的滋生蔓延，先进文化的控制力、感召力还不强，巩固文化阵地的任务依然艰巨；面对外来文化的汹涌而入，我国文化的国际影响力、竞争力还不强，显得势单力薄。我们必须深刻认识文化建设面临的新情况新问题，更加自觉、更加主动地推动文化大发展大繁荣。要加大力度，自我加压，拉高标杆，着力破解制约文化发展的深层次矛盾和问题，在占领文化阵地上更加积极主动，在维护文化安全上更加清醒自觉，在推进文化繁荣上更加开拓进取。要加快进度，对确定的文化建设目标任务紧盯不放、加紧推进、抓好落实，对重大文化设施和重大文化产业项目建设及早谋划、提前安排、早见成效。要提高精度，抓住发展有基础、群众有需求、市场有前景的优势文化项目和产品，优化资源配置，整合各方力量，实施重点突破，打造一批又一批知名度高、带动力强的文化精品。

我体会，抓住以上五个方面，就抓住了学习贯彻十七大精神、加快文化建设的关键，就形成了文化建设的正确思路和工作主线。只要我们紧密团结在以胡锦涛同志为总书记的党中央周围，高举中国特色社会主义伟大旗帜，以邓小平理论和"三个代表"重要思想为指导，深入贯彻落实科学发展观，就一定能够兴起社会主义文化建设新高潮，推动社会主义文化大发展大繁荣。

变资源优势为产业优势
变文化优势为发展优势[*]

党的十七大提出，要坚持社会主义先进文化的前进方向，兴起社会主义文化建设新高潮，更加自觉、更加主动地推动文化大发展大繁荣。对于河南来说，推动文化大发展大繁荣，就是要坚定不移地实现由文化资源大省向文化强省的跨越，坚定不移地建设文化产业强省。

在我国的区域格局中，河南以文化资源丰厚著称。河南地处中原，是中华民族主要发祥地之一，历史悠久，文化资源丰富，发展文化产业有着得天独厚的条件。河南是文物大省、戏曲大省，也是民族民间文化资源大省。河南的文化资源内涵丰富，底蕴深厚，特色鲜明，对于河南发展文化产业来说，是一笔巨大的文化财富，也是十分稀缺的经济资源。

创新决定全局，创新决定未来。实现文化大发展大繁荣，提升河南文化软实力，提高河南文化产业区域竞争

---

* 本文发表于《人民论坛》2008 年第 10 期。

力，加快文化产业强省建设，要求我们必须依托丰富的文化资源，按照跨越式发展的总体战略和"大中求强"的整体思路，"八仙过海，各显神通"。要通过文化创新，努力探索因时制宜、因地制宜、因人制宜、多种多样的适应科学发展观要求、符合河南实际、具有河南特色的文化产业发展新路子。因此，我们将重点做好以下十个方面的工作。

一、深化文化体制改革，走改革推动之路

大改革才有大活力，大创新才有大发展。

加快文化资源大省向文化强省跨越，必须深入推进体制创新，进一步破除束缚、强化动力、释放活力。2005年，按照"试点先行、逐步推开"的原则，我们确定了一批文化体制改革试点单位和综合试点城市，正式启动了文化体制改革试点工作。在试点的示范带动下，全省文化体制改革工作取得了明显成效。事实证明，哪里有改革，哪里就会有大发展。不改革，就不会有活力；不改革，路子就会越走越窄。目前，全省上下正进一步革除影响发展的体制弊端，解放和发展文化生产力。

二、优化文化产业结构，走结构调整之路

优化文化产业结构，转变发展方式，增强可持续发展能力，是当前发展文化产业的一项紧迫而重要任务。只有通过结构调整，才能优化资源配置，提高资源的集约化程

度，才能将资源优势转化为产业优势和竞争优势，实现对资源的深度和广度开发，从而实现河南省文化产业发展由扩大规模数量为主的模式向提高质量效益为主的模式的转变。一是抓好文化产业所有制结构调整。发展文化产业，光靠政府投入是不行的，也不现实，更要害的是，政府投入不能激发持久、永续的活力，必须要进行资本运作，尤其要鼓励和支持非公有资本进入非特殊性的文化领域，大力发展民营文化企业。二是抓好文化产业结构调整。要重点发展新闻出版、广播影视、文化艺术等优势文化产业，积极发展动漫游戏、出版物流、网络文化服务等新兴文化产业，大力发展民间工艺、特色文化产品等民间民俗文化产业。三是加快文化产业升级。运用电子出版、数字影视、网络传输等现代技术培育和催生新的文化业态，重点培育和大力发展以网络服务和信息咨询、动漫游戏、文化创意为代表的新兴文化产业，提高现代新兴文化产业的比重。

三、培育优势文化产业，走优势突破之路

发展文化产业不能平均用力，必须依托资源优势，突出重点，培育优势文化产业，用优势产业带动和支撑相关产业发展。河南在文化旅游、武术杂技、民间工艺美术等一些文化产业领域，无论是资源条件、发展基础还是市场潜力，都具有明显的比较优势和可以预期的经济效益。经过努力，完全可以发展成为在全国具有优势地位的重点产业，从而带动全省文化产业的发展，增强文化实力和竞争

力。在合理开发利用和整合文化资源的基础上，重点发展传媒出版、文化旅游、武术健身、杂技表演、工艺美术和文博会展等六大优势产业，改变目前"散"、"小"、"弱"的现状，使弱者变强，强者更强。

四、建立大型集团和产业集群，走规模发展之路

文化产业发展到一定程度，必然要向规模化、集群化的方向发展，形成产业积聚效应。与世界上大型文化产业集团相比，我们的集团还存在规模小、效益低、资源分散、重复建设等问题。要推进文化资源配置的现代化、国际化、市场化程度，提高我省文化产业的集中度，既要培育一批骨干文化企业和大型文化企业集团，又要培养文化产业集群，发挥规模效应。要支持国有大型文化企业跨地区、跨行业、跨媒体经营，打造一批有实力、有竞争力和影响力的大型骨干文化企业和文化企业集团，引领和带动河南文化产业快速发展。要培养文化产业集群，发挥规模效应。广电、报业、出版、网络服务等文化单位要把发展"内容产业"作为切入点，做强做大，形成一批在国内有实力、在国际有影响的影视产业基地、报业产业基地、出版产业基地、娱乐产业基地。

五、引进战略投资者，走资本运作之路

投资拉动是加快文化产业发展的重要途径。文化企业

要发展，必须借助资本的力量来实现产业规模的迅速扩张；文化产业要壮大，同样必须借助资本投资和资本运作。在全球经济文化日益融合的发展趋势下，在我国社会主义市场经济条件下，文化产业要想得到快速发展，加强资本运作，是我们必须采取的一个发展战略。在资本运作方面，要注重引进文化产业的战略投资者，通过对企业的资产进行剥离、置换、出售、转让等途径，积极探索合并、托管、收购、兼并、分立以及风险投资等，加强资产重组，加快重点文化企业集团的上市培育工作，促进条件成熟的文化企业上市融资，用资本运作发展文化产业。要管好用好省级文化产业发展专项资金，扶持推出一批有影响的重大项目。

六、抓好文化项目建设，走项目带动之路

项目是发展文化产业的基本载体。这几年，河南组织实施重点项目带动战略，成效比较明显。比如"河南奥斯卡电影院线"这一个项目就带动了全省电影放映业的迅速发展。两年时间内，不仅占领了河南电影放映市场，而且东到上海、西至乌鲁木齐、南到广州，在全国各大城市建设了多座星级影城，票房收入超过亿元。实践证明，因地制宜，选准项目，以项目为载体实现文化产业的突破和扩张，是发展文化产业的有效途径。我们要继续实施重点项目带动战略，用项目把文化资源和市场、资本、技术及人力资源等生产要素有机结合起来，变"河南制造"

为"河南创造"。

七、精心培育知名品牌，走品牌提升之路

实施品牌战略，打造文化精品，是提升文化产业核心竞争力的关键所在。市场经济条件下，品牌就是市场，品牌就是竞争力，品牌就是效益。河南历史文化资源比较丰富，有不少文化资源享有盛誉，都是极富价值的"金矿"，关键是如何去开发利用这些资源，发挥优势，做出特色，形成品牌。我们要结合资源优势，着力打造六大系列文化品牌，即以《大河报》、《销售与市场》、《梨园春》、《武林风》等为代表的现代传媒品牌，以《风中少林》、《程婴救孤》、《禅宗少林·音乐大典》等为代表的演艺品牌，以古都文化、武术文化、寻根文化、宗教文化等为代表的文化旅游品牌，以南阳玉雕、禹州钧瓷、洛阳唐三彩、开封汴绣等为代表的传统工艺美术品牌，以宝丰魔术、马街书会、濮阳周口杂技等为代表的民间演艺品牌，以黄帝故里拜祖大典、中华姓氏文化节、国际华商文化节、"中原文化行"等为代表的文化活动品牌，充分挖掘品牌市场价值，开发衍生产品，拉长产业链，开拓市场，提高份额。

八、扩大居民文化消费，走消费拉动之路

要实现河南文化产业的战略性崛起，一方面要满足广

大人民群众的文化消费需求，另一方面要把群众潜在的文化消费需求激发起来。培育居民文化消费习惯，提高文化消费水平，扩大文化消费，是推动文化产业发展的重要举措。要研究如何把政府的作用和市场的作用有机结合起来，培育健康、有序、活跃的文化市场，形成比较完善的文化市场体系，通过多种途径，运用多种形式，大力宣传、倡导文化消费新观念，培养文化消费习惯，催生一批较为活跃的文化消费主体，引导居民自觉地进行文化消费，将潜在的文化消费变为现实的文化消费支出，促进文化消费增长，以消费拉动文化产业快速发展。

九、合理开发文化资源，走可持续发展之路

河南发展文化产业，必须坚持可持续发展。可持续发展包括两个方面，一是相对于外部的文化资源争夺而言。我们要有紧迫感，加快文化资源的开发利用，发展壮大文化产业，积极参与市场竞争。二是相对于内部的文化资源的过度开发来说的。河南的文化资源有的是可以重复开发利用的，但有的是不可再生的。即使是那些能够重复开发利用的资源，也不能过滥过散开发。要进一步加大对文化资源的抢救和保护力度，增强文化资源的永续利用潜能，把文化产业发展建立在牢固的可持续发展的基础之上。

十、实施中原文化"走出去"战略，
　　走开放驱动之路

在经济全球化背景下发展文化产业，必须用好国际国内两种资源，在占领国内市场的同时，积极开拓国际市场。目前河南文化企业外向度较低，文化产品出口总量较小。在出口的近200种文化商品中，出口额上千万美元的仅4种，出口额上百万美元的仅10种，数量和品种均与文化资源大省的地位很不相称。今后，我们要依托资源优势，采取有效的措施，大力实施"走出去"战略，积极开展对外文化交流，积极参与国际文化市场竞争，大力发展外向型文化企业，加大对外文化贸易，提高河南文化产品和文化服务的市场竞争力和市场占有率，不断扩大国际文化市场份额，切实推动中原文化走向世界。

我们深知，发展文化产业，建设文化产业强省，实现中原文化大发展大繁荣，不可能一蹴而就，需要积少成多、积土成山、聚沙成塔。在这个意义上，发展文化产业，实现河南文化产业的战略性崛起，建设文化产业强省，必须依靠河南人民的深度参与和广泛投入，把人民群众中蕴藏的巨大文化活力和潜力充分释放出来。我们坚信，在党中央的正确领导下，在河南各级党委和政府的高度重视下，在全省人民的团结奋斗下，把河南建设成为文化产业强省的战略目标一定能够尽早实现，中原崛起的过程也一定是一个软实力和硬实力同步增强的过程。

生机勃勃的文化产业增长点[*]

——河南发展演艺业的实践和思考

　　党的十六大以来，以胡锦涛同志为总书记的党中央高度重视文化建设，对文化体制改革、文化事业和文化产业的发展作出了一系列重要部署。2007 年 6 月 25 日胡锦涛总书记在中央党校发表的重要讲话中又进一步强调，必须更加自觉、更加主动地推动文化大发展大繁荣，更好地保障人民群众的文化权益。河南认真落实中央关于文化建设的重要决策部署，积极适应经济文化一体化的新趋势，以马克思主义中国化的最新成果引领先进文化建设，明确提出了由文化资源大省向文化强省跨越的历史任务。文化产业是建设文化强省的重要支柱。演艺业作为文化产业的重要组成部分，是传播社会主义先进文化的有效载体。大力发展演艺业，是社会发展对文化建设提出的新要求，是人

---

　　*　本文发表于 2007 年 8 月 16 日《光明日报》。

民群众对文化生活的新期待，也是文化产业发展的新亮点。河南是全国著名的戏曲大省，演艺历史悠久，演艺资源丰富，发展演艺业条件优越、市场广阔。近年来，我们注重发挥比较优势，采取切实措施，全面推进演艺院团的改革发展，激发了演艺文化的创造活力，无论是发展速度还是发展水平都上了一个新台阶，初步形成了演艺业大发展、快发展的生动局面。回顾近年来的工作实践，我们深切地体会到，发展演艺业大有可为、大有作为。新形势下推进演艺业又好又快发展，关键是抓好以下几个方面。

　　第一，明确演艺业发展的出发点。发展演出艺术，说到底是为人民服务、为社会主义服务。弄清楚这一点，有利于明确工作方向，把握工作性质，遵循客观规律，推动演艺业改革发展。我们坚持把社会效益放在首位，始终把满足广大人民群众丰富多彩的精神文化需求作为演艺业发展的出发点和落脚点，努力实现社会效益与经济效益相统一。对公益性演艺活动，采取由政府"埋单"，既让人民群众享受到政府提供的基本公共文化服务，又传播社会主义先进文化，鼓舞和激励人民群众投身加快中原崛起的生动实践。近年来，我们组织先进文化进基层、"欢乐中原"广场文化等演艺活动，极大地丰富了人民群众的精神文化生活。对经营性的演艺活动，我们放开市场，突出大众化，由群众出钱、自主选择，满足多层次、多样化的精神文化需求。被授予"全国服务基层、服务农民先进集体"光荣称号的河南小皇后豫剧团，就是在努力满足基层群众需求的过程中成长起来的。

第二，寻找演艺与市场的结合点。中央提出要解放和发展文化生产力，大力发展文化事业和文化产业，把文化产业从文化事业中分离出来，是思想上的一大解放，也是工作上的一大进步。我们贯彻中央这一重大决策，引导演艺院团和演艺人员从"文人不言利"的观念中解脱出来，抓住文化消费活动这个演艺与市场的天然结合点，顺应消费观念、消费方式、消费潮流的发展变化，推出题材多样、规模多样、品牌多样的节目，在繁荣文化市场中实现演艺业快速健康发展。一是全面正确地认识演艺的功能。演艺不仅有思想教育功能、艺术欣赏功能，而且有产业功能、商业功能和经济功能。《风中少林》成功实现了多种功能的有机统一，演绎的剧情引导人们增强正义感，演出形式把"舞"与"武"结合起来，运作方式市场化，已演出近百场，收入突破1000万元。二是正确定位演艺的性质。只有把演艺定位为文化产业，才能推动演艺活动进入市场、在市场中发展壮大，使演艺业不仅成为开展宣传教育的工具，而且成为满足人们文化消费需求的重要载体。三是推动演艺团体成为市场主体。针对国有文化单位长期游离于文化市场之外的问题，我们坚定地推动演艺院团走向市场，成为自主经营、自负盈亏、自我发展、自我约束的市场主体。除河南豫剧院保留事业性质外，全省演艺院团和演出场所将全部进行改制。商丘市整合19家文化企事业单位组建了商丘演艺集团，采取"集团＋经纪人＋市场"的经营模式，激发了演艺人员创作、演出活力，演出场次和收入均大幅上升，刘云山同志在该集团考察时给予充分肯定和鼓励。

第三，激发演艺团体闯市场的兴奋点。调动演艺团体、演艺人员闯市场的积极性，就要千方百计激发其兴奋点，激活其面向群众、进入市场的因子，实现艺术追求和利益追求双丰收。一是激发进入市场的兴奋点。就是营造良好环境、给予政策引导、挖掘文化资源、打造经营平台、组织市场运作，为演艺团体、演艺人员闯市场"修桥铺路"。登封市充分利用深厚的文化底蕴、丰富的旅游资源，吸引了一批国内外著名演艺团体和演艺界名家大家来投资创业。二是激发追求艺术的兴奋点。就是充分尊重艺术创作的规律，尊重艺术工作者的艺术创造，最大可能地激发创造热情、创造活力、创造灵感，以更多的精品力作赢得观众。《禅宗少林·音乐大典》取得成功的一个重要原因，就是谭盾先生用较长时间在嵩山实地考察、体验、感悟，激发了灵感，创造出融水乐、木乐、风乐、光乐和石乐为一体的"天籁之音"。三是激发追求利益的兴奋点。就是积极推动演艺团体"调头转向"，变面向政府、面向奖台为面向群众、面向市场，开发创作体现群众意愿、适应市场需求的产品，增加演出、增加收入。河南豫剧一团坚持走剧目制作产业化的路子，成功创演了音乐报告剧《任长霞》和现代豫剧《红菊》等一批剧目，仅《红菊》一个剧目就获得收入70多万元。

第四，扩大演艺业与旅游业的共生点。演艺业发展能够为旅游业发展增加文化内涵、增强魅力和吸引力，是旅游业发展的助推器；旅游业发展能够为演艺业发展创造条件和环境、拓宽市场，是演艺业繁荣的催化剂，二者互联共需、互利共赢。我们坚持把文化工作和旅游工作一起规划、一同部署，给文化与旅游穿上"连体衣"，即一方面旅游景区积极吸纳演艺团体，提升文化品位，增加旅游收入；另一方面演艺业积极借助旅游休闲这个平台，获取更好的经济效益和社会效益，形成文化旅游共生体和产业联合体，推动旅游业和演艺业相得益彰、共同繁荣。白云山旅游景区通过开展民俗风情演出，开封清明上河园通过演绎宋文化历史故事，都丰富了旅游的内涵，既增加了经济收益，又展示了中原文化。去年全省旅游收入突破1000亿元，其中演艺文化功不可没。刘云山同志在考察并观看大型实景演出《禅宗少林·音乐大典》后说：这台演出既注意挖掘和反映优秀传统文化，又努力实现中国元素的国际制作，传统故事的现代表达，做到了民族性、包容性和时代性的有机统一，是河南旅游演艺的一大突破。

第五，把握演艺业改革发展的着力点。深化改革是解放和发展文化生产力的必由之路。发展演艺业必须做好深化改革这篇文章。一是更新观念，积极引导演艺团体和演艺人员打破传统观念的束缚、确立市场意识，依靠市场谋生存、求发展，积聚人气、提高名气，成为名团、大家。二是突破障碍，大胆改革、坚决破除束缚演艺业发展的社会环境、政策措施、运作条件等诸多限制，促进演艺业蓬勃发展。三是创新体制，推动演艺团体尽快"脱胎换骨"，脱事业性质之胎、脱政府包养之胎，换弱不禁风之骨、换没有自生能力之骨，使演艺业焕发出顽强持久的生命力。郑州歌舞剧院实行投资主体股份制、市场运营项目制、演出活动代理制、创作人员委约制、主要演员签约制、演职人员聘用制，推出的《风中少林》被李长春同志称为武术和舞蹈、演艺和市场相结合的范例。四是面向市场，推动演艺业以市场需求为导向组织创作生产，以现代营销模式拓展市场，提高演艺产品的市场占有率。河南天乐公司积极顺应文化消费的新特点，投资 1.2 亿元建设河南精品演艺秀项目《大河之南》，借助高科技手段，充分展示盘古开天地、木兰从军、百家姓等中原文化的经典元素，市场前景十分看好。

　　第六，找准党委、政府工作的立足点。在演艺业发展上，我们改变过去大包大揽的做法，把工作的立足点放在把握方向、制定政策、加强管理、搞好服务上，为演艺团体和演艺人员参与市场竞争创造条件、营造环境。把握方向，就是把坚持社会主义先进文化的前进方向作为演艺业发展的根本和灵魂，大力发展先进文化、支持健康有益文化、努力改造落后文化、坚决抵制腐朽文化，使演艺业始终沿着正确方向健康发展。制定政策，就是制定有利于演艺团体进入市场、有利于调动演艺人员积极性、有利于演艺业发展的政策措施，在资金投入、资产处置、税收减免、人员分流安置等方面给予倾斜和支持；鼓励各种社会资本参与演艺业发展，鼓励演艺团体进行跨地域、跨行业的联合与协作，努力形成以公有制为主体、多种所有制共同发展的演艺业格局。去年全省各类民营文化产业单位达到 2.5 万多家，从业人员约 20 万人，年经营额约 40 亿元。加强管理，就是依法加强对演艺团体和演艺市场的管理，整顿经营行为，规范市场秩序，深入开展扫黄打非斗争，坚决打击和取缔低俗、庸俗、粗俗的演出活动，有效保证了演艺业健康有序发展，给群众提供一片文化净土。搞好服务，就是降低门槛，为经营性文化演出项目提供便利条件；加强宣传，提升我省演艺名牌在国内外的知名度；加强引导，促进文艺演出团体和文化消费群体的有效对接。全国著名"魔术之乡"宝丰县，通过举办各类演艺专业人才培训班和推介活动、组建演艺集团、创办文化产业园区等措施，促进演艺业健康发展。目前全县演艺从业人员 5.5 万人，占全国民间艺人的一半，年创收 3 亿多元，被中宣部、文化部称为"宝丰现象"。

第七，抓住演艺业发展的关键点。演艺人才是演艺活动的主要承担者，是演艺生产力发展的第一要素。我们紧紧围绕建设好艺术人才和经营管理人才两支队伍，坚持用事业激励人、用感情凝聚人、用待遇吸引人、用市场感召人，着力造就一批名编剧、名策划、名导演、名演员、名主持、名经纪，形成名人效应和名人经济。继常香玉、马金凤等一批豫剧表演大师之后，又涌现出《程婴救孤》的主演李树建、《村官李天成》的主演贾文龙、著名相声演员范军等一批业内名人。经营管理人才一头连着市场，一头连着舞台，在演艺业发展中居于枢纽地位。针对河南目前这种人才缺乏的现状，采取多种措施，在加大培养力度的同时，加快引进既懂艺术又善经营的一流人才。如中部博览会大型晚会《崛起之歌》、黄帝拜祖大典现场直播、世界旅游小姐颁奖晚会《魅力河南之旅》等有影响的活动，就是引进中央电视台的著名制片人、主持人来办的。

以上七"点"连成一"线"，就是河南推进演艺业改革发展的工作主线。总的来看，河南演艺业改革发展取得了一定成效，初步探索出了政府主导、文旅联姻、企业经营、市场运作、依法管理、竞争发展的路子，但与发达省区市相比还有不少差距。我们将以改革的精神、创新的思维进一步推动我省演艺业更好更快发展，努力把演艺业打造成为文化产业生机勃勃的增长点，为建设文化强省、加快中原崛起作出新的更大贡献。

创新：破解文化发展难题的金钥匙[*]

——郑州歌舞剧院体制机制创新的启示

　　党的十六届五中全会提出，发展文化事业和文化产业，是满足人民群众精神文化需求、促进社会和谐的重要方面，并进一步明确了深化文化体制改革，发展文化事业、文化产业的指导思想和工作部署。河南是文化资源大省，省委、省政府高度重视文化建设问题，前不久省委七届十次全会在谋划全省"十一五"发展时，明确要求把文化产业作为优势产业培育壮大，推进河南由文化资源大省向文化产业强省转变。如何更好地贯彻落实中央五中全会和省委七届十次全会精神，破解文化体制改革方面的诸多难题，进一步推进河南文化事业和文化产业的繁荣发展，是摆在我们面前的一项重要任务。

　　带着这个问题，我到郑州歌舞剧院进行调研、解剖麻

---

　　* 本文发表于 2005 年 12 月 8 日《中国文化报》。

雀，寻求破解文化发展难题的途径。2004 年以来，郑州歌舞剧院坚持推进体制机制创新，不断深化文化体制改革，实行投资主体股份制、市场运营项目制、演出活动代理制、创作人员委约制、主要演员签约制、演职人员聘用制，走出了一条文艺演出团体产业化经营、市场化运作的新路子，促进了剧院快速健康发展。去年剧院推出的大型舞剧《风中少林》，不仅具有较高的艺术欣赏价值，而且有很强的文化娱乐效果，自正式演出以来得到艺术界和广大观众的广泛好评，取得了成功。郑州歌舞剧院体制机制创新和《风中少林》取得的成功，给我们带来了很多思考和启示，归纳为一句话，就是：创新是破解文化发展难题的关键。也就是说，只要以观念和体制机制创新为突破口，就能够破解文化体制改革难题，推动文化事业、文化产业繁荣发展，更好地满足广大人民群众日益增长的精神文化生活需求。具体来说，就是要抓住创新这把金钥匙，着力解决好文化发展中以下十个方面的问题。

第一，要把握两个功能，即教育功能和娱乐功能。文化的功能主要有两个：既有宣传教育功能，又有消费娱乐功能。这两方面的功能随着科技进步、经济社会发展和人们需求的变化而拓展变化。《风中少林》的成功，就在于其同时很好地发挥了教育功能和娱乐功能。教育功能主要通过它的剧情反映出来，能够使人们增强正义感，树立爱憎意识，从而陶冶人们的思想和情操；其娱乐功能，在于把"舞"与"武"很好地结合起来，演技精彩，给人一种美的享受，具有调节人们的精神、调节人们的生活的作用。人们需要这种娱乐，社会也需要这样的文化。长期以来，我们比较强调文化的意识形态属性和宣传教育功能，不太重视文化的产业属性和消费娱乐功能，影响了文化功能的全面发挥。客观上讲，我们重视文化的宣传教育功能是有历史原因的。在革命战争年代，我们党通过文化宣传党的主张，通过文化团结社会各界人士和广大人民群众，通过文化动员人民群众同帝国主义、封建主义、官僚资本主义作斗争，可以说文化在团结动员人民群众和社会各界力量，推翻压在人民头上的"三座大山"、建立人民政权上功不可没。在这种情况下，文化直接为我们党所从事的革命斗争服务，成为我们斗争的重要工具，我们党对文化功能的认识主要是其宣传教育功能。在社会主义建设初期，摆在我们党面前的困难仍然很多，任务十分艰巨，党通过文化动员大家克服困难、战胜困难，克服帝国主义对我们的封锁、捣乱，巩固和发展社会主义政权。为此，在相当长的一段时间里，我们党是把文化作为重要的宣传教育工具来对待。随着我国进入改革开放和社会主义现代化建设的新时期，特别是进入建立和发展社会主义市场经济的新阶段，我们党的中心任务发生了变化，从以阶级斗争为中心转到以经济建设为中心，把发展作为党执政兴国的第一要务；同时，广大人民群众的物质生活条件发生了很大变化，生活水平有了很大提高，人们需求的多样化、多层次日益显现，对文化的需求也发生了很大变化。新的形势使文化的消费娱乐功能日益显现出来，也越来越要求文化在肩负宣传教育功能的同时，进一步拓展作用，不断丰富人民群众的精神文化生活，满足人们对精神文化多方面的需求。因此，在新的历史条件下，要进一步搞好文化建设，进一步发展和繁荣社会主义先进文化，就必须解放思想，转变观念，特别要关注文化本身客观存在的这两大主要功能，确立文化多功能的理念，充分发挥文化多功能的作用。要通过文化的宣传教育功能，充分发挥文化的团结作用、沟通作用、激励作用、鼓动作用、动员作用，进一步凝聚人心，鼓舞斗志，振奋精神，形成合力，使广大人民更好地为实现社会主义现代化建设的宏伟目标而不懈奋斗。同时，要重视文化本身客观存在的消费娱乐功能，不断丰富人民群众的精神文化生活，满足人们对文化的多方面需求，并通过文化的消费娱乐功能把文化转到产业化发展的轨道上来，使文化成为经济发展的重要产业和新的经济增长点，进一步增强文化发展的活力和动力，进一步发挥文化在社会主义建设中的重要作用。

第二，要区分两种形态，即公益性的文化和经营性的文化。总体上讲，文化分为公益性文化和经营性文化两类，或者说一类是文化事业，一类是文化产业；前一类属于事业性质，后一类属于产业性质。公益性、事业性的文化，要确保人民群众最基本的精神文化生活需求，经营性、产业性的文化可以满足各方面人群的多样化需求，两者如车之两轮、鸟之两翼，共同推动文化建设全面发展。不仅社会主义国家有这种区别，即使是资本主义国家也有这种区别。并非所有的文化工作都是文化产业，有些只能作为事业来发展，而不能作为产业来运作。用管理事业的手段、办法来经营管理文化产业，是行不通的；反过来，用经营文化产业的意识、模式来经营管理文化事业，同样也要出问题。如果我们不把这两类文化区分开来，"胡子眉毛一把抓"，就会导致事业不像事业、产业不像产业，要搞好文化建设是很困难的。郑州歌舞剧院之所以能够取得成功，一个重要原因就是成立之时就按照发展经营性文化产业来定位的，其经营理念、经营模式和运作方式都是产业化、市场化的。所以，我们要进一步推进文化体制改革、把文化建设搞好，就一定要注意文化事业和文化产业两者之间的差异，区别性质，分类指导，既要符合社会主义精神文明建设的特点，又要适应社会主义市场经济规律的要求，促进文化事业和文化产业协调发展。对待这两种形态的文化，改革政策也要有区别。对公益性文化事业，要以"增加投入，转换机制，增强活力，改善服务"为重点，关键是政府要增加投入，就是要由各级政府主导，鼓励社会捐助，增加对文化事业的投入，通过政府的投入确保人民群众最基本的精神文化生活需求，提高人们的思想文化素质。对经营性文化产业，要以"创新体制，转换机制，面向市场，壮大实力"为重点，关键是要创新体制，使部分文化事业单位转企改制，转到产业化运作的轨道上来。

第三，要坚持两个服务，即为人民服务和为社会主义服务。无论是文化事业还是文化产业，"二为"的原则必须坚持，方向必须明确，否则，文化事业、文化产业的发展就会转向、就会出问题。但是两者服务的方式、形式和具体的做法是有所区别的。事业性的文化为人民服务主要是无偿的，原则上不向受众收取额外费用，主要靠政府投入来运作，用于满足人民群众基本的精神文化需求；为社会主义服务要着力体现在传播社会主义先进文化上，鼓舞和激励人民群众为社会主义现代化建设多做贡献，并不断提高全体人民的文化素质。产业性的文化通过市场化、产业化运作的方式来发展，通过对先进的、积极的、健康的文化的有偿服务来实现为人民服务、为社会主义服务。为人民服务、为社会主义服务，我们已经提了很多年，早在改革开放之前就有这个原则。随着时代的变化，随着改革开放政策的实施，随着社会主义市场经济体制的确立和完善，随着中国特色社会主义理论和实践的丰富和发展，"二为"原则的内涵也在发生着变化。在现阶段，为人民服务中的"人民"是非常广泛的，一切支持、拥护、参与国家改革开放和中国特色社会主义建设事业的阶级、阶层和社会集团，都属于人民的范畴，并且各界群众对文化的需求也发生了很大改变，文化理应为更广泛意义上的人民提供丰富多彩的文化服务。文化为社会主义服务的内涵也进一步丰富，过去主要是为社会主义在我国的生存发展服务方面的要求多一些，现在不仅要注重文化为社会主义生存发展服务的一面，而且要强调文化为社会主义市场经济服务的一面；不仅要强调文化的经济属性，更要把文化作为一个新兴的产业来发展，使之成为社会主义市场经济的重要组成部分，在社会主义市场经济建设中发挥产业支撑的作用，做出自己的贡献。我们只有与时俱进，进一步深化对两个服务的认识，才能推进文化建设更快更好地发展。

第四，要抓住两个创新，即体制创新和艺术创新。这是新时期深化文化体制改革、搞好文化建设必须牢牢抓住不放的两个关键环节。《风中少林》这台舞剧之所以能够取得成功，固然与其艺术创新分不开，但如果没有郑州歌舞剧院的体制创新，剧院演职员都捧铁饭碗，演好演坏一个样，没有一整套的市场化、产业化运作，这台舞剧就不可能演出那么多场，不可能吸引那么多的观众来欣赏。可以肯定地说，传统艺术只有创新才能适应时代的发展变化、才能适应人民群众的需求变化。像京剧，通过交响乐伴奏、现代戏演出等创新，增强了生命力。河南的豫剧也要在不断创新中求生存求发展。需要说明的是，艺术创新固然重要，但目前对文化单位来说，更要害的问题是事业性质、财政供养，缺乏活力和竞争力，没有发展的内在动力，因此体制机制创新更为重要和紧迫。不下决心进行体制创新、机制创新，没有良好的体制和运行机制，艺术创新就缺乏动力；即使有艺术创新，没有一套推动文化产品走向群众、走向市场的体制机制，没有一整套的市场化、产业化运作，创新的文化产品也很难吸引大量的受众，很难真正走向群众、走向市场，文化单位也很难生存和发展下去。所以，深化文化体制改革、加强文化建设，必须正确处理体制机制创新和艺术创新的关系，把体制机制创新放在首位，破解体制机制难题，从体制机制上消除文化走向市场的障碍。要重塑文化市场主体，逐步形成以公有制为主体、多种所有制共同发展的文化产业格局，打造一批有活力、有实力、有竞争力的微观主体；要引导和鼓励各类文化单位通过多种形式、充分利用市场机制激发活力，在发展中搞活，在搞活中发展，不断提高服务水平和市场竞争力。在有一套良好的体制和运行机制的同时，当然需要拿出大量精力进行艰苦的艺术创新，推出大量人民群众喜闻乐见的文化产品。

　　第五，要建立两个制度，即现代产权制度和现代企业制度。文化产业走产业化、市场化的发展路子，就要建立产权清晰、权责明确、政企分开、管理科学的现代企业制度。而现代产权制度是现代企业制度的基础，建立归属清晰、权责明确、保护严格、流转顺畅的现代产权制度非常重要，其着眼点不只是解决产业发展所需资金来源的问题，更重要的是改变原来那种仅靠政府负责的管理体制，实行股权多元化，引入激励机制、约束机制、责任机制和市场运行机制，促进文化资源的有效合理配置，增强文化产业发展的动力和活力。郑州歌舞剧院凭借《风中少林》这个品牌，由政府控股，吸引建业、宇通、新烟等三家公司作为股东入股，成立了郑州中远演艺娱乐有限公司，成功走上了产业化发展的路子。现在政府只是责任主体之一，与其他三家公司一起组成了责任共同体，形成了利益共同体。企业发展好了大家分红，发展不好大家都要承担亏损，所以大家对企业都很关心，都希望把它发展好，这也迫使企业去发展，去研究市场、占领市场。所以，深化文化体制改革，大力加强文化建设，必须进一步转变政府职能，稳步推进管办分离、政企分开、政事分开和政资分开，增强文化单位自主权；要按照现代公司制要求，设立法人代表、董事会和经理班子，强化法人治理结构，增强文化单位的自我发展能力和活力，推动企业更快更好地发展。

第六，要做到两个面向，即面向群众和面向市场。为什么有的文化产品经久不衰，有的却昙花一现？关键是有没有受众、有没有市场。群众是文化产品的消费者，文化产品要有受众才能发挥其价值，受众越多，效益也就越大。只有面向群众、面向市场，文化产品才有活力，才有竞争力和影响力，文化企业才有生存和发展的基础。因此，繁荣文化，必须坚持面向群众、面向市场。过去我们文化工作中一个较突出的问题就是没有真正面向群众和市场，结果造成"政府是投资主体，领导是基本观众，评奖是奋斗目标，仓库是最终归属"。这种状况必须改变。文化必须坚持面向群众，从群众的视角切入，联系群众身边的事例，反映群众切身的感受，运用群众熟悉的语言，使用群众喜闻乐见的形式，提供群众想看、爱看、健康向上的文化产品，让群众喜欢、受群众欢迎。市场经济条件下，文化特别是经营性文化产业还必须面向市场，努力开发和生产适应市场需求的文化产品。面向市场和面向群众是一致的，占领市场和占领意识形态阵地是统一的。再好的文化产品、再精湛的文化艺术，如果离群众很远，群众不愿意接受，也就没有市场；不面向群众的产品就无法进入市场，而无法进入市场的产品大都是不受群众欢迎的。

文化产品必须遵循市场经济规律，面向市场、研究市场、开发市场，向市场要生存条件、要发展空间，接受市场的检验，才能更好地占领市场。

第七，要占领两个市场，即国内市场和国际市场。首先要占领国内市场。中国有 13 亿人，有世界上最大的文化市场，而且随着人们生活水平的提高，文化消费的需求和能力也在不断提高，市场空间和潜力巨大，这是其他任何国家都无法比拟的。但现在存在一种奇怪现象，就是演员想演戏，却没有戏演；群众想看戏，却没有戏看。问题主要在于，我们的文化市场不健全。真正把文化市场建设起来，这两个问题都能得到解决。搞好文化市场建设，必须建立市场主体，形成良好的市场开发意识和市场运营方式，想方设法开发市场、占领市场。在占领国内市场的同时，还要积极发挥自身优势，加快走出去步伐，努力占领国际市场。全世界有 60 亿人，国际市场更加广阔。美国的文化在占领本国市场以外，也占据了国际市场的很大份额，可以说在世界上美国文化无处不在，其文化产业出口额远远大于其他产业。目前，由于我们对国际市场了解得不够，而且文化产品在国际市场上的适应能力还比较差，现在占领国际市场有一定难度。但目前国际市场对中国文化来说，几乎还是个空白，从这个意义上来说，中国文化进入国际市场也面临大好机遇、具有巨大潜力。我们要加强与国际上大的演艺娱乐公司的合作，善于借助外力开拓我国文化产品的国际市场，让灿烂辉煌的中华文化在国际市场上大放异彩，取得良好效益。《风中少林》和美国蓝马克娱乐集团签约将在美国演出 2 年，预定收入 800 万美元，目前在国内是少有的，这就是一次走出去的非常成功的尝试。

第八，要强化两个扶持，即思想扶持和政策扶持。首先是思想扶持，就是对文化体制改革过程中的一些尝试、探索，要以积极的态度给予思想支持和引导。改革毕竟是前无古人的事，在尝试和探索过程中难免有看不准的地方，难免有做得不完善的地方，要允许大家尝试；有些做得不太合理不太恰当的地方，要允许大家改正，创造一个改革、探索、尝试的宽松环境。其次是政策扶持。一些事业单位转制为企业，要从过去国家供养的模式中走出来直面市场，会面临很多困难。如果这些事业单位走不出原有模式、陷入困境，党委、政府要背很沉重的负担、永远有还不完的债。如果舍得花一些本钱，给予必要的政策扶持，帮助这些单位走出困境，他们就能走向市场，进而发展壮大，不仅党委、政府的负担没有了，还能创造良好的经济社会效益，为经济社会发展作贡献。而且，有些问题之所以存在，并不是文化单位自身造成的，跟政府过去的一些作为是直接有关的，政府要敢于承担责任。特别是对一些包袱严重的事业单位，政府要暂时承担的责任可能要多一些。在这方面，党委、政府一定要有正确的思考，要有明智的选择，舍得花一些本钱，给予必要的政策扶持，切实帮助改制的文化事业单位减轻前进的包袱，扫清前进道路上的障碍，使之轻装上阵，走向市场。

第九，要调动两个积极性，即领导的积极性和群众的积极性。文化体制改革涉及多方面的利益关系，推进的难度很大，必须注意发挥和保护好领导与群众两个方面的积极性，使之在对改革必要性的认识上达成共识，形成推进改革的强大合力，改革才能取得成功。郑州歌舞剧院改革步伐比较快，改革比较成功，与郑州市委、市政府的高度重视和领导有很高的积极性是分不开的，与剧团自身的积极性和剧团广大演艺人员的积极性也是分不开的。缺少哪一方面的积极性，改革都很难取得好的效果。现在的普遍现象是领导对改革的积极性相对比较高，文化团体中群众的积极性相对比较低。怎样调动群众的积极性是文化体制改革的当务之急。这要求我们，正确处理好眼前利益和长远利益的关系，协调好文化单位领导和群众、群众相互之间的利益关系，老人用老办法，新人用新办法，最充分地调动各方面的改革积极性；要向群众讲清楚，与其长期在困难中过日子，还不如咬牙支持改革，使本单位通过改革尽快走出困境，通过扎实细致的思想工作调动群众的积极性。

第十，要实现两个效益，即社会效益和经济效益。文化产品既是精神产品又是文化商品，文化建设既有经济效益又有社会效益，两者并不是此消彼长或相互对立的。我们既要承认文化的经济价值，鼓励合理的利润追求，又要反对把利润追求当做唯一标准，把经济效益的好坏当做文化建设成功与否的唯一目标。文化建设既要讲社会效益，又要讲经济效益，必须兼顾社会效益和经济效益的双重目标，坚持把社会效益放在首位，努力实现社会效益和经济效益的统一。实践证明这两个效益是完全可以统一的。《风中少林》就既有教育功能又有娱乐功能，在带来社会效益的同时也带来了丰厚的经济效益。河南宝丰县是民间艺术之乡，原来是千军万马搞演出，缺乏管理和引导，经济效益有一些，但缺乏社会效益，名声也不好。经过这几年的整顿，现在演出团队凡是有党员的都成立了党小组，够党支部人数的成立了党支部，由党支部、党小组把握演出的方向，宝丰的民间艺术就健康发展起来了。现在全国10万民间艺人宝丰就占了一半，家家户户都会几手，每年收入也相当可观，社会效益、经济效益都有了，已成为我国民间文化产业的一道亮丽风景线。所以，只要加强管理和引导，文化建设要取得社会效益和经济效益的统一是完全可以实现的。

解读中原文化 [*]

　　大家知道，河南又称"中州"、"中原"，为什么呢？因为中国古有九州，河南称"豫州"，因居九州之中，故称"中州"，又因境内平原多，故又称"中原"。中原是一个以河南为中心相对的区域性概念。一个是大概念，就是泛指黄河中下游地区；一个是中概念，主要指黄河中游地区，包括河南、陕西、山西、安徽、山东一部分，湖北一小部分；小概念，特指河南。我们现在讲的中原崛起，就是小概念，指河南经济社会发展如何加快实现崛起。现在我要讲的中原文化就是指河南文化。那么什么是中原文化呢？外面的人未必了解，甚至有些河南人也未必清楚，我到河南工作两年多了，一直在思考这个问题。这次来香港前，我又花了时间专门对这个问题进行了研究。

　　近年来，在河南乃至全国学术界掀起了研究中原文化

---

　　* 本文是作者 2006 年率团赴香港参加"中原文化香港行"活动时作的演讲，发表于 2007 年 1 月 11 日《光明日报》，并收入河南人民出版社 2007 年 4 月出版的《中原文化与中原崛起》一书。

与河洛文化的热潮，两种文化之间究竟有什么关系？是否是一种文化的两种不同表达方式，或者是两种完全不同的文化，见仁见智，莫衷一是。因此，在介绍中原文化之前，不能不说说河洛文化，尤其是河洛文化与中原文化的关系。一般来说，河洛文化是以洛阳为中心的古代黄河与洛水交汇地区的物质与精神文化的总和。根据我个人的学习和思考，参考大多数专家学者的研究成果，我认为，河洛文化与中原文化是一个既相互区别又相互联系的区域文化，集中体现在地域范围、存在时间、文明起源、思想内涵等几个主要方面。从地域范围看，河洛文化的产生地与发展地都在中原文化的地域内，主要是在豫西的洛宁、孟津、巩义一带，比中原文化的范围要小的多。从存在时间看，河洛文化只是中原文化的一段历史，主要是宋代之前，尤以夏、商、周三代文化为重点；而中原文化不仅包括古代、近代，也包括现代和当代的一切文化现象。从文明起源看，河洛文化只是中原文化的重要源头之一，主要以传说中的"河图"、"洛书"为标志，中原文化除此之外，还有裴李岗文化、仰韶文化、龙山文化等其他源头。从思想内涵看，河洛文化与中原文化都是包罗万象，但人们对它们的关注点并不一样，对前者主要是以社会上层为依托，侧重于精神上和理论上的研究，而对后者则是以社会大众为基调，贯通上下，融会古今，注重传承、实用研究。由此可见，河洛文化诞生在中原，繁荣在中原，并由此传播到全国各地和海外，是中原文化的重要组成部分，是中原文化前期的核心和主流，充分体现了中原文化的根源性、传承性、厚重性和辐射性。

一、中原文化的主要内容

中原文化博大精深，源远流长。从表层看，她是一种地域文化，从深层看，她又不是一般的地域文化，而是中华民族传统文化的根源和主干，在中华文化发展史上占有突出地位。具体讲，她包含以下十七个方面的主要内容。

（一）史前文化

中原的史前文化，时间久远、内容丰富、领域广泛。8000 年前左右的裴李岗文化，在新郑裴李岗遗址出土了数百件磨制石器和陶器，在舞阳贾湖遗址，出土了新石器时代的房址 53 座，窖穴 370 座、陶窑 13 座，以及灰坑、墓葬、瓮棺葬等，出土文物近 5000 件，特别是出土的世界上年代最早、保存最完整的骨笛，改写了世界音乐史；出土的酿酒遗物，被美国人配方复制后，生产出来了 9000 年前的古酒，引起世界轰动。7000 年前的仰韶文化，出土了大量的彩陶和磨光石器，充分反映了新石器时代我们先民们的生产生活状况。5000 年前的龙山文化时期，河南也发现了相当丰富的陶器动物浮雕及鼎、罐、壶等文化遗存。由此可以看出，史前文化在河南发现不止一处，也不只是少数、若干处的几件历史遗存，而是连续的、有规模的历史遗存。这些都充分表明河南在整个史前文明时期都处于领先地位，也足以说明中原大地是中华民族文明最早起步的地方之一。

（二）　神龙文化

　　神龙是智慧、勇敢、吉祥、尊贵的象征。河南是龙的故里。被称为人文始祖的太昊伏羲，在今周口淮阳一带"以龙师而龙名"，首创龙图腾，实现了上古时期多个部族的第一次大融合；被称为又一人文始祖的黄帝，在统一黄河流域各部落之后，为凝聚各部族的思想和精神，在今新郑一带也用龙作为新部落的图腾，我们今天的中国人被称为"炎黄子孙"和"龙的传人"，就是因此而来。从发掘出土的文物来看，我省发现的龙文物不但历史久远，而且最为正宗。濮阳蚌龙距今 6400 年，是中国最早的龙形象，被考古学界誉为"中华第一龙"；在"华夏第一都"偃师二里头遗址发现的大型绿松石龙形器，距今至少3700 年，被学者命名为"中国龙"，等等。这些龙文化的遗存从夏、商、周到汉唐、明清一脉相承，都是中华民族龙图腾的源头，在形态上可以说都是北京故宫里各种龙形象的祖先。中原和全国各地的民俗，也有不少与龙有关，如每逢喜庆之日舞龙灯，农历二月二祭龙王、吃龙须面，端午节赛龙舟等。这些文化除了在中华大地传播承继外，还被远渡海外的华人带到了世界各地，在世界各国的华人居住区或中国城内，最多和最引人注目的饰物就是龙。从中原大地产生并完善的龙形象，目前已成为中华民族的象征、中华文明的精神内核、中华民族团结的纽带和共同的精神支柱。

（三）　政治文化

　　历史上的中原大地长期是政治角逐、政权更迭、政体演变"你方唱罢我方登场"的大舞台，发生了难以数计的重大政治事件和政治活动，积累了大量的政治智慧和政治经验，形成了非常丰富的政治文化。黄帝是公认的先祖，开创了初始的政权制度，建立了国家治理的雏形。从尧、舜、禹的禅让制到夏、商、周的世袭制，完成了部落联盟向奴隶制国家的转变。之后，国家与国家之间的纷争、交往与联盟等政治行为，不断地推动政体的发展，开启了封建社会的先河，形成了比较完善的封建制度。从夏朝到宋代3000多年间，河南一直是我国政治、经济和文化的中心，先后有200多位帝王建都或迁都于此，几度形成政治文明的巅峰与辉煌。中国八大古都，河南就有开封、洛阳、安阳、郑州四个。中国自古"逐鹿中原"、"问鼎中原"、"得中原者得天下"就是由此而来。

（四）圣贤文化

在世界四大文明古国中，各种文化背景不一样，崇拜也不一样，印度崇尚动物，希腊和埃及崇尚神，中国非常崇尚圣贤。作为中华文化重要发祥地的中原，涌现出了许多文化圣人，而且名气很大。比如，谋圣姜太公、道圣老子、墨圣墨子、商圣范蠡、医圣张仲景、科圣张衡、字圣许慎、诗圣杜甫、画圣吴道子、律圣朱载堉等，他们不仅以其伟岸的人格为人们所敬仰，而且以自己丰富的知识和深邃的思维，创制了一大批经典著作，成为中华文化发展史上的不朽丰碑。春秋时期思想家老子的《道德经》，以"道"解释宇宙万物的演变，阐述了大量朴素辩证法观点，对我国2000多年来思想文化的发展产生了深远的影响，在世界发行量仅次于《圣经》。墨子提出的"兼相爱、交相利"的观点，庄子提出的"天地与我并生，万物与我为一"，韩非子提出的以"法"为中心、"法、术、势"三者合一的统治思想，都受到了历代统治者的重视，也在普通民众中产生巨大影响。

（五）思想文化

中原思想文化是中华民族思想文化的核心，也是百家思想集大成者。孔子是儒学的开山人物，虽然出生在山东，但祖籍是河南，而且孔子讲学、游说的主要活动地域在中原。洛阳人程颢、程颐开创的宋代理学，又把儒学推向一个新的思想高峰，成为宋元明清以来居统治地位的主流意识形态。道家思想的老祖宗老子，是河南鹿邑人，长期生活与活动在河南，《道德经》就是在河南写的。法家思想的主要代表人物韩非子，也是河南人。总的来看，中原思想文化传达着刚健有为、自强不息、中庸尚和的生活哲学，不仅隐含着"日新"的变革进取精神，而且也体现了友好共处、向往和平的精神境界。这些思想文化塑造了中华民族的基本文化形态和性格，丰富了中华民族精神宝库，并对世界文化产生了很大影响。西方许多杰出人物如伏尔泰、狄德罗、托尔斯泰、布莱希特都曾受到《道德经》的影响。托尔斯泰直至暮年还在阅读《道德经》，他说孔子、孟子对他的影响是大的，而老子对他的影响是巨大的。

（六）名流文化

名流是一个以圣人为顶峰的特殊社会群体，也就是说，圣人肯定是名流，但名流未必是圣人，名流的外延要远大于圣人。名流以其文化素养、文化格调和文化创造影响着社会，形成一种社会文化效应和文化风尚。中原历史名人辈出。据统计，在二十四史中立传的历史人物5700余人，其中河南籍的历史名人为912人，占总数的15.8%。唐代留名的2000多名作家，河南居两成。在中原名流中，既有思想家、哲学家、政治家、军事家、科学家、文学家，也有社会贤达和社会名士，如纵横家张仪、苏秦，兵家吴起，政治家子产、李斯、张良、晁错、司马懿、姚崇、赵普等等。尧舜时代的贤士许由，坚辞帝尧的禅让，被奉为隐士的鼻祖。魏晋时期的"竹林七贤"，当时主要在河南焦作一带活动，其中阮籍、阮咸、山涛、向秀都是河南人。这些名流对社会历史进程或者社会风尚的形成发挥了重要影响。

（七）英雄文化

河南是一片仰慕英雄、产生英雄的土地，也是热爱英雄、造就英雄的热土。中原儿女在历史的长河中谱写的英雄谱，如灿烂画卷，光耀神州。女娲补天、夸父追日、大禹治水、愚公移山等歌颂英雄的神话传说，都产生流传在河南。历史上第一次农民起义的领袖陈胜，是河南登封人。代父从军的巾帼英雄花木兰，是河南虞城人，其义举令世人赞叹不已，甚至美国人也将其英雄故事搬上银幕，全球传播。河南邓州人、唐代名将张巡在抵御叛军中，坚守睢阳，"守一城，捍天下"，被后人奉为神灵。宋代的包拯权知开封府，刚正不阿、铁面无私、不畏权贵、惩恶扬善，成为世人景仰、万代传颂的"包青天"。南宋爱国将领岳飞是河南汤阴人，其"精忠报国"的壮志、"还我河山"的呐喊、"驾长车踏破贺兰山阙"的豪情，一直激励着中华儿女抵御外侮、报效祖国。这些英雄们，历来都是人们尊崇、歌颂的对象。这是一种不寻常的文化现象。

（八）农耕文化

农业最早是在中原地区兴起来的。中原农耕文化包含了众多特色耕作技术、科学发明。裴李岗文化有关遗存中出土了不少农业生产工具，为早期农耕文化的发达提供了实物证据，尤其是琢磨精制的石磨盘棒，成为我国所发现的最早的粮食加工工具。大家知道，三皇之首的伏羲教人们"作网"，开启了渔猎经济时代；炎帝号称"神农氏"，教人们播种收获，开创了农业时代。大禹采用疏导的办法治水，推进了我国水利事业的发展，也促进了数学、测绘、交通等相关技术的进步。战国时期，由河南人郑国主持修建的"郑国渠"，极大地改善了关中地区的农业生产条件。随着民族的融合特别是中原人的南迁，先进的农业技术与理念传播到南方，促进了中国古代农业水平的提高。可以说，中国农业的起源与发达、农业技术的发明与创造、农业的制度与理念，均与河南密切相关。

（九）商业文化

中国商人、商业和商业文化的起源在中原，是考古学界、史学界的共识。自古以来，中原地区就有比较自觉的商业意识，产生了中华商业文化的许多第一。商代的王亥"肇牵车牛远服贾"，也就是第一个用牛车拉着货物到远地去做生意，被奉为商业鼻祖。第一个儒商孔老夫子的高足子贡，是河南浚县人，不仅能做官，而且善于经商致富。第一个热心公益事业而被后人称为商圣的范蠡，是南阳人，他帮助越王勾践灭吴复国之后，悄然引退，把才能用于经商。第一个爱国商人是新郑人弦高，在经商途中遇到了秦师入侵，以自己的十五头牛为代价智退秦军。此外，中原还产生了中国商业的许多第一。比如中国历史上第一批职业商人诞生于西周时期的洛阳，第一个由政府颁布的保护商人利益的法规《质誓》诞生于春秋时期的新郑，以"城门之征"为代表的最早的关税征收发生在春秋时期的商丘，第一个有战略思路的产业商人为东周时洛阳人白圭，第一个商业理论家是今商丘人计然，最早的商家诉讼条例发生在春秋时的郑国即今郑州，第一个重商理论的倡导者为西汉洛阳人桑弘羊，唐代洛阳城内的管理市场的"三市之长"是最早的"市长"。世界上第一座真正意义的人口超百万的国际化大都市就是北宋时的汴京（今开封），当时人口达到150多万，宋代著名画家张择端的《清明上河图》就是这一盛况的真实写照，而欧洲最古老、最发达的城市之一伦敦当时只有5万人。清代巩义的康百万家族，更是写下了"富过十二代、历经400年而不败"的商业神话。由此可见，中原商业文化在中华文化体系中占有重要的地位。

（十）科技文化

中原科技文化比较发达，具有内容的广博性、发明创造的实用性、历史发展的传承性等特点。如安阳殷墟出土的"司母戊"大方鼎，是迄今为止发现的最大最重的青铜器，其冶铸技术和工艺不仅达到那个时代最先进的水平，就连现代人也叹为观止。三门峡出土的西周时期的铜柄铁剑，为目前我国最早的人工冶铁实物，被誉为"华夏第一剑"。郑州发现的汉代冶铁高炉，为世界上最早的椭圆形高炉。东汉河南人杜诗发明的"水排"鼓风技术，较欧洲早 1000 余年。陶器、瓷器最早也出现在河南。"仰韶彩陶"造型精美，"唐三彩"驰名中外，钧瓷色彩缤纷，汝瓷古朴典雅，不仅都代表了历史上瓷器制作技术的最高水平，而且具有极高的美学艺术价值。常言道，"家有财产万千，不如钧瓷一件"，就说明了这个道理。被誉为"科圣"的东汉太史令张衡，发明的"地动仪"比西方早 1700 年；创立的"浑天说"，比同时代的希腊天文学家托勒密"宇宙理论"先进得多。唐代河南人僧一行，不仅发明了世界上最早的自动计时器，而且比英国天文学家哈雷早 1000 年提出了"恒星自行"的观点，他与同行们进行了世界上首次子午线实测活动，因此而成为古代天文学发展的里程碑。中国的四大发明，都是在中原孕育而发明的。

（十一）医学文化

中原医学文化以整体的治疗思想，多角度观察病理的方法，奇特的治疗技术，和谐的用药手段而著称于世，是传统文化中的精华与国粹。黄帝被后人公认为中医药的创始人，战国时期编著的《黄帝内经》至今仍是中医学工作者必读的指导性医学著作。东汉南阳人张仲景的《伤寒杂病论》，提出了六经辨证的理论体系，是我国第一部理、法、方、药兼备的中医经典专著，被誉为"中国医方之祖"。洛阳龙门石窟的"药方洞"，保留有北齐时期完整的中医药方 118 个，治疗的病种达 37 个。这些药方为中国现存最早的石刻药方。北宋都城开封设有"尚医局"、"御药院"、"药密库"、"太医局"、"翰林医官院"等机构，设置之全在当时首屈一指。在"医官院"放置的制作精细的"针灸铜人"，成为世界针灸医学发祥地的象征。可以说，中医药文化起源于中原，中医药大师荟萃于中原，中医药文化发达于中原，中医药巨著诞生于中原。

（十二）汉字文化

汉字是传承和弘扬中华文化的重要载体，是中华民族的基本标志，也是中华文明的显著标志，并对朝鲜、韩国、日本等国文字文化有巨大而深远的影响。连续4000 多年的汉字文化史，可以说就是一部中原汉字史，汉字的产生及其每一个重要发展阶段几乎都发生在中原大地上。传说中黄帝时代的仓颉造字在河南；第一套完善的汉文字系统甲骨文出土在河南安阳；帮助秦始皇"书同文"、制定规范书写"小篆"的李斯，是河南上蔡人；编写世界第一部字典、归纳汉字生成规律、统一字义解析的文字学家许慎是河南漯河人，他在家乡完成了《说文解字》这部汉文字学巨著；至今我们还在使用的规范性字体"宋体"字产生在河南开封，著名的活字印刷术也发生在这里。

（十三）诗文文化

河南是中国文学的发祥地。中国最早的散文总集《尚书》，是经过东周洛阳的史官整理成书的。我国第一部诗歌总集《诗经》中，属于今河南省境内的作品有100多篇，占总篇目的1/3以上。鲁迅说过，在秦代可称之为作家的，仅河南上蔡的李斯一人。汉魏时期，有"汉魏文章半洛阳"之说。洛阳贾谊开骚体赋之先河，张衡《二京赋》则为汉大赋之极品，贾谊、晁错将西汉政论推向巅峰。汉魏时期的"建安七子"中的阮瑀、应场都是河南人。左思的《三都赋》名动天下，留下了"洛阳纸贵"的佳话。宋词的故乡在开封，"梁园文学"的主阵地在商丘，都留下了许多千古绝唱。东晋以后，河南大族南迁，以谢灵运的山水诗、江淹的抒情赋为代表的中原文人作品，推动了江南文学的繁荣。唐代最著名的三大诗人中，河南有其二。"诗圣"杜甫是河南巩义人，他以沉郁顿挫的笔锋反映了一个时代的沧桑巨变，其诗歌被赞为"诗史"；把现实主义和浪漫主义完美结合的诗人白居易是河南新郑人，他创作的《长恨歌》、《琵琶行》成为千古传诵的佳篇。"文起八代之衰"的孟州人韩愈，位居"唐宋八大家"之首，达到了中国散文的高峰。岑参、刘禹锡、李贺、李商隐等河南人，也以其卓越的文学成就跻身于著名诗人之列。

（十四）宗教文化

中华民族传统文化的一个重要特点就是儒、释、道"三教合流"，其中"释"（即佛）、"道"都属于宗教文化，其繁荣发展都与河南息息相关。道教是中国的本土宗教，被奉为鼻祖的老子李聃是河南鹿邑人。登封中岳庙是历代皇帝祭祀中岳神的地方，是我国现存最早、规模最大的道教建筑群之一。济源的王屋山为道教"十二洞天"之一，是唐代著名道长司马承祯携玉真公主出家修道的地方。佛教传入中国后，第一座佛寺白马寺就在河南洛阳。洛阳的龙门石窟是佛教三大艺术宝库之一，已被列入世界文化遗产名录。推动佛教信仰大众化的净土宗祖庭就在开封相国寺。标志着佛教文化中国化初步完成的"禅宗"，其祖庭就在嵩山少林寺。在佛教文化史和中外文化交流史上鼎鼎大名的玄奘法师，是河南偃师人，也是《西游记》中唐僧的原型。儒、释、道三教合流的典型代表也在登封嵩山脚下。

（十五）民俗文化

中原地区民俗文化特色鲜明，斑斓多姿，集中体现在饮食、服饰、日常起居、生产活动、礼仪、信仰、节令、集会等各个方面。西周时期在中原形成的婚仪"六礼"，逐步演化为提亲、定礼、迎娶等固定婚俗，并延续至今。与生产生活密切相关的岁时风俗，如春节祭灶、守岁、吃饺子、拜年，正月十五闹元宵，三月祭祖扫墓，五月端午节插艾叶，七月七观星，八月中秋赏月，九月重阳登高等等，大多起源于中原，并通行全国。中原民俗还创造了民间的生活形态和艺术品，太昊陵庙会、洛阳花会、信阳茶叶节、马街书会、开封夜市等古代的民间节会至今不衰，开封的盘鼓和汴绣、朱仙镇木版年画、南阳玉雕、濮阳和周口的杂技等民间艺术享誉中外。中原因其"中天下而立"，民俗文化广泛影响了周边地区乃至华夏和世界华人族群。比如饮食方面，广东人在豆腐上挖个洞，填满肉馅，蒸熟后食用，其实就是客家人从中原带去的吃饺子风俗的变异。中原民俗的广泛影响可见一斑。

（十六）武术文化

武术文化又称功夫文化，是中原文化的鲜明特色。中原武术文化技冠天下，德播神州。"天下功夫出少林"之说，形象地表明了少林武术在中国武术文化中的重要地位。"十三棍僧救唐王"的历史传奇，帮助戚继光抗倭立功的光辉业绩，使少林寺遐迩闻名，成为中华武术的荟萃之所、流播之处、发扬光大之地，使"少林"成为中国武术的品牌，成为中原文化乃至中华文化的品牌。河南温县陈家沟人创立的太极拳，是中国武术文化的又一重要流派，以刚柔并济为特征，以强身健体、修身养性为主旨，已推广到五大洲，成为上亿民众生活中的重要组成部分。

（十七）姓氏文化

河南是中华姓氏的摇篮，中华姓氏无论肇始与大量衍生都与中原关系密切。《中华姓氏大典》中的4820个汉族姓氏中，起源于河南的有1834个，占38%；在当今的300大姓中，根在河南的有171个，占57%；在依人口数量多少而排列的100大姓中，有78个姓氏的源头与部分源头在河南，无论是李、王、张、刘为代表的中华四大姓，还是林、陈、郑、黄为代表的南方四大姓，其根均在河南。近年来，我们以"万姓同根，万宗同源"为主题举办姓氏文化节，得到了海内外的广泛认可与响应，在全球华人中掀起了寻根到河南、朝觐到河南、拜祖到河南的热潮。姓氏文化是河南独有的文化现象。

二、中原文化的显著特点

从中原历史文化的主要内容可以看出，中原文化的确源远流长、博大精深、内涵丰富、光辉灿烂。概括起来，有以下五个主要特点：

第一，根源性。就是说中原文化在整个中华文明体系中具有发端和母体的地位。无论是人类记载的史前文明，还是有文字记载以来的文明肇造，都充分体现了这一点。从"盘古开天"、"女娲造人"、"三皇五帝"、"河图洛书"等神话传说，到早期的裴李岗文化、仰韶文化等考古学文化，都发生在河南。夏、商、周三代，被视为中华文明的根源，同样发端于河南。作为东方文明轴心时代标志的儒道墨法等诸子思想，也正是在研究总结三代文明的基础上而生成于河南的。

第二，原创性。就是说中原文化对构建整个中华文明体系发挥了筚路蓝缕的开创作用。无论是元典思想和政治制度的建构，还是汉文字和商业文明的肇造，乃至重大科技的发明与中医药的重大发现，都烙下了中原文化的胎记。《易经》、《道德经》对宇宙、社会、人生的独特发现，极大地影响了中国人的民族性格和民族文化心理。黄帝"都有熊"置百官和李斯提出的郡县制，确立了中国几千年封建社会的基本制度模式；张仲景的《伤寒杂病论》、张衡的浑天仪，都在中国历史乃至世界历史上占据着举足轻重的地位。

第三，包容性。就是说中原文化具有兼容众善、合而成体的特点。中原文化通过经济、战争、宗教、人口迁徙等众多渠道，吸纳了周边多种文化中的优秀成分，实现了物质文化、制度文化和思想观念的全面融合与不断升华。考古人员发现，20万年前南北文化就交会在中原一带。进入新石器时代，文化交流更为频繁，文化融合更为深化。新石器时代中原文化与周边地域文化具有许多共同点。如中原地区的大汶口文化就是东夷集团的海岱民族和中原民族交往、融合的结果；郑州大河村遗址中出土的一些富有山东大汶口文化特征的陶器，说明中原文化在那时就开始吸收周边文化成果，熔铸自己的文化。胡服、胡乐、胡舞、胡人食品在汉唐间传入中原，都融入中原文化之中。世界其他地区的宗教基本都具有排他性，但是作为外来宗教的佛教传入中原，却被本土的儒道文化所接纳，成为中原文化和中华文化的重要组成部分。

第四，开放性。就是说中原文化有着很强的辐射力和影响力。集中表现在：一是辐射各地。如岭南文化、闽台文化以及客家文化，其核心思想都来源于中原的河洛文化。唐代的河南思想家文学家韩愈就极大地影响了潮汕文化。二是化民成俗。中原文化中的一些基本礼仪规范常常被统治者编成统一的范本，推广到社会及家庭教育的逐个环节，从而实现了"万里同风"的社会效果。三是远播异域。秦汉以来，中原文化主要是通过陆路交通向东向西广泛传播，不仅影响了朝鲜、日本的古代文明，而且开辟了延续千年的丝绸之路。班超出使西域，玄奘西天取经，鉴真东渡扶桑等历史记载，都书写了中原文明传播的壮丽画卷。从北宋开始，中原文化凭借当时最发达的航海技术，远播南亚、非洲各国，也开辟了世界文明海路传播的新纪元。

第五，基础性。就是说中原文化在中华文化系统中处于主体、主干的地位。中原文化在与其他文化不断的融合交流中，自身的外延也在不断扩大，并由此催生了中华文化的形成。中原文化的核心思想，如"大同"、"和合"，都成为了中华文化的核心思想；中原文化的核心价值观，如礼义廉耻、仁爱忠信，都成为了中华民族的核心价值观；中原文化的重大民俗活动，如婚丧嫁娶、岁时节日等，都成为了中华民族的民俗活动。正如一名著名考古学家所说：中原以外的文化区都紧邻或围绕着中原文化，很像一个巨大的花朵。这些外围的文化区是花瓣，而中原文化是花心。正是花心的不断绽放，才形成了中华文化这朵绚烂的文明之花。

三、中原文化的重要作用

正是中原文化的上述特性，决定了中原文化对于历史进程的推动，对于中华文明的形成，对于民族精神的传承，对于经济社会的发展，都发挥了独特而重要的作用。

首先是认识作用。中原文化是五千年中华文明的缩影，反映了中华文明发展的轨迹，折射着中国历史发展的脉络。透过中原文化可以从总体上认识中国社会和中原发展，并从中总结出社会前进的有益借鉴。与此同时，中原文化的先贤们发现并阐发的许多精辟思想，至今仍闪烁着真理的光芒，具有重要的世界观和方法论意义。例如格物致知、有无相生等朴素精辟的思想，仍是我们今天认识事物、认识世界、认识自然和社会的重要方法与途径。又如，老子"天下难事必作于易，天下大事必作于细"，就是对许许多多规律性社会现象的高度概括，至今仍有启发意义。

其次是引领作用。长期以来，中原文化都以其文化理想引领着东方文明的进程。近古以来，中原文化的文化理想甚至远播西方文明而绽放出瑰丽的文化魅力。《马可波罗游记》对当时和谐的东方国度的赞誉，至今还为人们称道。中原文化在精神层面建构的文化理想，已经成为全人类共同的文明成果。如天下大同的文化气度，天人合一的理念境界，尊道贵德的理性气质，大德曰生的人文情怀，中庸辩证的思维理念，在环境恶化、能源危机、人为灾难频繁发生的今天，不仅是引领人类社会发展建设的美好理想，而且对于我们今天进行道德建设、人格完善，对于整个民族素质的提升，乃至世界文明的进步，都仍具有积极的引领作用。

其三，推动作用。就是说中原文化产生的新思想、新知识、新技术有力地推动了中国经济社会的发展。从周朝的"封邦建国"到北宋文官制度的全面繁荣，从北魏孝文帝改革到王安石庆历新政，中原大地上的每一次重大改革都推动了中华民族政治文明的递进。从殷商王朝对商业经济方式的自觉选择，到以宋朝交子、汇票等为标志的商业革命，都促进了社会分工的极大发展，实现了社会生产效率的显著提高，先后创造了我国奴隶社会与封建社会的繁荣时期。新技术作为促进经济社会发展的直接动力，中原文化也做出了彪炳史册的贡献。东汉蔡伦发明的造纸术实现了文字载体的新突破，北宋毕昇的活字印刷迎来了铅与火的新时代，开创了知识传播的新纪元；成熟于宋代的火药，把人类征服自然的能力提高到一个新水平；指南针导致了航海技术革命，为近代文明的到来准备了必要的条件。中原文化就如一台功能强大的引擎，从不同的方面不断把中华历史甚至世界历史的车轮推向前行。

第四，支撑作用。就是说中原文化具有对中华民族共同精神的维系、智慧成果的传承功能。一个民族是要有精神的，一个没有精神的民族就如同一盘散沙。中原文化对中华民族精神的塑造发挥了重要的作用。无论是后羿射日、嫦娥奔月、愚公移山等激励鞭策人们奋发向上的神话故事，还是岳飞报国、木兰从军等宣扬爱国主义的文化母题，都是中华民族极其宝贵的精神财富，今天仍然给我们以强大的精神支撑。这种精神，尤其在民族存亡的危难关头，无不成为支撑全民族的坚强力量。中原文化所包含的"民为贵，社稷次之，君为轻"等治国思想，"上兵伐谋，其次伐交，其次伐兵，最下伐城"等军事思想，至今仍闪烁着智慧的光芒，中原文化正以其无可比拟的系统性、丰富性、完整性，为中国经济社会的发展提供了不竭智力支撑。

第五，凝聚作用。就是说中原文化固有的向心力在促进民族的伟大复兴中发挥的聚合作用。中原文化是广泛吸收众多民族优秀品质而成的中华文明的主流文化，团结和谐、爱国统一始终是她倡导的主题。千百年来，一直广泛而深刻地影响着海内外华人，报效国家、热恋故土等炽热情怀成为全球华人的民族意识和价值追求。中原文化作为中华民族的根文化，作为传承中华文明的主干文化，长期以来就是海内外华人魂牵梦绕的精神寄托，大家无论身在何方，都有"常回家看看"的心理愿望。新郑黄帝拜祖大典和周口姓氏文化节的成功举办，正是中原文化这种特有历史震撼力和时空穿透力的生动展现。历史发展反复证明，中华民族无论怎样一波三折，甚至分分合合，但维护团结、追求统一的历史主流始终没有改变。

解读中原文化，我们不难看出，历史上的河南之所以能够长期成为中国政治经济文化中心，成为中华崛起的高地，与根深叶茂的繁荣文化是分不开的。当历史的车轮进入 21 世纪后，我们要实现中原崛起，很重要的一个方面，就是要开发我们的文化，发展我们的文化，创新我们的文化，要把我们丰富的文化资源变为强大的文化力量，促进又好又快发展，推动中原崛起。

漫谈电影产业化发展[*]

党的十六大明确提出来要深化文化体制改革和大力发展文化事业、文化产业。把大力发展文化产业写进了我们党的政治报告，这在我们党的历史上是第一次，在我们发展文化工作的整个历史进程中，的的确确具有里程碑意义。这不仅标志着我们党对文化工作的指导思想有了一个重要的调整，同时对新世纪、新阶段如何发展文化，有了新的思路，提出了新的要求，做出了新的部署。我们相信只要坚定不移地沿着十六大指引的方向走下去，我们的民族文化一定能够更加兴旺，更加发达。电影作为文化产业的一个重要部分，而且是一种以特殊的形态活跃于社会的一种文艺样式，具有其他门类的文化产业所不具备的独特功能和社会效应。所以在大力发展文化产业的过程中，怎么样把我们电影产业振兴起来、发展起来、繁荣起来，对

* 本文是作者在 2003 年全国电影工作会议上的讲话，发表于作家出版社 2006 年 10 月出版的《中国广播影视的改革与创新》一书。

整个文化产业的发展具有重要的意义。

一、充分认识发展电影产业的重要性和必要性

对一项工作认识程度如何，直接关系到对这项工作的发展。我们发展电影产业，首先在思想上要充分认识这个产业的重要性以及发展这个产业的必要性。

（一）大力发展电影产业，是我们实现十六大提出的全面建设小康社会宏伟目标的需要

十六大提出，本世纪头 20 年是我们需要牢牢抓住的重要发展机遇期，在这个重要的发展机遇期里，一项重要的任务就是要全面建设小康社会。全面建设小康社会目标是什么，十六大提出了四项目标。第一项就是关于经济建设的任务，第二项是关于政治建设的任务，第三项是关于文化建设的任务，第四项是关于生态环境建设的任务。我们首先要理解全面建设小康社会的这个宏伟目标，它是个统筹协调、全面发展的目标，这个目标涵盖了经济、政治、文化和环境这四个方面。这四个方面是一个社会的最基本的组成部分，也是社会发展离不开的四个最基本的因素，而其中文化是这四个要素里面的一个重要的组成部分。

文化是一个大概念，这个概念包括科技、教育、文化艺术以及体育等等。在这个文化的概念里面，当然涵盖着我们广播、电影、电视。作为产业属性来说，电影的产业属性在文化中是最明显的。所以要发展文化产业，必须要

很好地发展电影这种受到广大人民群众普遍欢迎的、喜闻乐见的艺术形式、文化样式。如果我们的电影依然像目前这样一种状况，就会拖整个十六大宏伟目标实现的后腿。可以想象十六大要实现的经济建设的目标、政治建设的目标、文化建设的目标，以及环境建设的目标都是一个大发展的目标，都是一个现代化的目标，也就是说要让人们过上小康水平生活的目标。所以从全面实现小康社会的宏伟目标这个要求来看，我们的电影必须要大发展；而电影要大发展，必须要实现产业化。

（二）大力发展电影产业，是满足人民群众日益增长的精神文化需求的需要

改革开放以来，中国人民的生活水平有了很大的提高，这个生活水平包括了物质生活水平和精神生活水平两个部分。与提高了的物质生活水平相适应，就是需要丰富多彩的、质量优良的精神文化产品和精神文化生活。不可能想象一个人只要物质生活，不要精神生活。所以当一个社会的经济发展到一定程度的时候，对精神文化方面的生产的需求，必定要提到日程上来。反过来，精神文化的生产也会推动和带动经济的发展。

大家知道我们中国的文化市场很大很大，大在什么地方？一是我们有13亿人口，这是世界上最大的文化消费群体，独一无二。二是我们现在从收听、收看以及播放广播、电影、电视等技术水平、技术措施来说，也有了很大的提高。中国现在有4亿台电视机，这是世界上独一无二的，哪一个国家也没有那么多，美国也没有我们这么多。

4亿台电视机是一个硬件，有了4亿台电视机，就要有4亿台电视机播放的内容和节目。现在一个城市一般都可以收到40套左右的电视节目，可是我们现在的电视节目相对比较贫乏，重播率很高，尤其是电影的重播率更高。

随着人们物质生活和其他条件的改善、视野的拓宽和文化水平的提高，对精神文化产品的要求也越来越高。观众要求不断地有新作品，要求高水平的电影。所以要求我们的电影既要有思想性，又要有艺术性，还要有观赏性。"三性统一"讲起来很容易，做起来很难。现在的观众都是评论家，一部片子异口同声、交口称赞这种情况少有。社会思想多元化，人们对文艺欣赏的水平也各不一样，所以在这样一个大的社会、经济、文化环境下面，我们影视生产难度加大了。人们的需求非常旺盛，怎么样来满足这样一种日益增长的精神文化的需求，这种需求不仅仅是数量问题，不仅仅是品种问题，而且包括质量，包括题材，包括风格等等。也就是我们现在常讲的只有"弘扬主旋律，提倡多样化"，才能够很好地满足人们精神文化的需求。所以我们大力发展电影产业，有利于促进我们的电影产品丰富多彩，数量不断增加，质量不断提高，品种更加丰富，题材更加多样。

（三）大力发展电影产业，也是我们在新世纪新阶段进一步繁荣发展民族电影业的需要

新中国电影50多年来，取得了很大的成绩，在我们走过的长长的历程中留下了深深的、同时又是光辉的足迹。但是我们要看到与当前面临的新形势、新任务、新要求相比，我们电影业面临着很多新情况、新问题。怎么样解决这些新情况、新问题，是我们促进新时期电影业繁荣发展的一个关键。这些问题不解决，电影业发展不了，而要发展我们的电影业，一个重要的举措就是要推进电影产业化发展。

长期以来，电影业作为一个事业来发展，没有很好地进入市场，或者说没有完全进入市场，没有按照市场经济发展的要求来从事我们的电影工作。由于这方面的局限性使得当前的电影业在社会主义市场经济条件下出现了很多的不适应。这些不适应有思想观念上的，有体制上的，有机制上的，有政策上的，有工作方法上的等等。使我们迈不开腿，展不开翅，不仅发展的步履非常艰难，同时连生存的条件都越来越不具备。有句话说，适者生存，不适者亡。任何生物，任何事物，都要适应这个社会，适应这个环境，适应这个情况，才能够生存，不适应就要被淘汰。恐龙就这样被淘汰的，不适应这个环境就要被淘汰。很多其他物种保留下来了，很重要的原因，它们适应了变化的环境。而我们电影业现在面临的最大变化，就是十六届三中全会提出来的要进一步完善社会主义市场经济体制，而实际情况是我们电影业现在并不适应社会主义市场经济体制这样一个大的环境。所以我们要努力地适应这个环境，适应这样一个情况，就是要推进电影的产业化发展。

从以上这几个方面，大家可以看到，当前提出来电影产业化发展是非常重要，非常必要的。希望我们一起来高度重视电影产业化发展的问题，如果我们依然停留在原来的思想观念上，原来的政策规定上，原来的制度办法上，原来的工作方法上，我们新世纪新阶段的电影事业是很难发展的。解决这些新问题，沿着老路走不行，必须要按照十六大的要求，解放思想，实事求是，与时俱进，开拓创新，必须走新路，创新业，求新绩，开拓中国人民电影事业的新局面。

二、电影产业化发展要着力抓好的几项工作

电影产业化发展是一个新的概念，新的思路，新的要求。我们现在的国有 30 多家电影生产单位中，到目前为止，大概还有 2/3 是所谓事业性质单位。这样一种性质的单位，是很难适应社会主义市场经济发展的需要的，所以中央也已经明确提出电影业必须转制重组，也就是说一定要把原有的事业发展的思路扭转过来，走产业发展的路子，要把原有的事业单位的帽子摘掉，真正进行企业化管理，面向市场。也只有面向市场，才能够生存，才能够发展，这是一个方面。另一方面，即使已经是企业性质的电影单位，仍然是在按照事业单位的运营模式在运作，没有真正地按照现代企业制度办事，没有真正地面向市场，使我们现在的电影生产单位事业不像事业，企业不像企业。所以当务之急就是按照中央的要求，按照这次文化体制改革的要求，将电影单位转制重组，进行产业化运作。怎么样进行产业化的运作，当前关键要做好这几项工作：

（一） 建立两个制度

这两个制度，一个就是现代产权制度，一个是现代企业制度，这是我们进行产业化运作两个必须具备的基本条件。只有在这两个制度建立的基础上，我们才能够走产业化的路子。因为要面向市场，要进行产业化发展，就必须要有一个市场主体，我们的电影生产单位也好，我们的发行公司也好，我们的电影院也好，都应是市场主体。但是我们现在的市场主体是很不规范的。如何规范，关键是要建立这两个制度。

现代产权制度就是要建立归属清晰、权责明确、保护严格、流转顺畅的制度。要产业化发展，必须按照现代产权制度来办。

对可经营性的资源、资产一定要依法评估，同时必须要确定产权的归属。产权是谁的，谁就是产业主人。要切实履行出资人的职责，防止国有资产的流失，把资产的所有权和经营权分开，维护出资人的权益，确保企业作为市场主体和法人实体的相应权利，依法进行产权的交易和产权经营。这是我们在新时期，抓住机遇，迎接挑战，大力发展电影产业的需要。所以一定要把这个产权制度建立起来，不能那么稀里糊涂地搞经营。

产权制度是建立现代企业制度的基础，现代企业制度是建立在产权制度的基础之上的。如何更好地运作产权，就要建立产权清晰，权责明确，政企分开，管理科学的现代企业制度。现代企业制度就要按照《公司法》的要求来办事，要对企业实行股份制的改造，实行政企分开，明确政府和企业的责任；要建立规范的企业法人治理结构，通过改革来理顺企业内部的关系，增强活力，使企业真正具有相应的职责权利的自主经营、自负盈亏、自我约束、自我发展的产业运营主体和市场竞争主体。所以，产业化运作首先要把这两个制度建立起来。

（二）争取两个效益

这两个效益，一个是社会效益，另一个就是经济效益。我们要把社会效益放在第一位，同时又要把社会效益和经济效益统一起来。在这里强调社会效益，是因为电影毕竟还带有意识形态的属性，它有教育人民、引导社会的责任，不是一般的商品。所以从这个意义上讲，我们首先要求电影产业要注意社会效益，而且要把社会效益放在首位。在强调社会效益的同时，又必须要注意电影产业的经济效益。我们强调电影产业的经济效益，是因为电影具有商品属性，生产制作需要资金，通过销售发行，电影进入了商品化、产业化的运行轨道，从而获得利润，所以它带有商业属性。既然带有商业属性，就必定要有经济效益，没有经济效益，电影这个特殊的商品就无法存在。没有资金保障，电影生产不出来，不能拿到市场上去交易，不能获得利润的回报，就不能够再生产，这样的商品就绝了。所以我们必须要把两个效益统一起来，统一到电影里面来。忽视社会效益是不对的，不讲经济效益也是不行的。前者是不对的，后者是不行的，这就是我们电影产业化运作过程中，与其他的一般性的商品所不同的地方。

（三） 开辟两个市场

真正把中国的电影产业化发展起来，必须要注意两个市场的开辟，一个是国内的市场，一个是国际市场。中国电影的国内市场应该说是非常庞大的，但是目前我们的电影产业规模很小，成本很高，利润率很低，但是我觉得潜在的能力很大，因为我们毕竟有 13 亿人，而这 13 亿人对中国的电影是有非常深厚、非常特殊的感情的。现在关键的问题是，我们能不能够真正生产出群众欢迎的、市场需要的电影作品。所以一旦将 13 亿人的电影市场开辟出来，开发出来，我们中国的电影大国的地位就会牢牢地确立起来。到那时候中国何止年产 100 多部片子，那是远远满足不了 13 亿人大市场的需求的。关键是我们要很好地进行产业化运作。

与此同时，还必须要开辟国际市场。美国电影的大头是国际市场，不是国内市场。我们开发国际市场，不要妄自菲薄。这次《英雄》给我们很深的启示，它在国际上打开了一个新的局面，说明中国的电影照样能够占领国际市场，关键是看创作什么样的电影，如何去运作这个电影。也不是所有的美国片都可以在国外占领市场的，相当一部分美国片子，在中国市场的形势并不好，大多数中国人还是愿意看中国的电影，爱看外国片子的中国人的比例很小。美国生产那么多电影，一年就那么几部叫得响的片子。但是由于这样几部片子的质量较高，目前仍占有中国的将近一半市场，显示了美国电影的实力。所以我们真正要把中国变成一个电影生产的大国，不仅要占领国内市场，而且要占领国际市场。占领国际市场要做很多工作，除了创作、制作外，还要会营销。现在我们会国际营销吗？根本不会，更不会根据国外观众的需要去生产电影。所以我们一定要振奋精神，深化改革，努力学习，不能在那儿一天到晚叫困难，困难是叫不走的，只有用新的思路、新的发展才能够把困难撂到后面。国家是重视电影的，但是国家不可能拿那么多钱来给你搞电影，而且明确地说，电影要找市场才有出路。你不要去找市长，找市长弄来一点钱，拍两部片子就没了。今年勉强拍两部，明年呢，再去找市长？所以，我们一定要找市场，要找市场就要走产业化发展的路。

（四）坚持两个面向

产业化发展必须要坚持两个面向，一个就是面向群众，一个就是要面向市场。群众是我们电影的消费者，广大群众需要看什么，愿意看什么，我们应该满足他们的需要，在面向群众中来发展我们的电影。离开了群众，也就是离开了我们的衣食父母，我们电影还有什么前景？所以这点是非常重要的。我们过去文化工作中存在的一个突出问题是没有真正面向群众，结果是："政府是投资主体，领导是基本观众，评奖是奋斗目标，仓库是最终归属。"这种情况，严重地脱离群众。脱离了群众，我们的电影业怎么样发展？以前我们对电影的题目、主题、选材，甚至于风格，都提出这个要求、那个要求，甚至钱都给你准备好了，生产期限也给你定好了，发行档期都给你排好了。这哪叫产业发展呢？严重地脱离群众。所以我们必须要面向群众，特别是作为电影来说，跟有的艺术还不一样，它是最普及的，也是最通俗的艺术样式，所以更要注意面向群众。选题面向群众，风格也要面向群众，题材也要面向群众。我们讲电影有引导群众的职能，首先就要面向群众，不能面向群众，怎么能够引导群众呢？背靠背怎么引导？只有面向群众，才能够引导群众，所以产业化发展必须要解决面向群众的问题。如果说背对群众，生产出来的都是群众不需要的，那就是跟群众作对了，群众说我现在需要茶杯，结果你生产一个碗，群众说需要碗，你给他生产一个盆，完全跟群众对着干了，怎么样去满足他们需求呢，怎么样去为他们服务呢？只有面向群众，满足群众需要，才能够更好地教育群众，引导群众，才能够真正发挥电影的作用。我们现在有一些电影，要靠发通知发行，广电总局发的通知还不行，最好能够中宣部加上中组部联合发，如果这样下去，我们怎么搞产业化发展呢？真正群众需要的，不用发通知；群众不需要的，发通知也没用。现在改革开放不断深化，大环境就是市场经济，就是要政企分开，所以我们必须高度重视面向群众这个问题。

再一个就是必须面向市场。产业化的发展，如果离开了市场的作用，产业化就发展不起来。产业的最大特点就是要按照市场经济的规律办，要接受市场的检验。而市场是冷酷无情的，真正消费者需要的东西，市场才能让你进来，不需要的东西，市场是不接受的。所以，电影要产业化发展，必须要研究市场、熟悉市场，这样才能够掌握市场，占领市场。当你在设计这部电影题材的时候，当你在确定这部电影的风格的时候，你首先要考虑市场需不需要，市场的反应如何。如果离开了市场，你必定要碰壁，因此我们的电影人应该变得聪明起来。这样才能够掌握自己的命运，电影业才能够站得住脚，才能够在市场经济这个大海里面乘风破浪前进，不至于被汹涌澎湃的大浪所吞没。

（五）遵循两个规律

电影产业化发展过程中，必须要遵循两个规律，就如十六届三中全会决定讲的，要按照社会主义精神文明建设的规律，同时要适应社会主义市场经济发展的要求来运作。为什么要遵循精神文明建设规律？因为电影带有意识形态的属性，肩负着教育人民，引导人民的职责，所以必须要遵循精神文明建设的规律。同时电影又是个商品，要通过市场运作来积累资金，发展自己，所以又必须要遵循市场经济的规律。现在摆在我们面前的问题是怎么样把这两个规律很好地结合起来，这就是我们要着力解决的。只讲精神文明建设的规律，忽视了市场经济的规律，我们的电影业很难生存和发展下去。只注意市场经济的规律，而忽略了精神文明建设的规律，我们的电影业也会走到邪路上去，因为毕竟我们有一个需要满足人民群众精神文化生活的需要，同时还肩负着教育和引导人民的职责。电影的功能就是这样，任何人也回避不了，不是主观上想回避就可以回避的。所以，我们在进行电影产业化发展过程中要注意遵循这两个规律，同时要努力地使这两个规律很好地统一在产业化运作中。

（六） 夯实两个基础

电影产业化发展要有两个基础条件，一个是要抓好创作，写好剧本。大家都知道"剧本剧本，一剧之本"，没有好的剧本，会给后续的一系列生产工序都可能带来很大的影响。在电影产业化发展的过程中，一定要抓好创作，不能忽视创作。因为电影毕竟是个内容产业，是通过内容面向群众，面向市场，通过内容来赢得群众，占领市场，所以必须要搞好内容的生产。在内容生产方面，最基础一点就是要抓好剧本，搞好创作。再有一个基础性条件就是人才，人才资源是我们现代化建设的第一资源，电影要发展，人才也是最基本的一个条件。对电影来说，需要各方面的人才，要有名导演、名演员、名编剧等，现在还要有本事的电影经营家。经营电影的人才很重要，即使一部很好的电影拍出来了，但没有人会经营，在市场上也很难成功。我们现在紧缺的是电影经营人才，所以我们要培养这方面的人才，同时也要想办法引进这方面的人才。我们过去比较注意名导演、名演员，我看我们同样要高度重视电影经营人才。目前，电影经营人才是我们稀缺的人才。希望今后电影行业要拥有一批有名的电影经营家、电影实业家，这也是我们电影产业化发展的基础性条件。

三、电影产业化发展需要解决的几个问题

十六大报告提出了"解放思想、实事求是、与时俱进"的思想路线，使我们党的思想路线更加完备，也进

一步向前发展了。关于"解放思想"，十六大报告提出了"三个解放"、"三个一切"的重要原则。"三个解放"是"我们一定要适应实践的发展，以实践来检验一切，自觉地把思想认识从那些不适宜的观念、做法和体制的束缚中解放出来，从对马克思主义错误的和教条式的理解中解放出来，从主观主义和形而上学的桎梏中解放出来"。"三个一切"是"一切妨碍发展的思想观念都要坚决冲破，一切束缚发展的做法和规定都要坚决改变，一切影响发展的体制弊端都要坚决革除"。这"三个解放"、"三个一切"，要求很高，力度很大。电影要实现产业化发展，必须要很好地贯彻这"三个解放"、"三个一切"的原则。我在这里也大声疾呼，电影界的同志们要很好地贯彻"三个解放"、"三个一切"的原则。可以这么说，这"三个解放"、"三个一切"，我们贯彻得如何，直接关系到我们电影业的改革发展。

我曾经讲过一个"西瓜现象"：日本农场主发明了一种方西瓜，圆的西瓜不好运，这个方西瓜就跟砖头一样可以堆放得整整齐齐的，又不容易碰坏。方西瓜怎么生产呢，要做个方形模子，西瓜小的时候，就套在模子里面，慢慢长成以后就不是圆的，而是方的了。当然这个盒子里头也有透光的地方，也有透气的地方，不管怎么长，最终西瓜无法突破这个模子，都是方的。那么实际上西瓜是圆的，在大自然的情况下，没有任何束缚的情况下，它该长成什么样，就长成什么样，但人们用一个方形的模子套上，就可以让它长成方的。这给我们一个什么启示呢，我们的制度，我们的规章，我们的政策，我们的体制等等，如同模子，会制约电影业的发展。所以从某种程度上来说，我们电影业如果说不够繁荣，不够发展的话，就是受到这样一些体制、这样一些制度、这样一些规定、这样一些政策的束缚。因此，要让电影业发展繁荣起来，就要打破影响电影业发展的模式，让电影能够充分地生长和发展。"三个解放"、"三个一切"的要求，最基本的道理就是要打破束缚，只有这样才能够发展起来。

真正要把中国的电影业发展起来，要在三个"破"上下工夫。

（一）冲破束缚，解放思想

这个冲破主要是指思想观念，我们要冲破各种影响发展的旧思想、老观念的束缚。要在谁来拍电影，拍电影干什么，拍什么样的电影，怎么样管电影，这关系到电影业发展的四个大的理论问题和实践问题上，要冲破束缚，解放思想。谁来拍电影？我们过去有很多规定，重要的一条，电影只有国有单位才能拍，民营的不能拍电影，这个观念我们现在已经开始突破了。美国的电影，法国、日本、英国的电影都可以在中国放，我们就没有必要再规定中国的电影只有国有单位才能拍，民营的不能拍。我们还管到拍电影的钱，合作拍电影，国有要占大头。美国的片子统统是资本家出的钱，这样的电影都可以在中国放；中国要拍电影，非要规定谁出多少钱有必要吗？关键的问题是拍出的电影能不能放，能不能进电影院，能不能上电视，能不能进市场，我们把这个管住就行了。我想这需要解放思想，人家美国的电影都可以在我们这儿放，为什么我们自己把自己束缚起来？中国本来拍电影就没有钱，结果你还要限制社会资金进来拍电影，所以我们首先要在这个问题上有突破。中央领导同志也指出，关键是要把住市场准入这个关口。市场准入就是看电影的导向，看电影的质量，不行则不能放映。政府就管这个总的开关。把住市场准入关，其他一切问题也都解决了。制片方选本子、选题材，从剧本开始就会考虑，这个本子能不能拍？投资了1000万，如果说不能通过，1000万就扔到水里了。这样他会主动让你看剧本，没哪个人会那么傻，来盲目投资，他要进行投资的可行性研究。

还有拍电影是干什么和拍什么样的电影的问题。电影的教育功能是存在的。既然电影能影响人们的思想，就要考虑是正面影响，还是负面影响，所以我们要牢牢把握好正确的方向，对人们起到教育作用。但是电影的作用不能够只归结为教育人，完全作为一种纯粹的教育工具。因为毕竟电影还是有艺术的作用和观赏的作用在里面。十六大报告提出来，中央关于文化体制改革的文件也提出来，我们提倡先进的文化，欢迎健康有益的文化，同时要改造落后的文化，要抵制腐朽的文化。让大家笑一笑，乐一乐，精神上有了调节，没有其他方面的害处，这种片子我们允许拍，允许放。这样就大大拓宽了作品的题材领域，大大地拓宽了电影人思想的领域。包括主旋律，现在都在讲主旋律，主旋律的方针是明确的，要弘扬主旋律，同时还有一句话要提倡多样化。"弘扬主旋律，提倡多样化"是一致的，现在的问题是我们对主旋律的理解存在偏颇。从电影的创作者、制作者，到电影的管理者，对这个问题的理解上都有偏颇。什么叫主旋律，江泽民同志曾经有一个明确的论述，即"四个有利于"。主旋律是一个比较宽泛的概念，不是我们有些人狭义的理解，就是革命的思想、崇高的品质、优良的传统。"四个有利于"里其中就有一个是"有利于人们用自己的诚实劳动换取美好生活的思想和精神"，这也是主旋律。我们不要一说主旋律就是革命英雄主义，就是雷锋精神，就是共产党员的优秀代表，这当然是主旋律，但是主旋律不仅仅指这些。总之一句话，一切对经济发展、对社会进步、对民族团结、对人民幸福、对人的素质的提高有帮助的思想和精神都是属于主旋律范围。所以我觉得我们要很好地理解，把思想从偏颇的认识中解放出来。

再有一个我们怎么样管电影的问题。我想，只要有利于制片方拍出群众欢迎的、对社会有好处的电影，我们都支持、我们都赞成。而且我们为此要给电影人创造条件来发展电影业。

文化体制改革和文化事业、文化产业发展非常重要的一点，就是要创新。要创新就是要突破，就是要突破原有的那些思想认识，思想观念，否则没法创新。所以突破旧的思想的束缚，形成新的创新的思路，这是我们产业化发展的一个首要条件，也是必须要解决的首要问题。

（二）打破封闭，促进开放

影响我们电影产业化发展的另一个重要的问题就是封闭，包括部门的封闭，地域的封闭，行业的封闭等等。电影应该是一个社会行业。把行业封闭的局面打破了，各行各业都会关心电影，各行各业都会来投资电影，不要认为这只是电影系统的事情，别人不能搞，只能我搞。我们广播电视工作多少年来一直就是广电系统在搞，实际上现在已经逐步打破了，社会上做电视节目的到处都是。这些年来电视剧为什么那么繁荣，为我们电视台创造利润的第一位是电视剧。为什么？就是各行各业、社会方方面面只要有条件、有能力，都可以搞电视剧，没有什么制约，当然我们也有宏观调控，允许制作电视剧的公司，如果三年内拿不出电视剧就要被取消资格。就是这样管，电视剧的生产就相对繁荣。但是我们电影多年来束缚还是比较大的，所以今年改革力度很大，颁发了一些新的规定、新的制度、新的办法。还有地区封锁问题，现在是市场经济了，要建立大市场，只有大市场才是我们形成大产业的一个基础，没有大市场，大产业形成不了。一定要真正按照市场规律办事，打破地区封锁，打破行业封锁。市场经济不管你是姓什么的，是什么地方生产的，只要对消费者有用，市场就会接纳。不打破这些封锁，我们电影是繁荣不起来的。包括我们的管理，我想我们也要打破封锁，打破封闭。十六届三中全会决定提出来，深化文化体制改革，要建立起"党委领导，政府管理，行业自律，企事业单位依法运营的文化管理体制"。要建立这样一套体制，不要把电影的全部工作都由广电总局和电影局来管。要政企分开，有些事该下放到企业去，由企业自己去经营，按市场经济规律办事。有些事情也不一定要政府出面，我非常赞同发挥行业协会的自律作用。不要统统让政府部门来管，有些事情政府部门是管不了的，可以让行业协会来协调。有同志跟我讲，现在演员要价太高，我们一部电影投资的2/3给演员分光了，只有1/3用来拍电影，政府能不能调控一下？政府是做不了这个事情的，但是我觉得行业协会可以发挥作用，是不是行业协会定一个规矩，拍一部电影一个演员只能拿多少万，如果破了规矩以后，行业协会要制裁你。如果中影破了规矩，协会就制裁中影，上影破了规矩就制裁上影。把演员出场价压下来，然后真正把钱用到拍片子上。拍摄成本降低了以后票价也能够降下来，要不然老百姓都买不起电影票看电影，你说这样电影能繁荣吗？

（三）突破障碍，推动发展

障碍主要是一些体制性的障碍、政策性的障碍、制度性的障碍等，要突破这些障碍，才能够推动发展。我有一个想法，一个是抓大放小，大的几个制片厂我们要抓好。所谓抓大，不是说这些大的我都要给你管起来，而是要加强指导，促进你改革。小制片厂放开，让它们在市场经济的大海里去闯，为什么？因为它们负担轻，压力小，转制容易，重组方便。现在有二十几个小厂，也拍出了一些很有影响的片子，关键是机制活。要放开，就要帮助它们突破体制、机制、政策、制度方面的障碍。北京市旧城改造难，新区开发容易，电影的发展同样是这个道理，大制片厂这些老企业，要改造很难。等把大厂的包袱解除了，困难解决了，需要相当时间，这势必会影响电影业的振兴。怎么办？就是一方面要努力地进行旧城改造，另一方面更要搞新城开发。新城开发就是要培育新的市场主体，而这些新的市场主体负担轻、活力强。所以我想你们的小厂负担较轻，又有电影的出品权，改革发展相对比大厂要容易。

那么大厂有包袱怎么办呢？一方面依靠国家的扶持来解决。国家的扶持是必要的，但毕竟是有限的。因此，大厂还是要加强内部的改革，尽快面向市场。大厂要放下架子，拍群众需要的电影。小厂就没有架子，较易贴近生活、贴近群众，小投入小制作，只要群众需要，市场需要，他们就干。胡锦涛同志和李长春同志多次讲话强调：我们的文化工作一个非常重要的原则就是看群众满意不满意，群众答应不答应，群众赞成不赞成。既然群众喜欢的事情，我们就应该尽心尽力地去做。总之，摆在我们面前的是大有可为的事业，虽然有困难，但关键是如何转换思路。

按照十六大给我们指引的方向，按照中央的要求，按照目前这样一种态势发展下去，中国的电影产业化发展，不出五年，一定会有一个崭新的面貌！但是话要说回来，在这五年发展的长河中一定是有喜有忧，有的是乘风破浪前进，也有的可能被大浪冲得翻船。这就是市场经济，这就是客观规律。关键是我们能不能够把握好航船前进的方向，有没有本领抗击风浪，这是最重要的。

汲取圣贤文化精华
促进先进文化建设[*]

  "圣人"一词在我国历史上很早就出现了，《老子》中说："是以圣人抱一为天下成。"《易·乾·文言》中说："圣人作而万物睹。"《论语·述而》中说"圣人，吾不得而见之矣，得见君子者斯可矣"。《荀子·性恶》中说："故圣人者，人之所积而致也。"司马光在《资治通鉴》卷一中说："才德全尽谓之圣人。"从上述所言，"圣人"就是指道德极高智能超常的人。"贤人"是指有德有才，仅次于圣人的人。《论语·子张》篇说："贤者识其大者，不贤者识其小者。"即贤人是能认识事物根本道理的人。圣、贤在人们的观念中，并为万世师表。自古以来，约定俗成，很多圣贤人物都得到了大家的认同。如帝圣伏羲、炎帝、黄帝，道圣李耳、庄周，儒圣孔子、孟子，墨圣墨翟，易圣周文王、周公，字圣苍颉、许慎，诗

  * 本文发表于 2007 年第 1 期《史学月刊》。

圣杜甫，画圣吴道子，文圣韩愈，酒圣杜康，医圣张仲景，科圣张衡，商圣范蠡，药圣孙思邈、李时珍，乐圣朱载堉，厨圣伊尹，兵圣孙武、孙膑，武圣关羽、岳飞，史圣司马迁，智圣诸葛亮，谋圣姜子牙、鬼谷子，书圣王羲之，词圣苏轼，戏圣关汉卿，游圣徐霞客，法圣韩非子，僧圣玄奘，茶圣陆羽，农圣贾思勰，算圣祖冲之，草圣张旭等等，至于古代的贤人，举不胜举，那就更多了。圣贤们的品德、人格、思想、学说、贡献及影响就构成了厚重的圣贤文化。

中华民族历史悠久，文化灿烂。中国古代的圣贤文化内容丰富，博大精深，几乎涵盖了中华传统文化的各个领域。其思想内涵可概括为以下几个方面。

一、古代圣贤文化内容丰富、博大精深

一、阴阳观念。阴阳的本意就是指阳光的向背，向日为阳，背日为阴。古圣先贤们认为一切事物都有正反两个方面，用阴阳来概括两种互相对立或互相消长的两个方面，从而形成阴阳观念，太极图的阴阳鱼就是形象的图示和说明。所以《黄帝内经》认为："阴阳者，天地之道也，万物之纲纪，变化之父母，生杀之本也，神明之府也。故积阳为天，积阴为地，阴静阳躁。"

二、五行思想。五行一曰水，二曰火，三曰木，四曰金，五曰土。水曰润下，火曰炎上，木曰曲直，金曰从革，土爰稼穑。润下作咸，炎上作苦，曲直作酸，从革作辛，稼穑作甜。意思就是，五行即水、火、金、木、土。水的性质是润下，火的性质火焰炎上，木可曲可直，金属可以改变，有土是可以种植和收获。水润下发生成，火焰上发生苦，木曲发生酸，金属可以改变发生辛，土地的种植和收获发生甜。《黄帝内经》认为，世界上的一切事物都是由水火金木土五种属性的基本物质生成的。这五种属性，又可理解为事物的五种功能、作用。五行的运动变化，构成了整个物质世界。

三、人文精神。古之圣贤非常重视人文，同时也认为人和"天"（自然）是相通的，《易·贲卦·象辞》："刚柔交错，天文也，文明以止，人文也。观乎天文，以察时变；观乎人文，以化成天下。"所谓："文明以止。"意思是止物不以威武，而以礼乐教化。"观乎天文，以察时变；观乎人文，以化成天下"，是将"人文"与"天文"放到对等的地位，从中可以看出对人文的重视程度。人和天也是相通的。什么是人？《礼记·礼运》说："故人者，其天地之德，阴阳之交，鬼神之会，五行之秀气也。"《说文解字》也说："人，天地之性最贵者也。"《老子》第二十五章也说："故道大，天大，地大，人亦大。域中有四大，而人居其一焉。人法地，地法天，天法道，道法自然。"把人和道、天、地并列，称之为四大之一。中华文化所崇拜的是祖先，注重的是祭祖，崇拜和祭祖的是那些为民族的生存和发展做出突出贡献的人，如伏羲、炎帝、黄帝等。中华文明是以人为主体的文明，不像西方，把宗教和神学摆在至高无上的地位。在中华文明中，人与人的关系远比人和神的关系重要。

四、崇德尚群。重视人的节操和修养，追求人格的完美，这可以称之为道德意识或人格意识，这是中华文明的又一重要特点。孔子说："杀身以成仁。"孟子说："舍身以取义。"还说："富贵不能淫，贫贱不能移，威武不能屈。"在他们看来，道德和节操比生命还重要。在古代，道德和智能完善的人就是圣贤。中华文明以人为中心，在众人中又以圣贤为中心，而且认为圣贤不是天生的，只要经过认真修养和锤炼，都能"人皆可以为尧舜"。

尚群就是崇尚群体利益。人应把群体利益看得高于个人利益，这是中华民族的价值观。小到家庭，大到国家、民族都是群。个体是小我，群体是大我。《礼记·礼运》："大道之行也，天下为公。"天下为公的理想作为中华文明核心的一部分，显得非常辉煌。

五、和合思想。中国传统文化中蕴涵着丰富的和合思想。"和"是中国历史文化的特征向量、古代先哲的生命信仰和思维基础。早在三千多年前，中国的甲骨文和金文中就有了"和"字。西周时期，周太史史伯提出"和实生物，同则不继"的观点。到了春秋战国时期，诸子百家更是经常运用"和"的概念来阐发他们的哲学思想和文化理念：管子提出"畜之以道，则民和"；老子提出"知和日常，知常日明"；孔子的《论语》提出"礼之用，和为贵"；孟子提出"天时不如地利，地利不如人和"；荀子提出"万物各得其和以生"；《中庸》提出"和也者，天下之达道也"。"和"不是盲从附和，而是和而不同。

"和"的思想，强调世界万事万物都是由不同方面、不同因素构成的统一整体。在这个统一整体中，不同方面、不同因素相互依存，相互影响，相异结合，相反相成。由于"和"的思想反映了事物的普遍规律，因而它能够随着时代的变化而变化，随着社会的发展而不断丰富其内容。现在我们所说的"和"包括了和谐、和睦、和平、和善、祥和、中和等含义，蕴涵着和以处众、和衷共济、政通人和、内和外顺等深刻的处世哲学和人生理念。正如中国的儒、释、道思想中都含有"和"的内容。"和"的精神，是一种承认，一种尊重，一种感恩，一种圆融。"和"的基础，是和而不同，互相包容，互相存异，共生共长。"和"的途径，是以对话求理解，和睦相处；以共识求团结，和衷共济，以包容求和谐，和谐发展。"和"的佳境，是各美其美，美人之美，美美与共，天下大同（费孝通《美美与共和人类文明》）。

六、整体思维。整体思维就是从整体上把握事物的性质，事物之间的联系以及发展规律。《易经》提出：三才之道，视天地人为一整体，认为天、地、人存在着普遍的联系。这种思想集中体现就是天人合一。中国古代的科学家以阴阳五行观为其自然哲学的基础，以相感相通和相生相克的整体思维考察自然现象的性能及其变化过程，从而在天文学、气象学、医学、化学、地理学和生物学等领域做出了自己的贡献。中国的艺术创作、艺术鉴赏是注重整体的把握，在画竹之前首先要成竹在胸，在写字之前，对字的谋篇布局、间架结构、偏旁部首都已在心中有数了。

所以，我们现在既要积极学习近代西方文明善于分析的长处，以及与此相关的先进的科学技术，又要继承和发扬我们中华文明的整体思维，从而加强中西思维方式的融会贯通，促进当代中华文明的迅速发展。

二、古代圣贤文化是中国传统文化的源头

古代的圣贤人物是中国传统文化的主要代表人物，圣贤文化是中国传统文化的主流文化和核心内容。圣人是某个学术领域的鼻祖和创始人，他们的学术和人格往往达到了当时该领域的顶峰，不愧为后人楷模。中国的传统文化主要指我们的国学，也就是儒、道、佛。儒圣孔子的代表作《论语》。《论语》是孔子的弟子及再传弟子整理关于他的言行的记录。内容有孔子谈话、答弟子问及弟子间相互谈论的话。其中很多都是关于记载周游列国的言行。道圣李耳是河南鹿邑人，他的《道德经》虽然只有 5000言，但内容博大精深，玄妙深奥，影响至深。佛教第一次传到中国就在河南洛阳落地生根，不辞劳苦到印度取经的僧圣玄奘也是河南偃师人，他是中国历史上的佛学大师，不仅在翻译传授印度佛教方面做出了很大贡献，而且还创立了唐代第一个佛教宗派。他的《大唐西域记》真实记录了今日印度、尼泊尔、巴基斯坦、中亚以及我国西北历史的珍贵文献资料，是一部不可多得的世界名著。由此可以看出，中国的圣贤文化在中国传统文化的地位和作用是多么的重要。

中原文化是中国传统文化的源头，中原圣贤文化是中原文化的重要组成部分和精华，因此中原圣贤文化也是中国传统文化的源头。古代传说，中华始祖伏羲时代黄河中跃出龙马，背负河图，伏羲受之而作八卦。禹时洛水中浮出神龟，背负"洛书"，大禹受之而创立五行思想。"河图"——八卦，"洛书"——五行，是中华文明的一个重要源头。中华世纪坛的世纪大厅内的浓缩中华五千年文明史的园壁浮雕，就是以河图洛书为第一组，以太极八卦为第二组，可见河图洛书和八卦五行的源头地位。八卦和五行都是把自然作为多种性质、多种因素、多种成分的物质组合，并进而把构成自然的各种物质物象概括为阴阳二气，周易中重要的思想就是阴阳思想，开启了中国的哲学、科学、文学、医学、天文、地理、农学等等广阔的情景。

到了春秋战国时期出现了百家争鸣学术繁荣局面，儒、墨、道、法、名等诸子思想，就是中国传统文化的思想观念的核心和基础，儒家的孔子、墨家的墨子、道家的老子、法家的商鞅、申不害、慎到及韩非子，名家的惠施、公孙龙等，圣贤人物所创造的文化成就就是中国传统文化的根，就是中国传统文化的源。和合精神，是中国传统文化的精髓，研究和合文化就要研究《易经》和儒家文化以及其他诸子百家学说。

综上所述，中国古圣先贤们高尚的道德思想、伦理情操、治学风格、创业精神都是永远值得我们学习的典范。所以我们要大力弘扬圣贤文化。

二、发掘利用古代圣贤文化资源,促进
先进文化建设和和谐社会建设

首先,弘扬传统文化,特别是圣贤文化能够培育我们的民族精神。所谓民族精神,就是一个民族在长期共同生活和社会实践基础上逐渐形成并为该民族大多数成员所认识和信守的思想品格、价值取向和道德规范,是一个民族心理特征、文化传统、思维模式、行为方式和思想情感等的综合反映。民族精神是民族的灵魂、民族的脊梁、民族的动力。我们的古圣先贤为我们中华子孙留下了丰厚的民族精神,如"天行健,君子以自强不息"的进取向上的精神;"地势坤,君子以厚德载物"的宽厚包容的精神;"杀身成仁、舍生取义"的奉献精神;"先天下之忧而忧,后天下之乐而乐"、"天下兴亡,匹夫有责"的忧患意识和对国家对社会负责的精神;"人生自古谁无死,留取丹心照汗青","苟利国家生死以,岂因祸福避趋之"的爱国主义精神;"苟日新、日日新、又日新","与时俱进"创新发展精神;实事求是,知行合一的实践精神;"大道之行也,天下为公,选贤与能,讲信修睦","天涯若比邻"、"四海之内皆兄弟"的追求和谐大同的精神。同时古圣先贤还为我们留下了很多美好的品德,如讲信义、鄙欺诈,重诚实、鄙虚伪,讲勤劳、鄙安逸,重节俭、鄙奢侈,重刚直、鄙阿谀,重廉洁、鄙贪劣等。党的十六大明确指出,在五千多年的发展中,中华民族形成了以爱国主

义为核心的团结统一、爱好和平、勤劳勇敢、自强不息的伟大民族精神，这是对我们古圣先贤所创立的民族精神的高度概括。最近胡锦涛同志在十届四次人大会议闭幕时的讲话提出了坚持"以热爱祖国为荣，以危害祖国为耻。以服务人民为荣，以背离人民为耻。以崇尚科学为荣，以愚昧无知为耻。以辛勤劳动为荣，以好逸恶劳为耻。以团结互助为荣，以损人利己为耻。以诚实守信为荣，以见利忘义为耻。以遵纪守法为荣，以违法乱纪为耻。以艰苦奋斗为荣，以骄奢淫逸为耻"，这坚持"八荣八耻"既是对古圣先贤美好品德的继承，同时又赋予时代内容，也是古圣先贤美好品德的发展。因此，我们传承中华文化，弘扬民族精神；传承中华美德，培育民族精神，对凝聚全民的意志和力量，振奋民族精神，重塑民魂，实现中华民族伟大复兴具有重大的意义。我们宣扬圣贤文化，就是为了唤起历史的觉醒，弘扬民族精神，就是为了实现时代所赋予的最神圣的使命。

其次，通过弘扬圣贤文化，可以学习和继承古圣先贤的宝贵知识和智慧。古圣先贤为我们创造了很多宝贵的精神和知识财富，留下了很多光辉灿烂的启迪后人的智慧。如《黄帝内经》是我国现存最早的一部医书，同时也是集前人哲学、医学及民族智慧、情感、灵魂的生命巨著。《易经》是中国最古老最重要的典籍之一，被儒家尊为"五经之首"，被道家称为"三玄之冠"。历代明君贤相、志士仁人视为经邦济世的宝贵经典。《周易》富含精深哲理，所蕴含的太极衍化的宇宙观、人天统一的整体观、阴阳转化的矛盾观、保合太和的和谐观是基本的易学原理。科学家们对《易经》也极为重视，一方面乐于用现代科技方法诠释《易》理，一方面乐于用易学的符号模拟某些现代科学图式，表达某些科学原理。周易所固有的整体观念、系统思想、序列思想、节律观念、周期循环思想、均衡原则、对称图式、互补原则、模糊原理等，日益引起科学家的广泛重视，周易对传统文化如天文、地理、历法、数学、文学、艺术、术数都有着深刻影响，所以被称为千古奇书。《周易》像奔涌不息的甘泉，浇灌着传统文化的土壤，培育了中华民族自强不息的精神风貌，它是理性思维的源泉，又是民族智慧的结晶。老子的《道德经》虽然只有 5000 言，但思想内容都博大精深，深奥无比。他开创了我国古代哲学思想的先河，是全世界最早具有朴素辩证法思想的人，他认为世间一切事物都有正反两方面的对立和变化。他发现在自然或人类社会中，不仅存在着阴阳、有无、美丑、贫贱、难易等等对立，就是这些对立面之间也存在着互相依存，相互转化的关系。而且量的不断积累可以引发事物发生质的变化。老子认为"人法地，地法天，天法道，道法自然"，所以主张统治者治理国家应"无为而治"。而对人的道德修养主张"见素抱朴，少和寡欲"，他认为居守内心的清静是最理想的道德境界。所以老子的哲学思想和他创立的道家学派，不但对我国古代思想文化的发展做出了重要贡献，而且对我国几千年来思想文化的发展也产生了深远影响。《论语》体现了孔子的政治思想和教育思想。讲了如何治理国家的道理和方法，讲了如何教书育人的道理和方法。使历代的统治者和读书人大受其益。所以有半部《论语》治天下之说。大家推崇他为至圣先师。孔子是我国传统文化的集大成者和奠基人，经过孔子整理的《诗》、《书》、《礼》、《乐》、《周易》、《春秋》和他本人创造的知识、智慧而留给后世的精神财富，不仅属于炎黄子孙，而且也属于世界各族人民。难怪乎中国历代到处都有文庙纪念孔子，所有学堂都供奉孔子。直到当代，国内外研究孔子也是经久不衰，世界上现已建起40多个孔子学院，还大有发展之势。当然圣贤的智慧还有兵家、天文、历法、农学、谋略、商贾、法律、书画、医药、餐饮、戏曲、娱乐等方面的知识和智慧。在知识经济时代，创意产业是知识经济的核心和动力，而知识和智慧是创意产业的资源，所以弘扬传统文化，学习古圣先贤创造积累的知识和智慧尤为重要。

再次，弘扬传统文化是为了创造更加灿烂的社会主义先进文化。党的十六大指出："全面建设小康社会，必须大力发展社会主义文化，建设社会主义精神文明。"当今世界，文化与经济和政治相互交融，在综合国力竞争中的地位和作用越来越突出。文化的力量，深深熔铸在民族的生命力、创造力和凝聚力之中。因此，发展社会主义先进文化，一定要以传统文化为根，以中华民族精神为魂。中华民族精神凝于博大精深、源远流长的中华传统文化之中。我们今天的复兴大业绝对不能离开我们民族的优秀传统文化，否则将是无根、无基、无源，是不能完成复兴大业的。当然，我们弘扬传统文化，尊重传统文化，决不是为传统而传统，而是要"古为今用"，借鉴古人的知识和智慧要紧密联系实际，结合当前形势进行创新。对传统文化也要批判的吸取，择其精华，去其糟粕。当代学者杨宗兰说："历史是功绩和罪恶的混合，文化是文明和愚昧的集结。我们的血管里，跳动着五千年文化的精华，也积淀着长期停滞的糟粕。跳动的要升华，积淀的要歇息。升华的要给予动力，歇息的要加以刺激。"我们讴歌发扬传统文化的魅力，进一步塑造炎黄子孙的形象，再振中华民族的灵魂，为重铸中华民族的辉煌做出新的贡献。

光辉灿烂的中国古代圣贤文化是我国宝贵的精神文化财富。曾为我国历史的进步、社会的发展、国家的统一注入了强大的动力，做出了伟大贡献。在改革开放的今天，圣贤文化无疑也是我们建设新型文明的宝贵资源。我们一定要充分发掘、利用这一宝贵资源，促进先进文化的建设，促进社会的和谐发展。

六、关于党的建设新的伟大工程

GUANYU DANG DE JIANSHE

XIN DE WEIDA GONGCHENG

以改革创新精神加强党的建设[*]

党的十七大报告明确提出了以改革创新精神全面推进党的建设新的伟大工程的重大战略思想和重大战略任务，这为我们明确了党的建设和组织工作的新课题。胡锦涛总书记在全国组织工作会议上进一步强调，全党同志必须从国际形势的发展变化，从发展中国特色社会主义的客观要求，从提高党的执政能力、保持和发展党的先进性的战略高度出发，深刻认识以改革创新精神全面推进党的建设新的伟大工程的重大意义。我们一定要按照胡锦涛总书记重要讲话的要求，以宽广的眼界、战略的思维、发展的观念，自觉地把党的建设和组织工作放到国际国内大背景下、放到全党全国全省大局中去思考、去研究，进一步增强以改革创新精神推进党的建设和组织工作的使命感、责任感、紧迫感。

---

* 本文发表于 2008 年第 6 期《领导科学》。

一、在认清世情国情党情省情的
新变化中明确党建新课题

从世情看，只有改革创新，我们党才能紧紧跟上时代步伐。当今世界正处于前所未有的大变革大调整中，国际形势总体稳定，但世界仍然很不安宁；国与国互动联系密切，但国际矛盾和分歧依然突出。我们不仅面临着全球的经济竞争、文化竞争，而且面临着激烈的政治竞争，即看谁的制度更有生命力，看谁的政权更加稳固，看哪个主义更受人民拥护，看哪个政党更有凝聚力。我们必须认识到，如果不坚持改革创新精神，不树立宽广的世界眼光，故步自封，裹足不前，就必然要落伍甚至会被时代所淘汰，就会在党与党、国与国的竞争中败下阵来。我们一定要紧密联系当今世界深刻变化的实际，把改革创新精神贯穿于党的建设和组织工作的各个方面，使我们党在激烈的国际竞争中始终掌握发展的主动权，始终立于不败之地。

从国情看，只有改革创新，我们党才能始终成为中国特色社会主义事业的坚强领导核心。改革创新是我们党由小到大、由弱变强的强大动力，也是中国特色社会主义事业蓬勃发展的强大动力。我国正处于社会主义初级阶段，经过改革开放30年的发展，我们站在了新的历史起点上。回过头来看，30年来我们党带领人民推进改革开放和现代化建设的历史，就是一部我们党的改革创新史。同时我们还要看到，当前我国改革发展已进入关键阶段，呈现出一系列阶段性特征，面临着不少亟待解决的新课题新矛盾。我们党要带领人民开创改革开放新局面，发展中国特色社会主义，根本动力在改革创新，光辉前景同样在改革创新。只有做到勇于变革、勇于创新，永不僵化、永不停滞，我们党才能始终成为中国特色社会主义事业的坚强领导核心，才能更好地推动科学发展、促进社会和谐。

从党情看，只有改革创新，我们党才能不断提高执政能力、保持和发展先进性。胡锦涛总书记指出，一个政党的执政能力和先进性，在很大程度上表现为带领人民推动全社会改革创新的能力，也表现为推进自身改革创新的能力。执政74年的苏联共产党、执政71年的墨西哥革命制度党之所以一夕之间丧失执政地位，一个很重要的原因就是因循守旧、僵化老化，失去了生机和活力。我们党之所以始终充满朝气、充满活力，就是由于我们党始终坚持以改革创新精神推进自身建设。但要清醒地认识到，我们党已经成立87年、执政59年，一些党员、干部容易产生惰性和脱离群众的倾向；新党员数量的大量增加，干部队伍新老交替的不断进行，使党的教育和管理任务比过去任何时候都更为繁重；改革开放的深入推进，也使党在深刻变化的社会环境中面临许多前所未有的新课题新考验。要适应新变化、经受新考验、解决新课题、永葆先进性，就必须把改革创新精神贯穿于党的建设和组织工作的各个方面。

从河南省情看，只有改革创新，全省党建工作才能更好地适应实现发展新跨越的要求。近年，河南省经济社会发展和各方面工作之所以能取得显著成就，实现了"由小到大"的历史性转变，正是得益于我们坚持以改革创新精神推进党的建设。改革发展稳定中各种难题的有效破解，抗灾救灾工作取得的重大胜利，都是与各级党组织坚强领导核心作用和广大党员干部先锋模范作用的充分发挥分不开的。加快"由大到强"的历史性转变，实现河南发展新跨越，离不开党的坚强领导，离不开广大党员干部的中坚作用。面对新形势新任务的要求，河南省党的建设和组织工作还存在诸多不适应的地方：科学发展的意识不强、能力不够；少数党员干部作风不正，形式主义、官僚主义问题比较突出，奢侈浪费、消极腐败现象仍然比较严重；一些基层党组织软弱涣散；新经济、新社会组织党建工作和流动党员的管理还有待进一步加强，等等。这就要求我们必须不断强化改革创新意识，努力把各级党组织建设成为贯彻落实科学发展观的坚强堡垒，把党员干部队伍建设成为贯彻落实科学发展观的骨干力量。

二、在推进党的建设新的伟大工程中体现新理念

理念创新是工作创新的前提。以改革创新精神全面推进党的建设新的伟大工程，使党的建设和组织工作更好地体现时代性、把握规律性、富于创造性，必须始终坚持、全面体现科学发展、团结和谐、公平正义、民主公开、人民满意这五种理念。

一是科学发展的理念。科学发展观是发展中国特色社

会主义必须坚持和贯彻的重大战略思想，也是党的建设和组织工作必须坚持和贯彻的重大战略思想。以改革创新精神全面推进党的建设新的伟大工程，最突出、最紧要的问题就是全面贯彻落实科学发展观。我们要坚持用科学发展观统领党的建设和组织工作，确定原则、谋划思路都要以科学发展观的要求为基本依据，推动和开展工作都要紧紧围绕贯彻落实科学发展观来进行，衡量和检验工作成效都要以科学发展观为根本标准。特别是要建立和完善体现科学发展观要求的党政领导班子和领导干部综合考核评价体系，引导广大党员干部特别是领导干部着力转变不适应不符合科学发展观要求的思想观念，着力解决影响和制约科学发展的突出问题，促进经济社会又好又快发展。

二是团结和谐的理念。党的团结是党的生命和力量所在，党内和谐是构建和谐社会的基础和前提。党的十七大明确把团结和谐作为马克思主义执政党的建设目标之一，进一步明确了团结和谐在党的建设中的重要地位。我们要坚持把团结和谐理念贯穿于党的建设和组织工作的各个方面、各个环节，找准切入点、结合点和着力点，营造和谐共处、团结务实的工作氛围，形成和谐和顺的党群干群关系，建立引导和谐、促进和谐、保障和谐的工作机制，努力做到以加强党内团结促进社会团结，以增进党内和谐促进社会和谐。

三是公平正义的理念。十七大报告指出："实现社会公平正义是中国共产党人的一贯主张，是发展中国特色社会主义的重大任务。"公平正义是我国社会主义制度的重要价值和本质特征，是我们党立党为公、执政为民的本质要求，也是党的建设和组织工作必须遵循的根本准则。我们要建设一支公道正派的党员干部队伍，形成一套体现公平公正原则的选人用人机制，坚持用公正的制度、公正的作风选公正的人，坚持用选人用人的公正促进以权利公平、机会公平、规则公平、分配公平为主要内容的社会公平保障体系建设，更好地促进和维护社会公平正义。

四是民主公开的理念。党内民主是增强党的创新活力、巩固党的团结统一的重要保证。随着人民政治参与积极性的不断提高和党员干部民主意识、权利意识的日益增强，我们要进一步完善党内民主制度，健全民主讨论制度、民主决策制度、民主选举制度、集体领导与个人分工负责相结合的制度和民主监督制度，使广大党员的主体地位得到更好尊重，民主权利得到更好保障，知情权、参与权、选择权和监督权得到更好落实。要深化党务公开，无论领导班子建设、人才队伍建设、基层党的建设，还是党员干部队伍建设，都要逐步走向公开、民主、透明，以党内民主带动人民民主。

五是人民满意的理念。让党满意、让人民满意，是胡锦涛总书记对党建和组织工作提出的明确要求。我们要把人民群众满意作为党建和组织工作的价值取向，把人民群众得实惠作为党建和组织工作的重要目标，把群众公认作为党建和组织工作的最大追求，引导和督促领导干部强化立党为公、执政为民意识，把真正能够带动一方发展、造福一方百姓的同志选配到各级领导班子中来，使推进党建和组织工作的过程成为体现群众意愿、实现群众利益的过程，不断提高人民群众对党建和组织工作的满意度。

三、在完成党的建设新任务中探索工作新举措

全国组织工作会议根据十七大提出的党的建设"五位一体"的总体布局，提出了当前和今后一个时期党的建设和组织工作的总体要求，全面部署了党的建设和组织工作的各项任务。我们要围绕党的执政能力建设和先进性建设这条主线，紧密结合河南实际，以新举措、新办法推动各项任务的落实，努力开创党的建设和组织工作新局面。第一，切实加强思想理论建设，在深入学习贯彻中国特色社会主义理论体系上取得新进展。深入学习贯彻中国特色社会主义理论体系，着力用马克思主义中国化最新成果武装全党，是提高全党马克思主义理论水平的根本大计，是党的思想理论建设第一位的任务，我们必须努力掌握体系、把握精髓，武装头脑、指导实践。在学习贯彻中国特色社会主义理论体系中，必须突出抓好用科学发展观武装头脑的工作。要把学习实践科学发展观作为党的建设和组织工作的重中之重，认真组织、精心安排，早学一步、学深一步，为学习实践科学发展观活动的全面开展打好基础。一要扎实学习，通过集中培训、举办辅导报告组织党员干部系统学习，通过学习交流、学习考核督促党员干部自觉学习，通过媒体宣传、专家宣讲引导党员干部广泛学习，使科学发展观真正进入党员头脑、引领群众思

想。二要确实弄懂，引导广大党员干部深刻认识科学发展观的科学内涵、精神实质、根本要求，不断增强贯彻落实科学发展观的自觉性、坚定性，努力掌握贯穿其中的立场、观点、方法，不断提高理论素养、党性修养、实际能力，更好地为坚持和发展中国特色社会主义服务。三要切实运用，坚持学以致用、用以促学，把科学发展观作为思想武器、工作指南、行动准则，用来观察问题、认识问题、思考问题、解决问题，不断提高贯彻落实科学发展观的本领，着力把科学发展观的要求转化为谋划发展的正确思路、促进发展的政策措施、领导发展的实际能力。

　　第二，积极推进党内民主建设，在提高科学化民主化水平上作出新探索。发展党内民主是以改革创新精神加强党的建设的重要内容和重要条件。只有充分发扬党内民主，才能最大限度地调动全体党员的积极性、主动性、创造性，使改革创新成为广大党员特别是各级领导干部的自觉行动，使改革创新的决策更科学、实践更丰富、成效更显著。我们要按照十七大和全国组织工作会议精神，坚持保障党员权利和提高党员素质相结合，发扬民主和正确集中相结合，积极推进和循序渐进相结合，扩大党内民主和带动人民民主相结合，不断探索符合中央要求、符合我省实际的发展党内民主的内容、途径和方法。一要创新载体。抓住尊重党员主体地位这一根本要求，突出用好党务公开这一载体，健全党内情况通报、情况反映、重大决策征求意见、党务信息发布等制度，进一步创新党务公开的形式，扩大党务公开的范围，提高党务公开的质量，营造党内不同意见充分发表、平等讨论的健康宽松氛围，倡导和鼓励党员讲真话、讲实话、讲心里话，在广开言路中集中智慧，在民主讨论中凝聚共识。二要创新方式。积极探索扩大基层党内民主的多种实现形式，尤其是要抓住改革党内选举制度这个关键，积极改进候选人提名制度和选举方式，推广基层党组织领导班子成员由党员和群众公开推荐与上级党组织推荐相结合的办法，逐步扩大基层党组织领导班子直接选举范围。三要创新制度。要积极探索党的代表大会代表在会议期间和闭会期间发挥作用的途径和方式，选择一些县（市、区）试行党的代表大会常任制。适应党委领导班子配备改革后职数有所减少、全委会组成人数有所增加的情况，注重完善地方委员会工作机制，明确全委会"讨论决定重大问题"的范围，制定党委常委会向全委会报告工作并接受监督的具体制度，推行地方党委讨论决定重大问题和任用重要干部票决制。

第三，切实加强领导班子和干部队伍建设，在提高领导干部的思想政治素质和开拓创新能力上取得新成效。建设善于坚持科学发展、积极开拓创新的领导班子和高素质干部队伍，是全面建设小康社会、实现中原崛起的根本保证。建设高素质党员干部队伍，最关键的是要抓好两个重点：一个重点是加强思想政治建设。思想政治素质是领导干部素质的灵魂。要按照讲党性、重品行、作表率的要求，教育督促各级领导干部忠于党、忠于人民，强化党的宗旨意识，坚决贯彻党的路线方针政策和各项决策部署，加强道德修养，遵守从政准则，保持健康向上的生活情趣和精神境界，认真执行党章和党的规定对领导干部提出的各项要求，始终保持政治上的坚定性、品行上的纯洁性、工作上的先进性。要按照顾全大局、维护团结的要求，教育领导干部眼界开阔、心胸宽广，淡泊名利、勤恳为民，在工作中相互支持、相互补台，不计较个人恩怨得失，始终把党和人民的事业放在第一位，形成万众一心干事业、齐心协力谋发展的强大合力。另一个重点是提高开拓创新能力。胡锦涛总书记指出，各级领导班子和领导干部开拓创新能力强不强，关系到党和国家事业的发展，并强调提高领导班子和领导干部的开拓创新能力，最重要的是提高"四种本领"，注重抓好"四个关键环节"。这是我们党对领导班子和干部队伍建设提出的新要求，是坚持以改革创新精神全面推进党的建设新的伟大工程的具体体现，方向明确、措施具体，具有很强的针对性、指导性。我们要把提高开拓创新能力放在更加突出的位置，教育各级领导干部自觉学习新知识，不断打开新视野，勇于探索新思路，积极寻求新办法，奋力开创新局面。要重视创新、支持创新、引导创新、鼓励创新，把是否具有开拓创新能力作为考核干部能力素质的重要标准，把是否取得开拓创新成效作为考核评价领导班子工作业绩的基本要素，热情支持勇于改革创新的党员干部，大力倡导开拓创新的探索实践，激励广大党员干部保持和增强蓬勃向上的朝气、开拓进取的锐气、不畏艰险的勇气，带动全省形成人人奋勇争先、个个开拓进取、竞相为实现中原崛起建功立业的生动局面。

第四，积极推进干部人事制度改革，在改进党管干部方式、提高党管干部水平上迈出新步伐。我们要抓住领导班子和干部队伍建设的关键问题、干部人事工作的难点问题、干部群众关注的热点问题，继续深化干部人事制度改革，提高选人用人公信度，提高广大党员群众对干部选拔任用工作的满意度。一要坚持正确的用人导向。全面正确地执行党的干部路线和干部政策，真正把那些政治上靠得住、发展上有本事、作风上过得硬、人民群众信得过的干部选拔到各级领导岗位上来，进一步树立注重品行的导向、科学发展的导向、崇尚实干的导向、重视基层的导向、鼓励创新的导向、群众公认的导向。对那些长期在条件艰苦、工作困难地方工作的干部要格外关注，对那些不图虚名、踏实干事的干部要多加留意，对那些埋头苦干、注重为长远发展打基础的干部不能亏待。同时，也绝不能让那些投机钻营、夸夸其谈、搞形式主义和虚假政绩的人得到好处。二要扩大干部工作中的民主。进一步完善民主推荐、民主测评制度，逐步扩大参与人员范围；进一步完善干部选拔任用决策机制，逐步扩大全委会表决范围；进一步完善公开选拔、竞争上岗、差额选举制度，把群众的有序参与贯穿到干部选拔任用的全过程；进一步规范干部任用提名制度，明确干部选拔任用提名的主体、原则、程序、纪律和责任。三要完善干部考核评价体系。继续全面推行体现科学发展观要求的地方领导班子和领导干部综合考核评价办法，在深入试点基础上，建立健全门类齐全、各具特色、简便实用的干部综合考核评价体系，使组织考察有充分依据、干部努力有正确方向、群众监督有明确标准，真正做到对优秀者重用，对有潜力者培养，对落后者鞭策。

第五，大力加强各类人才队伍建设，在实施人才强省战略上实现新突破。小康大业，人才为本。各级党委和组织部门要认真贯彻党管人才原则，深入实施人才强省战略，把更多的人才凝聚到实现中原崛起的宏伟事业中来。一是用事业凝聚人才。围绕建设创新型河南，统筹抓好以高层次人才和高技能人才为重点的各类人才队伍建设，加快培养各类科技领军人才，造就一支数量充足、结构优化、技艺精湛的高技能人才队伍，造就一批富有创新意识和创业能力的优秀企业家。围绕建设文化强省，大力实施"四个一批"工程，着力培养大批高素质的哲学社会科学、文学艺术、新闻出版、广播影视、文化经营管理和基层文化等方面的人才。围绕建设社会主义新农村，加强农村实用人才队伍建设，培养有文化、懂技术、会经营的新型农民。二是用制度凝聚人才。健全人才评价机制，改革人才评测方式，提高人才评价水平；完善人才流动机制，大力引进包括海外留学人才在内的各类高层次人才和急需人才，引导和鼓励各类人才向农村、基层、边远地区和艰苦行业流动；创新人才激励机制，建立与市场经济相适应、与工作业绩相联系、鼓励人才创新创造的分配、奖励和福利制度。三是用环境凝聚人才。认真贯彻尊重劳动、尊重知识、尊重人才、尊重创造的方针，加大人才工作投入，构建人才服务体系，优化人才成长环境，以最大的诚意、最好的服务、最优的环境聚集最广泛的人才、吸引最优秀的人才、留住最需要的人才。

第六，着力创新基层党建工作，在充分发挥基层党组织战斗堡垒作用、党员先锋模范作用上取得新进步。基层党组织是党执政的组织基础，改革发展越向前推进，抓基层、打基础的工作越不能放松。一要优化组织设置。突出抓好在"两组织一群体"中建立党组织的工作，继续加大在新经济组织、新社会组织和外出务工党员中建立党组织的工作力度，做到哪里有党员哪里就有党的组织、哪里有党的组织哪里就有健全的组织生活。二要优化选拔办法。认真总结一些地方实行"两票制"、"两推一选"等做法的成功经验，逐步扩大基层领导班子直接选举范围；认真总结从优秀村干部中招录乡镇机关公务员的经验，从制度上解决乡村干部人才匮乏和党政干部来源单一的问题。加大选派"大学生村官"的工作力度，确保用三年时间实现全省每个行政村配备一名"大学生村官"的目标。三要优化管理制度。不断完善并认真落实先进性教育长效机制，使党员经常受教育、永葆先进性；构建党员联系服务群众的工作体系，组织开展党员承诺制、设岗定责、结对帮扶和党员志愿者等活动。我们在工作中要注意总结推广各地创造出来的好经验、好做法，并不断将之上升到制度层面，形成长效机制。

四、在推动科学发展的新实践中构建领导新格局

以改革创新精神全面推进党的建设新的伟大工程，是全党的共同任务，更是各级党委的重要职责。在实现河南发展新跨越的实践中，全省各级党委要坚持以改革创新精神全面加强党的建设，着力构建党委统一领导、各有关部门齐抓共管、一级抓一级、层层抓落实的党建工作格局。

各级党委要切实担负起党要管党的政治责任，加强对党的建设和组织工作的领导。要高举中国特色社会主义伟大旗帜，这是各级党委在党建工作中必须坚持的正确方向。各级党委要全面贯彻落实十七大精神，深入贯彻落实科学发展观，做到高举中国特色社会主义伟大旗帜不动摇、坚持中国特色社会主义道路不动摇、坚持中国特色社会主义理论体系不动摇。从建设伟大工程、推进伟大事业的战略高度出发，把加强党的建设和组织工作纳入重要议事日程，经常听取汇报，及时加强指导，深入研究新情况、新问题，不断探索加强党的建设和组织工作的新思路、新措施。要明确责任，坚持党委（党组）书记亲自抓、分管领导具体抓的党建工作责任制，一把手要把足够的时间和精力投入到自己的"责任田"，履行好党建工作第一责任人的职责，带动和督促"一班人"认真履行抓党建的职责。要形成合力，党委各部门、党建工作领导小组成员单位要按照党的建设"五位一体"的总体布局，各司其职、各尽其责，推动党的思想建设、组织建设、作

风建设、制度建设和反腐倡廉建设相互协调、相互促进，提高党的建设的整体性、系统性、科学性。

组织部门是党委抓党的建设的重要职能部门，是党员之家、干部之家、人才之家，组织部门的服务意识、服务水平，直接影响党群关系、干群关系，直接关系党的整体形象和党在人民群众中的威信。各级组织部门要切实强化服务意识，增强群众观念，改进工作方式，转变工作作风，完善工作机制，提高工作效率，更好地为中原崛起大局服务，更好地为党员、干部和各类人才服务，更好地为人民群众服务。组工干部是"管党员的党员、管干部的干部"，掌握着选人用人权，只有自身党性强、品性端、形象好，才能选出政治上靠得住、发展上有本事、作风上过得硬、人民群众信得过的干部。广大组工干部要坚持讲党性、重品行、作表率，树立公道正派、知人善任的可信形象，清正廉洁、忠诚正直的可靠形象，创新求实、锐意改革的可敬形象，团结和谐、真诚待人的可亲形象。总之，要通过落实"三服务"要求、树立"四种形象"，努力提高组织部门自身建设水平，真正使组织工作让党满意、让人民满意。

党的先进性教育必须紧密联系
重点、难点、热点、疑点问题[*]

开展党的先进性教育活动，既要紧紧把握住中央精神，又要紧紧贴近实际，紧密联系党的建设中的重点、难点、热点、疑点问题，教育活动才能取得成效。

一、紧密联系重点问题

进入新世纪新阶段，我们党所处的内外环境、所肩负的历史任务和党员队伍的现状都发生了深刻变化，如何进一步提高党的执政能力，如何发挥好基层党组织的战斗堡垒作用和共产党员的先锋模范作用，是对我们党与时俱进、始终保持先进性提出的新要求，也是这次先进性教育活动必须着力研究和解决的重点问题。

一是着力解决如何进一步提高各级领导班子、领导干

* 本文发表于 2006 年 7 月 4 日《河南日报》。

部执政能力的问题。各级领导班子、领导干部是执政政策的制定者和执行者，是党的执政骨干和中坚。提高党的执政能力，必须建设一支善于治国理政的高素质执政骨干队伍。从总体上讲，河南各级领导班子、领导干部的执政能力同所担负的任务是相适应的，但也存在一些亟待解决的问题，一些领导班子和领导干部思想理论水平不高，科学执政的能力不强，解决复杂矛盾的本领不大；一些领导班子和领导干部法制观念淡薄，不善于用法律的手段处理矛盾、解决问题，依法执政的能力不强；一些领导班子和领导干部缺乏民主意识，不能很好地贯彻民主集中制原则，不善于用民主的办法调动干部群众的积极性，民主执政的能力不强；有的领导班子和领导干部大局意识不强，不能很好地合作共事，给党和人民的事业带来了损失；有的领导干部事业心和责任感不强、思想作风不端正、工作作风不扎实。这些问题的存在，直接影响了改革开放和现代化建设的顺利进行。开展先进性教育活动，为解决这些问题提供了机遇、创造了条件。我们要抓住这个机遇、用好这个条件、借好这个东风，认真研究加强执政能力建设的具体措施。要围绕实现中原崛起，抓好发展第一要务，提高驾驭社会主义市场经济的能力；围绕建设法制社会，推进政治文明，提高发展社会主义民主政治的能力；围绕建设文化强省，发展文化事业和文化产业，提高建设社会主义先进文化的能力；围绕建设和谐中原，创建综治先进省，提高构建社会主义和谐社会的能力；围绕发展开放型经济，实施开放带动战略，提高扩大对外开放的能力；围绕密切党和人民群众的联系，加强作风建设，提高做好群众工作的能力，把各级领导班子建设成为政治坚定、求真务实、开拓创新、勤政廉政、团结协调的坚强领导集体。

二是着力解决如何发挥基层党组织战斗堡垒作用的问题。基层党组织是党的全部工作和战斗力的基础，也是党执政的基础，江泽民同志指出，"基础不牢，地动山摇"。河南基层党组织总体状况是好的，全省改革开放、现代化建设之所以取得明显成效，是和基层党组织的战斗堡垒作用分不开的。但是，我们还应当看到，在基层党组织建设方面还存在一些薄弱环节。有的基层组织思想不够解放，观念陈旧，带领群众致富的本领不强；有的基层组织软弱涣散，缺乏战斗力、凝聚力；有的基层组织缺乏处理复杂矛盾的能力，不善于做新形势下的群众工作。这些问题，要在先进性教育活动中高度重视、认真对待，切实加以解决。在农村，要适应农业增效、农村发展、农民增收的要求，研究深化抓"双强"、促"双创"的措施（配备带头致富能力强、带领群众共同致富能力强的村"两委"班子，创富民村、创和谐村）；在城市，要适应加快城市化进程的要求，研究推进社区"三建"工作的措施（建党组织、建阵地、建服务体系）；在国有企业，要适应建立现代企业制度的要求，研究深化争创"五好"党组织活动的措施（领导班子好、党员队伍好、工作机制好、发展业绩好、群众反映好）；在非公有制企业，要适应放心、放开、放手发展的要求，研究抓好"五有两保"的措施（有组织、有阵地、有活动、有作用、有形象，保证企业的健康发展、保护职工的合法权益）。机关、高校等基层党组织，也要在教育活动中积极探索、认真研究发挥战斗堡垒作用的途径和措施。

三是着力解决如何发挥共产党员先锋模范作用的问题。党员是党的肌体的细胞，党的先进性要靠每个党员来体现。在新的历史条件下，共产党员保持先进性，就是要自觉学习实践邓小平理论和"三个代表"重要思想，坚定共产主义理想和中国特色社会主义信念，胸怀全局、心系群众，奋发进取、开拓创新，立足岗位、无私奉献，充分发挥先锋模范作用，团结带领广大群众前进，不断为改革开放和社会主义现代化建设作贡献。从总体上讲，我们的党员队伍的主流是好的，但也确实存在着与保持先进性的要求不相适应的问题，必须在先进性教育活动中下决心加以解决。要教育引导广大党员坚持理想信念，在为建设中国特色社会主义而奋斗中发挥先锋模范作用；教育引导广大党员坚持勤奋学习，在贯彻"三个代表"重要思想的实践中发挥先锋模范作用；教育引导广大党员坚持党的根本宗旨，在立党为公、执政为民方面发挥先锋模范作用；教育引导广大党员坚持努力工作，在全面建设小康社会、创造一流的工作业绩中发挥先锋模范作用；教育引导广大党员坚持遵守党的纪律，在维护党的团结统一方面发挥先锋模范作用；教育引导广大党员坚持"两个务必"，在永葆共产党人的政治本色方面发挥先锋模范作用。

二、紧密联系难点问题

先进性教育活动能否搞好，关键在于扎实有效，扎实有效的关键又在于能否面对问题，面对问题的关键又在于能否解决好难点问题。因此，我们要紧密结合党的建设中遇到的难点问题，认真研究，下决心解决。

一是创新党的组织形态的问题。我们这次先进性教育活动是在新形势下开展的，这个新形势就是发展社会主义市场经济的新形势。市场经济的新形势给党的组织形态带来了许多新问题，对党的组织形态的创新提出了新要求。随着社会经济成分、组织形式、就业方式、利益关系和分配方式"四个多样化"趋势的进一步发展，我们以往以行政区划和直接隶属关系设置基层党组织的方式已经不能完全适应经济社会发展的需要。突出表现是，随着农业产业化的推进，进入科技园区、乡镇企业、合作经济组织的党员越来越多；随着农村劳动力就业多元化的出现，外出务工的农民党员越来越多，2005 年达到近 50 万人；随着新经济组织、社团组织、行业组织、中介组织的迅速发展，自主择业的党员越来越多；随着城市管理体制改革的不断深化，进入社区的党员越来越多；随着一些企业的关闭、停产、破产，部分职工党员失业、下岗。这些新情况，都迫切要求我们创新党的组织形态，调整党组织的设置方式。在农村，要探索把党组织设在产业链上、设在园区上、设在专业协会上；在城市，要探索把党组织设在楼宇上、市场上、工地上、路段上、商会上；在具体措施上，要坚持组织覆盖与工作覆盖相结合，扩大覆盖面与增强凝聚力相结合，加强组织建设与发挥党员作用相结合，努力做到有党员的地方就有党的基层组织，有生产经营活动的地方就有党的基层组织，有党组织的地方就有党的活动和坚强的战斗力。

二是丰富党组织活动内容的问题。开展党的活动，是增强党组织战斗力和活力，增强党员光荣感、责任感、使命感的具体方式和有效途径。近年来，河南各级党组织在坚持"三会一课"的同时，探索了"党员先锋工程"、"党员活动日"、"党员责任区"、"党员先锋岗"等灵活多样、行之有效的活动内容。但是，我们要看到，随着改革的深入、经济的发展、社会的进步，既为丰富党组织活动内容提供了更加广阔的空间，也提出了新的更高的要求。我们必须在先进性教育活动中，坚持与时俱进，坚持开拓创新，紧紧围绕保持先进性这一主题，丰富党组织活动的内容，创新党组织活动的载体。在机关、事业单位党员中，要开展争当"五好"党员活动（学习好、思想好、工作好、纪律好、作风好）；在企业党员中，要开展"两爱三新"活动（爱企业、爱岗位，新观念、新目标、新贡献）；在社区党员中，要开展"热爱社区、建设社区、服务社区"活动；在农村党员中，要开展"学技能、强本领、带致富"活动；在外出务工党员中，要开展"遵纪守法、树好形象、增收致富、建设家乡"活动，等等。要通过开展丰富多彩、主题鲜明的活动，搭建有形舞台，确立可行目标，发挥模范作用，让党员进一步"动"起来，把群众进一步"带"起来，让党的先进性进一步展示出来。

三是改进党组织活动方式的问题。党组织的活动方式是为活动内容服务的，就是要通过丰富多彩的形式，把党的主张、党的号召、党的要求传达给广大党员，通过党员传播给广大人民群众。目前一些地方和单位党组织活动方式陈旧、活动形式单一，导致一些党员对参加党组织的活动积极性不高、主动性不强。这充分说明，党组织的活动方式也必须适应新形势新任务的要求，不断地改进，不断地创新。首先，要让活动体现时代性。就是要适应信息社会、知识经济、市场规律的要求，通过增加信息含量、知识含量、科技含量，增强活动的感染力。其次，要让活动体现针对性。针对不同地区、不同层次、不同行业、不同岗位、不同群体党员的特点和存在的问题，采取不同的活动方式，增强活动的吸引力。其三，要让活动体现实效性。紧密结合经济社会发展中的突出矛盾和问题，准确把握党员的思想脉搏，帮助党员解决思想上的问题，在政治上关心党员的成长；帮助党员解决工作中的问题，在事业上帮助党员取得成就；帮助党员解决生活中的问题，解除后顾之忧，增强活动的向心力。

三、紧密联系热点问题

这次在全党开展的先进性教育活动，影响很大，社会的关注度高，群众的期望值高。能否卓有成效地把先进性教育活动开展好，能否让广大群众满意，关键是要解决好人民群众关注的热点问题。

一是研究解决少数党员领导干部中存在的腐败问题。胡锦涛总书记指出，反腐倡廉能力是党的执政能力的重要体现，是巩固党的执政地位的重要保证，各级党委和政府都要增强忧患意识，做到居安思危，从提高党的执政能力、巩固党的执政地位的战略高度，进一步认识做好反腐倡廉工作的极端重要性，始终把反腐倡廉作为一件大事来抓，始终旗帜鲜明、毫不动摇地反对腐败。广大党员干部是能够经受住改革开放和发展社会主义市场经济新形势考验的，主导面是好的。但是，也要看到，腐败的问题依然存在，腐败的现象时有发生，特别是个别党员领导干部蜕化变质、腐化堕落，以权谋私、贪赃枉法，刚刚被查处的原河南省交通厅厅长石发亮就是一个反面典型，在广大人民群众中反响强烈，我们也深感痛心，这又一次为我们敲响了警钟。我们一定要以开展先进性教育活动为契机，坚持标本兼治、综合治理、惩防并举、注重预防的方针，抓紧研究建立与社会主义市场经济相适应的教育、制度、监督并重的惩治和预防腐败体系。要进一步加大教育力度，认真抓好理想信念和廉洁从政教育，从思想上筑牢反腐倡廉、拒腐防变的防线；进一步加大惩处力度，坚决查办违法违纪案件，严厉惩处党内的腐败分子，切实起到警示作用；进一步加大制度建设力度，发挥法规制度的约束和保障作用，真正形成用制度规范从政行为、按制度办事、靠制度管人的有效机制；进一步加大干部监督力度，健全监督机制，拓宽监督渠道，把权力运行置于有效的制约和监督之下，保证广大党员干部把人民赋予的权力用来为人民谋利益。

二是研究解决一些干部作风中存在的问题。干部作风问题，关系到党的形象，关系到人心向背，关系到党的事业大局，关系到全面建设小康社会目标的实现。近年来，各级党委、政府围绕弘扬求真务实精神、转变干部作风，采取了一系列措施，取得了明显成效。但是，还必须看到，干部作风中还存在着一些不容忽视的问题。少数干部官僚主义严重，不联系群众、不深入实际、不解决问题；少数干部热衷于搞形式主义，做表面文章、摆花架子，甚至弄虚作假；少数干部奉行好人主义，不坚持原则，怕得罪人，不敢批评，也不愿接受批评；少数干部存在享乐主义，一方面要待遇、图享受，另一方面不想干事、不愿干事、不会干事、不能干事。这些问题的存在，贻误了党的事业，损害了党的形象，影响了干群关系，必须下决心解决。要在先进性教育活动中，切实加强作风建设，大力弘扬为民、务实、清廉的作风，密切党与人民群众的血肉联系。要做到执政为民，树立一心为民的形象。坚持全心全意为人民服务的宗旨，了解群众、关心群众、服务群众，把群众的安危冷暖挂在心上，为群众坚持不懈做好事，尽心竭力解难事，诚心诚意办实事。要做到求真务实，树立真抓实干的形象。思考问题从实情出发，部署工作从实际出发，推进工作从实效出发，坚持埋头苦干、不事张扬、真抓实干、狠抓落实，形成重实际、说实话、务实事、求实效的良好风气，真正做到每项工作都有部署、有检查、有落实、有成效，每项任务都不说则已、说了就干，不抓则已、抓就抓成，不干则已、干就干好。要做到清正廉洁，树立为政清廉的形象。坚持"两个务必"，牢记"四大纪律、八项要求"，树立正确的世界观、人生观、价值观和权力观、地位观、利益观，不断加强党性修养，增强党性观念，为党保持清廉、守好气节，做到一身正气、两袖清风。

三是研究解决损害群众利益的不正之风问题。当前，全省上下全面建设小康社会、实现中原崛起的局面已经形成，广大党员干部带领人民群众同心协力、艰苦奋斗的氛围很好。但是，损害群众利益的不正之风在一些部门和行业还不同程度地存在。比如，城市城镇房屋拆迁中损害群众利益的问题，企业重组改制和破产中不落实中央有关政策规定、造成职工合法权益受到损害的问题，拖欠农民工工资问题，中小学乱收费的问题，医药购销和医疗服务中不正之风的问题，等等。解决这些问题，就要努力做到统一思想、高度重视，努力做到严肃查处、坚决纠正，努力做到标本兼治、建立机制，努力做到落实责任、齐抓共管。

四、紧密联系疑点问题

随着社会主义市场经济的完善，随着改革开放、现代化建设事业的推进，随着全面建设小康社会、实现中原崛起进程的加快，一些党员干部思想上出现了这样那样的疑点。比如，市场经济条件下如何坚持社会主义道路、如何坚定共产主义理想、如何加强党的领导，等等。这些疑点问题，只有在先进性教育活动中加以解决，才能使党员干部在理论上更加清醒，政治上更加坚定，行动上更加积极，从而更好地保持先进性。

一是市场经济条件下如何坚持社会主义道路的问题。建立社会主义市场经济体制，是前无古人的伟大创举，是我国经济振兴和社会进步的必由之路，这一体制不仅同社会主义基本经济制度结合在一起，也同社会主义基本政治制度结合在一起，而且还同社会主义精神文明建设结合在一起。邓小平同志指出，计划经济不等于社会主义，资本主义也有计划；市场经济不等于资本主义，社会主义也有市场。这就回答了为什么要建立社会主义市场经济体制这一重大理论和实践问题。社会主义市场经济体制的建立，有效地发挥了市场经济的优势，发挥了社会主义制度的优越性，为我国经济发展注入了新的活力，为我们全面建设小康社会奠定了坚实基础。对此，广大人民群众是有目共睹的。但在实际工作中，一些党员干部和群众，对市场经济条件下如何坚持社会主义道路的问题还存有疑虑，这个问题，必须在先进性教育活动中回答清楚。简单地说，就是要处理好六个方面的关系，即：要正确处理坚持公有制为主体和促进非公有制发展的关系，使两者在社会主义现代化建设进程中相互促进、共同发展；要正确处理按劳分配为主体和实行多种分配方式的关系，使发展的成果惠及全体人民，逐步实现全体人民共同富裕；要正确处理市场机制和宏观调控的关系，使国民经济充满活力、富有效率、健康运行；要正确处理全局和局部的关系，做到权责一致，局部服从全局，全局兼顾局部，调动各方发展的积极性；要正确处理经济体制改革和其他方面改革的关系，使各项改革相互配套、相互促进、相得益彰；要正确处理改革发展稳定的关系，坚持以改革发展促稳定，在稳定中推动改革发展。

二是市场经济条件下如何坚定共产主义理想信念的问题。实现物质财富极大丰富、人民精神境界极大提高、每个人自由而全面发展的共产主义社会，是马克思主义最崇高的社会理想。共产主义理想信念是共产党人的精神支柱，任何时候都不能动摇。正是共产主义的崇高理想信念，激励着千千万万的共产党人前赴后继、一往无前，取得了革命、建设和改革的一个又一个胜利。在社会主义市场经济条件下，绝大多数党员理想信念是坚定的，但是，有少数党员包括少数党员领导干部，在坚定理想信念方面还存在一些问题。有的以权谋私、拜金主义严重；有的不思进取，实用主义严重；有的组织纪律观念淡薄，自由主义严重；有的精神颓废，信奉宗教、邪教、封建迷信，等等。这些都是缺乏共产主义远大理想、意志衰退的表现。在先进性教育活动中，必须把市场经济条件下，如何坚定共产主义理想信念的问题解决好。要加强理想信念教育，用邓小平理论和"三个代表"重要思想武装广大党员；

要让有理想的人谈为理想而奋斗，发挥市场经济条件下先进模范人物的示范引导作用；各级党员领导干部要带头讲理想、讲信念，以身作则，当好表率；要把远大理想同当前工作结合起来，脚踏实地，做好本职工作。

三是市场经济条件下如何加强党的领导的问题。我们党成为执政党，是历史的选择，人民的选择。党的领导地位是经过长期斗争考验形成的，是同我们党自觉地肩负起伟大历史使命、不屈不挠地推动中国社会的不断进步紧紧联系在一起的。我们搞的是社会主义市场经济，而社会主义市场经济必须在共产党的领导下才能够建立和完善，这是被实践所证明了的科学结论。但也要看到，国内、国外还存在着一些人否定党的领导、削弱党的领导、淡化党的领导的倾向。对此，我们必须从苏联解体、东欧剧变中吸取沉痛的教训，坚持在市场经济条件下坚定不移地加强党的领导。要在先进性教育活动中，组织广大党员认真学习党的十六届四中全会精神，特别是要坚持好我们党55年来执政的基本经验，坚持党在指导思想上的与时俱进，用发展着的马克思主义指导新的实践；坚持推进社会主义的自我完善，增强社会主义的生机和活力；坚持抓好发展这个党执政兴国的第一要务，把发展作为解决中国一切问题的关键；坚持立党为公、执政为民，始终保持党同人民群众的血肉联系；坚持科学执政、民主执政、依法执政，不断完善党的领导方式和执政方式；坚持以改革的精神加强党的建设，不断增强党的创造力、凝聚力、战斗力。

加强党的执政能力建设[*]

党中央、国务院顺应时势，果断决策，提出实施促进中部地区崛起的战略部署。我们要抓住这一难得机遇，进一步唱响加快发展的主旋律，把实现中原崛起的目标明确为"农业先进、工业发达、文化繁荣、环境优美、社会和谐、人民富裕"六个方面，并强调最近三到五年关键是做到"八个一"，即形成一个科学的发展思路来引导，建设一批大的产业基地作基础，培育一批大的企业集团来带动，发展一批有实力的城市来支撑，采取一系列重大改革举措来推进，集聚一批优秀人才来开拓，创造一个良好的人文环境来保障，依靠一批坚强的领导班子和高素质的干部队伍来组织，为实现中原崛起夯实基础、创造条件。

2005 年 8 月，胡锦涛总书记亲临河南视察指导工作，对河南省近年来各项工作取得的成绩，和当前和今后一个时期的奋斗目标、工作思路和重要举措，都给予了充分肯

---

* 本文发表于 2005 年第 24 期《领导科学》。

定，并明确要求河南要实现跨越式发展，在促进中部地区崛起中发挥更大作用、走在中部地区前列。这是对全省广大干部群众的巨大鼓舞和极大鞭策，也对我们的工作提出了明确的要求、确立了更高的发展目标。胡总书记的重要讲话精神对河南的工作具有很强的针对性和指导性，是做好当前和"十一五"时期工作、实现经济社会又快又好发展的强大思想武器和精神动力。

实现"十一五"时期发展目标，关键在于加强和改善党的领导。我们要继续推进党的建设新的伟大工程，加强党的执政能力建设和先进性建设，搞好保持共产党员先进性教育活动，不断提高各级党组织贯彻科学发展观的能力、驾驭全局的能力、处理利益关系的能力和务实创新的能力，努力做到八个方面的要求。

一要统一认识，保持一致。就是要把全省人民的思想统一到五中全会精神和胡总书记对河南发展的要求上来，把认识提高到中央对"十一五"时期的工作部署上来，把力量凝聚到完成"十一五"时期的发展目标上来。当前，河南省改革发展的任务很重，维护稳定的任务很重，统一认识的任务也很重。各级党组织要从讲政治的高度，把学习五中全会精神作为当前和今后一个时期的首要政治任务，进一步掀起学习宣传贯彻热潮。各级领导干部要带头学习，完整准确地领会和把握精神实质，着力解决思想和工作中存在的突出问题。新闻宣传部门要组织开展内容丰富、形式多样的宣传活动，真正使全会精神深入人心。各级党委要做好党内党外统一思想的工作，做好各个方面、各条战线的协调工作，凝聚方方面面的智慧和力量，使大家心往一处想，劲往一处使，加快富裕中原、美好中原、和谐中原的建设步伐。

二要围绕中心，服务大局。就是要牢牢坚持发展是硬道理的战略思想，紧紧围绕经济建设这个中心，服从服务于实现中原崛起这个大局。发展是解决河南所有问题的关键。各地各部门要紧紧抓住发展这个第一要务，抓住重要战略机遇期，唱响发展主旋律，着力解决发展中存在的困难和问题，坚决清除一切影响发展的障碍，牢牢把握发展的主动权。要强化大局意识，做到顾全大局、服务大局，切实把地方利益、部门利益与实现中原崛起的伟大事业联系起来，各司其职，各尽其责，同心同德，共谋发展。要找准本地区本部门贯彻落实五中全会精神的结合点、切入点，认真谋划好"十一五"时期的发展方向和工作重点，增强围绕中心、服务大局的针对性和实效性。

三要解放思想，与时俱进。就是要坚持以新视野认识新事物，以新观念研究新情况，以新理论回答新问题，以新思路谋划新发展。思想是行动的先导，是加快发展的总开关。要坚持一切从实际出发，把思想从封闭的、保守的、狭隘的框框中解放出来，动脑筋、想办法，出新招、求实效，用思想认识的飞跃求得发展成效的飞跃，用观念政策的突破求得工作实绩的突破，用工作思路的创新求得工作面貌的创新。要坚持发展的观点，以全局意识、战略眼光来深入认识和把握经济社会发展的特点与规律，及时作出符合本地实际的科学决策。要大力发扬创新精神，把中央的精神与本地区本部门的实际情况结合起来，创造性地开展工作，以创新的理念、创新的手段、创新的方法、创新的思路加快发展，使各项工作实现新的突破。

四要突出重点，全面推进。就是要坚持有所为有所不为，突出重点工作、重点环节，集中力量破解难题、突破"瓶颈"，带动整体工作全面发展。抓主要矛盾和矛盾的主要方面，集中精力加以解决，这是我们党一贯坚持的行之有效的工作方法。从河南经济社会发展的现有基础、资源依托和发展态势看，要走在中部地区前列，必须抓住关键环节和薄弱环节，集中人力、物力和财力，在重点项目建设和重点发展领域取得突破性进展。各地区各部门要结合实际，理清影响经济社会发展的突出问题、群众反映强烈的热点问题、亟待解决的重点难点问题，统筹安排，以点带面，扎扎实实加以解决，使我们的工作协调发展、全面推进。

五要抓好当前，着眼长远。就是要从9700万河南人民的福祉出发，既要抓好当前的各项工作，又要多做打基础、管长远的工作。全省各级领导干部要牢固树立科学的发展观和正确的政绩观，作决策、定措施要着眼长远、遵循规律，坚持长期奋斗，把那些关系大局、制约发展的重大问题和主要工作想周全、议透彻、做到位，创造经得起实践、历史和群众检验的业绩，坚决防止搞短期行为、搞劳民伤财的"形象工程"和"政绩工程"。同时，也要切实抓好当前的各项工作，防止借口抓长远发展而忽视解决眼前的问题。面对今年以来经济社会发展的大好形势，我们要不满足、不松劲、不马虎，就是对已经取得的成绩不能满足，对当前和下一步的工作不能松劲，对进一步推动发展、解决发展中存在的问题一点也不能马虎。要扎扎实实做好当前的各项工作，圆满完成今年的各项目标任务，为"十一五"时期的发展打下良好基础。

六要加强学习，研究问题。就是要适应经济社会发展需要，深入学习各方面知识，科学分析判断形势、把握规律、研究重大问题，进一步增强工作的前瞻性、预见性和主动性。我国经济社会发展进入了一个全新阶段，新事物、新情况层出不穷，面临的问题日趋复杂，有许多重大的理论问题和实践问题需要我们加强学习和研究，认真予以破解。各级领导干部要深入学习邓小平理论和"三个代表"重要思想，切实加强理论学习和各种新知识的学习，提高运用马克思主义的立场、观点、方法分析问题、指导实践的本领，增强理论思维和战略思维能力，正确地认识和把握客观事物内在的规律。要坚持理论联系实际，把加强学习和研究问题结合起来，从宏观上、全局上、战略上，思考和研究河南省经济社会发展中存在的经济结构不合理、增长方式不科学、区域发展不协调、"三农"问题突出等重大理论和实践问题，及早提出解决这些问题的办法和举措。广大党员干部特别是各级领导干部要从繁冗的日常事务中解脱出来，从大量的应酬活动中解脱出来，把时间和精力集中在加强学习、研究问题上，不断提高素质、增强本领，牢牢掌握工作的主动权。

七要振奋精神，扎实工作。就是要进一步增强加快发展的紧迫感和责任感，保持奋发有为的精神状态，发扬求真务实的工作作风，为河南"十一五"时期的发展做出应有贡献。在思想上要坚持立党为公、执政为民，坚持权为民所用、情为民所系、利为民所谋，怀着深厚的感情为人民群众做好事、办实事、解难事。要多谋些发展、少想些升迁，多造些民福、少图些私利，多干些实事、少唱些高调，多琢磨些事、少琢磨些人。在工作中要以昂扬向上的斗志，锐意进取、奋力拼搏、克难攻坚，争创一流业绩。当前，尤其需要强调的是，各级领导干部要集中心思、沉下身子、迈开双腿，到基层去，到困难最多的地方去，到群众意见最大的地方去，发扬"严"、"细"、"深"、"实"的良好作风，一个环节一个环节地抓落实，一个问题一个问题地去解决。要十分珍惜目前省上下干事创业的大好局面，增强党性修养，做到心无旁骛，把精力用到求发展上，把心思用到求实效上，把劲头用到抓工作上，努力开创新局面。

八要建好班子，带好队伍。就是要坚持把领导班子和干部队伍建设摆在突出位置，使各级领导班子成为贯彻"三个代表"重要思想、带领干部群众奋力实现中原崛起的坚强领导集体，建设一支高素质干部队伍，为加快河南经济社会发展提供坚强的组织保证。一是要加强团结，形成合力。各级领导班子要坚持民主集中制原则，从实现中原崛起的大局出发，自觉维护班子团结，维护党政团结，增强领导班子的凝聚力、战斗力，形成团结协调、干事创业的合力。二是要树立正确的用人导向。认真贯彻《党政领导干部选拔任用工作条例》，进一步深化干部人事制度改革，创新干部选拔任用方式，营造公开、平等、竞争、择优的用人环境，大力选拔政治上靠得住、工作上有本事、作风上过得硬的干部，把广大干部的精力集中到不断提高自身素质、增强为人民服务的本领上来，集中到干事创业、促进发展上来。要以高度的党性原则，正确对待职务的变化和个人的进退去留，自觉遵守党的政策和纪律，从大局出发，一切听从组织的安排。要严格按照《党政领导干部选拔任用工作条例》的要求，加强对领导干部和干部选拔任用工作的监督。干部干部，是干出来的，是干部靠素质和才干干出来的，是组织根据工作需要，按照严格的程序，并听取各方面的意见来确定的，并不是干部自己跑出来的、说出来的。否则，就不叫"干部"，而叫"跑部"、叫"说部"了。该提的根据工作需要不跑不说也会提，不该提的再跑再说也不能提，跑跑说说，反而给组织上留下不好印象，而且会把风气搞坏；该了解情况的，组织上会下去广泛听取意见，来自非组织渠道的打招呼、说好话一概不听。坚决杜绝不正之风，把干部用好，把风气搞正。对那些封官许愿、请客送礼、跑官要官、拉票贿选者，一经发现坚决依纪查处。三是要深入开展党风廉政建设和反腐败斗争。继续按照"廉洁兴省"的目标要求，推动惩治和预防腐败体系建设，引导广大党员干部常修为政之德、常思贪欲之害、常怀律己之心，严肃用权、严于自律、严格监督，树立为民、务实、清廉的良好形象。

牢记"两个务必"是保持
党的先进性的根本问题[*]

牢记"两个务必"，始终保持谦虚谨慎、不骄不躁的作风，始终保持艰苦奋斗的作风，是我们党的优良传统，是我们党领导革命、建设和改革取得胜利的重要法宝。在新世纪新阶段，面对新形势新任务，始终牢记"两个务必"，对于密切我们党同人民群众的血肉联系，永葆党的先进性、巩固党的执政地位，全面建设小康社会，开创中国特色社会主义事业新局面，具有重大现实意义和深远历史意义。

一、"两个务必"的基本内涵、本质特征和
重要意义

1949 年 3 月，在中国革命胜利的前夜，毛泽东同志

---

* 本文发表于 2006 年 7 月 7 日《人民日报》。

针对党内因为胜利可能出现的骄傲情绪、以功臣自居的情绪、停顿起来不求进步的情绪、贪图享乐不愿再过艰苦生活的情绪，在七届二中全会上告诫全党："务必使同志们继续地保持谦虚、谨慎、不骄、不躁的作风，务必使同志们继续地保持艰苦奋斗的作风"。党的十一届三中全会以后，邓小平同志针对党的优良作风遭受严重破坏的现状，要求全党一定要恢复和发扬毛泽东倡导的"两个务必"的优良传统和作风。20世纪90年代初，面对西方国家的重重制裁、世界社会主义严重受挫的巨大压力，江泽民同志要求全党"牢记'两个务必'，建设有中国特色的社会主义"。党的十六大闭幕不久，胡锦涛同志就带领中央书记处的同志来到西柏坡，重温毛泽东同志在党的七届二中全会上的重要讲话，号召全党牢记"两个务必"，为深入贯彻"三个代表"重要思想、全面落实党的十六大确定的目标和任务开拓进取、团结奋斗。经过党的几代领导集体的大力倡导和全党同志的身体力行，"两个务必"已经成为我们党在不同历史时期不断夺取胜利的强大精神力量和重要政治保证。

深刻认识"两个务必"的基本内涵。我们党在不同的历史方位上都提出牢记"两个务必"这个共同课题，说明"两个务必"既具有稳定不变的思想和精神，又具有鲜明的与时俱进的理论品格和时代价值，随着历史的发展不断注入新的时代内涵。首先，"两个务必"反映历史发展的客观规律。坚持"两个务必"就是要始终保持清醒的头脑，一切从实际出发、实事求是，想问题、做决策、办事情，符合历史发展规律，顺应时代潮流，合乎人民群众需要。"骄必败"、"奢必亡"，这是千百年来社会历史发展的客观规律，是历史前进的足迹告诉我们的真理。其次，"两个务必"体现了一往无前的革命精神。事业成就，社会进步，从来都需要付出极大的努力，甚至要付出巨大的牺牲。中国共产党肩负崇高使命，任务更艰巨、更伟大，没有艰苦奋斗、一往无前的精神，不可能取得成功。其三，"两个务必"强调了科学态度与革命精神的辩证统一。"两个务必"要求树立脚踏实地、真抓实干的工作作风，反对小进即满、小富则安、不思进取和心浮气躁、急于求成的思想，强化全党的忧患意识和使命意识，把勇于胜利的信心和坚忍不拔的意志结合起来。其四，"两个务必"体现了我党的政治本色。"两个务必"强调的创造精神、进取精神、奉献精神、艰苦朴素的精神、严格自律的精神和全心全意为人民服务的精神，都是我们党的优良传统和作风。

深刻认识"两个务必"的本质特征。在党的不同历史时期，"两个务必"的内涵虽然不断丰富和发展，但其本质特征始终没有改变。一是始终坚持全心全意为人民服务的根本宗旨。50 多年前，中国共产党人"进京赶考"，在党的几代中央领导集体的领导下，我们取得了举世瞩目的伟大成就。可见只有牢记全心全意为人民服务的宗旨，才能保持谦虚谨慎、艰苦奋斗的革命意志和革命品格；只有牢记"两个务必"，才能更好地履行党的宗旨。今天，这场"考试"还在继续。牢记"两个务必"，是考出好成绩的基本功；考出好成绩，则是牢记"两个务必"的落脚点。二是始终坚持共产主义理想和社会主义信念。在中国革命取得全国胜利的前夜，毛泽东同志语重心长地告诫全党，剧是必须从序幕开始的，但序幕还不是高潮。中国的革命是伟大的，但革命以后的路程更长，工作更伟大，更艰苦，必须始终牢记"两个务必"。建设社会主义、最终实现共产主义是一出长剧。面对我国的改革开放和社会主义现代化建设取得的巨大成就，胡锦涛同志深刻指出，这只是在伟大征途上迈出的坚实一步，要完成十六大提出的全面建设小康社会的奋斗目标，我们可能遇到的困难和挑战还会很多，必须始终谦虚谨慎、艰苦奋斗。我们正处于并将长期处于社会主义初级阶段，建设社会主义需要十几代甚至几十代人的不懈努力，最终实现共产主义还有很长的路要走，必须始终牢记"两个务必"。三是始终坚持加强党的自身建设，从严治党，拒腐防变，永葆青春。历史经验表明，执政党只有艰苦创业、励精图治，国家才能长治久安；如果骄傲浮躁、奢侈享乐、滥用权力，就会瓦解执政基础，削弱执政能力，最终丧失执政地位。半个多世纪以来，我们党始终牢记"两个务必"，勇于追求真理、修正错误，善于总结经验、开拓进取，不断加强和完善自身建设，严肃治理党内的腐败现象，因而始终保持了党同人民群众的血肉联系，在应对国内外各种风险和考验的风雨历程中始终成为全国人民的领头雁和主心骨，在建设中国特色社会主义的发展进程中始终成为坚强的领导核心。

深刻认识"两个务必"的重要意义。毛泽东同志在中国革命伟大的历史性转折关头提出"两个务必",防止了党内的错误情绪和消极思想的抬头,推动中国社会由新民主主义革命时期过渡到社会主义时期。正是由于牢记并坚持了"两个务必",我们党走过了革命、建设和改革艰难而光辉的历程,经受住了各种困难和风险的严峻考验,不但成功地夺取和掌握了全国政权并长期执政,而且在对外开放和发展社会主义市场经济的条件下成功地领导了国家建设。在新的历史条件下,能不能经得起权力、金钱、美色的诱惑,能不能有效抵御西方敌对势力对我进行的"西化"、"分化",是对中国共产党人又一个很现实的考验。胡锦涛同志以马克思主义政治家、思想家的世界眼光和战略思维,在这历史的关键时期,重申牢记"两个务必",具有非常重要的意义。第一,"两个务必"是激励全党全国人民全面建设小康社会的强大精神力量。全面建设小康社会、基本实现现代化,任务艰巨,还有很多可以预料和难以预料的困难和挑战。这就要求我们把"两个务必"进一步升华为我们党的时代精神,使之成为全党同志的自觉行动,成为激励全国各族人民全面建设小康社会和现代化建设的精神动力。第二,"两个务必"是我们应对国内外形势变化、战胜困难和挑战的有力思想武器。从国际环境看,世界多极化和经济全球化在曲折中发展,科学技术日新月异,综合国力竞争日趋激烈;各种矛盾错综复杂,各种思潮相互激荡,西方敌对势力仍抓紧对我"西化"、"分化"。从国内环境看,21 世纪头 20 年是我国必须紧紧抓住并且可以大有作为的重要战略机遇期，既是"黄金发展期"又是"矛盾凸显期"。牢记"两个务必"，有利于全党同志保持清醒头脑，认清形势，趋利避害，迎接挑战，不懈奋斗。第三，"两个务必"是我们党加强自身建设、永葆先进性的坚强政治保证。一个先进的党取得政权不易，巩固执政地位更难。难就难在由旧政权的批判者变为新政权的执掌者，肩负起国家兴盛富强和人民富裕安康的历史责任；难就难在执政后面临着更多的诱惑，经受着"权力考验"，增加了贪图安逸、脱离群众、腐化变质的危险；难就难在改革开放和社会主义市场经济的发展，增加了执政的难度和可能带来的风险。只有牢记"两个务必"，扎扎实实地搞好党的自身建设，全面建设小康社会才会拥有坚强的思想政治保证。第四，"两个务必"是我们党密切同人民群众血肉联系的重要思想基础。人民群众是社会的主体，是历史的创造者，也是我们党发展壮大和执政的最根本最牢固的基础。离开了人民群众，我们党就失去了执政的基础和条件，社会主义建设就失去了前进的动力。能否始终保持党同人民群众的血肉联系，取决于我们党对人民群众是否具有强大的凝聚力、吸引力、感召力。"两个务必"是凝聚人心的强大"磁力"，是联系和团结人民群众的牢固"纽带"，是保持党同人民群众的血肉联系的重要思想基础。只有坚持"两个务必"，才能强化全党同志的宗旨意识，提高党的"免疫力"，使党的"磁力"日益增强，与人民群众联系和团结的"纽带"日益牢固。

二、牢记"两个务必"是保持党的先进性的 必然选择

保持党的先进性就是要使我们党始终保持与时俱进的品质，始终站在时代前列。牢记"两个务必"是我们党保持先进性的思想基础，是我们党坚持理想信念和宗旨、加强自身建设、与时俱进、开拓进取的本质要求。

"两个务必"是党的先进性建设的重要内容。从思想方面看，牢记"两个务必"，做到不骄不躁、艰苦奋斗，关键是要树立立党为公、执政为民的思想，全心全意为人民服务。这是我们党在长期执政条件下保持党的先进性、巩固党的执政地位的一个重要思想原则，贯穿于党的整个执政实践，是党的思想建设的根本，体现了党的思想理论和实践的先进性。从政治方面看，牢记"两个务必"、密切党同人民群众的血肉联系，是马克思主义政党与生俱来的政治品质。如果放弃谦虚谨慎、艰苦奋斗精神，就会脱离人民，甚至欺压人民，马克思主义政党的性质就会改变。只有牢记"两个务必"，才能确保马克思主义政党的性质不变、宗旨不移，才能为实现最广大人民群众的根本利益不懈奋斗。从作风方面看，"两个务必"是党的先进性建设中作风建设的题中应有之义。一个政党如果骄傲自满、固步自封、贪图享乐，就会褪色、就会迷失方向，就会丧失免疫力，就会枯竭生命力。无论是在革命、建设和改革时期，还是在新的历史条件下，要加强党的先进性建

设，都必须把牢记"两个务必"作为重要内容，切实增强全党同志的忧患意识，居安思危，做到奋斗不已，进取不止。只有这样，我们党才能与时代同步伐，与人民共命运，才能立于不败之地，永葆先进性。

"两个务必"是党的先进性建设的行动指南。"两个务必"是我们党深刻认识和全面把握党的执政能力建设、加强党的先进性建设的重要方针和行动指南。翻开中国历史长卷可以清楚地看到，历代封建王朝无一不因励精图治而兴盛，无一不因奢靡腐化而衰亡，形成了由盛而衰、始兴终亡的"历史周期律"。以毛泽东同志为核心的第一代中央领导集体在对历史经验教训进行科学总结和对执政规律深刻思考的基础上，找到了"始终保持党同人民群众的血肉联系"这个跳出周期律的新路。走好这条新路，就必须谦虚谨慎、不骄不躁、艰苦奋斗。忽视和背离了"两个务必"，就逃脱不了"历史周期律"的惩罚，执政地位就会得而复失。苏联、东欧共产党丧失执政地位的一个重要原因，就是丧失了谦虚谨慎、艰苦奋斗的政治品质和思想作风。因此，牢记"两个务必"，是我们党找到的跳出"历史周期律"的怪圈，保证长久执政、为人民执好政的重要法宝。以邓小平同志为核心的第二代中央领导集体，通过制度建设和体制改革推动党的思想作风建设，推动全党同志牢记"两个务必"。以江泽民同志为核心的第三代中央领导集体，强调结合新的实际广泛开展牢记"两个务必"的教育，使"两个务必"成为不断开创中国特色社会主义新局面的强大精神力量。以胡锦涛同志为总书记的党中央，进一步深刻总结中外历史上政党和政权盛衰兴亡的规律，强调在新世纪新阶段必须始终牢记"两个务必"，显示了我们党在继往开来新的历史起点上，全面把握世情、国情、党情、民情，进一步提高执政能力，保持先进性，继续走好跳出历史周期律新路的崭新思维、英明决策、坚强决心和实际行动。

"两个务必"是党的先进性建设的宝贵经验。"两个务必"是几十年来我们党从革命和建设的实际出发、从党的队伍的思想实际出发，加强党的思想政治建设，永葆党的先进性实践经验的科学概括和总结。在新民主主义革命的历程中，辉煌的胜利和成功的经验，惨痛的挫折和失败的教训，从正反两方面表明了牢记"两个务必"、永葆先进性的重要意义。我们党靠着"红米饭、南瓜汤"度过了井冈山时期的艰苦岁月，靠吃草根、吃树皮走过了二万五千里长征，靠纺车和小米加步枪取得了抗日战争和解放战争的胜利。井冈山精神、长征精神、延安精神、西柏坡精神等宝贵精神，无不体现了"两个务必"的优良作风，无一不是先进性的充分展现。同时，我们党也先后四次经历过因骄傲自满、居功自傲而使党的事业遭受挫折和损失的重大历史教训。"两个务必"正是在对历史经验教训总结与反思的基础上，为保持党的先进性而提出来的。社会主义建设时期，我们党领导全国人民取得了巨大成就，涌现出的"焦裕禄精神"、"大庆精神"、"红旗渠精神"、"两弹一星精神"，都是"两个务必"的生动体现。改革开放以来，我们党大力弘扬"两个务必"，成功探索出了一条建设中国特色社会主义的新道路，战胜了来自政治、经济领域和自然界出现的困难和风险，实现了人民生活总体上由温饱到小康的历史性跨越。党的十六大以来，以胡锦涛同志为总书记的新一届中央领导集体始终牢记"两个务必"，团结带领全国各族人民全面建设小康社会，保持了经济社会发展的良好势头。纵观党的历史，我们党始终牢记"两个务必"，并把它转化为激励我们顽强进取、百折不挠，在国内外反动势力面前，在困难和考验面前巍然屹立、敢于胜利的强大精神力量，使我们党始终保持了马克思主义政党和工人阶级先锋队的先进性。在这一进程中，河南省先后涌现出的吉鸿昌、杨靖宇、彭雪枫、许世友、焦裕禄、史来贺、吴金印、常香玉、任长霞、李连成等一大批英模人物，都是激励我们践行"两个务必"、保持党的先进性的典范。从 2005 年开始的在全党进行的先进性教育活动，各级党组织和广大党员、干部，认真实践"三个代表"重要思想，以牢记"两个务必"为指针，查找思想作风等方面存在的突出问题，使党的肌体更健康，使党与人民群众的联系更加强，使党的先进性得到更好的发扬。新的实践再一次有力地证明了，牢记"两个务必"是加强党的先进性建设的必由之路和宝贵经验。

"两个务必"是党的先进性建设的重要举措。首先，牢记"两个务必"，我们党才能在复杂多变的国际形势下始终保持政治上的先进性，把中国特色社会主义事业不断推向前进。当今世界，综合国力的竞争日趋激烈，与西方发达国家相比，我国的竞争力还比较弱，形势逼人，不进则退。我们党要始终站在时代的前列，就必须始终保持谦虚谨慎、艰苦奋斗的作风，坚定理想信念，坚定正确的政治方向，坚决贯彻党的基本理论、基本路线、基本纲领和基本经验，这样才能抵御风险、克服困难，奋勇进取，实现中华民族的伟大复兴。其次，牢记"两个务必"，我们党才能始终保持思想上的先进性，在现代化建设成就面前戒骄戒躁，在落实科学发展观、构建和谐社会、全面建设小康社会的历史进程中始终保持清醒头脑。享乐主义、拜金主义思想是削弱共产党人革命意志的腐蚀剂，是滋长各种腐朽思想的温床，也是牢记"两个务必"的大敌。为此，胡锦涛同志告诫全党："我们完全有理由为此感到自豪，但我们决不能自满，决不能懈怠，决不能停滞。成绩越大，喝彩声越多，我们越要保持清醒的头脑。"面对国内繁重艰巨的改革、建设任务和我们党肩负的庄严使命，要战胜来自各方面的风险和挑战，正确解决和处理前进道路上的各种问题，我们必须牢记"两个务必"，不自满、不懈怠、不停步，开拓创新，不断前进。其三，牢记"两个务必"，我们党才能始终保持作风上的先进性，始终坚持马克思主义政党的本色和宗旨，始终保持同人民群众的血肉联系，始终立于不败之地。胡锦涛同志强调，"坚持艰苦奋斗，根本目的就是要为最广大人民的根本利益而不懈努力，不断把人民利益维护好、实现好、发展好。"牢记"两个务必"，永葆艰苦奋斗的政治本色，才能做到深入基层、深入群众，察民情、解民难、纾民困、保民安，为人民群众诚心诚意办实事、尽心竭力解难事、坚持不懈做好事，更好地实践全心全意为人民服务的宗旨。

三、让"两个务必"的思想光辉照亮我们党前进的道路

实现推进现代化建设、完成祖国统一、维护世界和平与促进共同发展的三大历史任务和实现全面建设小康社会的宏伟目标，关键在于党能否始终保持先进性。牢记"两个务必"、保持党的先进性是一个长期的任务和永恒的主题，不可能一蹴而就、一劳永逸。只有牢记"两个务必"，让"两个务必"的思想光辉照亮我们党前进的道路，才能使全党同志心明眼亮，意志坚强，保持清醒头脑，强化忧患意识、责任意识、使命意识，抓住机遇、迎接挑战、经受考验；才能使全党同志始终保持昂扬向上的精神状态，始终保持党的纯洁性和先进性，带领广大人民群众聚精会神搞建设、一心一意谋发展；才能继承和发扬伟大的民族精神和党的优良传统，有效防止因骄傲自满、贪图享乐、脱离群众而导致党亡政息的危险，有效抵御西方敌对势力对我进行的"西化"、"分化"。可以说，"两个务必"是新时期党的建设的总闸门，把好这个总闸门，不但能有效防止"污水"横流，避免党的肌体发生病变，而且能够聚集"清水"，激活动力，形成推进党的建设、保持先进性的强大合力，使党和社会主义事业永葆生机。

当前，我们要清醒地看到，在经济、政治和党的建设

方面还存在一些突出问题。从社会层面来看，城乡发展不协调、区域发展不平衡，东中西部发展的差距有继续拉大的趋势，社会分配不公，贫富差距扩大。从党组织和党员队伍现状看，有的经不住市场经济考验，以权谋私，大搞权钱交易；有的经不起长期执政考验，居功自傲、贪图享受，高高在上，脱离群众；有的放松世界观改造，理想信念动摇，革命意志衰退，甚至腐化堕落。正是为解决这些问题，以胡锦涛同志为总书记的党中央重申"两个务必"，提出了科学发展观、构建社会主义和谐社会、加强党的执政能力建设、开展先进性教育活动、建设社会主义新农村等一系列重大思想方针和决策部署，不断加强党的先进性建设。

牢记"两个务必"、保持党的先进性，必须做到"五个坚持不忘"：

一是坚持马克思主义在全党的指导地位，始终不忘"老祖宗"，永葆先进性。马克思列宁主义、毛泽东思想、邓小平理论和"三个代表"重要思想是一脉相承又与时俱进的科学体系，是中国共产党必须长期坚持的指导思想。坚持用马克思主义理论来指导工作实践，是我们在新的历史时期牢记"两个务必"、保持先进性的内在的、根本的要求，而"两个务必"则是共产党人的理想信念在革命、建设和改革实践中的生动体现。党只有把马克思列宁主义、毛泽东思想、邓小平理论和"三个代表"重要思想作为行动指南，才能认识和掌握事物的发展规律，驾驭国际国内的复杂局势，制定正确的纲领、路线、方针、政策；才能坚决克服党在思想、组织、作风建设方面存在的突出问题，使"两个务必"的优良作风从中得到发扬光大；才能进一步加强广大党员的党性修养和锻炼，坚定理想信念，树立正确的世界观、人生观和价值观，在不断改造客观世界的同时，坚持不懈地改造主观世界，使我们党经受住各种风浪考验，带领人民为建设中国特色社会主义、实现共产主义不懈奋斗。

二是坚持以科学发展观统领现代化建设全局，始终不忘发展，永葆先进性。倡导"两个务必"和提出科学发展观，是党中央针对新形势新任务，在党的作风建设和思想理论建设方面采取的两大重要举措，两者具有内在的必然联系，体现了"三个代表"重要思想的根本要求和执政为民的根本宗旨。科学发展观是指导发展的世界观和方法论的集中体现，是我们推动经济社会发展、加快推进社会主义现代化必须长期坚持的重要指导思想，其实质是实现经济社会又好又快的发展。发展是硬道理，是解决中国所有问题的关键。离开发展，坚持党的先进性、发挥社会主义制度的优越性和实现民富国强都无从谈起。因此，牢记"两个务必"、保持党的先进性，必须始终紧紧抓住发展这个执政兴国的第一要务，把科学发展观贯穿于现代化建设的全过程，在区域发展上更多地关注欠发达地区，在城乡发展上更多地关注"三农"问题，在经济发展和社会进步上更多地关注民生问题，在处理当前利益和长远利益问题上更多地考虑可持续发展，在促进精神文明和加强文化建设上更多地关注思想道德建设，切实把经济社会转入以人为本、全面协调可持续发展的轨道。

三是坚持立党为公、执政为民的本质要求，始终不忘人民，永葆先进性。纵观人类社会的历史，人心向背历来是决定一个政党、政权兴衰成败的根本性因素和决定性力量。在新的历史条件下，党中央要求我们牢记"两个务必"，就是要使全党同志为最广大人民的根本利益而不懈努力。牢记"两个务必"，就要把维护好发展好实现好最广大人民的根本利益作为一切工作的出发点和落脚点，坚持发展为了人民、发展依靠人民、发展成果由人民共享，着力解决人民群众最关心、最直接、最现实的利益问题，切实把立党为公、执政为民具体地、深入地落实到各项工作中去，使全体人民的物质文化生活水平不断提高，党同人民群众的联系更加密切，党的执政地位更加巩固。

四是坚持解放思想、实事求是、与时俱进的思想路线，始终不忘进取，永葆先进性。解放思想、实事求是、与时俱进，是推动社会前进的强大动力，是永葆党的先进性和创造力的决定性因素。"两个务必"与党的思想路线息息相通、一脉相承，是贯彻党的思想路线的重要保证。建设中国特色社会主义，需要我们不断提出新思想、新方法、新举措，始终为了人民的利益不懈奋斗。只有谦虚谨慎、不骄不躁，才能一切从实际出发，实事求是，研究新问题、总结新经验、探索新路子；只有保持艰苦奋斗的作风，才能面对各种困难和风险，始终保持昂扬向上、与时俱进的精神状态。牢记"两个务必"，就要常思做官之责，常尽为民之力，常除骄奢之风，常谋发展之策，始终保持共产党人的蓬勃朝气、昂扬锐气、浩然正气；就要自觉地把思想认识从那些不合时宜的观念、做法和体制的束缚中解放出来，从对马克思主义的错误的和教条式的理解中解放出来，从主观主义和形而上学的桎梏中解放出来，用与时俱进的理论创新成果武装思想，用创新的思想观念谋划发展思路，开创工作新局面。

五是坚持批评与自我批评的武器，始终不忘党的建设，永葆先进性。批评与自我批评是我们党抵制腐朽思想侵蚀、保持党的肌体纯洁、富有生命力的思想武器，是我们党扫除政治灰尘、纠正思想错误、解决党内矛盾、维护党的纪律的有效方法，是加强党的思想建设、永葆先进性的重要手段。只有经常地、正确地开展批评与自我批评，才能有效地在党内消除骄躁之气和奢侈之风，发扬谦虚谨慎、艰苦奋斗的优良作风；才能牢记"两个务必"，保持党同人民群众的血肉联系，做到立党为公、执政为民，永远带领人民前进，走在时代前列；才能正视党内存在的问题，不断加强党的建设，使"两个务必"的思想光辉照亮党前进的道路，消除各种思想障碍，振奋干事创业的精神，树立克服困难的勇气，提高驾驭全局的能力，使党更加坚强、永葆先进。

全面建设小康社会、加快推进社会主义现代化，前景美好，任务艰巨。只要我们做到"五个坚持不忘"，牢记"两个务必"，就能不断增强党的凝聚力、战斗力和创造力，始终保持党的纯洁性和先进性，带领全国各族人民把中国特色社会主义伟大事业不断推向前进。

切实增强"三种意识"
永远保持党同人民群众的血肉联系[*]

　　2007 年 7 月 26 日，胡锦涛总书记在主持中共中央政治局第四十二次集体学习时指出，全党同志必须牢记，形势越好越要增强忧患意识，执政越久越要增强公仆意识，条件越优越要增强节俭意识。这是胡锦涛总书记继今年全国"两会"期间提出要增强"三种意识"之后再次作出强调。"三种意识"体现了立党为公、执政为民的理念，代表了广大人民群众的期望，抓住了始终保持党同人民群众血肉联系这个作风建设的核心问题。切实增强"三种意识"，始终保持党同人民群众的血肉联系，对于团结带领广大人民群众夺取全面建设小康社会新胜利，把建设中国特色社会主义伟大事业推向前进，具有十分重大的意义。

　　始终保持党同人民群众的血肉联系，是我们党的光荣

---

　　* 本文发表于《求是》2007 年第 18 期。

传统、政治优势和本质特征，也是党和人民事业兴旺发达的重要保证。在革命战争年代，我们党把党群关系看做是血肉关系、鱼水关系，并在党的各项工作中坚决贯彻，得到了广大人民群众的真心拥护，取得了中国革命的胜利；在和平建设时期，党的地位发生了根本性变化，但我们党时刻摆正自己同人民群众的位置，时刻牢记为人民服务的宗旨，时刻警惕脱离群众的危险，时刻从人民群众中汲取前进的不竭力量，经受住了各种风险和考验，始终立于不败之地。在我们党86年的发展历程中，培育和造就的井冈山精神、长征精神、延安精神、西柏坡精神、抗洪精神、抗击非典精神等宝贵精神财富，无不蕴含着保持党同人民群众血肉联系的深刻内涵。河南省广大党员干部保持和发扬党的优良作风，继承和丰富了愚公移山精神，培育和造就了焦裕禄精神，弘扬和发展了红旗渠精神，推动河南经济社会发展站在了新的历史起点上。面对时代发展的新要求，面对人民群众的新期待，面对全面建设小康社会、实现中原崛起的新任务，我们必须认真学习贯彻胡锦涛总书记重要讲话精神，切实增强忧患意识、公仆意识、节俭意识，更加自觉地坚持全心全意为人民服务的宗旨，更加自觉地坚持党的群众路线，始终保持党同人民群众的血肉联系，团结带领广大人民群众成就宏伟事业，创造更加美好的生活。

三、增强"三种意识"，保持党同人民群众的
血肉联系，必须确立一心为民的观念

　　一心为民是保持党同人民群众血肉联系的本质要求。只有一心为公，立党才能立得牢；只有一心为民，执政才能执得好。每一位党员领导干部都要把一心为民作为人生的最大追求和最高目标，在任何时候、任何情况下，与人民群众同呼吸、共命运的立场不能变，全心全意为人民服务的宗旨不能忘，密切联系群众的优良传统不能丢。要一心想着群众。广大共产党员只有心中装着群众、时刻想着群众，想问题、办事情、作决策自觉从群众利益出发、自觉为群众服务，才能把自己融入群众中去，才能得到群众的拥护和信任。要将群众的冷暖挂在心上，将群众的需求记在心中，将群众的愿望和要求作为决策施政的根本依据，把为群众办实事作为决策施政的重要职责，忧民所忧、想民所想、急民所急，把人民群众的事努力办好。要一心为了群众。深入贯彻落实科学发展观，牢固树立正确的政绩观，把实现人民群众的根本利益作为最大政绩来追求，干工作、搞建设、促发展，都要遵循客观规律，顺应民心民意，严格依法办事。任何一项改革发展措施的制定，都要考虑人民群众的承受能力，兼顾社会各阶层、各方面群众的利益，避免因决策失误和工作不当损害群众的利益、伤害群众的感情。要一心造福群众。从人民群众最关心、最直接、最现实的利益问题入手，努力在解决就

业、就学、就医和社会保障"三就一保"问题上取得新突破，让改革发展的过程真正成为为群众排忧解难的过程，成为人民群众生活水平不断提高的过程。特别是要把困难群众的生产生活问题放在心上，带着深厚的感情解决好企业下岗职工、城乡贫困人口、进城务工人员、受灾群众的生产生活问题，使广大人民群众共享改革发展成果。"政之所兴，在顺民心；政之所废，在逆民心。"只要广大共产党员一心想着群众、一心为了群众、一心造福群众，始终保持同人民群众的血肉联系，就能凝聚党心民心、汇集成夺取全面建设小康社会新胜利、开创中国特色社会主义事业新局面的强大力量。

三、增强"三种意识"，保持党同人民群众的血肉联系，必须发扬艰苦奋斗的作风

艰苦奋斗是我们党保持同人民群众血肉联系的一个重要法宝。近年来，河南经济实力显著增强，经济社会保持了平稳快速发展、全面协调推进的良好态势，但人口多、底子薄、基础差的基本省情还没有根本改变，人均水平还比较低，还有相当数量的贫困人口和困难群众，经济社会发展正处于"爬坡阶段"，实现全面建设小康社会的奋斗目标，要走的路还很长，我们不能有丝毫懈怠，不能有半点儿松劲，必须始终保持艰苦奋斗的优良作风。要勤俭节约。勤俭节约历来是修身之要、持家之宝、兴业之基、治国之道。卢氏县委坚持在土坯房办公50年不变，把有限

的财力用在经济发展上、用在民生改善上，在人民群众心中树立了一座丰碑。我们要学习他们的好经验好做法，牢固树立节俭意识和长期过紧日子的思想，坚持用勤俭节约的标准谋划工作、推动工作、检验工作，不贪大求洋、不摆阔气、不讲排场，更不能违规建设楼堂馆所特别是豪华楼堂馆所。凡事精打细算、严格管理，把有限的财力用在经济社会发展的关键部位和薄弱环节上。要勇于吃苦。"艰难困苦，玉汝于成"。广大共产党员特别是党员领导干部要不怕矛盾复杂、不怕任务艰巨、不怕责任重大，坚持思想上艰苦、工作上吃苦、生活上清苦、党性锻炼上刻苦，努力以己之苦换发展之好、以己之苦换群众之甜、以己之苦换社会之稳。要坚韧不拔。咬定青山不放松，发扬愚公移山精神，以百折不挠的意志，狠抓中央方针政策的贯彻落实，狠抓影响经济社会发展的矛盾和问题的有效解决，不埋怨、不争论，一届接着一届干，一张蓝图绘到底。要真抓实干。心无旁骛、力不分散，把心思凝聚到干事业上，把精力集中到办实事上，把工夫下到抓落实上，把本领用在促发展上，脚踏实地，埋头苦干，多做打基础、管长远的工作，多做为人民谋利益、解难题的事情，在同甘共苦中不断增进与人民群众的感情。

三、增强"三种意识"，保持党同人民群众的血肉联系，必须保持开拓进取的锐气

保持党同人民群众的血肉联系，最根本、最重要的是

实现好维护好发展好最广大人民群众的根本利益。当前，加快全面建设小康社会，实现中原崛起，是全省广大人民群众的根本利益所在。只有始终保持开拓进取的锐气，努力破解经济社会发展中的突出矛盾和问题，战胜前进道路上的一切风险和挑战，才能不断推进经济社会又好又快发展，使广大人民群众过上更加幸福美好的生活。要奋发有为。进一步增强促进科学发展的紧迫感和责任感，一门心思想发展，千方百计促发展，扎扎实实抓发展，在发展中打头阵、挑大梁、攻难关、攀高峰，做经济建设的排头兵、领头羊；要抢抓机遇，昂扬奋进，始终保持"想干事、能办事、自我加压、拼命做事"的精神状态，始终保持乘势而上的冲劲、力争上游的拼劲和锲而不舍的韧劲，为9800万河南人民的利益不懈奋斗。要勇于创新。站得更高一些，看得更远一些，想得更深一些，走创新路，干创新事，做创新人，带领人民群众不断向更高的目标前进；以宽广的胸怀、开放的思维，积极对待一切新生事物，大胆吸纳一切先进经验，热情鼓励一切创新实践，在转变发展方式、提高发展质量上有新思路，在化解社会矛盾、促进和谐稳定上有新办法，在改善民生、造福群众上有新举措。要克难攻坚。面对成绩不陶醉，工作上高起点定位、高标准要求，跳起来摘桃子；面对困难不退缩，关键时刻能够冲得上、顶得住、拿得下，迎难而上、知难而进；面对问题不逃避，善于破解改革发展稳定的各种难题，在行政管理体制改革、国有企业制度改革等一些重要领域和关键环节实现新突破，不断创造各项工作的新业绩。

四、增强"三种意识"，保持党同人民群众的
血肉联系，必须弘扬自觉奉献的精神

自觉奉献是一代又一代中国共产党人秉承的光荣传统，是保持党同人民群众血肉联系的血脉和筋骨，是我们党战胜一切艰难困苦、从胜利走向胜利的重要保证。在今年淮河流域和豫西山区的抗洪抢险斗争中，广大党员干部为了灾区群众的生命安全，奋战在暴风骤雨之中，涌现出了一大批英雄人物，有的人甚至献出了宝贵的生命。在陕县支建煤矿淹井事件的救援中，各级党委、政府和广大军民，不讲价钱、不计条件，万众一心、众志成城，创造了69名被困矿工全部生还这一我国煤矿抢险救援史上的奇迹，谱写了一曲党和人民心连心的和谐乐章。广大党员干部要把自觉奉献作为一种责任、一种义务、一种使命，把国家和人民的利益放在首位，并为之全心全意地贡献自己的智慧和力量。要淡泊名利。人生的价值在于奉献而不在于索取，党员干部的价值只有在为党和人民的事业奋斗的过程中才能得到升华和体现。要有"先天下之忧而忧，后天下之乐而乐"的情怀，正确对待自己，正确对待别人，正确对待职务进退，对个人利益、局部利益看得轻一些、淡一些，任劳任怨、不事张扬，吃苦在前、享受在后，不谋名利得失，不计荣辱进退，工作上向标准高的同志看齐，生活上向标准低的同志看齐，保持平常平静的心

态，做到荣辱不惊、得失不悔，在为党和人民的事业不懈奋斗中实现自己的人生价值。要甘于吃亏。奉献是一种吃亏，吃亏是一种精神，是胸怀广阔、人格伟大、思想高尚的体现。濮阳县西辛庄村党支部书记李连成一心为公、执政为民，带领群众艰苦奋斗、勤劳致富、共同建设社会主义新农村，成为新时期优秀共产党员的杰出代表。广大党员干部都要像村官李连成那样，学会吃亏、乐于吃亏、甘于吃亏、不怕吃亏，甘当群众的孺子牛。要爱岗敬业。对事业要有热情，对工作要有激情，从各自工作岗位做起，从现在做起，从一言一行做起，把远大的理想抱负和岗位职责化作励志图强、奉献人民的实际行动，以本职工作为奉献的起点，干一行爱一行，爱一行专一行，争创一流的工作业绩，做到安其位、精其业、勤其政、倡其德。

五、增强"三种意识"，保持党同人民群众的
血肉联系，必须坚守清正廉洁的本色

清正廉洁是党员干部必须坚守、不能逾越的一条底线，也是增强"三种意识"、保持党同人民群众血肉联系的起码要求。党员干部做到了清正廉洁，才会得到人民群众的支持、拥护，才会有凝聚力、吸引力、感召力。要真正弄清做人与做官的关系，切实加强党性修养。做官与做人是紧密相连的。做人要讲道德，做官要讲官德。做人要像毛泽东同志号召的那样，做一个高尚的人、一个纯粹的人、一个有道德的人、一个脱离了低级趣味的人、一个有

益于人民的人。孔子说，"政者，正也。"就是指为政者必须身正行直、办事公道。作为党的干部，更要确立"政者正也"的理念，做到政治上正、思想上正、品行上正、作风上正。道德败坏的人连做合格公民的资格都没有，更不能当干部、当领导，否则害人害己，损害党和人民的事业。做一个"好官"，必须勤学习，把学习作为增长才干、提高素养的重要途径，深入学习马克思主义中国化的最新成果，自觉学习现代科学文化知识，在学习中增强党性，拓宽视野，提高本领，做好工作；必须慎交友，坚持择善而交，多同普通群众交朋友，多同基层干部交朋友，多同先进模范交朋友，多同专家学者交朋友，纯洁社交圈、净化生活圈、规矩工作圈、管住活动圈；必须重修养，常修为政之德，常思贪欲之害，常怀律己之心，明荣辱之分、做光荣之事、拒耻辱之行，模范遵守社会公德、职业道德、家庭美德，做到以德立身、以德服人、以德树威，永葆共产党人的高风亮节。要正确处理与人民群众的关系，切实当好人民公仆。党员干部都来自于人民群众，都是人民群众的公仆。忘记了自己的身份，就会官气十足，骑在人民群众的头上当官做老爷。广大党员干部要摆正自己与人民的位置，思想上尊重群众、政治上代表群众、行动上深入群众、工作上为了群众，切实做到坚持"三公"、克服"三私"：甘当公仆，不谋私利；克己奉公，不怀私心；公道正派，不徇私情。要把握好权与利的关系，切实为群众谋利益。权力是一把"双刃剑"，用好了就会为民谋利、为国造福，就会得到群众的拥护；用歪了就会祸害民众、危及社会，就会遭到群众的反对。我们的权力是人民赋予的，只能用来为人民服务，绝不能用来谋一己之利。党员干部要慎用权，原则不能背离、纪律不能违反，党纪国法的"红线"和做人做事的"底线"不能突破；要用好权，不断强化服务观念，用权出于公心、符合民心，真正做到权为民所用、情为民所系、利为民所谋。

作风实则风气正，风气正则事业兴。只要我们切实增强忧患意识、公仆意识、节俭意识，以优良的党风带政风促民风，就一定能够永远保持党同人民群众的血肉联系，就一定能够团结带领广大人民群众加快中原崛起、构建和谐中原，夺取全面建设小康社会的新胜利！

从抓好"四个一"入手
切实加强反腐倡廉建设[*]

在十七届中央纪委二次全会上，胡锦涛总书记发表了重要讲话，从党和国家事业发展全局和战略的高度，精辟分析了当前党风廉政建设和反腐败斗争面临的形势，深刻阐述了加强反腐倡廉建设的重要性和紧迫性，明确了加强反腐倡廉建设的指导思想、基本要求、工作原则和主要任务，要求把反腐倡廉建设放在更加突出的位置，更加坚决地惩治腐败，更加有效地预防腐败。讲话高屋建瓴，思想深刻，论述精辟，是加强反腐倡廉建设的纲领性文献。

结合对胡锦涛总书记重要讲话和中央纪委二次全会精神的学习，我体会，落实中央的新要求新部署，加强反腐倡廉建设，关键是要做到"四个一"，即：明确一个崭新的重大课题，坚持一个科学的工作体系，强化一个重要的

---

* 本文节选自作者在河南省纪委八届三次全会上的讲话，发表于 2008 年第 3 期《党的生活》。

政治保证，造就一支坚强的纪检队伍。

一、明确一个崭新的重大课题，就是站在党和国家工作全局的高度，充分认识反腐败斗争的长期性、复杂性和艰巨性，增强紧迫感、责任感和使命感，抓紧抓好反腐倡廉建设这一重大课题

党的十七大第一次把反腐倡廉建设同思想建设、组织建设、作风建设、制度建设一起确定为党的建设的基本任务，这是我们党的重大创新，不仅是从提高党的执政能力、保持和发展党的先进性的全局高度作出的重大决策，而且是向全党提出的一个崭新的重大课题，表明我们党站位更高了、认识更深了，反腐倡廉建设位置更突出了、部署更全面了，标志着反腐倡廉建设理论体系初步形成，党风廉政建设和反腐败斗争进入新阶段。站位更高了，体现在党中央站在党和国家工作全局的高度更加深刻地揭示了反腐倡廉建设的重要性和紧迫性。胡锦涛总书记强调加强反腐倡廉建设，是发展中国特色社会主义的必然要求，是推进党的建设新的伟大工程的必然要求，是适应反腐败斗争形势发展的必然要求。这一深刻阐述，把反腐倡廉建设提到一个前所未有的新高度，充分说明我们党的视野更宽广了、眼光更长远了、谋划更科学了。认识更深了，体现在我们党对反腐倡廉工作规律的认识达到了新的水平。我们党对反腐倡廉建设的认识是十分清醒的、态度是一以贯之的。改革开放一开始，邓小平同志就反复强调要坚持一

手抓改革开放、一手抓惩治腐败，在整个改革开放过程中都要反对腐败。党的十四大以后中央坚决查处了陈希同的腐败问题，十五大以后坚决查处了成克杰的腐败问题，十六大以后又坚决查处了陈良宇的腐败问题。为保持和发展党的先进性，确保党和国家长治久安，中央把反腐倡廉建设放到更加突出的位置，采取更加有力的措施，不断把党风廉政建设和反腐败斗争引向深入。党的十七大提出"反腐倡廉建设"，使党风廉政建设和反腐败斗争有机整合，标志着我们党从最初的运动式反腐败转入了全面的制度式反腐败，从注重治标进入了标本兼治、综合治理，从严惩腐败进入了惩防并举、注重预防，从打击型反腐进入了建设型反腐，从纪检监察部门单打独斗进入了全党协同作战的新时期。位置更重了，体现在反腐倡廉建设在党的建设新的伟大工程全局和中国特色社会主义事业大局中的位置更加突出。我们党把反腐倡廉从工作层面提升到建设层面，推动反腐倡廉经常化、制度化、持久化、系统化，体现了反腐倡廉建设在党的建设中的重要地位及与思想建设、组织建设、作风建设、制度建设的辩证关系，体现了反腐倡廉建设对社会主义经济建设、政治建设、文化建设和社会建设的重要保障作用，表明反腐倡廉建设既是党的建设的重要内容，又是关系党的建设全局、关系中国特色社会主义事业大局的重大政治任务。部署更全面了，体现在党中央对反腐倡廉建设各项工作部署形成了有机统一的整体。胡锦涛总书记提出了改革创新、惩防并举、统筹推进、重在建设的"四项基本要求"，明确了坚持加强思想道德建设与加强制度建设相结合、严肃查办大案要案与切实解决损害群众切身利益的问题相结合、廉政建设与勤政建设相结合、加强对干部的监督与发挥干部主观能动性相结合的"四个结合"，对加强和改进党对反腐倡廉工作的领导提出了更高要求。这些方面相互联系、相互支撑、有机统一，表明我们党加强反腐倡廉建设的思路更加清晰、目标更加明确、部署更加全面、措施更加得力，必须全面把握、统筹规划、协调实施、整体推进。

认真学习贯彻胡锦涛总书记重要讲话和中央纪委二次全会精神，最根本的就是要抓紧抓好反腐倡廉建设这一崭新的重大课题，充分认识反腐倡廉建设的长期性、复杂性、艰巨性，准确把握河南省面临的新形势新任务，推动党风廉政建设和反腐败斗争深入开展，为实现河南发展新跨越、开创中原崛起新局面提供坚强保障。

二、坚持一个科学的工作体系，就是进一步完善惩治和预防腐败体系，把改革的推动力、教育的说服力、制度的约束力、监督的制衡力、惩治的威慑力结合起来，统筹推进反腐倡廉建设

完善教育、制度、监督并重的惩治和预防腐败体系，是党的十七大确定的反腐倡廉建设的重点，在加强反腐倡廉建设中处于管总的、全局的、战略的地位。这一体系明确了反腐倡廉建设坚持什么、抓什么、怎么抓的问题，我们坚持这一体系，就抓住了反腐倡廉建设的核心和关键，

就能使反腐倡廉工作呈现出系统治理、整体推进、协调发展的良好局面。我们一定要按照胡锦涛总书记提出的把改革的推动力、教育的说服力、制度的约束力、监督的制衡力、惩治的威慑力结合起来的要求，立足河南实际，强化工作措施，努力形成拒腐防变教育长效机制、反腐倡廉制度体系、权力运行监控机制。

一是增强改革的推动力。坚持用改革的办法解决导致腐败现象发生的深层次问题，把反腐败与改革发展相结合，是我们党对反腐倡廉规律认识的深化和经验总结，是完善惩治和预防腐败体系的正确抉择。腐败现象大都与制度不完善、管理有漏洞密切相关，必须通过深化改革、创新体制，加强对权力运行的规范和制约，从根本上清除腐败问题存在的社会土壤和条件。我们要针对腐败案件易发多发的领域和环节，重点推进干部人事制度、行政审批制度、财政管理制度、投融资体制、国有资产管理体制、司法体制等方面的改革，建立健全相关制度，最大限度地减少以权谋私、权钱交易的体制机制漏洞。要更好发挥市场在资源配置中的基础性作用，在工程建设、土地管理、产权交易、政府采购等领域引入市场机制，从源头上防治腐败。

二是增强教育的说服力。"正气存内，邪不可干"。广大党员干部并不是生活在真空里，在腐败问题上没有天然免疫力。特别是随着改革的深化和开放的扩大，各种思想文化相互激荡，人们思想活动的独立性、选择性、多变性、差异性明显增强，广大党员干部在理想信念和思想道德上面临着严峻考验，如果思想防线不牢固、意志不坚定，就会受到腐败病毒的感染，甚至跌入腐败的泥坑，加强思想道德教育显得尤为重要、尤为紧迫。加强对党员干部的思想道德教育是反腐败工作关口前移的重要措施，也是从内生机制上增强拒腐防变能力的重要举措。广大党员干部特别是各级领导干部，都要做到"四正"，就是位要正、心要正、身要正、行要正。位置摆不正心态就不正，心态不正立身就不正，立身不正行为就不正，行为不正就会产生这样那样的腐败问题。要做到这"四正"，必须加强思想道德教育，引导党员干部主动改造主观世界，严格要求自己。王有杰身居高位，却忽视学习，放松思想改造，最终不仅害了自己而且害了家人，辜负了党的重托和人民的信任，教训是极其深刻的。广大党员干部都要以对党和人民的事业高度负责的精神，以对自己的家庭切实负责的态度，积极开展学习，主动接受教育，加强思想锻炼，提高党性修养，自觉抵制各种消极腐败现象的侵蚀。我们要以各级领导干部为重点，以树立马克思主义的世界观、人生观、价值观和正确的权力观、地位观、利益观为根本，以艰苦奋斗、廉洁奉公为主题，以更好地做到立党为公、执政为民为目标，不断加强反腐倡廉教育。要筑牢思想防线，深入开展《党章》和党的基本理论、基本路线、基本纲领、基本经验的学习教育，深入进行马克思主义中国化最新成果教育，深入开展社会主义核心价值体系教育，深入推进社会主义荣辱观教育，使广大党员干部进一步坚定走中国特色社会主义道路的信念，加强党性修养和道德修养，不断提高拒腐防变能力。要增强教育实效，认真研究思想道德教育的规律，进一步改进教育方式，既善于运用先进典型进行示范引导，又善于运用反面案例进行警示教育；既善于依靠各级党组织进行灌输教育，又善于引导广大党员干部进行自我教育，真正做到入情入理、入脑入心，使拒腐防变的警钟始终长鸣。要营造良好环境，坚持用社会主义荣辱观引领风尚，把思想教育、纪律教育与社会公德、职业道德、家庭美德、个人品德教育和法制教育结合起来，促进全社会形成以廉为荣、以贪为耻的良好氛围。

三是增强制度的约束力。好的制度既能约束人不能为恶，也能引导人自觉从善。制度缺陷必然造成制度性的腐败，而制度性的腐败是最可怕的腐败。对此，我们要予以高度重视，抓紧建立健全各方面制度，做到用制度管权、管事、管人。要建立健全科学决策和民主监督的程序、制度，进一步推进决策的科学化、民主化；建立健全党内情况通报、情况反映、请示汇报、重大决策征求意见等制度，推进党务公开；健全巡视制度，加强对地方和部门领导班子及其成员的经常性监督；完善政务公开、厂务公开、村务公开等办事公开制度，建立健全同群众利益密切相关的重大事项社会公示制度和社会听证制度。要切实提高制度的执行力，制度一旦制定，任何人都必须坚决执行，特别是各级主要领导干部要带头遵守，绝不允许有令不行、有禁不止、有章不循、妄自尊大、独来独往。

四是增强监督的制衡力。"阳光是最好的防腐剂。"

只有加强对权力的监督和制约，让权力在阳光下运行，才能有效防止腐败现象的滋生蔓延。一方面，广大党员干部特别是各级领导干部要增强监督意识，自觉接受监督。这既是对干部的严格要求，也是对干部的关心爱护，必须正确看待，绝不能把组织和群众的监督看成是和自己过不去、找麻烦，有意无意地排斥监督甚至拒绝监督。要真正把自己置于党和人民的监督之下，确保真正把人民赋予的权力用来为人民谋利益，决不允许阳奉阴违，当面一套、背后一套，欺骗组织，蒙骗群众，把权力当做谋取个人私利的工具。另一方面，要切实加强组织监督，认真落实党内监督条例，重点加强对领导干部特别是主要领导干部、人财物管理使用、关键岗位监督，有效防止权力失控、决策失误、行为失范；要加强民主监督，更好地发挥人大监督、政协监督、群众监督和社会舆论监督的作用，增强监督合力，提高监督实效。

五是增强惩治的威慑力。腐败现象和不正之风干扰经济社会发展，严重影响党和国家的信誉和形象，直接损害人民群众的切身利益，如果不坚决惩治，就会导致经济衰退、政治动荡、文化颓废、社会混乱，就无法凝聚党心民心。党的十七大报告强调："坚决查处违纪违法案件，对任何腐败分子，都必须依法严惩，决不姑息！"这是对腐败分子的严正警告，充分表明了我们党加强党风廉政建设和反腐败斗争的坚强决心。在"讲正气、树新风"主题教育活动中，我们通过反面典型现身说法，使广大党员干部受到了震动，取得了良好效果。实践证明，只有坚决惩治腐败，才能极大地震慑犯罪，更好地教育广大党员干部，有效地遏制腐败现象的发生。我们要继续保持严惩腐败分子的高压态势，坚决遏制腐败现象易发多发的势头，坚决查办领导干部滥用职权、贪污受贿、腐化堕落、失职渎职的案件，严厉查办官商勾结、权钱交易、权色交易和严重侵害群众利益的案件；深入开展治理商业贿赂工作，依法惩处行贿行为；坚决惩处各种工程建设中的腐败行为，着力打造"廉洁工程"，以实际行动教育警醒广大干部，取信于广大人民群众。从当前纪检监察部门查处的情况来看，既有一些过去发生的老案子，也有不少近年来发生的新案子，并且不少案件还不是纪检监察部门主动出击、自己发现的，而是通过人民群众的检举揭发掌握有关情况的。任何人在任何时候任何情况下都不要心存侥幸，寄希望于人民群众不知道、纪检监察部门发现不了。"法网恢恢，疏而不漏"，任何人违纪违法，都逃不过人民群众雪亮的眼睛，都逃不脱党纪国法的严惩。

三、强化一个重要的政治保证，就是要加强领导，切实把反腐倡廉建设摆上重要位置，完善体制机制，创造有利条件，狠抓工作落实，确保取得成效

坚持党的领导，是加强反腐倡廉建设的根本政治保证。各级党委是反腐倡廉建设的责任主体，要坚持党要管党、从严治党，切实担负起领导反腐倡廉建设的政治责

任，以反腐倡廉的明显成效凝聚党心民心。要摆上重要位置。把反腐倡廉建设列入重要议事日程，纳入经济社会发展和党的建设的全局之中，同改革发展工作一起部署、一起检查、一起落实，既紧贴中心、服务大局，又预防在先、未雨绸缪，在抓巩固、抓深入、抓提高上下工夫，把各项工作做细、做实、做具体。要完善体制机制。坚持党委总览全局、协调各方的原则，进一步建立健全党委统一领导、党政齐抓共管、纪委组织协调、部门各负其责、依靠群众支持和参与的反腐败领导体制和工作机制。各级党委要建立反腐败协调小组，由同级纪委书记担任组长，加强对反腐倡廉工作的组织协调。各级政府和各部门、各单位都要按照分工，积极承担反腐倡廉专项工作的牵头或协办责任。各级纪律检查机关要加强对反腐倡廉建设重大问题的思考和研究，及时提出有针对性、前瞻性和可操作性的措施办法，为党委正确决策提供依据和参考；加强同有关部门和社会各界的沟通配合，推动反腐倡廉工作中突出问题的解决；严肃执行纪律，做好党章规定的经常性工作，发挥好党内专门监督机关的职能作用。充分发挥监察、司法、审计等专门机关作用，同时拓宽人民群众参与反腐倡廉建设的渠道，保障人民群众的民主权利。新闻宣传部门要坚持正确舆论导向，加大正面宣传力度，抵制歪风邪气，弘扬新风正气。要创造有利条件。各级党委要大力支持纪委履行党章赋予的职责，经常听取工作汇报，协调解决重大问题，特别是在查处大案要案遇到困难和阻力时，要态度鲜明地支持纪检监察部门开展工作，做他们的坚强后盾。要切实加强纪检机关领导班子建设，高度重视纪检干部队伍建设，对广大纪检干部政治上信任重用、工作上支持帮助、生活上关心爱护，为他们健康成长创造良好的环境和条件。要狠抓工作落实。严格执行党风廉政建设责任制，一把手要切实履行第一责任人的政治职责，领导班子其他成员要抓好自己职责范围内的工作。加强督促检查，及时掌握工作进展情况；完善考核体系，把反腐倡廉建设状况列入对领导班子和领导干部的考核范围；强化责任追究，对反腐倡廉建设方面的失职行为，该追究什么责任就追究什么责任，决不包庇袒护。胡锦涛总书记在中央纪委二次全会上的重要讲话中，要求各级党组织和全体党员要自觉遵守党的政治纪律，决不允许在群众中散布违背党的理论和路线方针政策的意见，决不允许公开发表同中央的决定相违背的言论，决不允许对中央的决策部署阳奉阴违，决不允许编造、传播政治谣言及丑化党和国家形象的言论，决不允许以任何形式泄露党和国家的秘密，决不允许参与各种非法组织和非法活动。这"六个决不允许"是各级党组织和全体党员必须严格遵守的行为规则，来不得半点马虎，来不得半点含糊，我们必须坚决执行，不能打折扣。要加强对党员遵守政治纪律的教育和监督检查，加大执行纪律力度，坚决维护中央权威，确保政令畅通，确保纪律严明。

四、造就一支坚强的纪检队伍，就是切实加强纪检干部队伍建设，不断增强大局意识、责任意识、民本意识、忧患意识，树立纪检干部可亲可信可敬的形象，始终做党的忠诚卫士、群众的贴心人

胡锦涛总书记在讲话中对纪检干部队伍给予了充分肯定，同时也提出了殷切希望，贺国强同志对纪检干部队伍建设作出了具体部署，我们要认真学习、坚决贯彻。近年来，广大纪检干部坚持原则，恪尽职守，知难而进，秉公执纪，为加强党风廉政建设、促进改革发展稳定做了大量卓有成效的工作。"打铁先要自身硬"；"其身正，不令而行，其身不正，虽令不行。"广大纪检监察干部一定要按照胡锦涛总书记和贺国强同志的要求，切实加强自身建设，牢固树立"四个意识"。一是增强大局意识。要把工作放到实现中原崛起的大局中来思考，转变思想观念，理清工作思路，坚持把服务科学发展、保障科学发展、促进科学发展作为重要职责，认真开展对党的十七大精神和省委重大决策部署贯彻执行情况的监督检查，加强对市场价格调控、节能减排、节约集约用地、房地产调控等重大政策措施落实情况的监督检查，推动各项工作的落实。二是增强责任意识。要秉公执纪，严格执行党和国家的政策法规，不为权力所蚀，不为物欲所惑，不为金钱所动，不为声色所迷，做到不枉不纵，刚正不阿，把每一个案件都办

成经得起历史检验的铁案。要敢于碰硬，敢啃硬骨头、敢碰硬钉子，不畏惧权势、不回避矛盾，不论是谁，不管职务多高、功劳多大，只要触犯了党纪国法，就坚决查处、一查到底。要深入细致，不留反腐空白，不留工作死角，真正做到腐败现象滋生蔓延到哪里，反腐败工作领域就延伸拓展到哪里。三是增强民本意识。要认真解决群众反映强烈的突出问题，把维护群众利益作为第一职责，把群众满意作为衡量工作的第一标准，竭尽全力为人民群众多办事、办实事、办好事；切实维护群众根本利益，对征用土地、城镇拆迁、企业改制中侵害人民合法权益和拖欠农民工工资等问题要坚决纠正，对物价、环境保护、食品药品质量、安全生产等问题要重点解决，对社保基金、住房公积金等专项资金要加强监管；要加强政风行风建设，严格落实纠风工作责任制，认真清理违规建设楼堂馆所，反对铺张浪费，坚决抵制拜金主义、享乐主义和奢靡之风。四是增强忧患意识。工作不懈怠，深刻认识河南省反腐倡廉形势的严峻性，始终保持清醒的头脑，始终保持开拓进取、奋发有为的精神状态，扎实推进各项工作。学习不放松，认真学习党的十七大精神，认真学习纪检业务知识，认真学习财经、法律、现代科技等知识，做到学以立德、学以增能、学以致用。防患不麻痹，注重从小事抓起，预防在先、未雨绸缪、关口前移，把问题解决在初始阶段、矛盾化解在萌芽状态，避免倾向性因素变为现实性问题、小问题变为大问题、个别性问题变为群体性问题，努力把腐败现象减少到最低程度。

　　总之，上述党中央和中央纪委提出的关于做好新时期党风廉政建设和反腐败工作四个方面的新思想、新决策、新部署，紧密联系、相辅相成。明确一个崭新的重大课题，就抓住了反腐倡廉建设的根本问题；坚持一个科学的工作体系，就确立了反腐倡廉建设的整体格局；强化一个重要的政治保证，就找准了反腐倡廉建设的关键所在；造就一支坚强的纪检队伍，就壮大了反腐倡廉建设的重要力量。我们要全面把握、始终坚持、协调推进、认真落实，不断开创反腐倡廉建设新局面。

谈谈领导干部的作风建设[*]

　　2007 年 1 月 9 日，胡锦涛总书记在中央纪委七次全会上发表重要讲话，深刻阐述了加强领导干部作风建设的重大意义，强调要加强五个方面的作风建设，在领导干部中大力倡导八个方面的良好风气。胡锦涛总书记的重要讲话高屋建瓴、思想深刻、内容丰富、要求明确，有理论、有实践、有原则、有要求、有部署，是对马克思主义党建理论的丰富和发展，是新时期加强领导干部作风建设的纲领性文件，是对当前加强领导干部作风建设发出的重要指示、作出的重要部署，充分说明了以胡锦涛同志为总书记的党中央对加强党的作风建设的高度重视，充分显示了党中央对作风建设这个重大课题的深刻认识和战略思考，也充分表明了党中央对在全党树立良好作风的殷切希望和切实有效抓好党的作风建设的坚强决心。

---

　　* 本文节选自作者在河南省委"讲正气、树新风"主题教育活动动员大会上的讲话，发表于 2007 年 4 月 3 日《河南日报》。

一、要深刻认识加强领导干部作风建设的
极端重要性、必要性和紧迫性

加强作风建设，是我们党的光荣传统、政治优势和鲜明特征，也是我们党 80 多年来始终充满朝气与活力、经得起风浪考验、各项事业兴旺发达的重要保证。胡锦涛总书记在中央纪委七次全会上的重要讲话，对加强领导干部作风建设作出了新的部署。2007 年 3 月 8 日，胡锦涛总书记在参加十届全国人大五次会议重庆代表团的审议时又强调，各级干部特别是领导干部要进一步增强忧患意识，始终保持开拓进取的锐气；要进一步增强公仆意识，始终牢记全心全意为人民服务的宗旨；要进一步增强节俭意识，始终发扬艰苦奋斗的精神，团结带领广大群众不断夺取改革开放和社会主义现代化建设的新胜利。胡锦涛总书记关于增强"三个意识"的重要讲话，站在党和国家发展全局的高度，着眼领导干部的思想实际，对新时期干部队伍建设与执政能力的增强具有很强的指导性和现实针对性。增强忧患意识、公仆意识、节俭意识，代表了广大人民群众的期望，体现了我们党立党为公、执政为民的理念，表明了我们党担当历史重任的强烈责任感。各级领导干部一定要认真学习、深刻领会胡锦涛总书记这一讲话精神，从增强"三种意识"的高度着眼，深刻认识加强领导干部作风建设的极端重要性、必要性和现实紧迫性，进一步增强加强领导干部作风建设的自觉性和坚定性。

（一）要充分认识加强领导干部作风建设的重要性。作风是执政理念的产物，我们党执政理念的核心是"立党为公，执政为民"，这是党的性质和宗旨决定的，也是党的作风建设的根本目的，确立了这一理念，才能做到权为民所用、情为民所系、利为民所谋，当好人民的公仆。作风是思想意识的反映，思想意识是人类对客观世界的能动反映，只有坚定理想信念，牢固树立为人民服务的宗旨意识，才会有良好的作风。作风是道德修养的展示，领导干部的道德修养是社会行为的"风向标"，不仅关系个人品行和形象，而且关系党的威信和形象，只有不断改造主观世界，树立正确的世界观、人生观、价值观，做人讲道德、做官讲官德，才能永葆共产党人的先进性和纯洁性。作风是精神状态的表现，我们党培育和形成的井冈山精神、长征精神、延安精神、西柏坡精神等，指导和激励我们党从弱到强，从小到大，从胜利走向胜利，在新形势和新任务面前，各级党员领导干部只有保持昂扬向上、积极进取的精神状态，才会有开拓创新、干事创业的工作作风。作风是工作风格的体现，共产党人的工作风格就是无私奉献、一心一意为人民谋利益，只有做到公而忘私、艰苦奋斗，先天下之忧而忧、后天下之乐而乐，才能为了祖国和人民的利益不懈奋斗。可见，作风问题至关重要，关系到党的生死存亡，关系到党和国家事业的兴衰成败，也关系到人民的利益，关系到人心向背，它不仅仅是思想问题、品行问题，而且是政治问题。我们一定要深刻认识作风建设的极端重要性，牢固树立忧患意识、公仆意识和节俭意识。中外历史已经反复证明："忧劳可以兴国，逸豫可以亡身"。"历览前贤国与家，成由勤俭败由奢"。无论一个国家、一个民族、一个政党，还是一个单位、一个家庭、一个公民，只有常怀忧患之意，常怀自警之心，居安思危，砥砺不息，克勤克俭，夙兴夜寐，才会不断地从成功走向成功。中华民族是一个饱经忧患的民族，我们党是一个在忧患中诞生、奋斗、壮大的政党，我们的事业正是在不断克服忧患、战胜困难的进程中推进发展的。黄炎培曾向毛泽东同志提出"其兴也浡焉"，"其亡也忽焉"的历史怪现象。他希望中国共产党人能走出这个历史怪圈。毛泽东同志把从西柏坡进北京意味深长地比喻成进京"赶考"。事实上，历史走到今天，我们党执政了这么多年，经济社会发展取得了巨大的成就，表明我们党经受住了历史和人民的考验。但是正如胡锦涛总书记指出的那样，"越是形势好了，越要保持清醒头脑；越是条件好了，越要发扬优良传统。"面对国际形势的风云变幻，面对改革发展的繁重任务，我们要战胜前进道路上的一切风险和挑战，实现我国的社会主义现代化，实现中华民族的伟大复兴，是一次新的"赶考"。我们一定要把忧患意识贯穿到党性锻炼和作风养成当中，始终保持清醒头脑，时刻牢记使命，时刻牢记国情，正确使用人民赋予的权力，情系人民、心忧群众，艰苦奋斗、励精图治，以优良的作风开创各项工作的新局面。

　　（二）要充分认识开展"讲正气、树新风"主题教育活动的必要性。从我党的奋斗历程看，在革命、建设、改革的重要关口，我们党都要加强作风建设，以此来统一思想、统一行动。延安整风运动，关于实践是检验真理唯一标准问题的大讨论，"讲学习、讲政治、讲正气"教育，以及党的十六大后开展的保持共产党员先进性教育活动，虽然历史背景、总体要求和具体任务不尽相同，但都是为了适应形势和任务对党的建设的要求而开展的，都反映了党居安思危、应对挑战的清醒认识，都有力地促进了党的事业的发展。可以说，开展思想教育、加强作风建设，是我党治国理政的一条成功经验，也是保证党和国家事业不断取得成功的重要法宝。在全省开展"讲正气、树新风"主题教育活动，是学习贯彻胡锦涛总书记在中央纪委七次全会重要讲话精神的具体措施，也是我们面对新形势新任务，加强作风建设、形成良好风气的重要部署。从保持党的先进性的要求看，"讲正气、树新风"主题教育活动与保持共产党员先进性教育活动的出发点是一致的，是保持共产党员先进性教育活动的延续和深化、巩固和发展。党的80多年的实践表明，党是否具有先进性，必须通过全体共产党员特别是领导干部的优良作风来体现和检验，而能否保持和发展先进性，也有赖于加强党的作风建设。只有不断教育和引导各级党员领导干部牢记宗旨，艰苦奋斗，自觉弘扬新风正气、抵制歪风邪气，才能永葆党的肌体健康，才能增强党的战斗力、凝聚力和创造力，才能体现和保持党的先进性、纯洁性。正如毛泽东同志指出的，屋子是要经常打扫的，不经常打扫，就会积满灰尘；人是要天天洗脸的，否则也会灰尘满面。在全省开展"讲正气、树新风"主题教育活动，就是我们"清扫灰尘"、保持先进性的具体行动。从加强党风廉政建设的要求看，良好的作风是抵御消极腐败现象、保持清正廉洁的重要保障，不良的作风往往是走向消极腐败的助推因素。从近年来查处的领导干部腐败案件来看，不少人违法违纪都是因为放松世界观改造，从作风上出问题开始的。这必须引起我们的高度警觉，未雨绸缪，防患未然，及时加以纠正和解决。我们要通过在全省深入开展"讲正气、树新风"主题教育活动，扎实推进党风廉政建设，教育和引导党员领导干部不断增强是非面前的辨别能力、诱惑面前的自控能力、警示面前的自省能力，筑牢拒腐防变的思想防线，始终当好人民公仆。从实现中原崛起的要求看，河南省八次党代会提出了加快"两大跨越"、推进"两大建设"，实现中原崛起的历史任务。实现中原崛起，最根本、最紧要的就是要更加坚定、更加自觉地贯彻落实科学发展观，用科学发展观来统领经济社会发展全局。这些年来河南实现了经济社会良好发展，主要得益于贯彻落实科学发展观；当前经济社会发展中还存在不少矛盾和问题，原因也在于我们贯彻落实科学发展观还有差距。只有教育和引导各级党员领导干部按照科学发展观的要求转变作风，开拓进取，扎实工作，自觉纠正背离科学发展的观念和做法，扎实解决制约科学发展的矛盾和问题，才能在科学发展观指导下实现经济社会又好又快发展，加快中原崛起进程。

（三）要充分认识解决作风问题的紧迫性。应当看到，各级党组织和广大党员干部作风的主流是健康向上的，正是因为有了政治坚定、为民亲民、开拓创新、扎实苦干、团结奋进、克己奉公的良好作风，才涌现了一大批受人信任、受人拥戴、受人尊敬、受人称赞的先进党组织、优秀领导干部和模范共产党员，经济社会发展和各项工作才出现了崭新的局面。但也必须清醒地看到，胡锦涛总书记指出的领导干部作风方面存在的问题，在各级干部队伍中都程度不同地存在，有的是苗头性的，有的是历史性的，有的是一般性的，也有的是相当突出的。当前，尤其要高度警惕、认真对待、切实解决正在生成或在一定层面上已经造成坏影响的四种不良风气。

一是贪大求洋、追求豪华、过度消费、不注意节俭的奢靡之风。主要表现在一些地方和单位建高规格办公楼，建大面积广场，建超标准住宅楼等方面。胡锦涛总书记要求各级领导干部进一步增强节俭意识，始终发扬艰苦奋斗精神，决不是一件小事情，而是一个重要而紧迫的问题。"奢"作为一种腐败行为，是祸胎，是恶源，是贪根，不仅败国败家败己，而且助长其他腐败行为，对于党的肌体健康是一种危害极大的腐蚀剂。我们必须看到，经过多年努力，虽然河南综合实力显著增强了，物质条件改善了，但人口多、底子薄、基础差的基本省情尚未根本改变，全省人民的生活还不富裕，需要我们办的事情还很多，需要我们帮助解决生产生活问题的贫困人口还很多。这就要求我们必须始终把人民群众的疾苦放在心上，始终牢记"两个务必"，始终坚持崇尚节俭的风气。

二是急功近利、目光短浅、脱离实际、做表面文章的浮躁之风。主要表现在一些地方和单位制定不切实际的工作规划，做一些不受群众欢迎甚至损害群众利益的所谓"好事"，不从实际出发，不扎扎实实地工作，违反客观规律，干一些干不了、干不好、不能干的事。这种好大喜功，追名逐利的风气实质是个人私欲作祟，严重脱离了人民，虽然不是干部队伍作风的主流，但极易诱发干部的懒惰思想和投机心理，助长弄虚作假和脱离群众，挫伤真抓实干者的积极性，严重影响党和政府同人民群众的鱼水关系。党的干部是党的事业的骨干，是人民的公仆，强化公仆意识，是我们党的性质的必然要求，也是我们事业兴旺的根本保证。实干兴邦，空谈误国，"一步实际行动胜过一打纲领"，这是被事实和历史证明了的道理。不真抓实干、做表面文章，中央领导同志对河南工作提出的坚持科学发展、着力改善民生、构建和谐社会"三项要求"就无从贯彻，我们的标兵就会跑得更远、追兵就会迎头赶上，中原崛起的宏伟蓝图就只能是空中楼阁。只有脚踏实地、埋头苦干，办实事、求实效，我们才能赢得人民的拥护和支持，我们的事业就能如马克思所言"并不显赫一时，但将永远存在"。

三是贪图享受、贪图钱财、贪图美色的贪占之风。主要表现在一些领导干部丧失了宗旨意识，以权谋私，贪赃枉法，享乐主义抬头，个人主义膨胀，经济犯罪案件不断发生，一些干部频频落马。这种发生在极少数干部身上的贪占之风，纯粹是私欲膨胀，滥用职权，严重背离了党的宗旨，严重侵害了人民群众的利益，影响极其恶劣。"贪如火，不遏则燎原；欲如水，不遏则滔天。"我们要坚持自重、自省、自警、自励，始终保持公仆情怀，执政为民、秉公用权、造福人民。否则有了权力就忘乎所以，以权谋私、为所欲为，最终只能落个身败名裂的下场。广大党员干部要树立远大理想，强化公仆意识，"俯首甘为孺子牛"，多奉献、少索取，努力在为人民群众谋利益中实现自己的人生价值。

四是醉心做官、跑官要官、买官卖官的跑要之风。主要表现在违反干部任用标准和选拔程序，通过说情、送礼、花钱等手段，或谋取一官半职，或谋取更高更有权的职务。跑官要官问题是滋生腐败的温床，贻误党的工作，破坏党的纪律，损害党的形象，影响党群关系，危及党的执政地位，危及党和国家的生死存亡。我常讲，干部干部，是干出来的，是组织根据需要、按照程序、听取各方意见确定的，决不是自己跑来要来的。作为一名党员干部，只有严格遵守党的纪律，听从组织安排，把心思用在加快发展上，把精力用在为民造福上，把智慧用在干好工作上，创造出实实在在的业绩，才能得到党和人民的信任。

总之，我们既要充分肯定河南省广大干部队伍主流是好的，但也决不能低估各种不良风气尤其是"四股歪风"的严重危害和恶劣影响。弘扬新风正气，抵制歪风邪气，直接关系加快中原崛起的步伐，直接关系和谐中原的构建，直接关系全省人民生活的改善，直接关系党和政府的形象。我们一定要从增强忧患意识、公仆意识、节俭意识的高度着眼，深刻认识加强领导干部作风建设的极端重要性、必要性和紧迫性，通过开展"讲正气、树新风"活动，在全社会形成风清气正的良好环境。

二、要认真学习,扎实整改,弘扬新风正气, 抵制歪风邪气,着力解决突出问题, 努力实现领导干部作风的进一步转变

胡锦涛总书记在中央纪委七次全会上指出，要弘扬新风正气，抵制歪风邪气，着力解决突出问题，努力实现领导干部作风的进一步转变，这是加强领导干部作风建设的总要求、总部署。我们正在开展的"讲正气、树新风"主题教育活动，一定要按照胡锦涛总书记的要求，切实加强五个方面的作风建设，大力倡导八个方面的良好风气，牢固树立忧患意识、公仆意识、节俭意识，着力解决党员领导干部作风方面存在的奢靡之风、浮躁之风、贪占之风、跑要之风，努力实现领导干部作风的进一步转变。当然，这四股歪风是就河南省面上而言的，各地、各单位、各部门和每个领导干部情况不同，作风方面存在的问题不同，严重程度也不同，要结合实际，采取得力措施，把这一主题教育活动组织好、开展好，切实推进河南省领导干部作风建设。

第一，学习要求"深"。这是深入开展"讲正气、树新风"主题教育活动的基础和前提。学习是广大党员干部特别是领导干部的一项基本功，是提高领导水平和工作

能力的内在要求。我们绝大多数干部是重视学习的，学风整体上是好的。但也要清醒地看到，一些领导干部学习的自觉性不够，不同程度地存在着不重视学习，不认真学习新理论，不用心汲取新知识，不深入思考新问题，不读书、不看报、不关心天下大事，满足于一知半解，热衷于迎来送往，沉湎于灯红酒绿，长此以往必然会导致思想上因循守旧、故步自封，工作上敷衍了事、庸碌无为，生活上骄奢淫逸、低级趣味，影响执政能力、领导水平的提高，这很令人担忧。"学然后知不足，教然后知困"，各级党员领导干部必须牢固树立终身学习的思想，以谦逊的态度、顽强的毅力抓好学习，努力在建设学习型社会和学习型政党中走在前列。要突出重点，认真学习党章、邓小平理论、"三个代表"重要思想和邓小平同志、江泽民同志反腐倡廉理论；学习十六大以来以胡锦涛同志为总书记的党中央提出的树立和落实科学发展观、构建社会主义和谐社会、加强党的执政能力和先进性建设、树立社会主义荣辱观等一系列重大战略思想；学习胡锦涛总书记在中央纪委七次全会上关于领导干部作风建设的新思想、新论断、新内容、新要求，用马克思主义中国化的最新理论成果武装头脑、指导实践、推动工作。要把握实质，深刻理解十六大以来党中央提出的一系列重大战略思想的重大意义，充分认识这些重要思想是马克思主义中国化的最新理论成果，牢牢坚持并全面贯彻这一系列重大战略思想；深刻理解加强领导干部作风建设的时代背景，充分认识加强领导干部作风建设的重要性和紧迫性，真正树立起抓作风建设就是抓政治、抓发展、抓稳定的观念；深刻理解加强领导干部作风建设的重要任务，充分认识加强作风建设五个方面的主要内容，进一步明确当前和今后一个时期加强和改进党风建设的努力方向；深刻理解加强领导干部作风建设的具体要求，充分认识树立八个方面良好风气的内涵，突出加强领导干部作风建设的工作重点。只有把理论学懂弄通，掌握精神实质，才能激发搞好这次主题教育活动的自觉性，真正学出精神、学出新意、学出氛围、学出成效。要学以致用，就是要发扬理论联系实际的学风，着眼于解决改革发展稳定中的实际问题，通过学习提高认识、陶冶情操、增强能力、解决问题、推动工作，努力把学习体会和成果转化为谋划工作的思路、促进工作的措施和领导工作的本领，特别是要转化为推动党的执政能力建设和先进性建设的能力，转化为全面建设小康社会、加快中原崛起和构建和谐中原的能力。

第二，查摆要求"真"。这是深入开展"讲正气、树新风"主题教育活动的关键环节。真摆才能实改。主题教育作为一项民主活动，需要弘扬求真务实的作风。如果不认真查摆，学习就会失去意义，整改就会缺乏针对性，面貌也难有真正的改变。只有坚持求真，查摆才会有针对性，才会有重点，才能弘扬新风正气、抵制歪风邪气，才能解决问题、取得实效。要认真联系思想和工作实际。要对照党章以及加强五个方面作风建设和树立八个方面良好风气的要求，认真查一查自身的理想信念是否坚定，宗旨意识是否牢固，道德修养是否滑坡，以及"两个务必"

思想树立得牢不牢、干事创业的锐气足不足、廉洁自律规定和民主集中制执行得好不好、班子的凝聚力战斗力强不强，切实提高思想觉悟，提升思想品质，筑牢思想防线；要对照履行工作岗位职责的要求，认真查一查是否牢固树立并认真落实了科学发展观，是否坚持了实事求是，是否具备了胜任本职工作的本领和业务素质，激励自己增强科学发展意识，提高业务能力。要针对党组织和领导干部各自的不同情况，有什么问题就查摆什么问题，做到摆问题真实具体，谈认识真诚深刻，订措施切实有力，确保查摆不含糊、不虚假、不走过场。要认真听取群众意见。群众路线是我们党的根本工作路线。群众对党员领导干部身上存在的不正之风最有真切感受。在查摆过程中，要广泛征求和虚心听取群众意见，让群众讲真话、说实话、掏心里话；要自觉接受党组织、党员和广大群众的评议、监督，既让群众参与主题教育活动的过程，更让群众监督和评判主题教育活动的成效，确保查摆求真求准、务求实效；要坚持把群众路线贯穿于主题教育活动各个方面、各个环节，努力使教育活动向服务对象延伸、向党外群众延伸、向劳动一线延伸，扎实推进查摆活动深入开展。要认真开展批评和自我批评。要勇于开展自我批评，敢于亮丑，严于解剖，主动查找自身存在的问题；要虚心接受批评意见，做到有则改之、无则加勉；要敢于批评错误的思想、行为和不良风气，自觉克服明哲保身、怕得罪人的好人主义，从团结的愿望出发，通过谈心和民主生活会等正当途径，指出组织和班子成员在思想上、工作上存在的问题。

要通过批评与自我批评，真正达到促进团结、共同提高的目的。

第三，整改要求"实"。这是深入开展"讲正气、树新风"主题教育活动的目的。找准问题是手段，解决问题才是目的。整改只有立足于实、有的放矢，采取实在措施，解决实际问题，狠抓措施落实，才能使主题教育活动真正成为思想进步的过程、凝聚人心的过程、鼓舞士气的过程、促进发展的过程，才能使正气新风得到弘扬、歪风邪气得到遏制，收到实实在在的效果。要实实在在地解决问题，狠刹奢靡之风，克服花钱大手大脚、做事讲究排场、生活追求奢华等不良风气，树立长期过紧日子的思想，勤俭节约，艰苦奋斗；要狠刹浮躁之风，克服漠视群众、脱离实际，违反客观规律，搞形式主义等现象，立足当前，着眼长远，创造经得起群众、实践、历史检验的政绩；要狠刹贪占之风，克服以权谋私、享乐主义和极端个人主义严重的问题，强化宗旨意识，做到立党为公、执政为民；要狠刹跑要之风，严肃查处跑官要官、买官卖官等违法违纪行为，严格干部任用标准和选拔程序，树立正确的用人导向。同时，要着眼于解决群众最关心、最直接、最现实的利益问题，针对食品药品安全、劳动安全、征地拆迁、企业重组改制、环境保护等方面的热点难点问题，找出症结，明确责任，限期解决，真正让广大群众得到实实在在的实惠，看到实实在在的效果，使主题教育活动成为群众满意的实在工程。要实实在在地采取措施，针对查摆出的各种问题，要采取有针对性、管得住、管得久的过硬措施。每个党组织、每个领导班子、每个党员领导干部的情况都不一样，要从实际出发，根据各自的工作特点、实际情况和存在问题，本着缺什么补什么、错什么改什么的原则，明确整改重点，落实整改责任，边学边改、边查边改、边整边改。能立即整改的迅速行动、彻底整改，整改需要一个较长过程的列出计划、限期分步整改，暂时整改不了的创造条件、争取尽早整改。要发挥榜样的力量，把那些洁身务实、执政为民、干事创业、廉洁从政的先进典型真正树起来，使之感动人心、深入人心、净化人心、凝聚人心，最大限度地发挥示范带动作用。要实实在在地建章立制，建立健全保持良好作风的长效机制。既要坚持以往教育活动中行之有效的成功经验，又要总结这次主题教育活动中各地各部门创造的新鲜经验，增强机制的创新性；既要立足现实，注重具体问题、突出问题的解决，又要着眼长远，注重整改成果的巩固、深化和提高，增强机制的科学性；既要按照党的建设的总体规划和部署要求抓作风制度建设，又要针对本地区本部门的实际情况，明确加强管理的运行机制、操作规程和行为准则，增强机制的可行性，使制度实实在在地成为广大领导干部保持清正廉洁、远离腐化堕落的防火墙。当前，要着力从健全民主制度、监督制度、工作制度和学习教育制度等四个方面加强制度建设，努力实现以制度规范干部行为，以制度推动作风建设，以制度巩固教育成果。

　　第四，执纪要求"严"。这是深入开展"讲正气、树新风"主体教育活动的纪律保证，也是加强领导干部作风建设的强有力措施。纪律对领导干部个人而言，是挡在悬崖边上的一道坚固护栏。现在我们已经制定了一些制度和规定，但一些地方执行不力、监督不严，形同虚设。只有严格遵守中央的"四大纪律八项要求"，在执纪上求"严"，才能有效纠正存在的问题，警醒存在不良风气的同志，割除我党健康肌体上的毒瘤，促进领导干部作风好转。要严肃党的政治纪律。坚持党的基本理论、基本路线、基本纲领、基本经验不动摇，始终保持坚定的政治信念和清醒的政治头脑，自觉同以胡锦涛同志为总书记的党中央保持高度一致，坚决维护党中央的权威，确保中央的政令畅通。要严肃党的组织纪律。坚持贯彻党的民主集中制，特别是在重大事项决定和干部任用方面，要做到集体领导、民主集中、个别酝酿、会议决定。要严肃党的经济工作纪律。近年来，领导干部违反经济工作纪律的现象比较突出，省纪检监察机关查处的违纪违法案件中，领导干部的经济类案件居高不下，严重损害了党的肌体和形象。各级领导干部一定要认真遵守经济工作纪律，尤其不能违反规定干预和插手建设工程招标投标、经营性土地使用权出让、房地产开发经营等具体经济活动。当前尤其要增强节俭意识，发扬艰苦奋斗的精神，坚持厉行节约，精打细算，严格把关，科学决策，民主决策，坚决刹住违反规定建高规格办公楼、建大面积广场、建超标准住宅楼这股歪风，把有限的资金资源、财力人力用在刀刃上，用在解决关系民生的重大问题上。要严肃党的群众工作纪律。要密切联系群众，坚决反对弄虚作假、虚报浮夸，搞华而不实的"形象工程"、"政绩工程"。凡是涉及群众切身利益的重大事项，都要向群众公开，充分听取群众的意见。任何党员和干部，都不允许与民争利、侵犯群众的合法权益。省委要求各级党委、政府务必做到：不维护群众利益的发展项目不上，不受群众欢迎的实事不干，不经群众评估的重大决策不做。

第五，面貌要求"新"。这是深入开展"讲正气、树新风"主题教育活动的检验标准。衡量主题教育活动成效，最终要看全省各级党组织和党员领导干部的积极性和创造性是否充分调动起来，战斗堡垒和先锋模范的作用是否更好地发挥出来，干部队伍面貌和工作局面是否焕然一新。要通过扎实开展这次主题教育活动，努力实现"三个新"。领导干部素质要有新提高，就是要真正做到头脑更加清醒，视野更加开阔，眼光更加高远，知识更加全面，作风更加扎实。要进一步坚定理想信念，强化宗旨意识，加强道德修养，牢固树立马克思主义的世界观、人生观、价值观，牢固树立正确的权力观、地位观和利益观，永葆共产党人的高风亮节。要有全球视野和世界眼光，适应经济全球化潮流，提高分析判断形势的能力，善于把河南发展融入全球大市场和世界发展大趋势，善于在全国发展大格局中谋划发展，以更加开放的姿态、更加深邃的眼光、更加创新的意识推动河南经济社会的发展。各级领导干部要学习经济工作、熟悉经济工作、关注经济工作、研究经济工作，特别要研究经济工作的重大问题包括发展规划、重大方针政策、工作总体部署、关系国计民生的重要问题，进一步增强领导经济工作的意识、责任和能力。形象要有新改变，就是要树立起党员领导干部为民、务实、清廉的良好形象。为民，就要当好人民公仆，全心全意为群众办实事、办好事，始终坚持发展为了人民、一切依靠人民、发展成果由人民共享；务实，就要大兴求真务实之风，一切从实际出发，作决策办事情尊重规律、尊重群众意愿，形成重实际、说实话、干实事、求实效的良好风气，创造经得起历史、实践和人民群众检验的工作实绩；清廉，就要常修为政之德，常思贪欲之害，常怀律己之心，坚持秉公用权、廉洁从政，堂堂正正做人、清清白白为官、踏踏实实干事，始终保持共产党员的政治本色。工作要有新局面，就是要弘扬创新精神，大力推动体制机制制度创新，用新的思路、新的办法，以创造性的工作开创新的局面。坚持科学发展，要突出一个"好"字，坚持"好"字当头、"好"中求"快"，努力实现经济又好又快发展，做到经济结构好、经济运行好、经济效益好、经济社会统筹发展好、城乡协调发展好、生态环境好。着力改善民生，要突出一个"惠"字，以"改善民生之年"为契机，认真解决涉及群众利益的现实问题，特别要下力气解决好就业、就学、就医、社会保障这"三就一保"问题，在改善民生方面有较大进展。构建和谐社会，要突出一个"稳"字，把确保稳定作为构建和谐社会的首要任务，在思想上高度重视，在工作上切实抓好，确保经济稳定发展、社会稳定有序、人心稳定和谐、领导班子稳定团结，努力实现全面、动态、可持续的和谐稳定。

　　各级党政领导班子的"一把手"，既要认真抓好本地区本部门的主题教育活动，又要切实把自己摆进去，要求下级做到的，自己要首先做到，真正做到学习走在前列、工作干在实处、生活以身作则，努力成为勤奋学习、与时俱进的模范，把握大局、科学决策的模范，求实创新、勇创一流的模范，联系群众、服务人民的模范，坚持原则、民主团结的模范，艰苦奋斗、廉洁奉公的模范。

图书在版编目（CIP）数据

徐光春自选集/徐光春著 . （学习理论文库）
– 北京：学习出版社，2008.10
ISBN 978 – 7 – 80116 – 689 – 0
Ⅰ. 徐… Ⅱ. 徐… Ⅲ. 社会科学 – 文集 Ⅳ. C53
中国版本图书馆 CIP 数据核字（2008）第 122661 号

徐光春自选集
XU GUANGCHUN ZIXUANJI

徐光春 著

责任编辑：冰　冰
技术编辑：王晓勇

出版发行：学习出版社
　　　　　北京市西长安街 5 号（100806）
　　　　　010 – 66063020　010 – 66061634
经　　销：新华书店
印　　刷：北京新丰印刷厂
开　　本：880 毫米×1230 毫米　1/32
印　　张：21.5
字　　数：239 千字
版次印次：2008 年 10 月第 1 版　2008 年 10 月第 1 次印刷
书　　号：ISBN 978 – 7 – 80116 – 689 – 0
定　　价：92.00 元

如有印装错误请与本社联系调换